JN349552

# 한용운 연구

문화
학술
총서

김광식 지음

동국대학교출판부

# ● 머리말

한용운은 한국 근대사에서 공인이고, 문화이고, 신비이다. 이 같은 한용운의 정체성, 본질, 성격, 이념, 행적 등을 조명하려는 연구가 지난 50여 년간 지속되었고, 지금도 진행 중에 있다.

그런 연구가 진행되는 가운데, 세월은 화살처럼 지나 한용운이 이 땅을 떠난 지 어언 70년이 다가오고 있다. 그리고 한용운을 상징하는 불후의 명저인 『조선불교유신론』과 『님의 침묵』이 발간된 지도 어느새 100년, 90년이 다가오고 있다.

한용운이 이 땅을 떠난 이후 한용운을 조명하고 분석하고 계승하는 작업은 다양한 형태로 지속되어 왔다. 우선 『한용운전집』이 발간되어 한용운 연구를 가능하게 해 주었다. 그리고 불후의 시집인 『님의 침묵』도 100여 종이 넘게 재발간되었다.

한용운 연구는 문학, 불교, 민족운동 등의 분야에서 중점적으로 이루어졌다. 한용운을 주제로 한 석사·박사 학위논문, 평전 및 일대기의 단행본, 논문 등 그 성과물이 지금 현재는 1,000여 건에 달하고 있다. 만해학이라고 지칭되는 이러한 연구 성과를 바탕으로 한용운에 대한 대중적인 글쓰기도 가열차게 지속되어 왔다.

한용운 연구는 추후에 더욱더 활성화될 전망이다. 그런 전망을 가능케

하는 것은 만해학의 본격화, 탈근대의식 및 생태학의 관점으로 재평가, 문화콘텐츠의 개념으로 재인식, 한용운 기념사업의 활성화, 다양한 만해기념관의 건립, 한용운을 소재로 하는 문화공간의 창출, 만해축전의 개최 및 만해대상의 시상, 각처의 수많은 한용운의 시비와 어록비 건립 등이다. 이렇듯이 새로운 한용운의 연구 및 다양한 한용운 사업의 등장은 곧 만해 한용운 연구의 확장 및 심화를 요청하고 있는 것이다.

그럼에도 불구하고 한용운 연구를 추동해야 하는 관련 학계에서는 아직도 이 같은 현실의 변화를 적극적으로 수용하거나 설명하지 못하고 있다. 이는 한용운 연구의 성찰과 동시에 새로운 관점에서 한용운 연구의 분발을 요청하는 것이다.

필자는 이와 같은 현실의 변화상을 바라보면서 지난 10년 동안 연구하였던 한용운에 대한 논고를 한 권의 책으로 묶어서 발간할 필요성을 절감하였다. 그래서 이 책자가 한용운 연구의 새로운 좌표 수립에 참고가 되길 기대한다.

또한 필자는 이렇게 『한용운 연구』라는 단행본을 상재하면서 한용운 연구의 심화 및 활성화 단계에서도 한용운에 대한 기초적 연구, 사실에 근거한, 자료에 충실한 연구에 매진하려고 한다. 한용운 연구가 새로운 관점에서 수행되고, 현실에 필요한 연구가 대두하여도 실증적인 분석은 결코 저버릴 수 없기 때문이다.

한편 필자는 지난 10년 동안 만해 한용운을 연구하면서 수많은 분들의 도움을 받았다. 특히 그 중에서도 〈만해사상실천선양회〉의 이사장이신 설악 무산 스님의 배려는 가슴에서 결코 지울 수가 없다. 무산 스님은 필자로 하여금 백담사 만해마을 연구실장의 소임을 볼 수 있게 배려하였는데, 그로 인해서 필자는 경직화된 제도권의 연구 환경에서 벗어나 현장에서의 생생한 감각을 가질 수 있었다. 만해마을에서의 경험이 한용운이 다녔던 동국대학교 캠퍼스의 한 구석에서 연구할 수 있는 인연까지 이어진 것으로 보고 싶다.

이제 필자는 본 책자 발간을 계기로 더욱더 한용운 연구에 정성을 다하겠다는 다짐을 해 본다. 만해 한용운의 모교인 동국대학교의 출판부에서 이 책을 펴내게 되어, 필자로서는 본서의 출간이 더욱 새큼하게 느껴진다. 수고해 주신 편집진 여러분의 노고에 감사드린다.

2011년 6월, 목멱산 연구실에서

김광식

차 례

## 제3부 / 한용운의 후계자들



## 부 록

● 서론

# 한용운 연구의 서막, 만해 한용운의 생애와 사상

만해 한용운은 열강의 침탈 앞에 조선왕조의 국운이 다한 1879년에 태어나, 1944년 66세로 입적하기까지 오로지 겨레와 민족의 독립만을 위해 구도와 실천의 삶을 구현하였다. 자유·평화·평등·상명의 존엄을 지키려는 선사로서의 면모와 민족지성으로서의 독립운동, 그리고 근대문학의 정수로 평가되는 시집 『님의 침묵』을 발간한 시인이면서 한시, 시조, 소설, 수필 등의 분야에서도 거대한 족적을 남긴 작가였다.

한용운은 이 같은 다양한 활동을 하였는데, 그 저변에는 불교사상이 굳건하게 자리 잡고 있었다. 한용운은 투철한 불교사상을 지닌 승려였는데, 그가 선사, 독립운동가, 불교개혁가, 시인, 작가로서 갖고 있었던 행적과 사상에 대해서 필자는 다음과 같이 대별하여 개괄적 서술을 시도한다. 이는 필자가 한용운을 이해하는 삶과 사상의 요체이다.

## 1. 독립운동가로서의 한용운

만해 한용운은 그의 일생을 통하여 항일 민족운동의 최일선을 지킨, 그 삶 자체가 저항이며 민족의 자존이었던 독립운동가였다.

그는 고향 홍성에서 서세동점西勢東漸하던 국제정세 속에서 국운이 풍전등화와 같았던 조선왕조의 비참함을 지켜보았다. 이에 그는 나라와 겨레의 운명을 좌시할 수 없어 홍성에서 의병에 참가하였다. 그 후에는 출가를 단행하였지만 용솟음치는 열정으로 민족운동의 대열에 뛰어들었다. 입산 직후에는 시베리아와 일본을 탐방하는 등 문명에 대한 호기심을 보이기도 했지만 일제의 국권 강탈을 겪으며 본격적인 민족운동의 무대로 뛰어들게 된다.

한용운의 민족운동의 첫걸음은 임제종운동臨濟宗運動(1911)의 주도로 나타났다. 임제종운동은 일본불교(조동종)가 한국불교(원종)를 통제, 관리하여 한국불교를 일본불교로 개조하려는 것에 저항한 불교운동이다. 이때 한용운은 전라도, 경상도 일대의 사찰과 승려들을 추동하여 반대 운동에 나서도록 하면서, 최종적으로는 그 대응의 움직임인 임제종운동을 견인하였다. 이로써 한국불교가 민족불교의 자존을 유지할 수 있었다.

그 후 한용운은 불교의 자주화를 주장하면서 점차 활동의 무대를 넓혀갔다. 민족자존과 독립의 필요성을 역설하며 『유심』 발간을 통해 청년 및 대중들의 각성을 촉구했다. 이런 독립의식은 일제 식민지정책의 허상을 비판하며 3·1운동(1919)의 주도적 역할을 담당하는 것으로 나아가게 하였다. 불교계를 대표하여 3·1운동 민족대표 33인의 한 사람으로 참여한 그는 기독교, 천도교 지도자들과 함께 만세운동을 기획, 주도하였다. 민족대표로서의 한용운은 3·1운동을 성사케 하였고, 나아가서는 「독립선언서」의 공약삼장을 추서하여 3·1운동의 방향을 정립하였다. 그리고 불교 근대학교인 중앙학림의 청년승려들을 만세운동의 선두에 서도록 하여, 결과적으로 전국의 사찰이 만세운동에 참여케 촉진하였다.

그리고 그는 옥중에서도 일제의 회유를 물리치고, 민족대표로서의 추상같은 절개를 지켰다. 또한 「조선독립의 서」를 작성하여 상해임시정부 기관지인 《독립신문》에 게재케 하였다. 여기에서 그의 민족의식, 독립사상은 극명하게 표출되었다.

출옥 후에도 그의 민족운동은 멈추지 않았다. 민립대학 설립운동, 농민운동, 여성운동, 신간회운동, 광주학생운동, 창씨개명거부운동 등 다양한 민족운동에 적극 참여하였던 것이다. 특히 불교계의 유일한 항일 비밀결사체였던 〈만당卍黨〉(1930)의 당수로 추대된 것도 간과할 수 없는 행적이다. 이렇듯 그의 불굴의 정신과 꺾이지 않는 기개는 민족의 사표가 되기에 충분하였다. 독립에 대한 갈망, 매서운 지조는 민족 지성인의 표본이 되었던 것이다. 일제가 제공하는 배급마저 거부하였던 지사적 저항정신은 한겨울의 매화 같은 것이었으며, 식민지 사회를 뜨겁게 달구었던 활화산 같은 것이기도 했다.

## 2. 불교개혁가로서의 한용운

만해 한용운은 승려였다. 백담사에서 삭발염의한 그는 불교의 소양을 익히는 한편 다양한 경전의 섭렵과 참선 수행에 정진하였다. 그러한 수학과정에서 그는 불교의 교리, 신앙, 사상 등을 철저히 체득했다. 마침내 그는 조선시대 산중불교에서 벗어나지 못하는 불교의 여러 문제점을 파악하여 불교가 나아갈 길을 제시하였다. 즉 민족불교, 대승불교의 정신을 구현하면서 그 시대의 빛과 보살의 역할을 불교가 해야 한다는 자신의 입론을 정비할 수 있었다.

이런 소신에서 나온 것이 1913년에 간행된 『조선불교유신론』이었다. 이 『유신론』에서 그는 불교의 개혁을 과감하게 주장하였거니와, 기존 불교의 과감한 파괴와 혁신을 통하여 새로운 불교로 나아갈 것을 역설했다. 그는 산중불교, 승려 중심의 불교에서 도회지 중심의 불교, 대중 중심의 불교로 나아갈 것을 강조했다. 즉 한용운은 불교를 근대공간에서 존재케 할 수 있다는 소신에서 나온 대중불교론大衆佛敎論을 강력하게 내세웠던 것이다.

한용운의 대중불교론은 선禪 분야에서도 표출되었다. 만해 선은 선의 해방, 선의 일상화에서 나온 생활선이었거니와 이는 선의 사회성, 역사성으로 귀결되었다. 한용운은 선을 생활화, 대중화, 사회화할 수 있다는 선사상을 갖고 있었기에 선사禪師였다. 따라서 그의 참선 수행은 선방에서, 선학원에서, 거리에서, 심우장에서도 멈추질 않았다. 그래서 한용운의 불교개혁은 선 분야에도 구현되었다.

한용운의 불교개혁은 다양한 업적으로 나타났다. 팔만대장경을 요약·정리하여 대중들이 쉽게 읽게 하였던 『불교대전』의 발간, 불교 대중화 및 불교혁신을 기하기 위한 단체인 〈조선불교강구회〉, 〈조선불교회〉, 〈불교동맹회〉 등의 조직, 조선선종 포교당 포교사 취임, 대중들을 계몽하기 위한 잡지 『유심』 발간 등이 그 예들이다. 여기에서 한용운의 근대화에 대한 적극성, 근대성이 노정된다.

3·1운동으로 수감되었다가 나온 이후에도 그의 불교개혁에 대한 열정은 쉼이 없었다. 그는 우선 전통 선의 부흥과 개혁을 위해 등장한 선학원禪學院과 관련을 맺으면서 역경과 불교 대중화를 위한 단체인 〈법보회〉를 조직하였다. 또한 불교유신을 위해 등장한 청년승려들의 단체인 〈조선불교청년회〉 총재로도 취임했다.

그 무렵 한용운은 불교자주화의 일환으로 불교계 통일운동, 종단 설립운동을 강력하게 주장했다. 일제의 식민지 불교정책, 사찰령 구도에 긴박당한 불교계를 불교개혁, 불교자주의 무대로 이끌어내려는 대안이었다. 이런 움직임은 1930년대의 총본산 건설운동으로 이어졌다. 이러한 한용운의 불교개혁은 포교, 역경, 학교, 선방 등 미치지 않은 곳이 없었다.

그리고 1930년대 초반에는 당시 불교계의 유일한 잡지인 『불교』를 펴내던 〈불교사〉의 사장에 취임하였다. 〈불교사〉의 사장에 오른 그는 기존의 안일한 편집 원칙을 개혁하여 불교계 모순과 현실에 매서운 비판을 가했다. 이때부터 『불교』는 식민지 불교정책을 분석하고, 그에 안주하였던 식민지 공간의 사찰 및 승려에 대한 준열한 비판을 가했다. 동시에 기존의 나약하고 안이한 불교계의 체질을 개혁하기 위한 불교개혁론을 기고하고, 학승들의 논설을 게재하였다. 그 무렵 『불교』 88호(1931. 10)에 한용운이 기고한 「조선불교의 개혁안」은 대표적인 논설이었다.

한용운의 이러한 활동은 식민지 당국, 그 지배에 안주한 교단을 위협하기에 충분하였다. 그러한 이유로 그는 1930년대 후반, 〈불교사〉 사장을 사임하게 된다. 한용운의 불교개혁론은 당시 민족의식에 불타던 불교청년, 청년승려들의 적극적인 지지와 후원을 받았다. 그래서 중앙불전의 교장으로도 추대되었지만 일제는 그를 허락하지 않았다.

30대에 『조선불교유신론』을 집필할 당시부터 50대 후반까지 불교개혁을 위한 다양한 기고와 강연과 같은 열정적 행보는, 일본불교에 무방비로 노출되고 전통과 근대 문명의 사이에서 혼미하였던 한국불교의 취약성과 허약함을 쇄신하고 극복하려 한 것에서 나온 것이다. 요컨대 이 모든 것은 한국불교를 지키고 발전시키려는 처절한 노력이었다.

## 3. 작가로서의 한용운

한용운의 위대성, 전인적 면모는 문학에서도 뚜렷하다. 그의 활동은 시작詩作에만 국한되지 않았다. 현전하는 그의 작품을 보면 그 장르가 시, 시조, 소설, 수필, 한시 등 다방면에 걸쳐 있다. 그런데 그가 이처럼 다양한 장르에서 작품활동을 할 수 있었고, 『님의 침묵』과 같은 불멸의 시집을 펴낼 수 있었던 것은 그가 지닌 지리적, 문화적, 인문적, 교육적 환경으로 보면 특이한 일이다. 한용운은 근대적인 제도권의 학교를 제대로 다닌 적이 없고, 더구나 문학 창작 등과 관련된 교육을 받은 적이 일체 없었다. 그럼에도 불구하고 한용운이 뛰어난 문학적 성취를 이룰 수 있었던 것은 그의 성장 과정과 정신에서 찾아야 할 것이다.

우선 한용운은 출가하기 이전 고향에서 전통 한학을 수학하였다. 향리에서의 체계적인 한학 수학 과정에서 뛰어난 실력을 인정받았다는 사실은 구전으로 전해 오고 있다. 물론 여기에는 그의 출신 가문이 몰락한 양반, 즉 잔반殘班이었기에 집안 어른으로부터의 가정교육의 영향도 일정 부분 작용하였을 것이다. 그리고 그는 18세 무렵에는 이와 같은 한학의 실력을 인정받아 향리에서 한문 서당의 훈장으로도 활동하였다. 여기에는 그의 향리인 호서지방의 유학(湖學, 南塘學)의 저항정신이 스며들었을 가능성을 배제할 수 없다.

때문에 한용운은 유년 시절, 청소년기에 익힌 한학 공부가 자연스럽게 문학적 소양이 되었다고 볼 수 있다. 한학은 단순한 한문이 아니고 동양사, 동양철학, 동양의 세계관과 우주관이 집대성된 산물이기 때문이다. 덕분에 한용운은 출가 후에도 불교 경전을 보다 쉽게 소화할 수 있는 자산을 가졌던 것이다. 그의 한시를 보면 출가 초기부터의 작품이 적지 않다. 이는 그가 승려로 입문한 이후에도 지속적으로 한시에 관심을 가졌으며, 이러한 수학 결과가 자연적으로 한용운 문학의 밑거름으로 작용하였음을 예상케 하는 대목이다.

다음으로 한용운은 새로운 문물에 대한 탐구정신은 물론 세계 문명, 정세, 근대화 등에 대해 적극적인 수용의식을 갖추고 있었다. 1918년에 발간한 『유심』의 내용을 보면 한용운의 기고문, 신시가 다수 나온다. 이것은 당시 일본을 거쳐 수입된 새로운 문학사조나 형식에 대한 한용운 나름의 수용 결과로 볼 수 있다.

또한 한용운의 탐구정신과 더불어 유의할 것은 문학에서도 그의 도전정신이 강하게 작용했다는 것이다. 『유심』에 다수의 신시를 게재한 것, 1925년 백담사에 칩거하며 『십현담주해』와 『님의 침묵』을 집필하고, 창작한 것은 남다른 문학적 도전정신에서 기인하였다고밖에 볼 수 없다. 『십현담주해』는 그의 한학 수준과 선禪적인 자질에서 나온 것이지만, 『님의 침묵』에 수록된 88편의 시를 짧은 기간에 완성하여 출판한 것은 그의 문학적 도전정신, 청년정신으로 가능하였다고 본다.

한용운의 문학적 평가와 의의는 한국문학사에서 다양한 관점에서 시도되어 왔고 여전히 진행 중에 있다. 필자는 여기에서 한용운의 문학인, 작가로서의 자질과 환경, 문학적 정신이 배태된 배경을 간단히 정리하였다. 한용운의 이 같은 문학인, 작가로서의 다면성은 그의 인문학적인 자질을 상징하면서 근대 지성인을 대변하는 내용 그 자체이다. 그러나 한용운은 문학을 위한, 작가가 되기 위한 글은 결코 쓰지 않았다. 그의 글쓰기는 주체할 수 없는 자아의식에서 나온 '살아 있음'의 증거라고 필자는 본다.

제1부

# 한용운 불교, 과거·현재·미래

# 한용운 불교 연구, 어디까지 왔나

제1장

## 1. 서 언

만해 한용운은 근대불교를 대표하는 승려로서 널리 알려졌지만, 그에 대한 호칭이 시인, 독립운동가, 불교개혁가, 혁명가, 사회운동가 등으로 다양했음을 보면[1] 그의 활동 영역이 단순히 불교계에 머물지는 않았다는 것을 알 수 있다. 이는 그에 대한 연구가 다방면에서 접근되어야 함을 말해 주는 단서이다. 그럼에도 불구하고 지금까지의 한용운에 대한 연구의 성과를 개괄하면 문학 방면에서의 접근이 주류를 이루고 있음을 부인하기는 어렵다. 이는 연구의 불균형을 말하는 것이며, 아직까지 만해 한용운의 전체적인 모습을 그려내지는 못하였다는 단서이다. 더욱이 한용운은 승려로 일생을 마쳤고, 그가 활동한 주 무대가 불교계였음을 고려하면, 불교적인 접근의 연구가 적은 것은 납득하기 어렵다.

---

1 필자는 몇 해 전, 만해 한용운의 평전(증보판)을 출간하였다. 그 평전 집필 시 한용운에 대한 호칭을 찾아보았는데 60여 건에 달하였음을 알게 되었다. 『만해 한용운 평전 - 첫키스로 만해를 만난다』, 참글세상, 2009, 4쪽 참조.

그렇다면 만해 한용운에 대한 불교적인 관점의 연구가 적은 것은 어디에서 기인하였는가? 이는 기본적으로 불교계의 관심 부족에서 나온 것이다. 한국 현대불교사를 유의하여 살펴보면, 한용운을 학문적인 대상으로 인식할 수 없을 정도로 지성의 빈곤이 심하였다. 여기에서 그 원인을 자세히 살필 여력은 없지만, 조계종단과 태고종단의 경우 양 종단은 치열한 내적 투쟁을 거쳤고, 양적인 발전에만 치중한 노선을 경주하였다. 특히 1950년대에 나타난 이른바 비구승과 대처승 간에 전개된 갈등 대립(정화운동, 분규 등)은 그 단적인 예증이다. 1970년대 이후에 전개된 불교계의 제반 운영과 노선도 불교의 양적인 발전에 치중하고, 민족적·사회적인 차원에서 불교를 바라보려는 관심과 지향은 뚜렷하지 않았다. 한편, 한용운의 지향은 민족불교, 대중불교로 요약할 수 있는데, 이 종단들의 노선과는 이질적이었다.

조계종단에서는 한용운이 승려의 결혼을 주장하고, 그 자신도 그것을 실천하였기에 더욱 거북스러운 존재였다. 다만 일부 불교개혁을 추구하였던 운동권 승려의 그룹에서, 불교청년운동을 하는 재가불교청년 단체에서 한용운을 찾았을 뿐이다. 태고종단의 경우는 그 내적인 움직임을 단순화시킬 수는 없지만 그 대강의 흐름은 유사하였다. 일면에서 보면 태고종단의 기원과 노선은 한용운의 대중불교와 그 체질이 같다고 볼 수 있다. 그러나 이 종단에서도 1980년대까지는 한용운에 대한 일정한 관심이 있었던 것으로 보이나, 한용운의 제자들이 점차 사라지는 현실과 짝하여 한용운에 대한 관심이 희박해졌던 것으로 보인다.

불교계에서 한용운 연구가 주목받지 못하는 또 다른 이유는 근현대 불교 연구자의 희소에서 찾을 수 있다. 불교학계에서는 불교의 교리, 사상에 치중한 결과 불교사 및 근현대 불교를 연구하는 학자들이 매우 적었다. 이는 불교계 전체의 현실인식 부족 및 지성 결핍과 맞물려 나온 것이었다.

이러한 요인들이 중첩되어 만해 한용운 불교 연구의 나약성이 만들어졌던 것이다. 다만 최근에 접어들어 근현대 불교의 중요성이 인식되면서 이 분야를 연구하는 학자들이 등장하고, 〈만해사상실천선양회〉와 백담사 만해마을의 활동이 시작되면서 관련 연구가 증가하고 있는 점은 반가운 일이다.

본 고찰에서는 한용운 연구의 성과물 중에서 불교의 측면과 유관한 연구 성과를 정리하고, 추후 연구의 방향을 전망하고자 한다.[2] 그런데 불교의 측면과 유관한 성과라고 할 경우에도 불교계에서 생산된 연구와 결과적으로 불교와 직결되는 연구로 대별할 수 있다. 그러나 양 측면의 연구는 분명하게 그 경계를 나누기가 애매하고, 그 성과를 분류해 본 성과물이 없었다는 필자의 관점에 의거, 불교와 직간접적으로 연관 있는 주제를 대별하여 살펴보고자 한다.[3]

필자가 선정한 주제는 『조선불교유신론』, 『불교대전』, 『십현담주해』, 불교사상, 불교개혁론, 불교청년운동, 만해 한용운의 계보학 등이다. 한용운이 그토록 갈망하였던 해방이 된 지 66주년이 되는 해를 기하여 정리하는 본 고찰이 추후의 만해 한용운 불교 연구에 일정한 자극이 되기를 기대하는 바이다.

## 2. 한용운 불교, 연구사의 개요

### 1) 『조선불교유신론』

한용운의 불교적인 측면에서 가장 두드러진 연구 성과가 있는 것은

2 본고는 필자가 『만해학보』 8호(2004)에 기고한 「한용운 불교 연구의 회고와 전망」을 수정·보완한 글임을 밝힌다. 이 글과 유관한 것은 서준섭의 논고가 있다. 서준섭, 「한용운의 불교 관계 저술 연구의 현황과 문제점」, 『만해연구, 성찰과 모색』, 작가회의, 2004.

3 본 고찰의 한계는 문학 방면에서 만해 연구의 성과물에 나타난 만해의 불교 관련 내용을 소개·정리하지 못한 것이다. 이러한 미진한 점은 필자의 연구 과제로 남겨 두고자 한다.

『조선불교유신론』이다. 이 저술은 한용운이 1910년 여름경에 대강의 집필을 하고, 1913년 5월 25일 신문관에서 발간하였다. 발간 직후부터 당시 불교계에서 그 내용을 둘러싸고 찬반양론이 심하였다. 이에 이 저술의 위상은 근현대 불교 100여 년간 불교인들의 필독서, 근대불교의 서적을 대표하는 대상이라고 칭할 정도가 되었다. 그러나 그에 걸맞은 연구는 수반되지 않았다. 이 『유신론』에 대한 연구는 초창기에는 내용 소개, 분석으로 시작하였으나 점차 그 내용에 담긴 사상, 개혁적인 의의, 민족적 의미, 현대불교에 미친 영향 등으로 연구의 관점이 확대되고 있다. 우선 이 저술과 관련된 연구 목록을 제시하겠다.

정광호(1), 「한용운과 조선불교유신론 – 한용운 연구」, 『법륜』 32호, 33호, 34호, 49호, 50호, 1971~1972

전서암, 「만해의 저항정신과 불교유신론」, 『씨올의 소리』 79호, 1978

안병직, 「조선불교유신론의 분석 – 사회사상적 측면을 중심으로」, 『창작과 비평』 52호, 1979

김영태(1), 「만해의 새불교운동」, 『법륜』 125호, 1979

한상철, 「한용운의 사회사상」, 『한국학보』 30집, 31집, 1980

서경수, 「만해의 불교유신론」, 『한용운사상연구』 2, 1981

이영무, 「韓國佛教思想史上 한용운의 위치 – 『조선불교유신론』을 중심으로」, 『인문과학 연구』 14, 1982

최유진, 「한용운의 불교개혁 이론」, 『철학논집』 2, 1991

최병헌, 「일제불교의 침투와 한용운의 '조선불교유신론'」, 『한국종교사상의 재조명』, 원광대학교출판국, 1993

김호성, 「조선불교유신론의 의례관」, 『불교학보』 36, 1999

서재영(1), 「1910년 전후의 시대상과 조선불교유신론의 의의」, 『의상만해연구』 창간호, 2002

종명, 「조선불교유신론에 나타난 만해의 계율관」, 『만해축전자료집』, 2002
김광식(1), 「한용운의 민족의식과 '조선불교유신론'」, 『한국민족운동사연구』 35, 2003
정광호(2), 「조선불교유신론의 집필의 배경과 개혁방향」, 『불교평론』 16, 2003
서재영(2), 「조선불교유신론의 소회 폐지론과 선종의 정체성」, 『불교평론』 16, 2003
김광식(2), 「조선불교유신론과 현대 한국불교」, 『불교평론』 16, 2003
허도학, 「근대계몽철학과 조선불교유신론」, 『불교평론』 16, 2003
고명수, 「조선불교유신론과 만해의 문학관」, 『불교평론』 16, 2003
이도흠, 「조선불교유신론에서의 근대적 세계관 읽기」, 『불교평론』 16, 2003
유승무, 「사회진화론과 만해의 사회사상 –조선불교유신론을 중심으로」, 『만해축전자료집』, 2003
이홍섭, 「조선불교유신론에 담긴 한용운의 세계관과 건봉사와의 영향 관계」, 『한국어문학연구』 43, 2004
송현주, 「한용운의 불교·종교담론에 나타난 근대사상의 수용과 재구성」, 『종교문화비평』 12, 2007
이선이, 「'문명'과 '민족'을 통해 본 만해의 근대 이해 – 조선불교유신론과 조선독립의 서를 중심으로」, 『만해학 연구』 3, 2007

이처럼, 『조선불교유신론』에 대한 연구 성과는 여타 분야[4]보다 비교적 축적되어 있다. 연구자도 불교·문학·역사·사회학 등 다양한 분야에서 나왔다. 위의 연구 중에서 정광호, 김영태, 안병직, 서경수, 이영무의 연구들은 대략 『유신론』의 내용을 분석하면서 그에 담긴 불교개혁적인 특성을 조명하고 있다. 이들의 연구는 1970~1980년대에 생산되었기에 『유신론』의

4 이는 불교적인 분야에서의 제한적인 내용이다.

충남 홍성에 있는 만해 한용운의 생가

초기 연구는 『유신론』의 개요와 내용을 소개하는 것이 주류를 이루고 있음을 알 수 있다.

그러나 그 세부 이해에서는 다양한 견해가 제기되었다. 이 중 전서암(전재성)은 한용운 정신의 근원에는 저항이 자리 잡고 있었으며, 그 정신이 불교의 민중화, 세속화를 밀고 나갔다고 보았다. 즉 그는 한용운의 저항정신은 전체성을 지향했기 때문에 민중의 마음으로 회귀될 수 있었다고 보았는데, 그 실례가 『조선불교유신론』이라는 것이다. 이 같은 전서암의 연구는 1980년대 초반 민중불교의 이념적인 모태가 되었다는 점에서 일정한 의의를 갖고 있다.

안병직은 『유신론』의 해설보다는 그에 담긴 근대사상을 중점적으로 탐구하였다. 그는 이 연구에서 한용운의 세계에 대한 새로운 인식, 즉 진보와 경쟁의식, 자아의 발견을 통한 자유주의 도입, 근대적 시민의식에서의 모험·경쟁·자본주의 경영 등이 배태되었다고 보았다. 나아가서 그는, 한용운은 앞서 지적한 새로운 흐름과 서구사상을 수용·소화하여 자신의 생활에 응용하였다고 하였는바, 이는 근대사상사에서 독특한 위치를 점한다고 평가하였다. 이러한 지적은 『유신론』을 이해할 수 있는 인식의 폭을 확대하였기에 의미 있는 연구라 하겠다.[5]

한상철은 『유신론』에 나타난 사회사상을 중점 탐구하였다. 그는 한용운의 사회사상을, 자유, 평등관(불교의 자아관), 구세주의(중생제도), 역사의식(진보사상), 시민의식(개인의 해방, 개인의 자율성)으로 구분하였다. 그는 한용운의 사회사상과 유관한 논설 전체를 분석하여 형성기, 확립기, 심화기로 나누면서 사회사상의 변화와 진전을 조명하였다.

그리고 서경수는, 한용운이 『유신론』을 집필할 수 있는 배경과 관련하여 불교의 수도적 역정歷程과 탈수도적脫修道的 역정[6]에서 이루어졌다고 보았다. 즉 그는 수도적 역정이 『유신론』을 집필케 하였지만, 승려취처론과 같은 반계율적 이론을 제기한 것은 탈수도적 역정에서 나온 것으로 이해하였다. 나아가서 서경수는 한용운의 일생을 수도인적 방향과 탈수도인적 방향을 함께 걸었다는 독특한 관점을 제시하였다.

한편 이영무는, 한용운이 당시 불교를 구세주의 불교, 사회 참여의 불교로 개편하려는 방법론을 제시한 것이 바로 『유신론』이라고 보았다. 그러면서 그는 한용운의 『유신론』은 글에서는 유신이라는 표현이 제기되었으나, 그 근본은 불교의 근본 이념으로 되돌아가 신라·고려 시대와 같이 사회참여와 민중 지도의 지위로 다시 돌아가자는 복고주의적인 색채가 짙다고 주장한다. 또한 민족사 관점에서는 불교를 유신하여 조국을 되찾고 민족을 부흥하겠다는 민족사적인 과제도 개재되었다고 보았다. 그리고 한용운

5 한편 그는 『유신론』의 한계도 지적하였다. 즉 그는, 한용운은 자유주의 내면성만을 주목하였으며, 독립운동의 단계까지는 나아가지 못하여 일제에게 승려대처를 청원하였기에 민족적 자각이 낮은 수준이었다고 보았다.

6 탈수도적 역정은 한용운이 시베리아 여행, 일본 여행, 개화기 신사상에 몰두하였던 과정을 말한다.

의 『유신론』의 서술에서는 비교종교학, 비교철학을 시도한 것을 주목해야 한다고 주장한다. 이런 분석을 통해 그는 『유신론』의 의미를 역사성(신라·고려 시대의 불교의 발전), 시대성(민족 당면 문제), 문화성(서구 종교철학에 대응) 차원에서 찾아야 한다고 보았다.

이러한 연구는 『유신론』의 내용을 정리, 분석한 것이지만, 『유신론』을 바라보는 관점이나 이해에서의 구체적인 측면에서는 그 편차가 다양했다. 그 다양성은 연구자가 처한 입장이 은연중에 드러난 것이라고도 하겠다. 이에 이 시기의 『유신론』 연구는 그 첫발자국을 내디뎠다는 데에서 의미를 찾아야 할 것이다.

『유신론』에 대한 연구 시각의 다양성은 1990년대에 접어들면서 본격화되었다. 이는 이 시기부터 근현대 불교를 연구하는 연구 인력이 다양화되었던 것과 무관할 수는 없는 것이다. 특히 백담사에 〈만해사상실천선양회〉의 주관으로 '만해마을'이 설립되었는데, 그것이 한용운 연구의 기반이 되면서 이 분야에도 연구의 심화가 촉진되었다.[7]

최유진은 한용운의 개혁론을 폭넓게 분석하면서 한용운의 개혁론의 성격을 불교철학의 관점에서 분석하였다. 김호성은 『유신론』에서 한용운이 주장한 의례의 문제를 집중적으로 정리하여 그 의미를 요약하였으며, 서재영(2)은 『유신론』에서 한용운이 주장한 소회의 폐지를 선종의 정체성 정비와 관련하여 고찰하였다. 허도학과 유승무는 『유신론』에 스며 있는 서구철학, 사회진화론의 이념을 집중적으로 정리하였다. 그간 한용운이 서구철학에 영향을 받았으며, 특히 량치차오(梁啓超)와 진화론에 대한 사상적인 의타성은 적지 않게 지적되었지만[8] 그를 집중하여 정리한 것이 미약하였는

7 『불교평론』에 게재된 『유신론』 연구는 2003년도 만해마을 개관 기념으로 열린 세미나에서 발표된 것이다.

8 김춘남은 「양계초를 통한 한용운의 서구사상 수용」(『한국학논총』, 1985)에서 한용운의 서구사상의 영향을 본격적으로 정리하여 이 분야에 큰 시사를 제공하였다.

데, 이들의 글은 그를 보충한다는 측면에서 일정한 의의를 갖고 있는 것이다. 그러나 이들의 연구에서는 논지 전개와 개념 정리에 일부 지나친 면[9]이 노출되었던 것이 아쉽다 하겠다.

종명은 『유신론』에 나타난 승려의 결혼 허용 문제를 시대와의 조화(계율의 중도적 적용)의 관점에서 조명하였다. 그는 한용운의 계율관은 근본 계율관과 맥을 같이하였다고 보면서도, 한용운이 주장한 '승니僧尼의 선택적 가취嫁娶'는 승단과 사회의 발전을 위해 시급한 사항이었다고 주장하였다. 그런데 이 주제의 고찰을 진행함에는 당시의 근대적인 관점과 현대적인 관점이 교차, 충돌될 가능성이 많으므로 이를 어떻게 정리할 것인가 하는 질문이 제기된다.

이 시기 『유신론』과 관련된 연구에서 두드러진 것은, 한용운이 『유신론』을 집필하였을 당시 그의 현실인식에 대한 문제이다. 지금껏 대부분의 연구자는 한용운의 민족의식에 대해서는 긍정적으로 평가하였다. 이는 무엇보다는 한용운이 『유신론』을 집필, 발간하였다는 자체에서 민족의식이 분명히 있다고 보았기 때문이다.

그러나 이런 통설에 대해 최초로 이의를 제기한 연구자는 최병헌이다.[10] 최병헌은, 한용운이 불교의 사회적 역할, 승려의 지위 향상을 강조하면서도 일본의 정치적 침략과 일본불교의 침투에 대해서는 무감각하였다고 지적하였다. 그는, 한용운이 일본 통감에게 제출한 승려의 결혼을 허용해 달라는 건백서를 그 단적인 실례로 보았다. 이는 기존 견해, 통설의 한계를 환기시킬 수 있는 것이었다.

---

9 예컨대 유승무는 "사회진화론적인 불교유신은 불교사상적 근거와 동시대의 사회적 조건을 동시에 충족시키는 방향으로 이루어지기보다는 사회적 조건에 부응하는 방향으로 이루어짐으로써 불교의 정체성과 멀어지는 한계성을 내포하였다."고 하면서도, 결론에 가서는 그 사상적 한계는 오늘날에 사는 우리의 관점에서 본 한계라고 표현하였다. 『만해축전자료집』, 2003, 264~265쪽.

10 최병헌 이전에도 염무웅, 김영태도 이런 문제의식을 간략히 피력하였다.

이 같은 최병헌의 견해에 대하여 서재영(1)은 『유신론』에 나타난 한용운의 민족의식은 1910년대라는 시대적, 종교적 상황이라는 연결 고리를 갖고 바라보면 새로운 이해의 지평이 열린다고 대응하였다. 이에 그는 『유신론』이 외래종교 팽창에 맞서 불교 중흥을 도모한 구체적 방안의 제시, 외래종교 이면에 숨어 있는 외세에 맞서기 위한 대응책, 민족자주세력의 양성과 조직화라는 의의를 개진하였다.[11] 그러나 서재영의 이 관점은 새로운 접근 시각임에도 불구하고 일부 내용에서 논리가 비약되고, 근거가 불충분하여 설득력과 보편성이라는 측면에서 한계를 노정하고 있다. 특히 민족자주세력의 양성과 조직화라는 내용에서는 납득하기 어려운 점이 두드러진다.

한편 이러한 논란에 관하여 김광식(1)은, 한용운이 『유신론』을 집필하였던 1910년대 전체의 행적을 정리하면서 『유신론』을 집필하였던 단계에서의 한용운은 민족의식이 투철하지는 않았다고 주장하였다. 즉 한용운이 당시까지는 민족불교 지향에는 확연하게 도달하지 않은 것으로 보았는데, 그 근거로 일본불교의 침투로 야기된 문제의 몰인식, 국권 강탈에 협조하였던 일본불교의 정체성 미파악, 국권 상실 후 불과 1개월 후에 일제 통감에게 승려의 결혼 허용을 주장한 건백서 제출 등을 제시하였다. 다만 한용운의 민족의식이 입산 직후부터 본격화된 것이 아니라 어떤 계기, 변동에 의해서 변화, 성숙되어 간 것으로 보아야 한다는 논리하에서, 한용운은 1910년 말에 등장한 항일불교로서의 임제종운동 단계부터 질적인 변화를 거친다고 이해하였다. 여기에서 문제가 되는 것은 민족의식의 개념이 무엇인가와 투철한 민족의식이 아니었다면 미약한 민족의식이라도 있었다고 볼 수 있지 않느냐[12]는 반론에 대한 대응이다.

---

11 그는 그간의 한용운 이해가 민족과 제국주의, 항일과 친일이라는 범주에서 이해되었다고 보았다. 이에 그는 항일과 친일이라는 범주를 넘어서면 반외세, 민족자주라는 큰 테두리를 형성할 수 있다고 주장하였다.

그 밖에 『유신론』에서 한용운의 문학관을 찾으려는 고명수의 연구, 『유신론』에서 근대적 세계관을 읽어내려는 이도학의 연구, 종교적인 관점에서 한용운의 근대사상을 점검한 송현주의 연구는 그간 시도하지 않았던 참신한 연구 시각이라고 보겠다.

고명수의 연구에서는 그가 분석한 『유신론』에 나타난 문학관이 문학 분야에서 제기된 한용운의 문학관과는 어떤 차별성을 갖는지가 누락된 것이 아쉽다. 이도흠은 그의 연구에서 『유신론』에는 한용운의 근대적 세계관이 형성되어 있다고 분석하였다. 요컨대 한용운을 근대적 사유와 실천을 행한 인물로 본 것이다. 그러나 최근에 논란이 되었던 탈근대성의 관점에서는 한용운을 어떻게 바라보아야 하는가에 대한 의문을 남겨 놓았다.

이홍섭은 『유신론』에 나온 세계관을 정리하면서 그것과 한용운이 공부하였던 건봉사와의 연관성을 제시하였다. 이는 일반적으로 한용운과 백담사에 대해서는 주목하지만, 백담사의 본사였으며 한용운이 불교 경전을 공부한 건봉사를 소홀하게 다루는 것에 대한 경종을 울리는 고찰이다. 송현주는 한용운의 다양한 글에서 그가 근대사상에 영향받았음을 추출하고, 그 성격을 정리하였다.

그리고 이선이는 한용운의 근대 이해는 한용운 사상과 실천의 모태가 된다고 보았다. 이 전제에서 이선이는 한용운의 근대 이해의 과정에는 문명에 대한 동경과 민족의 자각이라는 인식론적 변화가 혼재되어 있었고, 한용운의 관념적이고 낙관적인 문명관이 『조선불교유신론』에 나온다고 보았다. 한편 김광식(2)은 『유신론』에서 제기한 불교개혁의 내용이 지금 현재에도 유효한가의 관점에서 『유신론』과 한국 현대불교와의 상관 관계를 정리하였다.

12 마음속에 내재하고 있었다든가, 심성에 용광로처럼 타오르고 있었을 뿐 외형적으로 표출되지 않았다는 반론도 동일한 내용일 것이다.

## 2) 『불교대전』

『불교대전』은 한용운이 불교 대중화를 위한 차원에서 1914년 4월 30일 범어사를 발행소로 하여 발간한 저작이다. 그러나 이에 대한 연구는 매우 소략하다. 『한용운전집』이 1973년에 출간되었을 당시 조명기가 집필한 「만해 한용운의 저서와 불교사상」이라는 글[13]에 『불교대전』의 내용이 소략하게 정리된 것이 이 연구와 관련된 최초의 글이었다. 최근에 와서 그 전체적인 내용, 집필 배경, 특성, 인용 경전에 대한 연구가 시작되었지만, 이제 연구의 초보 단계에 접어들었을 정도이다. 연구들의 대강은 다음과 같다.

박포리, 「『불교대전』의 편제와 만해 한용운의 불교관」, 『의상만해연구』 창간호, 2002

김상영, 「『불교대전』의 특성과 인용 경전 연구」, 『만해학보』 5·7, 2003·2004

한용운이 팔만대장경의 요체를 발췌, 정리한 『불교대전』

박포리[14]는 위의 연구에서 한용운이 『불교대전』을 저술한 동기, 『불교대전』의 구성과 내용을 분석하였다. 동시에 그는 한용운의 이 저술을 당시 일본불교 정토종계의 진종에서 1905년에 발간한 『불교성전』과 비교·검토하여 그 상호관계도 정리하였다. 우선 박포리는, 한용운이 이를 집필한 배경에

13 『한용운전집』 3에 수록되었다.

14 박포리는 재미교포로서 현재 콜로라도 대학 교수인데, 미국에서 종교학, 한국불교를 가르치고 있다.

대해서는 한용운이 당시 불교계의 문제를 교리적으로 해결하려 했던 데에서 찾았다. 즉 그는 한용운이, 첫째 불교가 현대사회에 살아남기 위해서는 사회적으로 참여하여야 한다는 것을 제시한 것으로 보았고, 둘째 불교의 사회적 활동 영역 확대로 인해 승려들의 가치 혼돈과 세속화를 방지해야 한다고 제시한 것으로 보았다. 박포리는, 한용운이 이 두 문제를 동시에 해결하기 위하여 불교의 교리를 평등주의와 구세주의로 양분하고, 이를 다시 일원적으로 통일시켰다고 보았다. 즉 한용운은 구세주의를 통해 불교에 사회윤리와 가치를 도입하였고, 평등주의를 통해 사회 참여가 불교의 존재를 해치지 않는 방향에서 진행하도록 하였다는 것이다. 여기에서 박포리는 이 같은 교리적 분리, 통일이라는 한용운 사상의 교학적 체계와 근거를 보여 주는 것이 『불교대전』이라고 주장하였던 것이다.

그리고 일본불교의 『불교성전』의 영향과 관련해서는, 한용운은 일본의 『불교성전』을 참조하였으되 팔리, 산스크리트 경전을 제외한 모든 번역을 원본인 한역 경전으로 직접 읽고 하였다고 보았다. 이 저술의 성격에 대해서는 『조선불교유신론』이 승가를 향한 자체의 개혁론이었던 것에 비하여 『불교대전』은 재가신도를 위한 사상 지침서, 신앙 안내서였다고 보았다. 동시에 이 저술의 구성을 분석하여 불교교리의 체계적 제시를 중심에 두고 종교 수행은 그 체계 안에 부수적으로 수용하였다고 보면서, 이는 전체적 조화 속에 개별적 특성을 보여 주려는 한용운의 의도가 드러난 것으로 이해하였다.

이러한 박포리의 연구는 『불교대전』에 대한 본격적인 연구라는 점에서 시선을 받을 수 있는 연구 성과이다. 특히 지금껏 한용운이 이를 집필하기 위해 통도사의 대장경을 빠짐없이 열람하였다는 정열과 그에 대한 칭찬만 강조되던 분위기를 반전시킬 수 있는 일본불교의 『붇교성전』의 영향을 언급한 것은 중요한 지적이 아닐 수 없다. 다만 일제하의 한국불교계에서도 한용운의 이 저술은 일본불교의 영향을 받았다는 주장이 지면으로도 나온 것을 볼 때, 『불교대전』과 『불교성전』의 비교를 더욱 철저하게 하였으면

하는 아쉬움이 남는다.

박포리의 뒤를 이어서 나온 연구가 김상영의 연구이다. 김상영은 『불교대전』의 편찬 배경과 목적, 체제와 주요 내용, 인용 경전의 비중과 성격 등을 종합적으로 고찰하였다. 우선 편찬 배경을 뚜렷하게 개진하지는 않았으나, 김상영은 『불교대전』을 집필하기 이전의 시기가 한용운에게는 경전의 습득과 선 수행을 통해 승려로서의 자질을 다져 나갔던 시기, 불교개혁운동가로서의 면모를 다져 가는 시기라고 하여 은연중 이런 성격이 『불교대전』의 편찬 배경이 되었음을 제시하였다. 편찬의 목적은 한용운의 대중교화, 포교, 역경에 대한 사상과 실천의식 속에 탄생된 것으로 제시하였다. 체제에 나타난 특성은 한용운의 대중불교를 위한 정돈된 틀에 대장경을 재구성한 체계의 독창성을 지적하였다. 그 체제의 강조에서는 불교 대중화, 현대화라는 관점을 강조하기 위하여 자치품自治品과 대치품對治品에 보다 많은 비중을 두었다고 분석하였으며, 『불교대전』의 범례를 분석하여 대중불교 지향이 분명하게 드러난다고 강조하였다.

그리고 인용 경전의 분석을 통하여 1,741개의 인용 경구가 수록되어 있음을 밝혀낸 것은 큰 수확이라고 볼 수 있다. 나아가서는 430여 종의 경전의 이름을 확인해낸 것도 연구의 기초를 충실히 하였다고 하겠다. 특히 김상영은 가장 중요시된 경전이 『화엄경』과 『열반경』임을 분석하였다. 이는 한용운의 불교사상을 점검함에 있어 기초적인 정보를 제공하는 것이다. 그러나 김상영의 연구에 있어서 미진한 측면은 인용 경전에 대한 분석, 대장경과의 비교 등이 전체적으로 소략하다는 것이다.

한편 『불교대전』의 연구의 심화에 있어서 고려할 것은 한용운의 이 저술이 당시 불교계 내외에 미친 영향이다. 당시 이 저술의 광고 문안을 유의하여 보면 이 저술에 대한 반향이 상당하였음을 파악할 수 있다. 이 저술이 갖고 있는 시대성, 역사적 의의에 대한 연구는 추후 더욱 천착되어야 할 것이다.

### 3) 『십현담주해』

『십현담주해十玄談註解』는 당唐나라 상찰常察 선사가 저술한 선화禪話 게송이다. 그 분량은 적으나, 그 내용에 담긴 뜻이 심오하여 선의 정수로 널리 알려져 있다. 이 『십현담』은 불법의 진리를 열 편의 담화체의 시(칠언율시)로 읊은 선시의 형태를 띠고 있다. 달리 말하면 선 수행의 요체를 시로 표현한 것으로도 볼 수 있다. 이 『십현담』에 대한 주석으로는 중국의 선사인 청량淸凉 문익文益의 것이 있다. 한국에서는 조선시대 승려인 김시습이 주석한 『십현담요해』가 있다.

만해 한용운은 이 『십현담』을 1925년 여름, 오세암에서 읽고 자신만의 독자적인 해석을 시도하여 1926년 5월 〈법보회〉에서 간행하였다. 그런데 한용운의 주해는 단순한 주석 풀이에 한정하지 않고 선에 대한 자신의 독자적인 해석을 시도하여 한용운의 선에 대한 취향을 전하고 있는 것이다. 일부분에서는 자신의 게송을 덧붙여 선시일여禪詩一如의 경지도 은연중 드러내고 있다.

이러한 한용운의 『십현담주해』는 그의 선의 이해와 관련하여 주목을 받아야 함에도 불구하고, 지금까지의 연구에서 주목할 성과는 몇 편의 논고에 불과하다. 이에 관해서는 아래에서 나오는 바와 같이 한종만의 연구가 유일하며, 최근에 와서 서준섭, 김광원, 석길암 등이 새로운 시각으로 연구 성과를 구현하고 있다.

한종만, 「한용운의 『십현담주해』에서 본 진리관과 선론」, 『한용운사상연구』 2, 1981

서준섭(1), 「조선불교유신론·십현담주해의 철학적 해석을 위한 시론 - 한용운의 사상과 철학」, 『만해축전자료집』, 2002

서준섭(2), 「한용운의 십현담주해 읽기」, 『한국현대문학연구』 13, 2003

김광원(1), 「『님의 침묵』 배경, 『십현담주해』」, 『만해학보』 5, 2003

석길암, 「만해의 『십현담주해』에 나타난 禪敎觀」, 『만해학보』 8, 2004
김광원(2), 『만해의 시와 십현담주해』, 바보새, 2005
박희병, 「매월당과 만해」, 『만해축전자료집』, 2005

한종만은 이 분야 연구에 있어서 최초이자 독보적인 연구의 업적을 구현하였다. 그는 한용운의 『십현담주해』에 대한 종합적인 분석을 한 연후에 거기에 나타난 한용운의 진리 및 선의 특성을 조명하였던 것이다. 우선 한종만은 한용운의 주해를 자세히 분석하였다. 그리고 그는 한용운의 진리관과 사상의 입각지를 현상의 법신관法身觀으로 전제하면서, 이 같은 법신관이 『십현담주해』에서 구체적으로 드러난다고 강조하였다. 아울러 그는 한용운의 법신관은 선의 입장에서 보면 살활자재殺活自在한 활로活路의 선풍이라고 보면서 이 단적인 예증이 역시 『십현담주해』에 나온다고 보았다. 그런데 그는 한용운이 대승불교에서 말하는 보살정신을 강조하고 중생구제를 위한 불교사회화의 제도화를 위한 불교개혁을 추구한 것을 주목하였다. 바로 이러한 중생구제의 사상을 『십현담주해』에서 찾아냈던 것이다.

그런데 이러한 한종만의 연구는 그 관점의 원대성에 비해서 그 논리의 일반화가 간혹은 지나친 측면이 노정되고 있다. 더욱이 그는 원래의 『십현담』에 나타난 이른바 조동오위설曹洞五位說이 한용운에게는 직접적으로 나타나지 않는다고 보면서 그 원인은 거의 밝혀내지 못하였다. 그러나 내용면에서는 『십현담』의 원문, 청량 문익과 김시습의 주해와는 그 뜻을 같이 한다고 주장한다.[15] 동시에 그는 한용운의 주해는 조동선의 경지를 임제선의 경지로 융합시켰다는 데에서 더욱 활기 있는 선풍이 되었다고 주장하였다. 때문에 한종만의 연구의 취약점을 극복하기 위해서는 무엇보다도

15 이에 대하여 한종만은 "조동오위설에 대한 직접적인 표현은 거의 없지만 그 핵심은 이해하고 있는 듯하다."라고 하였다.

조동선의 특성을 요약, 정리하고 그것이 한용운의 주해에는 어떻게 나타났는가를 천착해야 할 것이다. 요컨대 조동선적인 성격이 있는 것인지, 아니면 임제선의 특성이 나타나고 있었는지를 구분해야 한다.

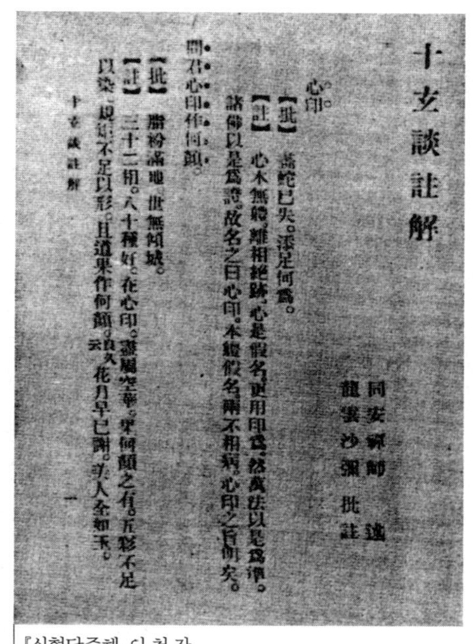

十玄談註解

同安察禪師 述
龍雲沙彌 批註

心印。

【批】畵蛇已失。添足何爲。

【註】心本無體。離相絶跡。心是假名。更用印爲。然萬法以是爲準。諸佛以是爲證。故名之曰心印。本體假名。兩不相稱。心印之旨何矣。

問君心印作何顔。

【批】繽紛滿地。世無傾城。

【註】三十二相。八十種好。在心印。盡屬空華。更何顔之有。五彩不足以染。規矩不足以形。且道果作何顔。良久云 花月早已謝。美人全如玉。

十玄談註解 一

『십현담주해』의 첫 장

한편 서준섭의 연구는 『십현담주해』를 직접적, 본격적으로 연구한 성과물은 아니지만 『십현담주해』의 이해의 지평을 심화시켰다고 하겠다. 그는 이 연구를 본격화하기 이전에 『십현담주해』에 관한 기초적인 연구를 하였다.[16] 이러한 바탕하에서 그는 『십현담주해』를 해석하는 자신만의 관점인 불교철학의 코드를 제시하였다. 그는 우선 위의 글에서 한용운이 『십현담주해』의 동기를 한용운 이전의 주석과는 다른 자신만의 견해가 있기에 주해한 것으로 보고, 그를 한용운의 불교철학과 선의 요체로 이해하였다. 이는 그 당시 한용운이 불교철학과 선의 깨달음이라는 측면에서 독자적인 경지에 들어갔음을 보이고 있다는 것을 말한다.

그렇다면 서준섭은 한용운의 독자적인 경지를 어떻게 말하였는가. 서준섭은 이를 무상, 무아, 열반과 언어 철학으로 주장한다. 불교철학의 기본 요체인 무상, 무아, 열반이 『십현담주해』에 명쾌하게 드러났으며, 그 언어

16 그는 『한용운작품선집』을 발간하면서 부록에 「선에서 『님의 침묵』으로 – 한용운의 문학에서 『십현담주해』의 위치와 『님의 침묵』과의 상호텍스트성 해석을 위한 노트」를 수록하였다.

도 시적 언어 및 모순어법으로 표현되고, 무상에서 무아에 이르는 연기 철학에 대한 한용운의 자각이 본인의 생생한 언어로 표현되었다는 것이다. 다음으로 그는 한용운의 『십현담주해』에서 불교철학의 현대적 재해석(산중불교에서 도시의 대중 불교철학으로의 전환)도 읽어내고 있다. 이는 한용운은 열반에 이르렀지만 민족의 고통, 민족 전체의 노예 상황을 인식하고 민족과 함께 고통을 함께하려는 중생구제를 기하겠다는 정신이 구현되었다고 한다.[17]

이러한 서준섭의 관점은 한용운 불교철학의 도달점이 열반에 머물지 않는 철학, 현실문제(민족)와 불교철학의 종합에 대한 가능성의 모색에 있었음을 밝히는 것이었다. 그는 한용운을 민족의 독립과 자유가 없는 현실을 자각하고, 그 현실을 불교철학을 통해 깊이 들여다보고자 한 인물로 자리매김하였다. 서준섭은 또한 한용운의 『십현담주해』가 동아시아 선불교의 전통으로 회귀하였다면서, 나아가서 한용운은 생활 속의 선의 활용, 실천불교를 중시하였다고 주장하였다.[18] 그러나 그는 은연중 한용운에게서 조동종의 색채가 드러남을 지적하였다. 여기에서 그가 주장하는 10세기 동아시아의 선불교의 전통이 무엇인가는 조심스럽게 접근해야 한다고 본다.

이러한 서준섭의 연구는 연구 시각 확대에 일조를 기하였다고 본다. 그러나 여기에서는 불교, 불교사상, 불교철학의 차이점을 분명히 드러내지 않아 독자들에게 혼란을 주었던 면을 배제하기 어렵다. 그리고 파환향, 즉 '고향으로 돌아오다(환향)'라는 부분을 '귀향마저 부정하다(파환향)'로 고치고 주해하였다는 점은, 한용운이 자신의 독자적인 견해를 첨가한 것의 의미를 지나치게 확대 해석한 것은 아닌가에 대하여도 세밀한 검토가 요구된다. 그렇다면 한종만을 비롯한 여타 해석자들은 이를 어떻게 해석하였

---

17 그는 이렇게 해석하는 단서를 '파환향'에 나타난 의미의 적극적인 해석에서 찾았다.

18 서준섭, 「세간과 출세간 사이 또는 경계선에서 글쓰기」, 『만해학 연구』 창간호, 2005, 170~175쪽.

는가도 첨부해야 할 것이다. 또한 그는 한용운 지성의 논리를 보강하기 위해 『십현담주해』 발간 이후의 행적을 입증의 자료로 활용하였는데, 이는 단순 참고자료로 그 자료의 가치를 축소해야 한다고 본다.

김광원은 『십현담주해』가 한용운의 시집 『님의 침묵』의 창작 배경이 되었다는 것을 설명하고 있다. 이에 그는 『님의 침묵』 90편과 『십현담주해』의 90구가 일대일의 순차적 상관성을 갖고 있다고 주장하였다. 여기에서 나온 상관성은 무엇인가. 이에 대해 연구자는 『님의 침묵』의 창작 배경 및 창작의 발상을 파악하는 것으로 주장한다. 이는 두 저술이 같은 시기에 집필되고, 간행되었다는 점으로 미루어 비교 연구가 충분하다는 판단에서 시도한 것이라고 볼 수 있다. 그러나 그 실제의 비교 연구에서는 신중을 기할 면이 적지 않다. 연구자가 스스로 제시하였지만 양 저술의 일대일 대비에서 내용의 핵심이 완전 일치하는 것이 51편, 상관성이 높은 것이 29편, 상관성에 대한 설명이 요구되는 것이 10편으로 분석한 바와 같이, 이런 대비를 통한 일반화는 매우 조심스러운 것이다. 여기에서 연구자가 제시한 내용에서의 '핵심'을 세밀히 분석할 경우에는 다양한 논란이 예상된다.

이런 접근과 연관하여 손종호의 연구[19]도 있다고 하나 필자는 그것을 읽지 못하여 세부 내용을 언급하기는 곤란한 실정이다. 최근 김광원은 자신의 학위논문을 재정리, 보완한 『만해의 시와 십현담주해』(바보새)를 출간하였다. 이로써 그는 『님의 침묵』과 『십현담주해』와 깊은 연관이 있다는 자신의 논지를 종합적, 체계적으로 정리하였다. 추후 이에 대한 관련 학자들의 비평이 요망된다.

한편 석길암은 『십현담주해』를 분석하고, 거기에 나타난 한용운의 사상적 성격을 선관禪觀, 교관敎觀으로 구분하여 정리하였다. 그는 기존 연구에

19 손종호, 「『십현담주해』를 통해 본 『님의 침묵』의 시세계」, 『국어국문학』 95, 1986.

서 제기된 조동선의 성격을 수긍치 않고, 한국선의 전통적 사유의 근간을 형성한 화엄선의 사상과 맥락이 닿아 있다고 주장하였다. 나아가 그는 한용운의 『십현담주해』는 한국불교의 두 축을 이루고 있는 사유전통, 선엄일치禪嚴一致를 특징으로 하는 간화선적 전통과 전통적인 교관을 특징으로 하는 화엄성기사상이 융합되어 나타난 것으로 보았다. 더욱이 석길암은 한용운이 깨친 전후를 구분하고 오도悟道 이전에는 전통적 사유와 신사상의 결합이라는 양태를 보여 주고 있는 반면에 오도 이후에는 한국불교의 전통적 사유인 화엄선적 간화선의 전통과 화엄선적 사유 전통을 조화시킨 입장을 보여 주는 것으로도 주장하였다. 그러나 이 같은 견해는 본인도 인정한 바와 같이 조동선의 영향을 강력 부정한 것이기에 적지 않은 논란이 예상된다. 또한 선엄일치, 화엄성기사상이라는 개념이 한용운에게서는 어떤 측면으로 매개되는지가 명료히 제시되지 않은 것에는 아쉬움이 있다.

그리고 박희병은 한용운과 매월당 김시습과의 연관을 정리하였다. 한용운은 오세암에 있을 때 『십현담주해』를 썼는데, 이는 김시습이 쓴 『십현담요해』에 자극받은 것이었다. 이에 박희병은 이 전제하에 김시습의 『금오신화』와 『님의 침묵』 사이의 친연성을 정리하였다. 이 고찰이 직접적으로 『십현담주해』에 대한 분석은 아니지만 그 이해의 지평을 여는 것은 분명하다. 여기에서 박희병은 『님의 침묵』과 『금오신화』의 심의(이념) 구조가 닮은꼴이라고 지적하면서 그 상동적相同的인 구조의 내용은 불교, 유교로 보았다. 그러나 한용운은 전근대의 심의 구조를 환골탈태하여 자기화한 민족주의(비굴종성)를 만들었다고 보면서, 그것이 독특한 만해 민족주의, 민족적 양심의 길로 나가게 하였다고 주장한다.

이처럼 한용운의 『십현담주해』는 문학적 측면을 벗어난 다양한 연구가 시도되고 있다. 거기에는 한용운의 불교사상뿐만 아니라 『님의 침묵』과의 상관성, 나아가서는 한용운의 1920년대의 현실인식도 찾을 수 있다. 때문에 추후에는 『십현담주해』에 대한 종합적인 연구가 요청된다.

### 4) 불교사상

만해 한용운은 승려였기에 그의 불교사상이 무엇이었는가는 한용운 연구에 있어 절대적인 과제로 볼 수 있다. 그러나 현재 이에 대해서는 아직 뚜렷한 정설이 없는 실정이다. 이를 위해서는 한용운의 일생, 한용운의 저작 등 총체적인 연구의 자세가 절실히 요청된다. 한용운 행적의 일부분, 특정 저술만을 강조하여 나타난 단면을 갖고 일반화시킬 수는 없는 것이다. 우선 이에 관련된 연구 성과를 검토하면 다음과 같다.


인권환, 「만해의 불교적 이론과 그 공적」, 『고대문화』 2, 1960

서경보, 「한용운과 불교사상」, 『문학사상』 4, 1973

조명기, 「만해 한용운의 저서와 사상」, 『한용운전집』 3, 신구문화사, 1973

강석주, 「한용운의 불교사상」, 『법륜』 128, 1979

전보삼, 「한용운 화엄사상의 일 고찰」, 『만해학보』 창간호, 1992

허우성, 「만해의 불교 이해」, 『만해학보』 창간호, 1992

한계전, 「만해 한용운 사상 형성과 그 배경」, 『만해축전자료집』, 1999

서재영, 「선사로서의 만해의 행적과 선사상」, 『한국선학』 4, 2002

고명수, 「만해의 불교의 이념과 그 현대적 의미」, 『만해축전자료집』, 2002

박노자, 「만해 한용운의 불교사회주의」, 『천태학연구』 8, 2006

김재홍, 「만해사상의 구조와 특성」, 『만해학연구』 2, 2006

박재현, 「만해 한용운의 선적 역할의식에 관한 연구」, 『불교학연구』 16, 2007

구모룡, 「만해사상에서의 자유와 평등」, 『만해학연구』 2, 2007

이선이, 「'문명'과 '민족'을 통해 본 만해의 근대 이해」, 『만해학연구』 3, 2008

김광식, 「한용운의 대중불교·생활선과 구세주의·입니입수」, 『한국민족운동사연구』 54, 2008

인권환, 「만해사상과 문학에 있어 전근대성의 문제」, 『만해학연구』 5, 2009

한용운 연구를 최초로 시작한 인권환은 한용운의 불교사상의 근본을 대승불교의 반야사상般若思想에서 찾았다. 즉 그는, 한용운이 대승불교의 반야사상에 입각한 불교인이었다고 확신하였던 것이다. 여기에서 말하는 반야사상은 반야바라밀에 입각한 사상으로서, 육바라밀의 근본으로서의 반야바라밀을 의미한다고 주장한다. 나아가 인권환은, 한용운은 자신의 불교사상에서 당시 불교 교단에 대하여 불교통제론, 불교혁신론, 불청佛靑운동론, 반反종교론, 대중불교론, 정교분리론, 선교진흥론을 전개하였다고 보았던 것이다.

서경보의 글은 전문적인 연구 논문이라기보다는 일종의 회고의 성격을 띠고 있다. 그 자신이 일제하 개운사 강원에서 한용운을 만난 이력을 소개하면서 한용운 불교사상을 소개하였다. 그 개요는 불교유신론, 대중불교, 선교 일치의 불교사상, 호국불교와 보살사상으로 정리한 것이다.

다음으로 검토할 것은 한용운의 불교사상에 유가적儒家的인 성격이 배어 있음을 제시한 허우성의 논고이다. 허우성은 한용운의 「나는 왜 중이 되었나」라는 회고글을 적극 활용하여 한용운의 출가 동기와 불교와의 상관성을 조명하였다. 허우성은 이 글에서 불교에 대한 역사적 비판의 관점에서 한용운의 사상이 전통불교와 유교를 넘나들었다고 보았다. 나아가서 그는 한용운의 사상을 공空의 정치학으로 요약하였는데, 한용운은 전통불교를 극복하고 유가의 비판에 응답하였다고 주장한다. 즉 한용운은 유가와 불교의 경계에 서 있었고, 그를 불교도로 만든 요소는 공의 지혜였다고 한다. 이러한 허우성의 견해는 연구의 시각이라는 점에서 참신성을 가졌다고 볼 수 있다. 그러나 한용운의 생애, 입산 출가에 유교적인 영향을 배제할 수는 없지만 그가 승려로서 올곧은 삶을 마친 것에서[20] 불교사상의 우

20 승려 결혼과 같은 일부분에서 당시로서는 파격의 행태를 노정하였지만, 그는 불교라는 테두리를 벗어나지 않은 것으로 보인다.

위를 인정해야 할 것이다. 필자가 보기에는 유교적인 영향이 있었던 것과 불교사상과는 일정한 구분을 해야 하지 않을까 한다. 한용운이 깊은 관심을 두었던 『유마경』의 사상, 민중불교의 해석은 이 점과 관련하여 많은 의문점을 제공한다.

조명기의 논고는 학술적인 접근이라기보다는 한용운의 저서를 분석하고, 거기에서 주목할 수 있는 불교사상을 개진한 것이다. 우선 『불교대전』은 그 구성이 한용운의 사상과 실천을 반영한 것이었는바, 불교의 전통을 현대의 상황에 맞춘 유신 작업의 산물로 이해하였다. 한용운의 『조선불교유신론』이 승가에 호소한 것이라면, 『불교대전』은 성전(대장경)을 간이화하고 실용화하였다는 것이다. 『십현담주해』는 한용운의 선리의 해독과 문장의 구사가 절묘하게 조화되었는데, 이는 한용운의 선에 대한 이해가 깊은 것에서 가능하였다고 한다. 『유마힐소설경강의』는 대승불교를 신행하는 재가거사 유마힐에 대한 『유마경』을 일부 번역한 것이다. 여기에서 한용운은 대승의 정신을 규범으로 삼고 현대를 살아가는 길을 탐구한 것으로 보면서, 유마가 개인의 완성과 인류의 완성을 대등한 것으로 주장한 것에 큰 주목을 하였다. 즉 개인과 사회는 동질적인 것이라는 점이다. 이에 유마힐이 불국토 건설을 위해 실천하고 정진하였던 것과 같이, 한용운이 자유를 추구하는 방향(불국토 건설을 위한 당위)에서 불교 혁신을 추진하고 민족의 독립을 되찾기 위해 노력한 것은 결국 유마의 대승불교 정신의 구현이었다는 것이다.[21]

한용운을 지근거리에서 시봉하였던 강석주는 한용운 탄생 100주년 기념 강연회에서 한용운의 불교사상을 대별하여 강조하였다. 그는 한용운을 불교유신운동과 대중불교운동의 실현자, 선교일치의 불교사상, 보살사상

21 조명기는 『유마경』에서 자유를 누리기 위한 수행이 절대적으로 필요함을 강조하였다고 보고, 한용운의 자유 독립사상도 『유마경』의 자유의 논리에서 나온 것으로 보았다.

의 구현자라고 보았다. 이는 학문적인 접근은 아니지만 지켜본 당사자로서의 견해이기에 유의할 내용이 적지 않다고 본다.

허우성의 견해와 유관한 해석은 한계전에 의해서도 구현되었다. 그는 한용운이 살았던 시대와 그가 태어나 자란 환경을 재구성하여 한용운 사상의 뿌리를 찾겠다는 시도하에 한용운의 가계, 성장 과정, 가출 동기 등을 점검하였다. 그 결과 그는 구한말 의병운동, 고향인 홍성 지방의 의병, 홍성의 유학인 배타적 화이론을 살피면서 결론적으로 한용운의 불교사상을 유가불교라고 지칭하였다. 그러나 한계전이 추론한 홍성 의병과 한용운과의 연관, 홍성 유학이 한용운에게 끼친 영향에 대한 직접적인 자료가 부족한바, 이에 대한 세밀한 재검토가 요청된다.

한편 한용운의 불교사상에 대한 본격적인 검토는 전보삼에 의해 시도되었다. 전보삼은 일평생을 한용운의 자료 수집, 전시, 선양, 연구에 헌신한 특이한 이력의 소유자이다. 그는 한용운의 화엄사상을 집중 분석, 정리하였다. 그는 한용운의 불교사상 중에서도 '특립독행特立獨行'하였던 화엄론적 세계관을 살펴보았는데, 이는 한용운의 삶 자체가 중중무진의 화엄론적 세계이고, 한용운 대중불교의 실천은 보현보살의 의지의 산물이라고 보았던 인식에서 나온 것이다. 이에 전보삼은 한용운의 각종 논설, 즉 『조선불교유신론』, 『불교대전』, 『유심』, 『십현담주해』, 『유마힐소설경강의』 등이 바로 화엄철학의 배경에서 나왔다고 주장한다. 나아가서 그는 한용운의 화엄사상을 일심법계관에 의한 유심론적인 세계관으로 보면서, 『님의 침묵』은 비로자나 법신관에서 꽃을 피운 것으로 이해하고, 화엄의 보현행원행이 한용운의 삶에 구현되었다고 보았다. 즉 한용운을 보현보살로 주장하였던 것이다.

이 같은 한용운의 삶과 사상을 화엄사상의 관점에서 분석한 것은 진일보한 관점에서 한용운 사상의 분석을 시도하였다는 측면에서 귀한 연구 업적이다. 그러나 한용운의 사상이 화엄사상이었다는 보편적인 이해를 이

끌어내기 위해서 화엄사상에 대한 보다 정치한 논리 전개가 필요했던 것이 아쉽다고 하겠다. 불교사상에 대한 이해가 부족한 역사학, 문학 방면의 연구자들과 일반 대중은 화엄사상 자체에 대하여 생경한 입장을 갖게 될 우려가 많다. 이에 불교사상, 화엄사상에 대한 설득력 있는 논리와 표현을 통하여 한용운의 사상을 정리하는 것이 필요하다고 본다. 그리고 전보삼은 이 글에서 한용운 사상의 분석과 동시에 한용운 계승에 대한 문제까지도 자신의 입장을 개진하였다. 이렇듯이 한용운 사상과 계승의 문제가 혼재됨은 이 글이 추구하는 한용운 사상 탐구라는 본래 의도가 위축될 가능성이 있어 우리가 새겨볼 문제이다.

한용운의 선사상과 관련해서는 서재영의 논고가 단연 주목된다. 서재영은, 한용운이 선사로 불렸음을 환기시키면서 관련 행적을 세밀히 조사하였다. 그런데 이 같은 조사는 한용운의 입적 후 세워진 탑골공원의 비석의 명칭이 '만해 용운당 대선사비'였다는 점에서 그의 호칭이 선사로 받아들여졌다는 점, 그리고 한용운의 불교사상의 근간은 선사상이라고 보았던 자신의 입론에서 나온 것이다.

이에 서재영은, 한용운은 선 관련 논설문이 다수 있고, 심우장에서 생활선을 하였으며, 그의 수많은 문학작품에도 선을 엿 볼 수 있는 것이 다수 있다는 점에서 한용운과 선은 불가분의 관계를 갖고 있다고 보았다. 그리고 한용운은 선의 대중화를 위한 활선론活禪論을 펼쳤다고 하면서 삶의 공간에서 수행을 하였고, 참선 수행의 주체는 생활인이라는 것을 구현하고, 선 밖에도 선이 있다는 선의 공간 확대성을 보여 주었다고 주장한다. 이에 서재영은, 한용운이 선사라고 불리기에는 조금도 부족함이 없었다고 보면서, 그의 선은 선방을 벗어나 세속의 공간에 있었던 활선活禪으로 결론을 내렸다.

이러한 서재영의 견해는 근거 및 논리 전개에서 보편성을 가질 수 있다. 그러나 서재영은 한용운 불교사상 중에서 선사상을 근간으로 볼 수밖에 없다는 이유를 들지 않아 그의 주장을 선뜻 이해하기 어려웠다. 그리고 그는 한용운의 선사상을 활선活禪이라는 개념을 갖고 설명을 하였지만 이 개념을 일반적인 선사상으로 즉시 연결시키기에는 무리가 있는 것이 아닌가 한다. 예컨대 묵조선, 간화선, 임제선, 조동선 등과 같은 일반적인 선의 흐름과는 어떻게 연결시킬 것인가가 궁금하기만 한다.

고명수는 한용운의 불교 이념을 전통불교의 체질을 혁신한 참여불교라고 주장하는 글을 발표하였다. 이에 그는 한용운의 종교관을 구세주의·평등주의라 보고, 유심론적 세계관이 확장되어 현실과 민중 속으로 들어가 참여하는 자아 확대가 되어 결과적으로는 보살사상에 바탕을 둔 민중불교였다고 주장하였다. 그런데 여기에서 의문이 남는 것은 한용운의 사상, 혹은 불교사상과 불교이념은 동일한 개념인가의 문제이다. 사상과 이념의 동질성과 차별성은 무엇인가에 대한 궁금증을 불러일으켰다는 것이다.

한편 박노자는 한용운이 언급한 불교사회주의라는 표현에 주목하여 한용운의 불교사상을 이념에 관련하여 분석한 논문을 발표하였다. 박노자는 여기서 한 걸음 더 나아가 한용운이 좌우의 이념을 모두 수용, 포괄하였을 가능성을 조심스럽게 조망하였다. 그러나 한용운이 반종교 사상을 비판하고,[22] 자신의 아들 한보국이 사회주의자가 된 것[23]을 심하게 꾸짖었다는 구전을 고려할 경우 신중한 접근이 요망된다고 본다.

이 같은 한용운 사상은 추후 종합적인 관점에서 재검토되어야 할 것인데, 이와 관련해서는 김재홍의 연구가 주목된다. 비록 그의 연구는 문학적인 입장에서 출발한 것이지만 한용운 사상의 종합화에서는 간과할 수 없는 논고이다. 그리고 인권환의 고찰도 최근 소장파 연구자들이 한용운의

---

22 김광식, 「1930년대 불교계의 반종교운동 인식」, 『근현대불교의 재조명』, 민족사, 2000, 50쪽 참조.

23 한보국은 일제 말기, 해방공간, 6·25전쟁 기간에 사회주의 활동을 한 후에 월북하였다. 현재 그는 북한에서 작고하였는데 그의 딸 다섯 명이 북한에 생존하고 있는 것으로 알려졌다.

이념을 탈근대성, 탈식민주의 관점에서 과도하게 검토하는 것에 대한 경종을 울리는 노작이다.

김광식은 대중불교와 생활선의 관점에서 한용운의 불교와 선의 특이성을 고찰하였다. 즉 김광식은 한용운 불교를 대중불교론으로 보는 전제에서 만해 선의 사회성을 연구하였다. 이런 접근은 한용운 불교사상을 기존의 경전, 사회의식에서 보는 것과는 차별성을 갖는다. 박재현의 연구도 김광식의 연구와 유사하다. 그러나 그는 한용운이 선을 통하여 사회에 대한 역할을 하고 싶은 것이 있다고 보았다. 그러므로 한용운의 선, 한용운의 불교는 사회와의 교섭을 결코 배제할 수 없는 성격을 갖고 있다고 주장했다.

한편 최근의 한용운 연구에서는 문명, 동아시아의 관점 등을 통하여 한용운 연구의 외연을 확장하려는 시도가 증대하고 있다. 위의 이선이, 구모룡의 연구가 그 단적인 예이다.

### 5) 불교개혁론

만해 한용운은 승려로서 일평생을 불교개혁을 위한 행보를 멈추지 않았다. 그리고 그의 개혁 주장은 다방면에 걸쳐 있었거니와, 그 대상은 불교계 전체에 걸쳐 있었다. 이러한 한용운의 불교개혁론, 개혁사상은 어떠하였는가에 대한 문제는 한용운 연구자들이 풀어야 할 숙제였다. 그러나 이에 대해서는 아직도 연구가 충분치 못한 실정이다. 한용운의 불교개혁을 총체적으로 파악하기 위해서는 『조선불교유신론』은 말할 것도 없고, 1920~1930년대 그가 기고한 수많은 관련된 글을 파악해야만 그 전모와 성격을 가늠할 수 있을 것이다. 우선 그에 간접적으로 연계된 아래의 고찰들을 소개한다.

전보삼, 「불교개혁을 위한 한용운의 화두」, 『회당학보』 2, 1993

정병조, 「한국 근현대 불교개혁론의 비교 연구」, 『회당학보』 2, 1993

김광식(1), 「근대 불교개혁론의 배경과 성격」, 『근현대불교의 재조명』, 민족사, 2000

김경집, 「한용운과 불교유신의 확립」, 『한국불교개혁론 연구』, 진각종, 2001

김광식(2), 「한용운의 '조선불교의 개혁안' 연구」,[24] 『Korea Journal』(유네스코) 45-1, 2005

김순석, 「한용운과 백용성의 불교개혁론 비교 연구」, 『한국근현대사연구』 35, 2005

김광식(3), 「한용운의 불교 근대화 기획과 승려 결혼 자유론」, 『대각사상』 11, 2008

김광식(4), 「불교의 근대성과 한용운의 대중불교」, 『한국불교학』 50, 2008

만해 한용운의 진영

전보삼의 연구는 『조선불교유신론』의 내용을 중심으로 한용운의 불교개혁의 성격을 분석한 논고이다. 전보삼은 시대 상황과 개혁의 필요성, 파괴의 당위성, 개혁되어야 할 대상(교육·포교·승니의 결혼 문제)을 제시하면서 한용운의 개혁론을 살펴보았

24 이 논문은 영어로 기고된 것인데, 필자가 그 글의 우리말 저본 원고를 『유심』 24호(2006년 여름)에 기고하였다.

다. 그러나 이 연구는 한용운의 전체적인 개혁론을 그려낼 수 없을 정도로 연구 대상의 폭이 너무 협소하여 일정한 한계를 갖고 있다. 다만 한용운의 주장은 21세기의 불교에서도 유효한 방안임을 강조하였다.

김광식(1)의 글은 근대 불교개혁론의 배경을 점검하면서 만해 불교개혁론의 개략적인 성격만을 정리한 고찰이다. 때문에 한용운의 불교개혁론의 총괄적인 이해에는 도달하지 못하였다. 다만 『조선불교유신론』이 나온 배경을 자각이라는 관점에서 살피면서 당시 불교계가 비주체성에 젖어 있었다는 요인을 그 집필 배경으로 보았다. 이에 한용운은 실질적인 자각과 개혁을 촉구하는 입장에서 『유신론』을 집필, 발간하였다는 사정을 제시한 것이다.

한편 한용운은 1930년대에 접어들어서도 불교개혁을 지속적으로 제기하였는데, 여기에는 당시 불교계의 이슈가 되었던 통일운동과 불교자주화라는 흐름이 작용하였음을 분석하였다. 김광식(1)은 한용운의 불교개혁론의 지속과 변천을 강조하였다. 이 연구도 한용운의 총체적인 개혁론의 소묘에는 도달하지 못하였다. 이후 김광식(2)은 1930년대 한용운 불교개혁론을 집약적으로 보여 주는 『불교』에 게재된 「조선불교의 개혁안」을 집중 분석하였다. 여기에서 1910년대 『조선불교유신론』에서의 개혁론의 계승, 차별성 등을 정리하였다.

김경집은 한용운의 불교개혁론을 한용운의 유신관과 『유신론』에 나타난 개혁 방안으로 구분하여 살펴보았다. 이 연구도 『조선불교유신론』 중심의 분석이기에 한용운 개혁론의 이해에는 일정한 편향성이 노출된다. 다만 김경집은 한용운의 『유신론』을 한용운 자신이 처한 시대의 모순을 척결하고 새로운 사회에 대응하는 제도를 모색하는 개혁이라고 강조하였다. 그리고 이 연구에서 아쉬운 것은 한국불교 개혁론 전체의 구도에서 한용운의 개혁론의 위상을 세밀히 그려내지 못한 것이다.

정병조의 연구는 한용운을 비롯한 근현대 불교개혁론의 비교 차원에서 한용운의 불교개혁론의 위상을 대비시킨 점이 주목을 끈다. 비록 그 분석의 양이 적지만 그 관점은 많은 시사를 준다. 물론 이 연구는 『조선불교유신론』 중심의 분석이었지만, 그는 여기에서 한용운의 불교개혁론을 ① 승가의 경제적 자립, ② 불교교육의 현대화, ③ 계율의 재해석, ④ 교단의 민주화, ⑤ 불교의례의 간소화로 정리하였다. 그리고 그는 각론 차원에서 한용운이 주장한 산신각 폐지나 승려의 결혼 허용은 논리적 비약이 있다고 주장하면서 대체적으로 한용운의 주장은 합리적이고 혁명적이라고 자리매김을 하였다. 아울러 그는 한용운의 개혁론에는 세계는 민주와 자유의 경향을 가진다는 점, 불교는 이러한 경향에 부합한다는 점, 그런데 한국불교는 현실적으로 답보 상태를 면하지 못한다는 점, 따라서 불교개혁만이 현대사회를 계도할 수 있다는 당위성에 대한 제시라고 그 성격을 평가하였다. 이 평가는 세밀한 분석을 거친 후에 내놓은 것은 아니지만 한용운 불교개혁론에 대한 추후 연구에서 참고할 관점임은 분명하다. 김순석의 연구는 동시대 불교개혁가인 백용성의 개혁론에 비추어서 한용운 개혁론의 성격을 추출한 고찰이다.

필자는 위에서 소개한 필자의 글 (3), (4)에서 한용운의 불교개혁론을 불교 근대화, 근대성과 연관하여 고찰하였다. 그리고 한용운의 개혁론을 대중불교론이라고 개념화하였다. 이런 주장에 대한 학계에서의 반응은 궁금한 대목이다.

### 6) 불교청년운동

만해 한용운의 또 다른 행적은 불교청년운동의 선구자, 지도자였다는 것이다. 그는 1910년대 항일불교 차원의 임제종운동 당시부터 각 사찰의 불교청년을 조직화하여 민족불교 지향의 임제종운동을 주도하였다. 이후에는 〈조선불교회〉, 〈불교동맹회〉를 조직하여 불교 대중화에 나섰다. 1920년대에는 불교자주화, 불교 대중화의 노선을 견지하면서 불교개혁을 추동하였는데, 그의 이 같은 노선에는 항상 불교청년들이 뒤따르고 있었다. 그가 〈조선불교청년회〉 총재로 추대되었음은 그 단적인 예증이다. 1930년대 불교청년운동의 재기의 중심에도 한용운이 자리 잡고 있었음은 상식화된 견해이다. 한편 이러한 불교청년에 대한 영향은 문학적인 방면에서도 살필 수 있다는 견해도 나와 있다. 이 같은 한용운의 불교청년운동을 정리한 연구 업적으로는 아래의 논고들이 있다.

목정배, 「만해의 불교청년운동고」, 『법시』 160, 1978

한계전(1), 「만해 한용운과 건봉사 문하생들에 대하여」, 『만해학보』 창간호, 1992

한계전(2), 「만해 정신의 계승과 실천」, 『만해학보』 2, 1995

김광식(1), 「조선불교청년회의 사적 고찰」, 『한국 근대불교사 연구』, 민족사, 1996

김광식(2), 「조선불교청년총동맹과 만당」, 『한국 근대불교사 연구』, 민족사, 1996

김광식(3), 「1910년대 불교계의 조동종맹약과 임제종운동」, 『한국 근대불교사 연구』, 민족사, 1996

김광식(4), 「만당과 효당 최범술」, 『민족불교의 이상과 현실』, 도피안사, 2007

목정배의 논고는 한용운의 활동이 자연적으로 그 시대 불교청년운동의 모태가 되었음을 정리한 글이다. 그리고 한계전은 한용운의 연고 사찰이 건봉사임을 밝히고, 그곳 출신의 불교청년들의 문학이 한용운 정신과 유관함을 개진하였다. 한계전(1)은 한용운을 중심으로 생성된 문단의 성립을 해명하는 관점에서 그 실례로 건봉사를 주목하였다. 여기에서 그는 건봉사의 봉명학교가 그 기반이 되었음을 살피면서 한용운의 문학적 영향을 받은 대상에 박종운과 조영출을 거론하였던 것이다. 한계전은 이러한 상관 관계를 한용운 문단의 1세대로 표현하고, 그를 문단 계보로 자리매김하였다. 이 같은 한용운의 문단 2세대는 박설산, 조영암, 최재형, 박기호를 지목하였다. 이 문단 2세대는 불교, 독립운동, 문학 차원의 한용운 정신을 계승하였다고 평가하였다. 한계전의 이 연구는 그가 관심을 기울이고 있는 한용운 사상의 계보학의 성과물이라고 하겠다. 한계전(2)은 한용운 사상의 계보학은 문학, 불교사상, 독립운동의 관점에서 함께 추구해야 할 주제라고 주장하였다. 한계전의 이런 주장은 더욱 다각적인 관점에서 그 세부 연구가 진행되어야 함은 의심의 여지가 없는 것이라고 본다.

한편 필자는 한용운이 관련을 맺었던 〈조선불교청년회〉(1), 〈조선불교청년총동맹〉의 전모(2), 임제종운동(3), 〈만당〉의 당원(4)을 정리하였다. 그리고 1930년대 불교청년운동을 이면에서 주관한 항일비밀결사체인 〈만당〉과 〈총동맹〉과의 연계, 한용운과의 관련 등을 폭넓게 정리하였다. 이 연구에 의하여 한용운를 따랐던 불교청년들의 조직체, 변천, 내용 등의 개요를 파악할 수 있었다. 다만 여기에서는 조직의 변모를 중심으로 연구를 진행한 결과 당시의 불교청년들의 이념, 불교 교단과의 관련성, 불교개혁과의 상호성, 일본불교에 영향받은 측면 등은 살피지를 못하였는데, 이는 연구의 한계로 볼 수 있다. 이 점은 지속하여 연구해야 할 대상 주제라 하겠다.

### 7) 한용운의 계보학

한용운의 계보학은 한용운과 교류한 인물, 그리고 그에 영향을 받은 불교계를 포함한 각 분야 인물들에 대한 정리, 연구이다. 한용운 계보학은 한용운 연구를 최초로 시도한 인권환에 의해 그 필요성이 강력하게 제기되어 최근에는 전보삼, 김광식, 이선이 등에 의해 그 실체가 벗겨지고 있다. 현재로서는 불교계, 문학, 언론 등 다양한 분야의 인물과 한용운과의 관련이 정리되고 있는 초보 단계이다.

한계전(1), 「만해 한용운 문단의 문하생들」, 『문학사상』 21호, 1992. 1
한계전(2), 「만해정신의 계승과 실천」, 『만해학보』 2호, 1995
인권환, 「卍海學의 전개와 그 전망적 과제」, 『만해축전자료집』, 1999
전보삼(1), 「강원도와 만해」, 『만해축전자료집』, 2000
전보삼(2), 「만해와 계초 이야기」, 『유심』 봄호, 2001
한계전(3), 「만해와 건봉사 봉명학교」, 『유심』 봄호, 2001
김광식(1), 「만해와 효당, 그리고 다솔사」, 『유심』 가을호, 2001
한보광, 「海 – 龍의 만남」, 『유심』 겨울호, 2001
고재석, 「영혼의 도반과 투명한 유산」, 『만해축전자료집』, 2001
강영주, 「만해와 벽초의 교우」, 『유심』 여름호, 2002
조정래, 「내 영혼 속의 만해와 철운」, 『유심』 가을호, 2002
김광식(2), 「만해와 석전, 그 접점과 갈림길 그리고 절묘한 이중주」, 『유심』 겨울호, 2002
김광식(3), 「민족불교로 독립 지존의 길을 개척하다 – 단해와 만공」, 『유심』 여름호, 2003
전보삼(3), 「만해 한용운과 신간회」, 『유심』 가을 · 겨울 합본호, 2003
유석재, 「삭풍 속에 피어난 금란지교 – 만해와 계초 방응모」, 『유심』 봄호, 2004
김광식(4), 「만해, 불교청년들을 단련시킨 용광로 – 한용운과 김법린」, 『유심』 봄호, 2004
김광식(5), 「만해, 암흑기 청년의 삶의 나침반 – 한용운과 김관호」, 『유심』 여름호, 2004
김광식(6), 「생활선의 계승과 구현 – 한용운과 이춘성」, 『유심』 가을호, 2004
김광식(7), 「지절시인의 표상 – 한용운과 조지훈」, 『유심』 겨울호, 2004
이선이(1), 「님과 얼, 그 매운 정신의 만남 – 한용운과 정인보」, 『유심』 봄호, 2005
김광식(8), 「사제이자 동지인 아름다운 인연 – 한용운과 김경봉」, 『유심』 여름호, 2005년

이선이(2), 「구세주의와 문화주의 – 만해와 육당」, 『유심』 가을호, 2005년
이홍섭(1), 「조선불교유신론에 담긴 한용운의 세계관과 건봉사와의 영향관계」, 『불교문학연구의 모색과 전망』, 역락, 2005
전보삼(4), 「만해와 효당의 인간관계 연구」, 『불교연구』 25, 2006
박노준, 「한용운전집과 고대문학회」, 『고대교우회보』 426, 2006
백원기, 「심우장의 정체성 확립과 보존관리 방안에 대한 연구」, 『동방논총』 3, 2008
김광식(9), 「만해 할아버지를 이야기 합니다 – 한용운손자 탐방기」 『우리가 만난 한용운』, 참글세상, 2010
김광식(10), 『우리가 만난 한용운』, 참글세상, 2010
김광식(11), 「한용운의 아들, 한보국의 삶」, 『만해학보』 10, 2010
한동민, 「일제 강점기 사지 편찬과 한용운의 『건봉사 사적』」, 『금강산 건봉사의 역사와 문화』, 인북스, 2011
이홍섭, 「건봉사와 만해 한용운의 시문詩門」, 『금강산 건봉사의 역사와 문화』, 인북스, 2011

인권환은 만해 한용운의 학문, 사상, 문학, 업적, 인격의 객관적 검증이 수반되어야 한다는 전제하에 만해학의 성립은 가능하다고 주장하였다. 이러한 만해학은 그 이전 한계전이 주장한 사상의 계보학 구축에서 비롯된 것이라고 단언할 수 없지만 주목할 만한 한용운 연구의 방향에 시사점을 준 것이다. 한계전이 한용운과 건봉사의 봉명학교 문제를 정리한 것도 이러한 사상의 계보학을 추구하기 위한 단서를 삼은 것이라 하겠다. 한계전은 건봉사에서의 문단 및 문학 분야의 계보를 추적, 정리하였을 뿐만 아니라 불교 학교인 봉명학교라는 구체성 있는 매개체를 갖고 그를 입증하였다. 이에 그의 연구는 후학들에게 강렬한 영향을 주었다.

이 같은 인권환, 한계전의 연구에 계발을 받은 후대의 학자들은 한용운

계보학의 밑그림을 개별적으로 정리해 나갔다. 전보삼은 강원도, 계초 방응모, 신간회, 최범술 등과 한용운과의 관련을 정리하였다. 이는 한용운의 출가사찰, 수학사찰인 백담사, 건봉사와의 관련 그리고 한용운의 많은 문학작품이 게재된 《조선일보》의 사장이었던 방응모와의 인연, 다솔사를 근거로 한용운을 후원한 최범술의 내용을 분석한 것이다. 전보삼은 한용운과 〈신간회〉의 연계도 소개하였는데, 추후 이 분야에 대한 심층적인 연구가 절대 필요하다. 또한 유석재도 한용운과 방응모의 연관이 《조선일보》라는 무대를 통하여 전개된 것을 묘사하였다.

한보광, 조정래, 고재석, 강영주는 각기 자신들의 학문 분야, 혹은 인연 있는 인물들과 한용운의 연관을 집중 정리하였다. 한보광은 한용운과 백용성을 3·1운동의 관점에서, 조정래는 자신의 선친인 조종현(선암사 승려)과 한용운의 인연을 〈만당〉을 연결고리로 하여, 고재석은 박한영, 서정주, 조지훈, 신석정으로 이어지는 불교문학의 지성과 한용운과의 연계를 분석하였다. 강영주는 홍명희와 한용운과의 연결을 〈신간회〉, 《조선일보》라는 무대를 통하여 정리하였다. 이선이는 한국학 분야 인물인 정인보, 최남선과 한용운의 사상 및 문화의 차별성을 대비하여 한용운의 특성을 심화시켰다. 그리고 김광식은 주로 불교계 인사인 최범술, 송만공, 박한영, 김법린, 김관호, 이춘성, 조지훈, 김경봉, 한수만 등과 한용운과의 인연을 다양한 자료를 갖고 그 이면을 집중 조명하였다. 이런 분석을 통하여 한용운이 불교계에 끼친 영향, 교류의 범위 및 내용 등에 관한 정보를 제공하였다. 그리고 김광식은 한용운의 아들인 한보국에 대한 삶 전체를 조명하였다. 이런 한용운의 가족사, 고향, 출가 배경 등에 대해서는 지금껏 이렇다 할 연구가 없었는데 한용운의 행적과 한용운 사상의 배경이라는 측면에서 이 같은 연구는 계속되어야 할 것이다.

한편 이홍섭과 한동민, 건봉사와 한용운과의 관련을 추적하여 만해학의 인식의 범위를 넓히고 있다. 2006년 박노준은 『한용운전집』 출간 이면의 연구사를 회고하는 글을 남겼는데, 이런 증언은 한용운 연구사, 계보학의 지성사에 귀한 자료이다. 그리고 백원기는 한용운의 마지막 주석처인 심우장에 대한 문화적 분석, 보존에 대한 문제를 시론적으로 정리하였다.[25] 이와 같이 한용운의 생가, 다양한 만해기념관, 시비 및 어록비, 『유심』을 발간하던 서울 계동의 한옥, 망우리 묘지 등 한용운의 체취, 행적, 문화, 사상이 깃들어 있는 유적지와 기념물 등에 대한 탐구도 간과할 수 없는 대상이라 하겠다.

이렇듯 한용운의 계보학은 이제 걸음마 상태를 건넜다고 하겠다. 추후에는 더욱 다양한 계보학의 기초적인 사실 규명에 나서면서 한용운 사상의 범주, 그 영향권, 사상의 계승 등 새로운 시각으로 그 전모 파악에 나서야 한다고 본다.

## 3. 결 어

전장에서는 한용운의 불교적인 내용과 관련된 연구사적인 측면에서의 경과를 소개하고, 미진성도 함께 피력하여 보았다. 맺는말은 추후 이 방면 연구를 추진함에 있어 필자가 고려하고 있는 유의할 사항을 개진하는 것으로 대체하고자 한다.

첫째, 한용운 연구는 총체적인 접근에서 이루어져야 한다. 지금까지의 한용운 연구는 고립, 분산적, 개별적인 차원에서 시도되었다. 이 측면은 연구자 개인 차원에서도 나타났고, 각 분야별 연구, 개별 주제의 연구에서도 나타났다. 요컨대 문학하는 연구자는 문학만을 유의하였으며, 역사 분

25 백원기의 제안에 영향을 받아 심우장을 관리하는 서울시 성북구청에서는 『심우장 실측조사 보고서』를 2009년에 발간하였다.

야의 연구자는 역사적인 관점만을 강조하고, 불교를 연구하는 연구자들은 여타 문학과 역사 방면의 연구 결과를 소홀하게 취급하였다. 이러한 연구 시각, 성과물 이해, 주제의 제한성 등에서의 편향성은 극복되어야 한다고 본다.

둘째, 한용운 연구의 활성화와 관련해서는 충실한 자료 수집, 분석, 비교뿐만 아니라 엄정한 학문적 잣대가 강조되어야 한다. 간혹 한용운 연구의 성과물을 보면 논문, 개설서, 대중적인 기고문, 잡문 등의 성격이 혼재된 경우를 발견할 수 있다. 이러한 글의 혼재성은 논지 전개뿐만 아니라 관련 자료 활용이라는 면에서 독자들의 혼란을 더해 주고 있다. 한용운 연구가 수백여 편에 달하면서도 아직 만해학의 성립에 도달하지 못한 것은 이 같은 요인도 일정한 책임이 있음은 부인하기 어려운 것이다.

셋째, 한용운 연구에서 특히 불교적인 측면에서의 연구는 무엇보다도 불교, 불교사상(교리), 불교계 동향 등에 대한 폭넓은 이해 속에 진행되어야 한다고 본다. 한용운은 승려였고, 그가 활동한 대부분의 공간은 사찰을 포함한 불교계였다. 그럼에도 불구하고 불교 및 불교사에 대한 상식과 이해 없이 한용운의 불교를 정리, 분석하였다. 물론 지금까지는 이에 대한 관련 서적, 논문 등이 부실함에서 그 원인을 찾을 수 있지만, 최근 급증하는 연구 성과를 고려하면 그는 납득할 수 없는 것이다.

넷째, 한용운 연구는 그 시각을 더욱 다양화해야 한다고 본다. 지금까지 한용운 연구는 문학, 불교, 민족운동 등 비교적 단선적인 관점에서 접근하였다. 그 결과 한용운이 갖고 있는 총량성, 다양성이라는 면을 충분히 조명하지 못하였다. 본문에서도 제기되었지만 연구 시각의 다양성은 추후 한용운 연구의 활로를 이끌어 줄 것이다. 그 시각에는 근대성, 탈근대성,[26] 비교종교학,[27] 사상의 계보학, 근대 고승과의 비교(경허, 한암, 용성, 한영) 등

26 이 측면에서는 장시기, 박노자의 연구가 있다.

이 있을 수 있다.

지금까지 한용운 연구 활성화라는 차원에서 한용운 연구에 참고가 될 측면과 관련하여 평소 필자가 품어 왔던 입장을 개진하였다. 이에 대한 부적절한 지적과 표현이 있다면 그에 대한 책임은 전적으로 필자가 감당해야 할 것이다. 필자 스스로도 한용운 연구에 매진할 것을 약속하면서 불교적인 측면에서 한용운 연구의 정리를 마친다.

---

**27** 이와 관련하여 허우성(만해와 간디), 김종인(만해와 성철)의 연구 업적, 새로운 접근이 주목된다. 추후 비교 관점에서 한용운을 연구한 것에 대한 정리가 요망된다. 이런 관점과 관련해서 원불교와 연고를 갖고 있는 학자들이 원불교(불법연구회)의 창시자의 불교혁신론과 한용운의 불교개혁론과를 대비, 정리한 고찰도 적지 않다는 점을 첨언한다.

# 『조선불교유신론』과 한국 현대불교

제 2 장

## 1. 서 언

『조선불교유신론』(이하 『유신론』으로 약칭함)은 만해 한용운의 불교개혁 정신을 대표하는 저술일 뿐만 아니라, 한국 근대불서를 대표하는 기념비적인 저술이다. 더욱이 『유신론』에서 제기한 파격적인 불교의 개혁 및 유신의 내용은 근대불교의 각 분야에 일정한 영향을 끼쳤다. 그러나 그 『유신론』에서 지적한 파격적 내용은 기존 불교의 관행과 질서를 강력히 비판하였기에 당시에도 찬반양론이 팽팽하였다.

한용운은 그가 1910년에 집필하고, 1913년에 간행한 『유신론』에서의 주장을 평생 동안 일관하여 주장하고, 일부 내용은 더욱 보강하여 입론을 세련화하였다.[1] 그리고 한용운을 따르던 불교청년들은 한용운의 불교개혁정

---

1 『조선불교유신론』의 내용은 한용운이 『불교』 88호(1931.10)에 기고한 「조선불교의 개혁안」에 더욱 구체적으로 나타나고 있다. 한용운의 대중불교, 민중불교 건설을 위한 그의 세부적인 입론은 전보삼이 관련 기고문을 정리하여 펴낸 『만해 한용운 산문집 - 푸른 산빛을 깨치고』(민족사, 1992)의 제3장에서 찾아볼 수 있다. 즉 그 내용은 대중불교 건설의 주제인 불

신을 체득하고, 이를 불교의 현장에 실천하려고 부단한 경주를 하였다고 보인다. 그리하여 한용운과 불교청년들은 불교개혁을 주창함과 동시에 불교의 독립운동에도 매진하여 외형적으로는 한용운의 개혁의 논리가 일제하 불교계의 주된 성향으로 나타나기도 하였다.

그러나 『유신론』이 발간되었을 당시부터 한용운의 논리는 불교계 내부에서부터 강한 저항을 받았다. 한용운의 논리는, 당시 불교계가 보수적이었던 측면, 서양 문명의 수용에 안일하고 급변하는 사회 변동을 따라가기에 급급했던 불교계의 체질 등으로 인하여 불교의 현장에 철저하게 구현되었다고 볼 수는 없다. 한용운의 논리가 거부되었던 또 하나의 요인은 일제의 식민통치의 첨병으로 한국에 건너온 일본불교로 인한 한국 전통불교의 훼손, 변질이라는 흐름이었다.

요컨대 『유신론』의 핵심 주장인 승려의 결혼이 일본불교의 대명사로 지칭되면서 한국불교의 전통 수호를 항일불교로 이해한 청정 비구들의 현실인식이 자리 잡고 있었다. 그런데 기이한 것은 한용운의 주장에 영향을 받은 산물이라고 단언할 수는 없지만 일제하 다수의 비구 승려들은 '결혼'을 택하였음에도 불구하고, 한용운이 『유신론』에서 주장한 여타의 주장은 폭넓게 수용되지 않았다는 것이다.

본 고찰은 이러한 전제를 유의하면서 한용운이 『유신론』에서 제기한 각 분야의 주장을 재검토하고, 그를 한국 현대불교사에 접목시켜 보자는 것이다. 지금껏 우리는, 『유신론』의 대부분의 주장이 현재 불교계의 현실에도 여전히 유효하다는 지적을 왕왕 들어 왔다. 이는 불교계의 현실이 90년 전과 거의 유사하다는 것인지, 아니면 『유신론』의 지적이 시대를 초월할 정도의 보편성을 띤 불교개혁의 지침임을 말하는 것인지는 애매하다.

---

교개신, 현 제도 타파, 민중포교 건설을 위한 포교법, 조선불교의 통일, 조선불교의 해외 발전, 교단의 권위, 교정연구회의 창립, 조선불교 통제안, 역경의 급무, 주지 선거 등이다.

그러나 한국불교가 지난 90년간 엄청난 변화와 발전을 하였음을 부인할 수는 없다. 그리고 90년 이전의 한국의 상황과 현재의 상황이 유사하다는 것에도 쉽게 수긍할 수는 없다. 그럼에도 불구하고 한용운의 『유신론』이 아직도 현대불교에 유효하다고 여기는 것은 무엇을 말하는 것일까? 이는 우선 현대불교에 대한 불만족성을 말하는 것으로 파악할 수 있다. 다음으로는 90년 전의 불교계의 현실과 현대 불교계의 현실이 본질적으로 거의 유사하다는 것이 아닐까 한다. 양과 질적인 면에서 엄청난 변화를 겪었지만 그 흐름과 고뇌라는 면에서 흡사하다는 것이다. 이러한 분석은 추후 더욱 다양한 관점에서 접근해야 할 것이다.

한편, 우리는 한용운 개혁론의 철저성을 수긍하면서도 한용운이 지적한 개혁의 이면에 깔려 있는 당시 불교 현실에 대한 이해는 매우 부족하다. 이는 당시 불교사에 대한 파악이 전제되지 않고서는 한용운의 논리에 대한 평가는 단언하기 어려움을 말한다. 요컨대 당시 현실에 대한 이해 없이 한용운의 지적에 쉽게 동의하는 것은 매우 위험한 발상이라는 점이다. 이는 그 시기의 연구의 부진, 자료의 부족이라는 현실에서 기인한다. 연구나 자료가 부진한 여건하에서 한용운의 비판 이면에 숨어 있는 불교의 현실과 모순을 무조건 수용하는 것은 곤란하다는 점이다. 그러나 현재 불교사 연구에 대한 한계를 유의하면 일단은 한용운이 『유신론』에서 지적한 현실을 받아들일 수밖에 없는 것이 안타까울 뿐이다.

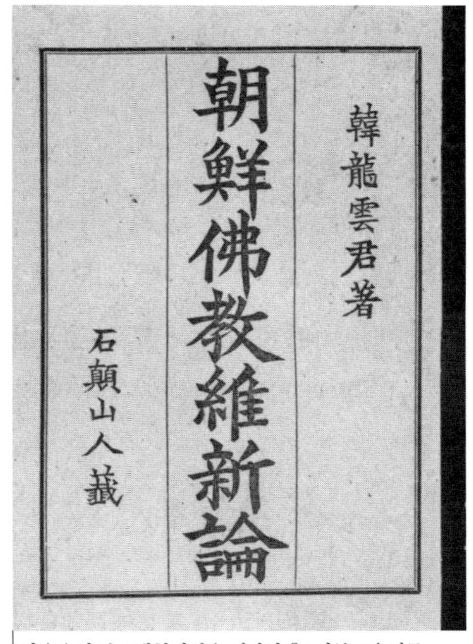

한용운의 불고개혁정신을 집약한 『조선불교유신론』

이러한 접근은 한용운의 개혁론을 현대불교와 연계시켜 현대불교를 살피는 관점에서도 동일하다. 즉 현대불교에 대한 심층적인 분석, 해명, 이해는 기하지 않고 단순히 한용운의 지적만을 참고하는 것은 모순된 자세라 하겠다.

본 고찰은 『유신론』과 현대불교와의 이런 상관성을 기초로 하여 『유신론』에서 제기한 불교개혁의 논리를 요약, 정리하고, 그를 현대불교의 분석에 활용해 보자는 것이다. 요컨대 한용운의 관점, 즉 『유신론』에 나타난 안목으로써 현대불교를 살피려는 것[2]이다. 한용운의 그 관점은 기본적으로 불교계에 대한 처절한 비판, 냉철한 분석을 전제로 한 것이었다. 즉 유신을 위한 파괴를 서슴지 않을 정도의 처절함이었다. 이러한 분석을 통해 한용운의 주장이 아직도 유효한가, 즉 한용운 불교개혁론을 계승할 것인가에 대하여 가늠해 보고자 한다. 그러나 우리는 한용운의 관점으로 한국 현대불교를 분석하는 것이 현대불교 이해에 활용할 하나의 관점이지, 이 관점을 절대적인 잣대로 볼 수는 없다는 점도 인정해야 한다.

## 2. 한용운의 관점에서 본 한국 현대불교[3]

### 1) 수행

한용운이 『유신론』에서 불교 수행 문제의 해결 방안으로 제기한 것은 참선과 염불당의 폐지이다. 우선 참선의 문제부터 접근해 보자. 한용운은

2 한국 현대불교의 대상은 조계종을 중심으로 서술할 예정이다.

3 현대불교의 분야를 수행, 교육, 포교, 사원 위치, 종단 구조, 승려의 인권과 결혼으로 대별하였다. 이는 『유신론』에서 제기한 내용을 정리하여 포괄한 것이다. 그런데 『유신론』에 제기한 사원의 불상 및 탱화, 의식(의례)의 문제는 필자가 정리할 수 없는 한계로 인해 제외하였다.

참선의 문제를 대함에 있어 당시 불교계의 참선하는 부류들이 염세와 독선에 빠져 있다고 보았다. 이는 부처의 가르침이 구세의 가르침이요, 중생제도의 가르침임을 실천하지 않음에서 나온 것으로 이해하였다. 그리하여 당시 사찰은 선실禪室이 거의 없는 곳이 없을 정도이지만, 그 실제에 있어서는 선을 일으키는 본의에 있지 아니하고 선실로 절의 명예의 도구(寺刹榮譽之具)를 삼기도 하고, 선실로 이익을 낚는 도구(射利之具)로 삼는다고 하였다. 이에 선객禪客의 총수 열 명 중 진정한 선객은 한 명에 불과하고, 먹기 위해 들어온 자가 두 명이요, 어리석고 게으른 데다가 먹기 위해 들어온 자가 일곱 명이나 된다고 질타하였다. 선실에 대한 이러한 비판은 아래의 글에서 더욱 치열하게 제기된다.

> 이같이 조선의 참선은 겨우 명목만 유지하는 참선일 따름이다. 이를 더욱 요약해 말한다면 선실은 營利의 產兒요, 禪客은 쌀로 사온 것이라고 할 수 있다. 나는 감히 선객의 모두를 이 부류에 포함시키려고는 하지 않지만, 십중팔구는 불행히도 내 말이 적중함을 부정할 길이 없을 것이다. 여러분은 내 말을 의심하는가. 시험삼아 오늘의 선실에서 일조에 그 식량을 다 없앤다고 하면, 그 선객의 수효가 전날에 비해 감소됨이 없겠는가. 여러분은 부디 스스로 생각해 주기 바란다.

요컨대 한용운은 당시 참선이 명목뿐이기에 선실은 영리에서, 선객은 호구지책의 목적에서 유지된다고 보았다. 이 같은 지적은 참선 수행에 대한 근원적인 부정이다.

이에 한용운은 참선의 본질을 개혁하기 위한 대안으로 적폐積弊를 일소하고 올바른 규제를 세우자고 주장하였는바, 그는 다음과 같은 내용에서 나온다.

> 참선을 새롭게 뜯어고친다 할 때 그 방법은 무엇인가. 조선 각 寺의 선실의 재산

을 합쳐서 우선 한두 개의 큰 규모의 禪學館을 마땅한 곳에 세울 것이 요청된다. 그리고 선의 이치에 밝은 사람 몇 명을 초청하여 스승을 삼아야 한다. 참가하기를 원하는 사람은 僧俗을 가리지 않고 다 수용하되 모집할 때에 일정한 방법으로 시험을 과하는 것이 좋다. 그리고 선을 닦는 데 있어서는 다 일정한 시간적 통제가 있어서 산만에 흐르지 못하게 해야 하며, 다달이 혹은 청강을 하기도 하고 토론을 벌이기도 하여, 한편으로는 참선의 정도를 시험하고, 한편으로는 각자의 지식을 교환케 하는 것이다. 그리하여 상당한 시일이 지나 크게 얻는 바가 있을 경우에는 마땅히 저서를 내어서 세상에 공표함으로써 중생들을 인식상의 정신과 규제에 있어서 어찌 법도가 서지 않겠는가.

참선의 문제에 대한 대안은 우선 여러 사찰이 공동으로 선학관禪學館을 세우자는 것이다. 그리고 선지식을 초빙하여 수행하고, 참선을 행함에 있어서는 승속僧俗을 구별치 말 것이며, 입방 시에는 시험을 보고, 참선을 하는 도중에 청강·토론·시험을 실시하자는 것이다. 그 밖에는 깨달음에 다다른 경우는 그 결과를 저서로써 세상에 공표하자는 주장도 하였다. 한용운은 이러한 대안을 채택하면 참선의 법도가 설 것임을 강조하였다. 그리고 선방에 들어갈 형편이 못 되면[4] 각 사찰에 참선 모임을 만들어 수행 풍토를 조성하자고 하였다.

한용운이 『유신론』에서 제기한 이러한 참선의 분석은 당시 선원에서의 수행을 강렬하게 비판한 것이다. 그러나 우리가 유의할 것은 당시 선방의 제반 현실을 모르는 상황하에서 무조건 『유신론』의 분석과 주장에 수긍만을 할 수는 없다. 여기에서 우리는 먼저 현재의 선방 수행이 만해가 지적한 것과 같이 비판을 받을 정도의 상황인가를 주목하자. 현재 조계종단의 경우 하안거, 동안거에 선방에서 수행을 하는 승려는 수천 명에 달한다고

4 사찰의 행정, 보직을 맡은 승려를 위한 제안이다.

보도되고 있다. 그리고 그 수행자들은 단순히 먹을 것이 부족하여 선방에 입방하는 것으로 볼 수는 없다. 이러한 점에서의 한용운의 지적을 현재의 불교계 현실에 적용하기는 어려울 것이다. 더욱이 그 수행자들의 참선의 철저성은 일률적으로 말할 수 없는 성질이다. 다만 선원에서의 양식을 자급자족하는 형태로 전환할 경우에도 지금처럼 수천의 수행자가 입방할지는 모르는 것이다. 간혹 안거가 종료된 이후 해제비를 받아 여행을 간다는 비판의 목소리는 일부 있어 왔음을 기억해야 한다.

다음으로 한용운이 참선의 활성화를 위해 대안으로 제기한 것은 공동으로 중앙에 선학관을 설립하는 것과 각처 선방 운영의 다각화이다. 선학관은 일제하에 설립되어 현재까지 존립하고 있는 선학원이 한용운의 지적에 부합한 경우이다. 그러나 일제하의 선학원과 현재의 선학원은 큰 차이가 있음을 우리는 알고 있다. 그리고 한용운이 제시한 선지식의 초빙, 승속 구별 없이 수용, 청강 및 토론 개최 등은 현재까지 적용된 경우가 거의 없다고 보는 것이 타당할 것이다. 선지식의 초빙은 기본적으로 명안종사가 부족한 현실을 타개하려는 것인데 작금에도 조실, 방장으로 지칭하는 선지식이 상주하는 선방이 있지만 실제로 조실, 방장을 초빙하여 수행하는 선방은 매우 적다. 최근에는 선 수행을 지도할 눈 밝은 명안종사가 사라지고 있다는 것을 유의해야 한다.

한편 21세기에 접어들면서 수행자는 점점 증가하고 있지만, 수행을 하여 깨달았으며, 그리하여 그를 인가받았다는 소리는 거의 사라지고 있음은 무엇을 말하는 것인가? 이러한 정황은 질적인 수행, 철저한 깨달음은 점점 희소해지고 있다는 반증으로 보인다. 한용운은 깨달음을 공표하고 그 내용을 대중화하자는 것인데 20세기 불교에서는 그래도 깨달았다는 큰스님이 있었고, 그 결과로 깨달음의 오도송이 있었다고 전하지만 최근 30년 전후부터는(정화운동 완료 이후) 깨달음에 달하였다는 스님들을 들은 바가 없으니, 그를 공표할 처지도 못 된다고 보아야 하지 않겠는가?

요컨대 한용운이 지적한 참선에 있어서 질적인 문제는 아직도 지속되고 있다는 것이다. 한용운의 관점이 가장 적절하다고 볼 수는 없지만, 그 관점에서 현재의 수행 풍토는 일정한 문제점을 내포하고 있음은 분명하다. 최근 논란을 빚은 간화선의 문제, 유용성 그리고 수행 풍토의 조성 등은 바로 이런 사정을 말하는 것이다.

다음으로 『유신론』에서 수행의 문제로 거론한 것은 염불당이다. 염불당의 폐지 주장은 『유신론』의 파격성에서도 가장 과격하다. 『유신론』에서 제기하는 염불당의 문제는 중생들이 거짓 염불을 멀리하고 참다운 염불을 닦게끔 해야 한다는 것이다. 당시 보편적으로 행하였던 염불은 왕생 정토 사상에서 비롯된 것으로 보면서 이는 부처의 교리상에서 불가함을 설파하였다. 그리고 그는 불교의 근본인 인과법을 부정하는 것으로 단정하였다. 그러면 한용운이 말하는 참된 염불은 무엇을 말하는가.

> 부처님의 마음을 念하여 나도 이것을 배우고, 부처님의 행을 염하여 나도 이것을 행해서 비록 一語, 一默, 一靜, 一動이라도 염하지 않음이 없어서 그 眞假와 權實을 가려 내가 참으로 이것을 소유한다면 이것이 참다운 念佛인 것이다.

이처럼 한용운이 주장하는 참다운 염불은 부처의 근본 사상, 불교정신을 생각(궁리, 체득)하여 그를 실제 삶의 현실에 실천하는 것을 말한다. 다시 말하자면 부처의 사상은 누구나 행할 수 있다는 보편성을 인정하지만, 그 실제의 실천은 하지 않고 입으로만 부처를 부르는 것은 불가하다는 논지이다. 즉 부처의 가르침을 행함에 있어 방편이라는 차원은 필요하지만 그 폐단이 극에 달하였다는 지적인 것이다. 한용운이 강조한 염불당의 폐지는 거짓 염불을 할 바에는 차라리 염불당을 폐지하자는 것이지, 염불당을 완전히 무조건적으로 없애자는 것은 아니다. 이는 한용운 스스로도 "참다운 염불이 아님을 두려워하여 이를 폐지하자고 주장하는 것은 거짓된 염불의 모임을 겨냥한 발언일 뿐이라고" 개진한 것을 유의해야 한다.

그렇다면 현대 한국불교에서의 염불 혹은 염불당은 완전히 필요 없고, 없애야 하는 것인가? 필자의 주장은 그럴 필요는 없다고 본다. 현재 한국불교에서의 염불은 그 기반이 상당하며, 염불신앙으로 신앙공동체를 지향하는 사찰 및 신행 단체가 적지 않다. 설령 없애는 것이 타당하다고 주장하여도 그렇게 처리될 수도 없다. 최근에는 참선, 간화선 위주의 수행에 회의를 느낀 신도들이 오히려 염불신앙으로 회귀하는 경향도 있다고 보인다.

때문에 현재 한국불교에서 보편적으로 행하고 있는 염불 신앙을 일단은 긍정하고 『유신론』에서 제기한 참다운 염불 신앙이 구현될 수 있도록 하는 조치가 필요하다고 본다. 그러면 그 참다운 신앙의 구체성은 무엇인가? 이 구체성을 뚜렷이 검증할 수는 없다. 다만 신앙공동체의 스님, 법사들이 보다 철저하게 불교적인 관점하에서 수행에 임할 수밖에 없는 것이 현실일 것이다. 이에 『유신론』에서 제기된 염불당 폐지는 현대 불교계에서 민감하게 반응할 이유는 없다고 본다. 그러므로 염불당 폐지는 단순하게 수용하면 수긍할 수 있되, 한용운의 깊은 뜻을 헤아리면 오히려 염불당의 활성화로 유도할 수 있다고 본다. 이는 역설적으로 당시 개화기 불교계에서 거짓 염불이 매우 보편화되어 있음을 의미하는 것이다. 그러므로 당시 불교계 현실에 토착화, 보편화된 전통을 살리고, 동시에 불교의 근본에서 그 궤도 수정을 해 준다면 오히려 불교 대중화에 기여할 것이 아닌가 한다.

### 2) 교육

한용운이 교육에서 말하는 것은 주로 승려의 교육 문제였다. 즉 한용운은 교육이 보급되면 문명이 발달하고, 그 반대로 교육이 보급되지 못하면 문명은 쇠한다는 입장에 서 있었다. 즉 문명에 도달하기 위해서는 필히 교육을 받아야 한다는 논리이다. 그런데 그 배움에 있어서는 지혜(자본),

한용운이 수학한 명진학교가 있었던 원홍사

사상의 자유(법칙), 진리(목적)의 세 요소가 절대 긴요하다고 주장한다. 그런데 당시 승려들은 이 중에서도 사상의 자유(비판 정신)가 가장 결핍되어 있다고 보았다. 이와 관련하여 전통적인 승려교육의 특색인 연구와 논강도 그 당위와 실제에서 큰 차이를 보이고 있다고 질타하였다.

이러한 전제하에서 한용운은 승려교육의 급선무를 보통학, 사범학, 외국 유학으로 구분하였다. 보통학(보조과학, 기초학문)은 생존경쟁 시대의 필수적인 배움으로서, 전문학의 기초학문의 성격을 갖고 있다고 보았다. 그런데 당시 승려 학인들은 보통학 보기를 원수같이 하는 형편으로 지적하였다. 이 지적을 현대불교에 적용하면 현재는 고교 졸업 이상의 학력을 갖추어야 입산, 출가가 가능하기에 한용운의 이 지적을 현재에 적용하기에는 일부 어려움이 있다. 그리고 강원, 중앙승가대, 동국대 등의 각급 학교에서도 교양 및 보통교육을 교육시키며 언론의 발달로 승려로서 보통교육조차 안 된 완전 무지한 경우는 없을 것이다. 그러나 현재 이와 연관된 각급 학교의 교육 과목을 보면 아직도 한용운이 지적한 단계까지 도달하였다고 보기에는 일부 아쉬운 점이 있다.

다음으로는 사범학師範學(지도자 양성)을 강조하였다. 한용운은 사범학의 내용을 자연自然 사범과 인사人事 사범으로 나누었는바, 이를 현대적인 용어로 전환하면 자연과학과 인문과학으로 볼 수 있다. 이러한 관점에서 지금의 승가교육에 적용하여 보면 한용운이 강조한 것과 같은 자연, 인문과학은 교육 과목으로 매우 소홀하게 다루어진다고 보인다. 이는 무엇을 말하는 것인가? 지금의 불교계에서는 사회의식 혹은 불교계 밖의 현실에 대한 관심, 보편적인 인간학에 대한 관심이 부족하다고 말할 수 있는 측면이다.

한용운은 『유신론』에서 우선 사범학교를 세워 15~40세 승려 중에서 재덕이 있는 자를 가려서 배우게 하고, 그 과정에서 보통학, 사범학, 불교학을 가감, 조화시켜 가르치자는 주장을 하였다. 여기에서 나온 사범학교는 근대적 학교의 외형을 갖추고, 개화기 당시 사찰에서 설립한 소학교(보통학교)의 교사 양성을 기하며, 나아가서는 승려의 자질 향상을 함께 도모하자는 차원에서 나온 대안이다. 현재 조계종단의 경우 동국대, 중앙승가대가 있고, 지방승가대(강원)도 자생하고 있어 한용운이 지적한 사범학교를 굳이 설립할 필요가 있을 것인가에 대하여는 논란이 제기된다. 한용운이 지적한 방향에서의 교육 과목은 추가, 조율될 수 있을 것이지만 한용운의 주장은 승려 지도자 양성의 필요성을 환기시킨 것으로 보인다.

만약 한용운의 주장에 의거하면 현재 불교계는 승려 지도자 혹은 승려의 교사 양성만을 위한 학교는 없다고 보아야 한다. 한용운의 논리에 의해 사범학교를 설립할 필요까지는 없다 하여도 승려들을 교육하는 일관된 제도의 수립은 필요하다고 볼 수 있다. 현재에는 속서의 제도, 시스템에 의거한 승려교육을 진행하고 있는 곳도 있고, 전통의 형식을 띠는 곳도 있지만 그 외형조차도 통일적인 기준이 없다. 요컨대 승가 나름의 특성을 지닌 제도화가 절실하다 하겠다.

다음으로 지적한 것은 외국 유학이다. 한용운은 외국에 유학하여 불교의 교리 및 역사를 공부하고, 그를 한국불교 발전에 활용해야 한다고 주장하였다. 그리고 한용운이 주장한 또 하나의 내용은 불교학 이외의 여타 종교의 연혁, 현황, 역사 등을 배워 불교의 미흡한 부분을 보충하자는 내용이다. 필자가 보기에 일제하의 일본, 독일 등지에 유학을 한 대상자들의 공부 분야를 보면 불교학에만 한정되지 않고 다양한 분야에 걸쳐 있었다. 이에 그 지나침도 있어 각 사찰에서는 그를 불교로 한정시키자는 의견도 있었다. 그러나 최근에는 주로 불교학에만 집중되어 있고, 여타 종교와 학문을 연구하는 경우는 희소한 것이 사실일 것이다.

이 같은 승려교육에 대한 한용운의 지적은 주로 보통학, 사범학으로 나타났지만 그 초점은 사회의식, 보편적인 인간 문제에 관한 내용이다. 오히려 한용운은 승려의 불교학에 대한 제반 문제를 거의 언급하지 않았다. 그렇다면 당시 승려의 불교학 전반에 대한 모순은 없었을까? 그렇지는 않았을 것이다. 다만 한용운은 승려 및 사찰의 사회의식이 낙후된 현실을 개탄하였기에 그에 연계된 분야만 집중 분석한 것으로 보인다. 당시 한용운은 교육의 시급성을 강조하면서 불교계의 노후하고, 부패하고, 완고하고, 비열한 무리가 새로운 교육을 저지하고, 구습을 고수할 뿐 새로운 진전이 없다고 하였다. 지금은 이러한 무지한 그룹은 없을 것인바, 다만 조계종단 내에서 기초적인 교육기관인 행자수련원의 설립, 승려재교육 프로그램의 도입, 미래를 내다보는 교육 내용에 대한 정비 등이라도 조속히 완결짓는 것이 긴급한 과제일 것이다.

### 3) 포교

『유신론』에서 제기한 포교 문제는 기본적으로 경쟁, 우승열패, 약육강식이라는 현실인식을 갖고 있는 사회진화론의 의식에서 나온 것이다. 이에 한용운은 당시 불교의 기반과 세력이 미약한 것을 세력이 부진한 탓에서 찾았다.

조선불교가 유린된 원인은 세력이 부진한 탓이며, 세력의 부진은 가르침이 포교되지 않은 데 원인이 있다. 가르침이란 종교의 의무의 線과 세력의 선이 함께 나아가는 원천이다. 다른 외국 종교로서 조선에 들어온 것들은 하나도 끊임없이 힘쓰지 않음이 없는 실정이니, 누구든 종교의 의무가 스스로 이렇지 않다고 하랴. 본래부터 그렇다고 할 수밖에 없다.

나아가서 불교의 세력 부진은 불교가 포교되지 않은 것으로 단언하였다. 그리고 포교는 종교의 의무임을 강조하였다. 포교와 교세는 동전의 앞뒤와 같은 성질임을 지적하고, 승려의 낙후성, 신도들이 소수의 여인으로만 구성되어 있는 것 등이 포교의 나약성에서 온 것이라는 것이다.

이에 한용운은 포교를 하기 위한 기본자세로 열성, 인내, 자애를 중요하게 지적하였다. 그리하여 포교는 불교의 흥망과 승려의 생존을 담보하는 지름길로 보았다. 이에 한용운은 포교의 방법으로 연설, 신문·잡지에 기고, 역경, 자선사업 등을 제시하였다.

포교의 방법은 하나가 아니다. 혹은 연설로 포교하고, 혹은 신문 잡지를 통해 포교하고, 혹은 경을 번역하여 널리 유포시켜 포교하고, 혹은 자선사업을 일으켜 포교하기도 하여 백방으로 가르침을 소개해 그 어느 하나가 결여될까 걱정해야 함에도 불구하고, 지금 조선의 불교는 이런 기도가 전무한 형편이다.

그러나 한용운이 지적하고 강조한 포교는 일제치하에서 다양하고 치열하게 전개되었다. 포교당이 건설되었으며, 수많은 불교잡지가 간행되고, 다양한 역경이 전개되었다. 다만 개신교의 활동과 비교할 경우 미약한 것은 사실이었다. 해방 이후부터 현재에는 포교의 질적, 양적인 팽창과 발전은 엄청났다. 불교방송, 불교신문을 비롯한 수많은 불교계 신문, 불교잡지, 사찰에서 나온 발간물, 각처에서 자생적으로 진행되는 법회 등은 이루

말할 수 없을 정도이다.

현대 한국불교에서 유의할 것은 포교의 원칙, 정신, 방법 등에 대한 이론적인 재정립과 현대 산업사회 및 그 변동에 걸맞은 포교 전략의 수립이라고 볼 수 있다. 그리고 종단 사태 및 일부 몰지각한 승려들의 행태로 인해 포교 현장에 부담을 주지 않도록 유의해야 한다. 나아가서는 포교를 일선에서 담당하는 포교사 양성 시스템을 전면 보완해야 할 것이다. 현재에는 승려들이 포교 현장에서 활동하는 경우가 대부분이지만 포교사의 활동도 증대되고 있다. 그리고 일부에서는 법사가 부족하여 포교 활동에 지장이 있다는 지적을 하고 있는바, 이에 대한 경청이 요망된다. 포교사들은 승려 신분도 아니고, 그렇다고 신분과 활동의 거점을 보장받지도 못하고 있다. 요컨대 현행의 포교사 운영에 대한 대대적인 재검토와 제도 개선이 요망된다.

### 4) 사원 위치

한용운은 불교 세력이 미약한 원인을 찾음에 있어 승려의 사상, 의식이 속세의 사람들과 다름에서 찾았다. 그리고 그 원인을 사찰이 궁벽한 위치에 있으므로 나타난 네 가지의 요소, 거기에서 비롯된 사업상 부진을 여섯 요소로 정리하여 단언하였다.

이제 그를 요약하면 다음과 같다. 우선 사원의 위치가 궁벽하여서 진보사상이 없다, 모험적인 사상이 없다, 구세의 사상이 없다, 경쟁하는 사상이 없다고 주장하였다. 그리고 사업상 구체적으로는 교육, 포교, 교섭, 통신, 단체 활동, 재정에서도 불리하여 부진을 야기한다고 보았다. 이에 그는 이를 극복할 구체적인 안으로서 다음과 같은 주장을 하였다.

> 그러면 사찰의 위치를 고칠 수 있겠는가. 세 가지 방책이 있다고 나는 말하고 싶다. 산속에 있는 사찰 중 오직 기념할 만한 몇 곳만 남기고, 그 나머지는 한결같이

모두 철거한 다음 새로 각 郡, 각 港口의 도회지에 세운다면 이는 上策일 것이다. 그리고 그 크고 아름다운 사찰은 남기고, 작은 것과 크고 황폐한 것은 철거하여 큰 도회지에 옮겨 지으면 이는 中策이 될 것이다. 또 다만 암자만을 폐지하여 본사에 합하고, 한 道 혹은 몇 개의 郡에 있는 사찰들이 합동하여 요지에 한 출장소를 두어 포교, 교육 등의 일을 처리할 경우, 이것은 下策이다. 그리고 이 밖의 것은 방책도 아닌 것이 된다.

한용운은 이어서 상책은 민지民智의 정도가 문약하기에 실행에 문제가 있고, 중책은 행할 만한 사람이 없을 것 같기에 어렵고, 하책은 관련 사찰 전체가 일치만 하면 가능하나 그 일치할 수 있는 기간을 기다리는 데에 문제가 있다고 분석하였다. 그는 각 방책이 각기 문제를 내포하고 있기에 차라리 모든 승려가 모두 영웅호걸이 되어 상책을 즉시 시행해도 남음이 있으면 좋겠다는 심정을 토로하였다. 이는 노력하면 이루지 못할 것이 없지만, 노력을 하지 않으면 하나도 이룰 것이 없다는 소신에서 나온 것이다.

이 같은 한용운의 주장은 지금껏, 근현대 불교 100여 년간 거의 시행되지 않았다고 본다. 기존 사찰과 암자를 폐지하지 않았고, 일개 사찰 혹은 본사급 사찰들이 도회지에 사찰 혹은 포교당(소)을 나어 포교 활동에 나섰던 것이다. 기존 사찰을 폐지한다는 것은 한용운의 주장처럼 간단치는 않다. 이는 불교 재산 망실, 그 재산의 처리 문제, 공권력과의 관련, 지원을 하였던 보시자·후원자·신도들의 납득 등이 문제다. 한용운의 주장은 승려들의 의식과 사업에 불리를 끼치는 사찰의 위치를 근원적으로 변동시키자는 혁명적인 발상이었다.

이를 더욱 유의해서 보면 현대불교의 승려 및 사업 추진에 사찰의 위치가 궁벽하여 일부 영향을 받은 것은 있다고 수긍할 수 있다. 그러나 한용운이 주장한 요인의 근원이 사찰의 위치에서 비롯되었다고 단정할 수는 없다고 본다. 한용운의 주장은 불교의 대중화, 불교의 민중화, 불교의 세력화를 기하기 위한 발상임은 인정한다. 그러나 현대불교에서도 사찰이 산중에 있음으로 인한 긍정성도 적지 않다. 예컨대 수행 환경, 문화재 보호, 재가자들의 휴식처 제공 등을 참고할 수 있다. 과거 조선 후기, 개항기의 불교를 우리는 산중불교라 하지, 현대불교를 산중불교라고는 전혀 생각하지 않는다. 산중불교란 사찰이 산속에 있다고 하여 일컫는 말이 아니고, 산중에서만 활동할 수밖에 없었던 정황을 말하는 것이다. 최근에는 교통, 통신 등의 비약적인 발전으로 인하여 도회지와 사찰의 연계는 불편이 거의 사라져 가고 있다고 보는 것이 타당할 것이다.

사원의 위치를 변혁시키자는 한용운의 주장은 역설적으로 도회지 중심의 불교, 승려의식의 철저성을 지키자는 방안의 하나로 수용하면 될 것이다. 오히려 요즘은 승려들이 도회지에만 머무르는 행태가 보편화되었다는 저간의 지적을 참고해야 할 것이다. 도회지에 머무르면서 대중불교, 민중불교 구현에 전념하면 이 같은 지적은 없었을 것이다. 최근 승려들이 도회지에서의 활동이 빈번해지면서 승려의 세속화, 세력화가 가속화되고 있다는 우려도 적지 않다. 요즈음 세태에서는 승려들이 더욱더 산중의 사찰에 가서 수행에 전념해야 되지 않을까 하는 주장도 나온다.

때문에 이제부터는 기존 사찰의 용도를 재검토하고, 도회지에 있는 사찰 및 포교당의 성격과 기능, 산중사찰과 도회지 사찰과의 연계 문제 등을 근원적으로 고민하는 것이 더욱 효율적일 것이다. 산중사찰로 찾아오기를 기다리는 불교에서 대중과 민중을 찾아다니는 불교로 전환해야 함은 당연하다. 대중의 고민을 듣고, 그를 해결해 주고, 간혹은 산중사찰로 안내·수행케 하여 산업사회에서 노정된 고뇌를 풀어 주어야 할 것이다.

### 5) 종단 운영

한용운이 『유신론』에서 종단 운영과 연관된 문제로 거론한 것은 사원의 통합, 승려의 단체, 사원의 주지 선거법이다.

한용운은 사찰들을 당연히 통할해야 함을 강조하였는바, 이는 지휘와 통할을 통해 불교를 살려야 한다는 것에서 나왔다. 구체적 방법으로는 혼합混合 통할과 구분區分 통할로 나누었다. 혼합 통할은 불교 전체를 한 통할권 안에 포함시키는 것이다. 이 방안의 장점은 사람과 재물이 한곳으로 집중되기에 일을 처리하는 데에 유리하다, 일을 할 때 전부가 일치하기 쉬워서 피차에 넘치고 부족한 차이가 없다, 대립이 없으므로 피차에 알력의 폐단이 없다고 볼 수 있다고 주장하였다. 이에 반하여 구분 통할의 장점은 일을 처리함에 있어서 서로 간에 질투 혹은 경쟁이 나타나 이 요인이 진보성에 효과를 기할 수 있다, 피차에 견제하고 꺼리는 요인으로 마음대로 정하는 나쁜 폐단을 차단할 수 있으며, 회의·교섭이 비교적 간편하고 쉬울 수도 있다고 지적하였다.

그러나 혼합 통할의 장점은 구분 통할의 단점이 될 수 있고, 구분 통할의 장점은 반대로 혼합 통할의 단점이 될 수도 있다. 이 전제하에서 한용운은 혼합 통할을 마땅히 시행해야 한다고 보았다. 그러나 당시 불교계의 제반 사정으로 인해 혼합 통할을 시행할 사정이 미진함을 개진하였다. 이에 한용운은 구분 통할을 하게 되면, 불교계를 갈라놓아서 점차 분열하는 정황이 될 것을 염려하였다. 마침내 한용운은 두 방안의 장단점, 현실적인 여건을 분석하고도 뚜렷한 방책을 내놓지 못하였다.

『조선불교유신론』의 광고 문안

이러한 사찰 통할에 연관하여 현대불교를 살피면 우선 1941년 4월 조계종의 성립과 등장으로부터는 혼합 통할의 노선으로 나갔다. 그러나 해방 공간의 불교를 거치고, 1954년부터 노골화된 비구승, 대처승 간의 갈등 양상을 나타낸 이른바 정화운동을 거치면서 점차 구분 통할의 방향, 즉 종단 분열의 양상으로 나갔다. 그리하여 현재에는 무려 60여 개의 종단이 분립하는 정황이 되었다. 그런데 문제는 이 60여 개의 종단이 이념과 성향이 종단을 나눌 정도로 분명하고 그에 걸맞은 종지와 종풍을 갖고 있는가에 대해서는 많은 의구심이 제기된다. 이권 쟁탈, 권력 지향이라는 구도에서 나온 측면도 배제할 수는 없다는 것이다.

그런데 여기에서 우리가 다시 살필 것은 한용운이 제기한 구분 통할의 구체적인 내용에서 그 구분이 지역을 나누는 구분인지, 아니면 이념과 성향이 달라 구분해야 한다는 것인지가 약간은 애매하다. 필자가 보기에 그는 지역성을 전제로 한 구분으로 이해된다. 이는 요즈음에 보편화된 개념인 지방 중심, 지방자치제와 연관되어 나타나는 본산 중심의 행정과 흡사하다. 그렇다면 현대 불교계의 분열과 분파는 한용운이 우려한 상황보다 더욱 악화된 것이 아닐까? 물론 일부 종단의 경우에는 종지와 종풍이 분명하고, 여타 종단과의 운영의 차별성이 나타나는 종단이 있는 것은 사실이다. 그러나 그렇지 않은 종단의 정체성은 납득하기 어렵다는 것이 일반적인 평가일 것이다. 바로 이런 요인으로 한용운도 사찰 통할의 대책을 강구치 못한 것으로도 보인다.

다음, 우리가 검토할 과제는 사원의 주지 선거법이다. 『유신론』에서는 이를 사원 주직住職 선거법이라 하였는바, 주직은 사찰의 서무를 통치하는 직책으로 규정하였다. 그리고 사찰의 성쇠는 주지(주직)에게 달려 있다고 보았다. 당시 불교계에서는 주지의 선출을 윤회輪回주직, 의뢰依賴주직, 무단武斷주직의 방법으로 행하였다고 보았다. 윤회주직은 나이나 법랍 등에 의해 순서대로 하였는데 이는 큰 사찰에서 행하였다. 의뢰주직은 관리, 토호, 세력가에 뇌물을 주고 사찰의 주지를 구하는 경우이다. 무단주직은 독자적 힘으로 주직에 취임하는 것을 칭하는데 완력과 폭력으로, 즉 약육강식의 방법으로 행하는 것인데 산중사찰에서 행하여졌다고 한다.

이 중 의뢰주직과 무단주직은 정상적인 행태가 아니기에 이러한 사찰은 부정, 부패의 길로 가는 것은 명약관화하다고 보았다. 이러한 요인은 승려의 법규가 없는 것에서 나온 것이지만, 구체적으로 말하면 주지 제도에 대한 사찰 간의 통일성 및 연계성이 없고, 주지의 봉급이 없는 데에서 나온 것이라고 이해하였다. 그러나 큰 사찰은 비교적 안정되고, 일정한 틀이 있어 손댈 재물도 없고 봉급도 없기에 누구라도 주지를 기피하였다는 분석이다. 이에 서로 양보하고, 밀어내는 형편이라는 것이다. 이에 한용운은 이상과 같은 문제를 해소하기 위한 대안으로 다음을 제시하였다.

> 이것을 구하는 방법은 무엇인가. 그 절의 大小와 사무의 분량을 고려하여 각기 월급을 정하고, 또 선거법은 투표의 3분의 2로써 당선시키기로 하고, 외로운 암자나 절은 관할하는 절에서 스스로 역시 투표를 행하면 하나하나 모두가 적절한 사람이 뽑혀 유감없기는 기대하기 어렵다 해도 반드시 그 절에서는 비교적 나은 사람이 선택될 것은 의심할 바 없을 것이다. 그렇다면 이전을 회고할 때 그 득실이 어떻겠는가?

요컨대 주지의 선거 제도를 주장한 것이다. 한용운이 『유신론』을 서술할 당시의 모순된 정황은 선거 제도로써 해결할 수 있었을 것이다. 그러나 사찰령 체제하에서 주지의 선거제를 시행하였더니 많은 문제가 발생했다. 오히려 당시의 전반적인 상황을 보면 친일적, 강고한 승려들이 주지에 선출되었고, 주지 임기를 마친 승려들은 또다시 출마하기 위한 다양한 방책을 강구하였다. 이에 총독부에 의지하거나, 선거 자금을 마련하기 위한 부정부패가 나타났으며, 사찰 내의 분열화 현상이 노골화되었다. 이러한 정황은 해방 이후 현대 불교계에도 지속되었다. 최근에는 관권에 의

지하는 현상은 점차 사라져 가고 있으나 문중, 문도 간의 힘겨루기 양상, 지지를 얻기 위한 금권선거의 양상도 심화되어 가고 있다는 평가이다. 때문에 일부에서는 총무원장 및 주지의 선거 제도 자체를 비판하는 경우도 등장했다.

그러므로 한용운이 제시한 주지직의 선거제는 일부 측면에서는 긍정적인 성과를 가져왔으나 그에 반해 어두운 면도 존재하였음을 부인키는 어렵다. 추후에는 선거제를 유지하면서도 그 모순을 타개할 보완책을 강구해야 할 것이다.

승려의 단체에 관한 문제도 우리가 검토해야 할 과제이다. 불교의 개혁과 유신을 기하기 위해선 승려의 단결이 수반되어야 한다고 한용운은 강조하였다. 그는 다수인의 단결에는 외형적인 단결과 정신적인 단결이 있다고 구분하였다. 당시 승려들은 집단 생활을 하고 있지만 실제에 있어서는 정신적인 단결이 부재함을 지적하고, 그 점이 일 추진에 큰 장애로 작용한다고 보았다. 장애는 시기, 의심, 배척, 분열, 방관 등이다. 이 중 가장 문제가 되는 장애가 방관자라는 것이 한용운의 주장이다. 그는 방관자를 여섯으로 나누어 제시하였는데, 혼돈파混沌派(무식자, 당시 승려 10분의 9를 차지), 위아파爲我派(무사안일주의, 보신주의), 오호파嗚呼派(탄식하고 통곡하는 무리), 소매파笑罵派(비웃고 욕설을 하는 자), 포기파暴棄派(의지만 하는 자), 대시파待時派(때를 기다린다고 하면서 전혀 일을 하지 않는 자, 위선자) 등이다.

이렇듯이 승려의 양상을 분석한 한용운은 당시 승려들이 이 중 하나씩을 나누어 가지고 있고, 심지어는 몇 가지를 나누어 갖는 경우도 있다고 보았다. 그리고 대부분의 승려는 방관자라고 질타하였다. 이에 한용운은 당시 승려들에게 부모, 부처, 중생의 은혜를 갚아야 한다고 강조하였다. 나아가서는 4은恩(부모, 중생, 국왕, 삼보)의 배반, 교세를 쇠퇴케 방조, 보시로 생존, 중생의 은혜를 갚지 못하는 생활을 하고 있다고 보았다. 그리하여 한용운은 그를 극복하는 자세를 이렇게 제안하였다.

일이 잘못된 것은 다시 반복할 수 없으니, 과거를 뉘우치고 미래를 경계함이 가장 옳은 태도일까 한다. 마땅히 큰 목소리로 외치고 마음을 모으며 합쳐서 방관하지 않는 단결을 일하는 경지로 옮기게 하여 國利民福의 일을 기약하고 도모한다면, 우리 부처님의 중생제도의 정신을 저버리지 않는 것이 될 뿐 아니라, 아마 전날에 저지른 죄의 만분의 일이라도 갚을 수 있을 것이다.

이러한 한용운의 주장은 지금 현대 불교계에도 유효한 깨침의 발언이라고 하겠다. 불교계 속언인 "벼룩 서말은 몰고 갈 수 있어도 중 세 명은 함께 갈 수 없다."는 말을 간혹 들어 보았을 것이다. 이 속언의 이면은 무엇을 말하는 것인가? 곧 단결의 부재를 말하는 것이며, 양보와 타협이 불가함을 지적하는 것이 아닌가. 수행, 참선을 내세우며 사찰과 종단의 제반일에 일체 관여치 않으려는 속성 또한 이 범주에서 논의할 수 있을 것이다. 그리고 한용운의 주장에서 유의할 바는 단결과 불교 사업의 종착지가 국리민복國利民福이라는 것이다. 우리들이 현대 불교계의 제반 양상을 살피면 불교를 위한, 불교만을 위한 사업은 없었는가 하는 점이다. 불교도 위하고, 나라도 위하고, 나라의 국민들을 위하는 일을 해야 한다는 지적인 것이다. 물론 불교계 구성원의 뇌리와 불교 행사에는 항상 국태민안, 호국불교, 민족불교, 중생구제, 민족통일 등이 빠짐없이 자리 잡고 있다. 그러나 그 대의명분과 실제가 얼마나 근접한지는 단언할 수 없지만 그 간극이 너무 많이 벌어졌다고 여기는 수많은 사람들이 있다는 것을 알아야 할 것이다.

### 6) 승려의 인권과 결혼

한용운이 『유신론』에서 승려 인권의 회복의 방안으로 제기한 것은 승려 자신이 생산 활동에 참여함이었다. 요컨대 승려 인권은 생산에 참여하여 자신의 생활을 자신이 해결할 때부터 시작된다고 보았다. 한용운은 조선 후기 이래 승려가 압박을 받고, 인간 취급을 제대로 받지 못한 것은 일하지 않고 먹고 입은 것을 하나의 원인으로 보았다. 그는 이를 경제학의 개념으로 분리分利로 표현하였다. 수고하지 않고 이익을 나누어 갖는다는 것이다. 즉 무위도식無爲徒食, 도의도식徒衣徒植이라 하였거니와 승려 생활을 표현하는 기취欺取와 개걸丐乞은 바로 이를 말하는 것이라는 것이다. 이에 속세의 사람들이 승려들을 노예와 같이 바라본다고 분석하였다. 당시 세계는 이익을 위해 경쟁하는 세상이기에 놀면서 의식을 타인에게 의존하는 것은 자신을 스스로 망치고 있는 것으로 보았다. 이에 한용운은 다음과 같이 말하였다.

> 우리들이 길이 전날의 구속을 벗어 던지고 사람 고유의 인권을 회복하고자 할 것 같으면 무엇보다도 스스로 생산하여 自活할 필요가 있는 것이니, 굴욕의 원인을 제거한다면 누가 능히 조금이나마 능멸할 리가 있겠는가.

그리고 당시 일부 승려들이 승려들은 자본이 없고, 방법을 모른다는 자조적인 변명에 대해서는 자본과 방법 이전에 우선 '노력努力'이 천연의 방법이요, 최초의 방법이라고 주장하였다. 승려 자신이 자활하겠다는 의식, 그리고 그를 위해 노력하겠다는 의지가 제일 중요하다는 입장인 것이다.

이 같은 전제에서 승려들이 생산 활동을 할 의지가 있다면, 승려들은 일반 속인보다 유리한 특성이 있다고 보았다. 그는 사찰이 갖고 있는 수많은 산림山林을 이용하여 조림사업(과일, 차, 뽕나무, 도토리 등)에 종사할 수 있다는 것이다. 그리고 또 하나의 특징은 승려들은 동일한 사찰에서 집단 생활을 하고 있기에 뜻이 통하기가 쉽고, 공동의 사업을 전개하기가 용이하다는 것이다. 즉 공동경영이 가장 적당하다는 것이다.

그러면 한용운의 이런 주장은 그 이후에 얼마나 반영되었던가. 필자가 살핀 바로는 일제하에서는 그래도 승려의 노동이 간헐적으로 주장되고 일

"전대법륜" 진리의 큰 수레바퀴를 돌린다는 뜻이다. 만해 유묵.

부에서는 실천에 옮겨지기도 하였다. 해방 이후에도 1970년대 이전까지는 승려 개인 차원에서 개간, 공동노동 등이 실천되었으며, 1970년대 초반에는 조계종단 차원으로 조림사업이 기획되기도 하였다. 이 노동에는 선농불교禪農佛敎라는 이념이 개재된 경우도 있었다. 그러나 1970년대 이후부터 현재의 불교계에서는 승려의 노동이 거의 종말을 고하였다고 볼 수 있다. 이 원인은 1970년대부터 한국의 경제 수준이 향상됨과 동시에 그 부대 효과가 사찰 및 불교에도 미치고 있었음에서 찾을 수 있다. 물론 여기에는 본산급 사찰들의 국립공원 지정, 다수 사찰들의 입장료 수입, 정부로부터 사찰 문화재의 보수를 위한 지원비 수령 등 다양한 요인이 중첩되고 있다.

그러나 한용운이 주장한 승려 노동의 출발점은 승려의 인권이 매우 미약한 것을 극복하려는 하나의 대안임을 부정할 수는 없다. 현대불교에서 승려의 인권이 낮다고 여기는 사람은 거의 없다. 즉 한용운이 주장한 승려 노동의 입지는 사라진 것이다. 간혹 사찰 내에서, 승려 교육의 과정에서, 도농 공동체 지향 차원에서 울력이 행해지고 있으나 이를 승려의 노동이라고 볼 수는 없는 것이다. 그러면 이 같은 정황하에서 한용운의 주장은 전혀 가치가 없는 것일까? 이에 대한 응답은 현대불교가 신도와 국가로부터 경제적 자립을 기할 것인가에 대한 자문에서 자연 도출될 것이다. 또한 경제적 완전 자립은 기하지는 못하여도, 최소한 정신적인 각성 차원에서도 승려의 노동, 선농불교는 검토될 수 있을 것이다.

다음으로 우리가 검토할 것은 승려의 결혼 문제(僧尼 嫁娶與否)이다. 이 문제는 한용운과 『유신론』을 대변할 정도로 가장 첨예하고, 논란이 심한 대상이었다. 우선 『유신론』의 논리를 요약하면, 불교 부흥의 하나의 대안인 승려 가취嫁娶(결혼)를 허용하라는 것이다. 이에 대해 한용운은 석가의 방편은 때에 응하고 근기에 따라 교화하는 방법이라는 것이며, 동시에 계율은 소승의 근기가 천박해서 욕망으로 제어하기 어려운 대상자들을 위해 정한 일종의 방편으로 보았다.

> 비록 결혼이 계율에 어긋나는 것이어서 행하기가 어렵다 해도, 마땅히 결혼이 불교의 시기와 근기에 이롭다 할 때에는 방편으로 결혼을 행해 때와 근기에 적응하다가 다시 결혼이 불교의 시대적 상황에 이롭지 않은 때가 온다면, 그때에 가서 이 방법을 거두어 옛날로 돌아가게 할 수도 있는데, 그렇게 하는 경우 누가 잘못이라고 하겠는가?

즉 한용운은 그가 『유신론』을 집필하였을 당시에는 승려의 결혼이 시기와 근기에 이롭다고 주장하였다. 나아가서 그는 승려 결혼 금지가 세상의 도리에 어긋난다고 주장하였다. 그를 구체적으로 적시해 보면 윤리에 해롭다(不孝, 無後), 국가에 해롭다(殖民主義), 포교에 해롭다(결혼, 환속, 보존), 풍화風化(성욕의 제어, 사찰 내 풍기 문란)에 해롭다고 하였다. 이에 그는 다음과 같이 그의 속마음을 간략히 개진하였다.

> 과연 이상에서 말한 바와 같다고 하면, 승려의 결혼을 금해서는 안 된다는 것이 진실임이 분명하다. 그러나 나라고 해서 부처의 계율을 무시하여 승려 전체를 휘몰아 婬戒를 범하게 하고자 하는 것은 아니며, 다만 그 자유에 일임하려는 것뿐이다.

이상과 같은 『유신론』 및 승려의 결혼 주장을 현대 한국불교와 연결을 시켜 살펴보자. 일제하에서는 한용운의 주장대로 실제 승려 결혼이 거의 자유방임이었다. 이는 일제의 불교 정책으로 인한 방관, 종단 자체의 부재·부진으로 계율을 수호하고 종단 차원에서 대응을 할 형편이 전무하였기 때문이다. 다만 사법 차원에서 처리는 하였지만 결혼을 해도 무방하게 처리되었다. 다시 말해, 주장과 같이 자유에 일임한 정황이었다. 그렇다면 일제하의 불교가 한용운의 논리에 의거하여 집행되었는가, 아니면 결혼의 요인이 일본불교의 모방에서 나온 것인가? 1926년 불교계는 사법 개정을 통하여 결혼한 승려도 주지에 취임할 수 있도록 조치하였다. 여기에는 일제의 교묘한 불교정책이 개입되었음은 물론이었다.[5]

일반적으로 일제하 불교에서는 승려의 결혼으로 인한 모순이 단순히 계율 파괴 이외에도 다양한 측면에서 제기되었다. 그것은 사찰 재산 망실, 행정직 장악을 둘러싼 갈등, 총독부와의 유착, 사찰의 내분 등이었다. 그런데 기이한 것은 한용운은 일제하에서 이 같은 승려의 결혼에서 나온 부정적 모순을 일체 언급지 않았다는 점이다. 식민지 불교정책의 비판, 자주불교의 지향, 불교개혁의 강조는 강렬하게 하면서도 승려의 결혼에 대한 모순은 일체 취급지 않았다. 우리는 일제하 불교에서 보편화된 승려의 결혼으로 불교가 발전되는가, 아니면 더욱 타락하였는가, 혹은 민족불교의 전통이 확대·발전되었다고 보아야 하는가에 대한 답을 해야 한다.

현대불교도 한용운의 주장에 의거한 바와 같이 거의 자유롭게 일임하는 형편이 되었다. 조계종을 비롯한 일부 종단은 결혼을 허용치 않고 있지만 다수의 종단은 그를 허용하고 있다. 그런데 이들 결혼 허용 종단이 그를 수용한 것은 한용운의 논리를 전적으로 수용한 배경에서 나온 것이 아니

---

5 김광식, 「용성의 건백서와 대처식육의 재인식」, 『한국 현대선의 지성사 탐구』, 도피안사, 2010, 521~534쪽.

다. 요컨대 현대불교에서 승려의 결혼이 용인되는 것은 또 다른 관점에서 찾아야 할 것이다.

종교는 해당 종교의 정체성을 유지하는 것이 우선이다. 그러나 승려의 결혼을 허용하면서 불교 활동을 하고 있으며, 그를 이 사회의 구성원, 신도들이 용인하는 현실임도 간과해서도 안 된다. 그런데 여기에서 생각할 점은 결혼을 허용치 않는 종단 내부에서 간혹 제기되는 파계 문제의 처리이다. 그 문제가 우연한 문제이면 별 문제가 아니지만, 일부에서 우려하는 것과 같이 종단 내부에 종법상으로는 독신이지만 실제로는 딸린 식구를 거느린 승려가 있다든가, 은처승을 거느린 경우도 다수라는 우려는 많은 고민을 던져 준다.

요컨대 한용운이 주장한 승려 결혼의 문제는, 그가 주장한 바와 같이 불교 발전에 도움이 되었다고는 수긍할 수 없다는 것이다. 그러나 일부에서 고려하는, 즉 추후 출산 인구의 감소에 따른 출가자의 감소를 염려하여 승려 결혼을 허용해야 하지 않겠느냐는 우려는 지나친 지적이라고 본다.

거듭 말하면 한용운의 주장은 완전 수긍할 수도 없으며, 그렇다고 완전 부정할 수도 없는 것이 현대 불교계의 정서이다. 다만 한용운이 주장한 승려 결혼의 논리는 대부분 상실되었음은 인정해야 할 것이 아닌가 한다.

## 3. 결 어

이상으로 『유신론』에 나타난 제반 양상을 요약하여 살피고, 한국 현대불교의 제 문제와 연계하여 한국 현대불교의 분석에 활용하였다. 이제 그 대강을 정리하면서 『유신론』이 우리에게 주는 의미를 대별하여 정리하고자 한다. 그런데 그 의미의 제시는 『유신론』을 바라보는 필자의 관점을 정리하는 방법을 택하고자 한다.

첫째, 『유신론』을 통하여 『유신론』을 집필하였을 당시의 불교사를 즉자적으로 이해하는 것은 신중을 기해야 한다. 한용운이 이를 집필한 것은 기본적으로 한용운이 고려하고 있는 불교 발전에 대한 기대치를 당시 불교계가 수행하지 못하고 있다는 불만에서 나왔다. 때문에 우리는 한용운이 『유신론』에서 비판했던 당시 불교 현실을 수용하기 이전에 그 당시 불교사를 복원, 재구성하는 노력을 기울여야 할 것이다. 물론 이에 대한 연구의 미진, 관련 자료의 부족이 제기될 수 있다. 그럼에도 불구하고 우리는 당시의 불교사와 『유신론』에서 비판하였던 현실을 격리시키거나 차별화해야 한다고 본다.

둘째, 『유신론』을 이해함에 있어서 한용운이 이를 집필하기 이전에 일본에 다녀온 경험에 대한 총체적인 분석을 기해야 한다고 본다. 한용운의 입산 출가는 1905년 설도 있고, 1896년 설도 있다. 출가 후 불과 5년 혹은 15년의 경험으로 『유신론』에서 제기한 불교의 현상을 완전한 것 혹은 충분하며 풍부한 정황으로 보기는 어렵다. 그렇다면 미약한 이력을 보충할 수 있었던 것은 무엇인가? 그는 1908년의 일본행에서 찾을 수 있지 않을까? 일본불교를 접한 강렬한 충격이 『유신론』을 집필할 수 있는 에너지로 작용한 것은 아닌가 하는 것이다. 그러나 짧은 이력과 6개월여의 일본 체재가 『유신론』을 집필할 수 있었던 요인의 전부는 아닐 것이다. 거기에는 한용운 인생에서 문뜩문뜩 나타난 천재성도 고려할 수 있을 것이다. 그럼에도 불구하고 지금껏 『유신론』의 분석에서 한용운의 일본행은 지나치게 축소, 간과된 것으로 보인다. 이에 대한 재검토가 필요하다.

셋째, 『유신론』에 대한 지나친 환상을 깨야 한다는 것이다. 지금껏 불교계 내외에서는 『유신론』에서 지적한 다양한 내용을 승려 결혼 문제를 제외하고는 대부분 수긍하는 흐름이 암암리에 있어 왔다. 그러나 본 고찰에서도 일부 드러나지만 한용운의 주장과 그를 뒷받침하는 입론은 이제 90년이라는 간극에서 보이듯 적지 않은 거리를 갖고 있다. 지난 90년간 한국불교계는 처절한 고통과 다양한 경험을 축적하였다. 그리하여 현재까지 양적으로, 질적으로 엄청난 발전을 이뤄 왔다. 일부에서는 문제와 모순이 여전히 자리 잡고 있지만 말이다. 그러나 우리는 『유신론』의 잣대로만 현대불교를 바라보는 것은 경계를 기해야 한다고 본다. 90년 전 한용운이 『유신론』을 집필한 용기, 정열, 치밀한 판단 등에 대해서는 그 자체로 역사적 평가를 해 주어야 한다. 그리고 그것이 끼친 영향, 한용운 생애에서의 연계 등도 별도로 탐구되어야 한다. 『유신론』을 수긍하기 이전에 현대불교의 제반 양상을 성찰하는 것이 우선이 되어야 한다는 것이다.

넷째, 『유신론』의 정신은 재평가되고, 제2의 『유신론』이 나와야 한다. 한용운이 『유신론』에서 제기한 비판성, 열정, 총체성은 더욱더 재평가되어야 하지만 지금 이 시점의 불교를 『유신론』과 같은 잣대로 분석, 평가할 수 있는 제2, 제3의 『유신론』이 집필, 간행되어야 한다. 현대불교의 제반 양상을 총체적으로 정리해 낼 수 있는 문화적 전통 수립이 시급하다. 이제 한용운과 같은 투철한 민족지사도 필요하지만, 불교의 각 분야에서 자기가 맡은 일을 사명감을 갖고 불교의 발전, 민족불교로의 지향, 보편타당한 가치 창출을 위해 묵묵히 일하는 숨은 일꾼이 필요하다고 본다. 부연하자면 『유신론』이 풍기는 처절한 비판 정신이 상실되어 가고, 불교의 언론과 공론이 자기 자리에 뿌리내리지 못하는 이때에 한용운의 정신은 아직도 살아 있는 이정표가 아닌가 하는 생각을 해 본다.

# 한용운의 불교 근대화 기획과 승려 결혼 자유론

제3장

## 1. 서 언

만해 한용운은 근대불교의 중심 인물이었다. 그는 불교 독립운동, 불교개혁, 불교 대중화운동, 불교언론, 불교문학 등 다양한 방면에서 주목할 행적을 남겼다.[1] 이러한 행적 중에서 그의 활동을 대표하는 것의 하나는 승려의 결혼을 자유롭게 허용할 것을 요청하는 내용을 담은 헌의서와 건백서를 1910년에 구한국 정부와 통감부에 제출한 것이다. 이 같은 그의 주장은 한용운의 정체성을 상징하는 것인데, 근대불교의 대표적 저술로 평가되는 『조선불교유신론』(1913)에서도 구체적으로 개진되었다.

이 같은 배경하의 한용운의 승려 결혼 자유론은 근대불교를 총체적으로 변질시킨 핵심 대상이었다. 그리하여 그의 주장은 식민지 불교사회에서 관철되었다. 한용운은 자신의 주장을 실천하였으며, 나아가서 그를 따

---

1 필자는 한용운의 생애 전모를 평전으로 정리하였다. 김광식, 『만해 한용운 평전 – 첫키스로 만해를 만난다』, 장승, 2004.

르던 수많은 소장파 승려, 학승뿐만 아니라 중진 승려들도 그에 동조하여 일제 말기 비구승의 90%가 결혼을 하기에 이르렀던 것이다. 요컨대 식민지하의 불교에서 승려 결혼은 토착화되었고, 보편적인 승려 생활로 수용되었다. 이에 한용운의 논리는 근대불교를 뜨겁게 달구었던 핵심 담론이었다.

그러나 그의 주장은 1950, 1960년대 이른바 불교 정화운동을 거치면서 불교계 내부로부터 거센 비판을 받았고, 거세당하기까지 하였다. 그의 주장을 실천한 승려는 '대처승'이라고 별칭되었고, '왜색승'이라는 낙인을 받기까지 하였다. 현재 60여 개에 달하는 수많은 불교의 종단이 있지만 그의 논리를 공식적, 공개적으로 당당하게 내세우는 종단은 찾기 어렵게 되었다. 그렇지만 비공식적인 저변에서, 생활 차원에서는 아직도 한용운의 논리는 실행되고 있다. 일부 종단에서는 승려의 결혼을 묵인, 인정하고 있으며,[2] 조계종단에서 논란이 되고 있는 이른바 '은처승'이라는 은밀한 행태는 한용운 논리의 변질, 왜곡의 다름이 아니다. 그리하여 한용운의 논리는 아직도 한국 불교계 내부에서 살아 있다. 즉 그의 발언권은 아직 완전하게 취소된 것은 아니다.

한국불교에서 승려의 결혼 논리는 손대기 어려운, 뜨거운 감자와 같은 담론이다. 1950년대 불교 정화운동이 전개되었을 당시는 승려의 결혼은 파계, 왜색으로 매도되었다. 그러나 1970년대의 민족주의 시대를 거치면서 1980년대에 접어들면서 한용운의 재평가, 복권 등이 조심스럽게 수면 위로 떠올랐다. 이에 그의 논리에 기초한 6부중 제도, 승단의 이원화 등이 등장하기도 하였으며,[3] 승려들의 타락이 심화되면서 차라리 공개적인 결

2 태고종은 공인, 인정하고 있다고 이해되며, 여타 수십여 개의 군소 종단은 단언하기는 어렵지만 승려 결혼은 대수롭지 않은 것으로 방치하는 것이 아닌가 한다.

3 이는 1983년 조계종단 기획실 차원에서 승려를 수도승과 교화승(대처·육식 허용)으로 이원화하는 것이 검토되었으나, 당시 종정이었던 성철 등 보수적인 승려들의 반대로 무산되었

혼이 더욱 타당하다는 의견도 간혹 나타나기도 하였다. 그렇지만 조계종단의 경우 보수적, 근본주의적인 승려들이 종단 내부에서 주도적인 발언권을 갖게 되면서 한용운의 논리는 공개적으로는 거론할 수도 없는 현실로 고착화되었다. 그러나 조계종단이 승려의 성생활을 묵인하고, 은처승의 문제를 종단 내부에서 제어할 수 없는 지경이라면, 이는 분명히 한용운 논리의 변용임이 분명하다. 그래서 조계종단의 경우, 종단 정체성을 비구승단으로 분명하게 정비하든가 아니면 일정한 수정, 교정이 요청될 수밖에 없는 현실에 직면하게 될 것을 추측케 한다.

본 고찰은 바로 이 같은 배경에서 나온 필자의 생각을 정리한 글이다. 그렇지만 필자는 이 같은 불교 현실에 즉각적인 응답을 줄 의도도 없고, 그럴 입장도 아니다. 다만 지금으로부터 약 100년 전 한용운이 그런 주장을 하게 된 배경, 논리, 고민 등을 다시 한번 살펴보려고 한다. 필자는 10여 년 전부터 한용운을 집중 연구하면서, 언제인가 때가 되면 이 문제를 본격적으로 다루어 보려는 생각을 갖고 있었다. 그래서 본 고찰은 그런 필

---

다. 「승려들에 帶妻-肉食 허용 방침 - 불교 조계종 종단개혁안 마련 - 11월 종회에 상정」, 《중앙일보》, 1982. 8. 13 참조. 그리고 1985년 비상종단의 등장 시에는 6부중이라 하여 기존 4부중과는 별도로 승려와 신도 사이에 새로운 계층인 법사를 두자는 것이었다. 그런데 그 법사가 바로 재가승, 대처승으로 인식되면서 승려가 결혼을 하려고 한다는 비판을 받았다. 이에 대해서는 「제도 개혁 어떻게 추진되나」, 《불교신문》, 1988. 12. 21에 상세히 보도된 바 있다.

즉 그 내용은 "첫 번째는 진경 스님이 총무원장에 재임 중이던 1982년 여름 72회 중앙종회(3월) 결의로 제도 개혁을 추진했으나 試案 마련 과정에서 有髮肉食에 관한 문제가 새나가 불교권은 물론 사회적 물의를 빚어 중단되고 말았다. 당시 개혁은 종책연구소와 기획실에서 초안을 준비하다가 J신문이 머리기사로 승려에게 '대처·육식 허용' 계획이라고 보도함으로 논란을 불러일으켰었다. 두 번째는 1983년 신흥사 사태 이후 출범한 비상종단운영위원회가 주도한 제도 개혁 추진이다. 소장개혁파를 중심으로 한 비상종단은 1984년 7월 14일 상임위원회의 결의를 거쳐 전문 144조로 된 종헌까지 선포하고 개혁을 강행했지만 종정 스님을 비롯한 종단 원로의 반대에 부딪쳐 좌절됐다. 이 개혁안은 중앙종회를 없애는 대신 강력한 권한을 갖는 교정회의를 두고, 본말사제를 폐지하는 대신 시도에 교무원을 두며, 재가의 신분을 教役者로 하고 엄격한 법계 제도 실시 등을 규정하는 혁신적인 것이었다."는 것이다.

자의 생각을 우선 드러내려는 고뇌의 첫 번째 산물이다.

지금껏 한용운의 승려 결혼 자유론에 대해서는 불교계 내외에서 찬반이 분명하게 갈렸다. 보수적, 비구승 측에서는 파계, 원융살림 파괴, 일본불교, 왜색 등으로 단정하고 이를 불온한 전염병으로 인식하였다. 그에 반해 옹호론에 서 있는 입장에서는 대승불교, 생활불교, 새로운 불교로 가기 위한 대안, 방책으로 인식하였다. 그러나 그 이면에는 자기 입장, 처한 현실을 옹호하는 감성적인 대립이 분명하였다.

그래서 필자는 지금부터 약 100년 전 한용운이 승려 결혼의 자유를 주장하고 실천한 배경, 논리 등을 살피려고 한다. 지금까지 한용운의 논리 해석도 필자는 감성적, 단편적, 미시적인 접근, 분석이었다고 본다. 요컨대 필자는 기존 선학의 해석은 참고하면서, 필자가 한용운과 근대불교를 공부한 바탕하에서 한용운의 승려 결혼의 논리를 재검토하려고 한다. 필자가 말하고자 하는 초점은 다음과 같다. 즉 한용운은 불교가 근대라는 새로운 시·공간에서 중심적인 종교로 활동할 수 있다고 보면서도, 불교근대화를 달성하기 위해서는 불가피하게 불교의 체질을 바꾸지 않으면 안 된다고 강조했다. 그 체질의 전환의 중심에 바로 승려 결혼의 자유가 자리 잡았던 것이다. 요컨대 승려 결혼의 자유는 한용운 불교 근대화 기획의 구도[4]에서 나온 것이라는 점이다.

이에 본 고찰은 이 같은 필자의 생각을 제시하려고 하는바, 선학제현의 비판을 기다린다. 그리하여 한용운의 재해석, 근대불교의 재조명에 본고가 디딤돌이 된다면 다행이라 하겠다.

---

**4** 필자는 한용운의 근대성에 대한 일련의 검토를 하였다.
김광식, 「불교의 근대성과 한용운의 대중불교」, 『불교불교학』 50, 2008 ; 김광식, 「한용운의 대중불교·생활선과 구세주의·입니입수」, 『한국민족운동사연구』 54, 2008. 그리고 재가법사에 대한 것도 「法師佛敎는 탄생할 것인가」, 《불교신문》, 1988. 8. 24의 보도 내용을 참고할 수 있다.

1910년대 건봉사 전경

## 2. 한용운의 불교 근대화론

한용운은 입산(1903)하여 출가한 직후[5]에는 백담사, 건봉사에서 전통적인 불교를 이수하였다. 이는 전통불교를 수용하는 것이었다. 여기에는 행자 생활, 만행 생활, 강원에서의 공부, 전통적인 불경 수학 등이 포함됨은 물론이다. 그러나 그는 주체할 수 없는 열정, 새로운 시대에 대한 흥분, 문명에 대한 호기심 등으로 인하여 궁벽하고 오지에 위치하였던 백담사에 마냥 머물 수는 없었다. 더욱이 그는 백담사에서 세계 지리의 정보를 전하였던 『영환지략』이라는 책을 읽고서는 조선 이외에도 넓은 천지가 있다는 것을 알고는 서울, 원산을 거쳐 배로 세계여행을 단행하였다.

그것이 나의 입산한 지 몇 해 안 되어서의 일인데, 나의 입산한 동기가 단순한

5 이는 한용운의 두 번째 입산, 출가의 시점을 말한다.

신앙만을 위한 것이 아니었던 만큼 幽僻한 설악산에 있은 지 멀지 아니하여 세간 번뇌에 驅使되어 무전여행으로 세계 漫遊를 떠나게 된 것이었다. 그때쯤은 나뿐 아니라 조선 사람은 대개 세상에 대한 지식과 경험이 별로 없었으므로 아무 인연도 없고 외국어 한마디도 모르는 산간의 한 沙彌로 돌연히 세계 만유, 더구나 무전여행을 떠난 것은 愚痴라면 우치요, 蠻勇이라면 만용이었다.[6]

그러다가 반도 안에 跼蹐하여 있는 것이 어쩐지 사내의 本意가 아닌 듯하여 일본으로 뛰어 들어갔다. 그때는 조선의 새 문명이 일본을 통하여 많이 들어오는 때이니까 비단 불교문화뿐만 아니라, 새 시대 기운이 隆興한다 전하는 일본의 姿態를 보고 싶던 것이었다.[7]

이러한 내용은 한용운이 불교에 입문한 초기 시절의 정황이다. 그는 전통적인 승가의 테두리에 앉아 있을 수 없는 체질이었다. 이를테면 도전적, 격정적인 체질을 내재하고 그를 실천에 옮긴 삶이었다. 그래서 그는 세계 일주를 단행하였으나 러시아의 블라디보스토크에서 친일파라는 오인을 받아 동포들에게 죽음에 이를 만큼의 불상사를 겪고, 가까스로 귀국하였다. 그 뒤 일시적으로 석왕사 선방에서 참선을 하였으나, 이내 거처를 옮겨 불교계 최초의 근대식 학교로 서울에서 개교한 명진학교의 보조과 과정을 1906년에 이수하였다. 그는 근대 문명의 세례를 받고도 새 문명의 도래지인 일본을 견문하고 싶은 충동으로 1908년에 일본 유학을 단행하였다. 유학 기간은 6개월에 불과하였지만 한용운이 보고, 듣고, 겪었던 문명에 대한 충격, 영향은 상당한 것이었다. 그리고 그는 승려로서 일본불교의 여러 정황을 보았기에 자연적으로 그가 속한 승가 집단, 불교계에 대한 인

---

6 「북대륙의 하룻밤」, 《조선일보》, 1935. 3. 8.

7 한용운, 「나는 왜 승이 되었나」, 『삼천리』 6호, 1930. 5쪽, 46쪽.

식은 남다른 충격과 격정 그리고 문화 비교에서 나온 자괴심을 떨칠 수 없었을 것이다.

한용운의 이러한 측면은 그가 근대라는 새로운 시공간에서 새롭게 변화하고 있는 근대 문명의 충격을 받고, 그를 수용하려는 적극적인 반응을 하였음을 말하는 것이다. 달리 말하면 한용운은 근대적인 인간, 근대적인 승려로 변모하였다는 것이다.[8] 한용운은 서서히 불교 근대화에 유의하였다. 자신은 근대적 승려로 변모하였지만, 그가 속한 불교, 승단, 사찰, 승려는 아직도 봉건적인 체제하의 불교에 매몰되어 있었다. 그래서 그는 불교유신 및 개혁에 눈을 뜨고, 그를 실행시킬 방법을 강구하였다. 그러나 한용운의 불교개혁에 그 누구도 관심을 기울이지 않았다. 이런 구도하에 그가 처음으로 실행에 옮긴 것이 본고의 초점인 승려 결혼을 허용해 달라는 헌의서를 구한국 정부의 기관인 중추원에 제출한 것이다. 그때가 1910년 5월이었다.[9]

> 中樞院에셔 李敏啇氏의 僧尼 嫁娶 獻議書를 因ᄒᆞ야 內閣에 建議ᄒᆞᆫ 지가 于今 幾朔에 如何ᄒᆞᆫ 措處가 無ᄒᆞᆷ으로 僧侶 韓龍雲의 獻議를 因ᄒᆞ야 昨日 再次 建議ᄒᆞ고 實施ᄒᆞ기를 催促ᄒᆞ엿다더라.[10]

한용운과 이민설의 승려 가취의 허용에 대한 건의를 받은 중추원은 그를 긍정적으로 검토하여 내각에 건의까지 하였으나,[11] 내각은 경술국치(1910. 8. 29)를 당하기 전까지 끝내 허용하는 조치는 취하지 않았다. 그러나

8 한용운이 일본 유학을 다녀와서 서울에 명진측량강습소를 개설, 운영한 것이 근대적 체질의 대표적인 사례라고 볼 수 있다.

9 헌의서에는 3월로 나오나 《대한매일신보》에 보도된 것을 기준하여 5월이라 하였다.

10 「樞院再建議」, 《대한매일신보》, 1910. 5. 11.

11 「僧尼嫁娶 實施」, 《대한매일신보》, 1910. 5. 17; 「僧尼嫁娶 實施」, 《황성신문》, 1910. 5. 17.

한용운은 자신이 생각하고 있는 불교혁신, 유신에 대한 뜻을 버리지 않고, 그를 더욱더 강구하였거니와 그 실천이 『조선불교유신론』의 집필이었다. 그 집필 시기는 그의 상좌인 이춘성의 회고, 증언에 의하면 1910년 6~8월로 판단된다. 한용운은 집필을 마치고, 1910년 9월[12]에 일제 통감부의 책임자인 데라우치 마사타케(寺內正毅)에게 승려의 결혼 허용을 인정하라는 건백서를 제출하였다.

이렇게 그가 1910년 한 해에 승려의 결혼을 허용하라는 건의를 두 차례나 하였음을 볼 때에 그의 불교유신, 불교개혁에서의 가장 핵심적인 대상이 바로 승려의 결혼 허용이었을 재삼 확인할 수 있다. 즉 한용운에게는 승려의 결혼이 불교 근대화 기획의 첫 번째 단추였음을 주목해야 한다는 것이다. 이는 한용운 자신이 불교개혁 중에서 승려 결혼을 가장 중요하게 인식하였다는 주장에서 재확인된다. 그러면 여기에서 1910년 무렵의 한용운의 불교개혁에 대한 기본 입장을 다시 살펴보자. 이는 『조선불교유신론』의 서론에 극명하게 나온다.

오늘의 世界는 과거의 세계가 아니며 미래의 세계도 아니요, 어디까지나 現在의 세계다. 그럼에도 불구하고 어찌하여 천만 년 뒤의 일을 연구하는 이도 있어서, 천지 사이의 形而上, 形而下의 문제 치고 연구하여 維新하지 않을 것이 없어서 학술의 유신을 외치는 이가 있고, 정치의 유신을 외치는 이가 있고, 종교의 유신을 외치는 이가 있고, 그 밖에도 각 방면에서 유신을 부르짖는 소리가 천하에 가득하여 이미 유신을 했거나 지금 유신을 하고 있거나 장차 유신을 하고자 하는 사람들이 헤아릴 수 없도록 踵接하고 있는 상태임에도 불구하고 유독 조선의 불교에 있어서는 유신의 소리가 조금도 들리지 않으니, 모르겠구나, 과연 무슨 징조일까. 조선불교는 유신할 것이 없는 탓일까, 아니면 유신할 만한 것이 못 되는 까닭일까. 곰

12 이는 『조선불교유신론』에 수록된 헌의서 말미에 나온 것에서 이해한 것이다.

곰히 생각해 보나 그 이유를 알지 못하겠다. 아, 그러나 이것 역시 알 수 없는 일이다. 어디까지나 책임은 나에게 있을 것임에 틀림없다.

조선불교에 유신에 뜻을 둔 이가 없지 않으나 지금까지 드러남이 없는 것은 유독 무엇 때문일 것인가. 하나는 천운에 돌리고, 하나는 남을 탓함이 그 원인일 것이 분명하다. 나는「일을 이룸이 하늘에 있다」는 주장에 의혹을 품게 된 후에 비로소 조선불교 유신의 책임이 천운이나 남에게 있는 것이 아니라 나에게 있다는 것임을 알았다.

그리고 그런 후에 책임을 회피할 수 없음을 갑자기 깨달은 나머지 유신해야 할 까닭을 생각하기에 이르렀다. 그리하여 이 『유신론』을 써서 스스로 경계하는 동시에 이를 승려 형제들에게 알리는 터이다. 이 『유신론』이 문명국 사람의 처지에서 보기에는 실로 無用之長物로 비칠 것이다. 그러나 조선승려의 전도를 생각하는 처지에 선다면 반드시 조금은 채택할 것이 없지도 않으리라 생각된다. 무릇 거짓 유신이 있은 후에 참다운 유신이 비로소 나타나는 것이니, 이 『유신론』이 후일에 가서 거짓 유신의 구실을 하게 된다면 필자의 영광이 이보다 더함이 없겠다.

이 서론에서 필자가 우선하여 주목하는 것은 "오늘의 세계는 과거의 세계가 아니며 미래의 세계도 아니요, 어디까지나 현재의 세계다"라는 문장이다. 이는 한용운, 그가 활동하고 불교개혁을 하려는 그 시기가 근대적 세계임을 분명히 자각하였음을 말해 주는 단서이다. 여기에서 거듭 한용운은 근대적인 인간으로서, 근대적인 세계에 적응할 수 있는, 유효한, 생존이 가능한 불교를 만들려 하였음을 알아차릴 수 있다. 그리고 위의 글의 중반과 후반에서는 한용운이 불교유신에 뜻을 두고서 유신해야 할 이유를 정리, 피력하는 마음 자세를 표현하였다. 이는 그가 불교유신을 우연히, 적당히 하려는 것이 아님을 분명히 제시한 것이다. 즉 그가 불교유신, 불교개혁에 그의 승려로서의 정체성을 걸겠다는 선언을 한 것의 다름이 아니었다고 본다.

이렇게 한용운은 자신의 입장을 정리, 선언한 이후 그가 유신하려는 불교에 대한 개관을 하였거니와, 그를 다음과 같이 개진하였다.

오늘의 불교유신을 논하고자 하는 사람은 마땅히 먼저 불교의 성질이 어떤지를 살피고, 이것을 현재의 상태와 미래의 상황에 비추어 검토해야 하며, 그런 다음에야 이 문제를 다룰 수 있다. 왜 그런가. 금후의 세계는 진보를 그치지 않아서 진정한 문명의 이상에 도달하지 않고는 그 걸음을 멈추지 않을 추세에 있으며, 만약 불교가 장래의 문명에 적합하지 않을 경우에는 죽음에서 살려내는 기술을 익힌 마르틴 루터나 크롬웰 같은 이를 지하에서 불러일으켜 불교를 유신코자 해도 반드시 실패할 것이기 때문이다. 그래서 불교를 종교로서 우수한지 어떤지와, 미래사회에 적합할지를 곰곰히 생각하게 되는데, 불교는 인류 문명에 있어서 손색이 있기는커녕 도리어 特色이 있다는 것이 나의 결론이다.

한용운은 불교의 성질을 살핀 결과, 불교는 그 당대와 미래의 문명사회에서 종교로서 적합하다는 자신을 피력했다. 오히려 한용운은, 문명이 지배하고, 문명이 발전할 미래사회에서도 '특색'이 있다고 보았다. 이 같은 한용운의 입론은 전통적인 불교관에 의거하여 나온 것이 아니다. 한용운은 그 당대를 문명이 주류를 이루는 사회라는 점에서, 문명관에 의거하여, 즉 근대적 세계관에 의거하여 불교를 문명적인 종교라고 확신하였던 것이다.

무릇 중생계가 다함이 없기에 종교계가 다함이 없고, 철학계가 또한 다함이 없는 것이니, 다만 문명의 정도가 날로 향상되면 宗教와 哲學이 점차 높은 차원으로 발전하게 될 것이며, 그때에는 그릇된 철학적 견해나 그릇된 신앙 같은 것이야 어찌 다시 눈에 띌 까닭이 있겠는가. 무릇 종교이면서 철학인 불교는 장래의 도덕과 문명의 원료품이라 본다.

한용운은 불교가 근대적인 종교, 철학으로서 당대, 미래에도 인류의 도덕과 문명의 원료품이 될 것임을 확신했다. 즉 한용운은 불교는 진화와 경쟁이 치열한 근대사회, 문명이 기초를 이루는 근대사회에서 가장 중심적인 정신, 사상, 문화의 근간임을 주장하였다. 이런 전제하에서 한용운은 불교가 갖고 있는 주의主義를 다음과 같이 주장하였다.

> 이 세상에 主義가 없이 이루어지는 일이란 없는 터이니, 만약에 어떤 일에 있어서 주의가 서지 않는 경우는 어지럽고 空轉해서 성인의 지혜를 가지고도 일을 처리해 성공으로 이끌지는 못하게 될 것이다. 이에 비해 주의가 일단 정립되면 추세를 파악하기 쉬움이 마치 수레에 실은 장작을 보는 것같이 명백하여 앞날의 길흉화복을 대개 자리에 앉은 채 짐작하게 될 것이다. 그러므로 일을 논하는 이는 마땅히 먼저 그 주의를 알고 나서 갈팡질팡함이 없어야 될 것이다. 불교의 주의는 크게 나누어 둘로 잡을 수 있으니 하나는 平等主義요, 하나는 救世主義가 그것이다.

불교의 주의는 불교의 정체성, 불교의 이념을 의미하는 것이다. 불교를 이렇듯이 간명하게 표현한 것은 아마도 근현대 불교에서는 한용운이 유일할 것이다. 한용운이 불교를 이렇게 개념화할 수 있었음에는 『조선불교유신론』의 전체의 내용 및 행간에서 나오듯이 한용운의 근대적인 체질, 관념에서 나온 것이다. 한용운은 이런 인식을 갖고, 개념을 피력할 수 있었음에서 그는 다양한 서양 서적, 문명을 알려 준 서적, 세계에 대한 정보를 담은 지리서 등을 읽었을 것은 쉽게 동의할 수 있다. 이러한 점은 그가 입산 이전에 수용한 한학, 동양사상 그리고 입산 이후에 수용한 전통적인 불교사상, 불교학이라는 학습의 바탕도 큰 도움이 되었을 것이다. 그래서 그는 객관적, 탄력적인 관점을 수립할 수 있었다. 평등주의, 구세주의는 근대적인 표현, 개념이었다. 한용운도 『조선불교유신론』에서 동서양의 사상, 자유주의·세계주의·이기주의 등과 비교하여 이를 설명하였다. 요컨대 불교의 평

불교개혁을 고민하던 청년 시절의 한용운

등주의, 구세주의는 근대적인 관점으로 불교를 재해석한 개념임은 분명하다.

지금껏 필자는 승려 결혼의 자유론이 한용운의 불교 근대화 기획의 서두에 있음을 살펴보았다. 그리고 그것은 1910년 여름 근대적, 문명적 관점에서 집필한 『조선불교유신론』에서도 「불교의 장래와 승니의 결혼 문제」라는 부문에서 투영되었다. 나아가 1913년 5월 불교서관에서 간행한 『조선불교유신론』의 승니의 결혼 문제 부문에 중추원과 통감부에 건의한 문건을 전문으로 수록하였던 것이다. 이런 일련의 사실에서 한용운에게서 승려 결혼의 문제는 불교유신, 개혁의 입론인 불교 근대화의 핵심 테마였음을 확인할 수 있는 것이다.

그 이후 한용운은 자신이 『조선불교유신론』에서 주장한 불교 근대화론을 선전, 홍보, 실천하였다. 그리고 불교 근대화를 위한 최일선에 섬과 동시에 민족운동, 독립운동에도 참여하였다. 그런데 그는 1930년대 초반 이후에는 불교사의 사장을 역임하면서 『불교』의 지면에 다양한 글을 기고하였는데, 그 글의 대부분은 불교 근대화와 무관할 수 없었다. 그 글 중에서 필자가 주목하는 것은 그의 속랍 53세에 집필하여 『불교』 88호(1931.10)에 기고된 「조선불교의 개혁안」이다. 이 개혁안에 대해서는 필자가 이미 몇 년 전에 그 개요 및 성격을 분석한 연구를 수행한 바가 있다.[13] 한용운의 그 개혁안은 1910년대 『조선불교유신론』의 계승의 성격을 띠면서도 일면에서는 새로운 측면이 강조, 보완되기도 했다. 이 같은 내용에서 필자가 가

13 김광식, 「한용운의 '조선불교 개혁안' 연구」, 『유심』 봄호, 2006.

장 주목하는 것은 한용운의 불교개혁론의 요체가 명쾌하게 드러나고 있다는 점이다. 필자는 한용운의 최후, 최종적인 불교개혁의 입론으로 '대중불교론'을 제시하려고 한다. 이런 관점에서 한용운의 주장을 살펴보자.

> 불교의 대상은 無論 一切 衆生이다.「一切衆生皆有佛性」「有情無情悉皆成佛」이것이 불교의 이상이므로 불교는 일체 중생의 불교요, 산간에 있는 사찰의 불교가 아니며, 戒行을 지키고 禪定을 닦는 승려만의 불교가 아니다. …(중략)…그러므로 불교는 염세적으로 孤立獨行하는 것이 아니오. 救世的으로 入泥入水하는 것이다.[14]

여기에서 한용운은 모든 중생에는 불성이 있다는 전제하에서 불교는 사찰의 불교, 승려만의 불교가 아니라고 보았다. 즉 일체 중생의 불교라는 것이다. 그래서 불교는 일체 중생을 구세하기 위해 입니입수해야 한다고 주장하였다. 그러나 과거의, 조선시대의 불교와 개항기의 불교에서는 사찰의 불교, 승려의 불교로만 되어 있었다는 것이다. 그렇지만 이제는 역사적 변천, 사회적 정세의 변동에 의거하여 기존 불교의 현상을 타파해야 한다는 것이다.

> 在來의 조선불교는 역사적 변천과 사회적 정세에 의하여 다만 寺刹의 불교, 僧侶의 불교로만 되어 있었다. 이것은 불교의 역사적 쇠퇴의 일시적 현상에 지나지 않는 것이니 어찌 이것을 불교의 敎義라 하리오. 佛敎徒는 마땅히 이러한 현상에 대하여 斷然 타파하지 않으면 아니 될 것이다.「山間에서 街頭로」「僧侶로서 大衆에」가 현금 조선불교의「슬로간」이 되지 않으면 아니 될 것이다. …(중략)….
>
> 대중불교라는 것은 불교를 대중적으로 행한다는 의미이니 불교는 반드시 愛를

14 『불교』 88호, , 1931. 10, 8쪽.

버리고 親을 떠나 인간사회를 隔離한 뒤에 행하는 것이 아니라, 인간사회의 만반 현실을 조금도 여의지 아니하고 煩惱 중에서 菩提를 얻고 生死 중에서 열반을 얻는 것인즉 그것을 인식하고 실천하는 것이 大衆佛教의 建設이다.

그러나 대중불교의 건설은 그러한 이론으로만 가능한 것이 아니오, 그만한 시설과 실행이 필요한 것이니 시설이라는 것은 불교의 '사회교육'적 시설을 이름이오, 실행이라는 것은 불교도의 자체가 사회적으로 진출하야 불교교화를 躬行實踐함이니 사회적 교육 시설은 불교교화가 대중층에 파급할 만한 시설을 말함이니 보편적 독자를 얻을 만한 불교적 문예작품 불교교화에 대한 實寫 及 창작영화 선전적 비라 급 팜푸레트의 무료 반포 불교도서관의 공개 노농층에 대한 사회적 시설 기타 種種의 대중적 교양에 필요한 시설을 말함이오. 불교도의 실행이라는 것은 불교도 스스로가 대중불교를 건설하기 위하여 먼저 등장의 인물이 되지 않으면 안 될 것이니 불교도로는 俗界 塵世를 여의고 백운유수 청정도량에서 때로는 定에 들고 때로는 天供을 받을지라도 大衆과 交涉이 없으면 부처님의 이르신바 小乘外道에 지나지 못하는 것이다. 불교도는 마땅히 '自未得度 先度他人'을 체인하여 스스로 入泥入水 교화의 衝에 당하지 않으면 안 될 것이다. [15]

이에 한용운은 근대적 시공간에서는 '산간山間에서 가두街頭로', '승려僧侶로서 대중大衆에'가 1930년대 불교의 '슬로건'이 되어야 한다고 강조했다. 한용운은 그 슬로건을 대중불교라고 개념화하였다. 그리하여 한용운은 불교는 인간사회의 모든 현실을 여의지 아니하고, '자미득도自未得度 선도타인先度他人'을 철저히 수용하고 스스로 입니입수入泥入水하여 중생구제를 인식하고 실천하는 것이 대중불교의 건설이라고 하였다.

요컨대 대중불교를 건설하려면 산간암혈에서 淸淨自持하는 승려의 인습을 타파

15 앞의 책, 8~9쪽.

하고 諸佛 菩薩의 방편력을 躬行 實踐하여 불교의 敎化로 모든 중생의 행복을 증진하지 아니하면 아니 될 것이다.[16]

그래서 한용운은 강조하였다. 대중불교는 승려의 인습을 타파하고, 보살의 방편력을 실천하여 모든 중생의 행복을 증진하는 방향으로 나가야 한다고. 여기에서 한용운은 기존 불교의 관행을 타파해야 한다고 주장한다. 한용운은 『조선불교유신론』에서 기존 관행, 제도를 과감히 파괴시켜야 불교유신이 가능하다고 보았다. 그런데 그로부터 20여 년이 지난 시점에서도 그는 유신, 개혁을 위해서는 기존 승려의 인습을 타파하지 않으면 안 된다고 하면서 대중불교의 실천을 주장했다.

여기에서 말하는 인습에는 자신의 입론인 대중불교로 가기 위한 제도적 정비 및 실천의 미흡, 중생구제의 미약 등이 포함되었을 것이다. 그러나 1930년대 초반에는 비구승 60%가 결혼을 하는 추세로 전환되었다. 그래서 한용운의 대중불교의 논리는 상당히 퍼져 나갔다고 보인다. 예컨대 만해의 제자로 지목되는 허영호가 시대와 교섭하면서 새로운 불교를 배태할 기운에 들었다는 전제하에 다음과 같이 그 동정을 비평하였다.

그러므로 지금에 새로운 불교의 제창의 싹이 보인다고 결코 末法의 탓이라고도 생각지 않으며 따라서 勿論 當今에 있어서는 그 경향이 좋은 결과를 가져올 것이라고 단언하는 바도 아니지마는 나는 도로혀 그러한 신불교운동이 불교 각 부문에 뻗치어 제창되기를 바란다. …(중략)….

다만 부타의 교법에 의지한 시대를 迴導할 만한 새로운 불교가 제창되기를 바란다. 어떠한 명목으로 나타나더라도 상관없다고 생각한다. 현대인의 生活上 要求에 解答을 주고 滿足을 주면 그만이다. 여기에 새 불교의 의의가 있고 불교의 미래가

16 앞의 책, 9쪽.

약속되여 있다고 생각한다. 그래서 가장 현대적인 생활을 捕捉하고 현대인의 고뇌를 파악한 신불교만이 승리를 얻게 될 것이다. 요사이 걸핏하면 대중불교 민중불교라고 '산간에서 사회로'의 표어를 듣게 되나 과연 무엇을 어떻게 준비하고 하는 말인지 내용을 알기 어려우나 결코 명목이 내용을 결정하지는 못한다. 대중불교 민중불교 사회불교 될 내용을 규정하지 않으면 안 된다. 재래의 불교가 세속적 생활을 민중의 속에서 영위한다고 불교가 민중적으로 되는 것은 아니다. 그것도 한 형식상 특징은 될지 모르나 결코 민중불교의 내용으로는 되지 않는다. 승원이 도시의 속에 세워진다고 사회불교가 되는 것은 아니다. 일반사회 일반민중으로부터 요청되고 요청되여질 불교라야 비로소 민중불교 사회불교라고 이를 수 있는 것이다. 과연 이 이름을 스스로 받을 만한 준비가 되어 있느냐? 아지 못커라 그 준비됨을 듣지 못하였노라.[17]

이 같은 허영호의 주장은 한용운의 대중불교, 민중불교, 사회불교의 내용을 정비해야 한다는 것을 강조한 것이다. 그러나 허영호는 당시 불교가 그 이름을 받을 만한 준비가 미흡함을 지적하였다. 그러나 역설적으로 보면 그만큼 한용운의 대중불교론이 상당히 퍼져 나갔음을 반영하는 것이다.

지금껏 살핀 바와 같이 한용운의 불교 근대화 기획의 핵심은 승려 결혼의 허용, 자유였다. 그런데 한용운이 내세운 근대불교의 지향인 대중불교론에서 나온 '승려로서 대중에'는 승려의 결혼 문제와 맞물려 있다. 즉 기존 승려는 결혼을 하지 않고 산중에 머물고 있음으로써 그 역할을 하였지만, 이제는 불교의 주체가 승려에서 대중으로 전환되고 있고, 되어야 한다고 전제하였다. 즉 결혼을 하지 않은 승려와 함께 대중들도 불교의 주체로 변한 것이다.[18] 이 대중에는 일반적인 대중(신도)과 함께 결혼을 한 대중(승

17 허영호, 「조선불교에 대한 雜感」, 『불교』 87호, 1931. 9, 29쪽.

18 이와 관련된 당시의 변화상은, 김태흡이 『불교』 94호(1932. 4)에 기고한 글인 「在家佛敎와 出家佛敎」가 참고된다. 요컨대 재가불교와 출가불교를 대응적으로 인식하였던 것이다.

려)도 포함되었다 할 것이다. 그래서 이런 변화상에서 승려의 결혼 문제는 승려 자격, 위상(이미지)에 있어서 전혀 문제가 되지 않는 것이다. 문제는 대중불교를 실천하는, 입니입수하는 구세주의적 실천의 여부인 것이다.

## 3. 한용운의 승려 결혼 자유론에 나타난 이념

한용운은 승려 결혼 자유를 1910년에 중추원과 통감부에 청원서 형식으로 두 차례나 제출하였다. 그리고 1913년에 간행된 『조선불교유신론』에서도 「불교의 장래와 승니의 결혼 문제」라는 부문에서 상세히 자신의 주장을 설명했다. 그래서 본장에서는 이와 같은 한용운의 주장을 세밀히 살펴보고, 그 연후에는 한용운이 그런 주장을 할 수 있었던 배경과 이념을 살피려고 한다.

우선, 한용운은 1910년 5월 구한국 정부의 자문기관인 중추원에 헌의서獻議書를 제출하였다. 이제 자료 제공 차원에서 그 전문을 제시한다.

엎드려 생각건대, 인간계의 일에 있어서는 변화보다 좋은 것이 없고, 변화하지 않는 것보다 나쁜 것은 없는가 합니다. 한번 정해진 채 조금도 변할 줄을 모른다면 천지 사이에 존재하는 사람들을 오늘에 앉아 다시 볼 수는 없었을 것입니다. 천지는 잘 변화합니다. 그러기에 만물이 거기에서 생겨납니다. 만물도 잘 변화합니다. 그러기에 낳고 낳아 다할 줄을 모르는 것입니다. 이같이 낳고 낳아 다함이 없고 잘 변화를 계속하면 그 진화의 妙가 날로 번창해 가는 것이어서 비록 그 수효를 모두 세고자 하나 가장 뛰어난 계산가가 백 년의 수명을 가지고 센다 해도 그 임무를 감당치 못할 것입니다. 무릇 변화와 불변의 비례가 이와 같기에 온 세상 사람들은 변화를 존귀하게 여깁니다. 변화 중에는 천년이나 내려온 생각을 바꾸는 것도 있고, 一世의 논의를 바꾸는 것도 있고, 몇 일 몇 달의 것을 바꾸는 것도 있어서, 그 변화

기간의 長短에는 차이가 있기는 해도 進化의 경지로 달리어 들어가는 점에 있어서는 같다고 하겠습니다. 그러므로 변화야말로 진화의 不二法門이라 하겠으니 변화하지 않는대서야 무엇을 할 수 있겠습니까.

오늘날 바꾸어야 할 것에 어찌 限이 있겠습니까마는, 오직 나와 밀접한 관계가 있는 것을 들어 말씀드리겠으니 잘 살펴주셨으면 합니다. 가만히 생각건대, 僧尼가 스스로 결혼해 아이를 낳는 일(嫁娶生産)을 禁함은 실로 수천 년 이래 바꾸지 못한 案이지만 어찌도 그리 道理에 어두운 것이겠습니까. 이 문제가 國家 大計에 관계됨이 없이 적지 않은 바에는 승려 스스로 처리하도록 내버려 두고 방관해서는 안 될 줄 압니다. 지금 세계의 큰 문제는 어느 하나를 못 박을 수는 없는 터이니, 먼저 손꼽을 것은 불가불 殖民의 문제가 이에 해당된다고 하겠습니다. 생각건대 우리 전국 승려의 현재의 數는 대략 5, 6천 명은 될 듯하며 후일에 가서 얼마나 늘지는 알 수 없습니다. 그런데 이들을 이전의 제도에 일임한 채 반성함이 없을 경우 식민의 면에 손실이 있을 것은 이루 말로 다할 수 없는 것입니다. 이 점은 평균 이상의 智力을 가진 사람이라면 누구나 朝夕으로 두려워하는데도 불구하고 어찌해서 改良하고자 의도하지 않는 것인지 모르겠습니다.

더욱 불교는 크고 원만한 가르침이어서 무슨 일이나 금함이 없는 것입니다. 다만 根機가 천박한 衆生들을 고려한 까닭에 임시방편으로 설정한 것뿐이건만, 후의 사람들이 이를 몰라, 金言인 양 잘못 만들어서 넋을 잃은 나머지 다시 한 걸음도 나아가지 못하는 실정입니다. 오호라, 이렇게 오늘까지 내려온 것입니다. 불교가 衆生界에 영향을 끼침이 요원한데, 수천 년 동안 승려 중에서 아무것도 이 문제에 대해 한마디도 발언하지 못하였으니 또한 슬픈 일입니다.

만약 불교로 하여금 천하에서 종적을 감추게 해도 느끼는 바가 없다면 그만이거니와, 만약 그렇지 않다고 하면 승려들이 결혼해서 자식을 낳음으로써 그 범위를 확장해서 宗教 競爭의 진영에 불교의 기치를 세우는 것이 또한 教勢를 보존하는 大計가 아니겠습니까. 결혼 금지가 一變하면 公的으로는 殖民과 私的으로는 教勢保存에 적당하며 마땅치 않음이 없겠는데 무엇을 꺼려서 고치지 않는 것입니까.

이런 禁戒는 처음부터 법률과 관계없는 것이라 스스로 금하든 스스로 해제하든 불가함이 없을 것입니다. 다만 천년의 積習이라 一朝에 고치기 어려워서 異議가 百出하고 서로 疑懼하는 까닭에 뜻이 있으면서도 달성하지 못함이 또한 몇 해가 되었습니다. 이제 해는 지고 길은 멀어 조금도 더 늦출 수 없는 까닭에 감히 愚言을 드리는 바이니, 잘 생각해 주시기를 바랍니다. 만약 저의 이런 말이 진화하는 오늘에 있어서 아무 보탬이 안 된다면 물론 제 의견을 용납할 것이 아니겠으나, 조금이라도 채택할 것이 있다면 다행히 閣議에 제출하고, 천하에 법령으로 공포하여 승니의 嫁娶 與否를 自由에 맡겨 진화에 장애가 없게 하여 주신다면 公私 간에 매우 다행스럽겠습니다.

隆熙 4년 3월 일

중추원 의장 김윤식金允植 각하[19]

이 같은 헌의서에 나온 내용을 요약하여 살펴보자. 한용운은 여기에서 우선 새로운 세계, 급변하는 세계에 대한 관점을 드러냈다. 인간세계의 변화에 대한 찬동, 천지의 만물은 변화되는 것이 당연하다는 전제하에 변화는 진화로 들어가는 요체라 하였다. 여기에서 한용운의 진화론적 세계관이 분명함을 보여 주거니와, 이는 곧 근대적인 인식으로서의 세계관임은 분명하다. 한용운이 위의 전제와 배경하에서 '승니僧尼 가취嫁娶의 자유自由'를 주장하였던 것은 불교 내적인 논리에서 나온 것이라기보다는 불교 외적인 논리에서 배태된 것이다. 즉 국가 대계大計, 식민殖民의 문제 등이 바로 그것이다. 그러나 한용운은 동시에 불교 내적인 논리를 간과한 것은 아니었다. 예컨대 불교의 보존, 종교 경쟁 시대에 처한 불교의 존립 등이

19 본 헌의서는 순 한문으로 되어 있지만, 작고한 시인 이원섭이 번역하여 발간한 『조선불교유신론』(운주사)에 있는 것을 저본으로 옮겼다. 이원섭은 건봉사 승려 출신의 시인으로, 생전에 그는 건봉사에서 한용운에게 강연을 들었다. 그 인연으로 『조선불교유신론』을 번역하였다고 필자와의 인터뷰에서 회고하였다.

그것이다. 이렇게 한용운은 불교 내외의 논리와 현실을 직시하고 그 대안으로 승려 결혼의 자유를 주장하였다.

그런데 여기에서 흥미로운 것은 한용운은 승니의 결혼 불가를 승려, 승단의 계율에서 완전 모순된 것으로 보지 않았다는 것이다. 임시방편으로 정한 것, 승려 결혼 금지의 해제와 금계는 승려 내부에서의 자유 등이라고 하였다. 이는 승려 결혼의 불가가 승려, 승단, 불교의 존속 및 유지에 있어 절대적인 기준이 아니라고 본 것이다. 이를테면 선택적인 장치라는 점이다. 한용운은 불교가 존속, 유지되는 것이 제일 중요하고, 다음으로는 불교가 존재하고 있는 시공간의 민족, 국가에 유익해야 함을 거론했다. 이런 관점에서 한용운은 불교와 국가의 존속, 유지를 위해서는 임시방편적인 것(승니 가취의 문제)은 변화를 주어도 무방하다는 결론에 이르게 된 것이다. 이 같은 한용운의 인식에는 근대적 세계관, 문명관이 분명하게 자리하고 있다. 구태의연한 중세적 관점은 완전 사라졌다. 그리고 한용운은 당시 불교계 내부에서 승려 결혼의 자유 문제에 대한 논란이 적지 않았다는 정보를 우리에게 알려 준다.

이처럼 한용운은 승려 결혼의 자유를 공개적으로, 문서를 이용하여 불교계 내외에 공표, 선언, 요청하였다. 이는 전장에서 살펴본, 불교 근대화의 기획 차원에서 배태된 것이고 하겠다. 우연적, 즉흥적, 우발적인 것은 결코 아니었다. 말하자면 근대적 가치관에 의해서 나온 것이다. 근대라는 새로운 세계에 불교가 적응, 적합, 생존하기 위한 차원에서 검토, 제안된 방안이었다. 그러면 이제부터는 1910년 9월, 일제 통감부에 제출한 건백서를 제시한다. 이 건백서를 제출하였던 그 무렵은 우리 민족이 일제에게 국권을 강탈당할 때의 초기였다. 그래서 그런 시기에 승려의 결혼 문제를 통감부에게 제출한 것 자체가 논란이 제기된다. 나라 잃은 그때에 승려 결혼이 그렇게 긴급하고, 중요하였는가이다.[20] 그러나 이런 정치적인 관점은 접어 두고 그 건백서 전체를 제시한다.

엎드려 생각건대, 승려 결혼을 불교의 戒로서 금한 것은 그 유래가 오래되었으나, 그것이 백 가지 법도를 維新하는 오늘의 현실에 적합하지 않은 것은 말할 나위도 없는 일입니다. 만약 승려로 하여금 결혼을 금지한 채 풀지 않게 한다면, 정치의 殖民과 도덕의 생리와 종교의 포교에 있어서 百害無益할 것입니다. 이것은 모든 사람이 다 말할 수 있는 일이라 꼭 그 도리를 밝힐 것까지는 없겠으나, 순서상 되풀이해서 말해 두는 것이 좋을까 합니다. 불교와 연관시켜서 이를 말한다면, 그 깊은 진리와 광대한 범위는 참으로 결혼 여부로 손상시키든지 이익이 되게 할 것은 아닌 것입니다. 다만 부처님께서는 중생들이 迷惑을 떠나 깨달음을 얻고 악을 고쳐 선을 행하도록 바라셨으나, 중생의 근기가 각기 달라서 부득불 천하에서 정을 제거하고 욕망을 끊어 버린 사실들을 모두 연설하였던 것이니, 각기 좋아하는 것을 좇아 인도하시고자 희망하셨기 때문이었습니다. 그렇다면 부처님의 계율에 있는 禁婚은 본디 方便의 하나에 불과한 것일 뿐, 불교의 궁극의 경지와는 거리가 먼 것이니 이를 제거한들 어찌 손상됨이 있겠습니까.

거기에다가 남녀 간의 욕심이란 智者와 愚者가 다 같이 있는 것이어서, 만약 일생 결혼하지 못하도록 금한다면 이 금혼으로 인해 폐단이 생겨서, 폐단은 자꾸 폐단을 낳아 갈 것입니다. 실은 조선 승려들도 解禁이 낫다는 것을 모르는 것이 아닙니다. 다만 하루 아침의 말로 천년의 舊習을 타파할 수는 없어서 마음 가득 의구심을 품고 해가 다 가도록 주저하고 있는 실정입니다. 조정의 법령으로 금혼을 해제하고자 바란 까닭에 금년 3월에 사실을 들어 前 中樞院에 청원한 바 있었습니다.

그러나 아직도 아무런 조처도 없고, 승려들의 의구심은 더욱 깊어만 가서 還俗하는 자가 날로 많아지고 傳道가 날로 위축되어 가고 있으니, 속히 금혼을 풀어 敎勢를 保存하는 것과 어느 쪽이 낫겠습니까. 많은 수효의 승려로 하여금 태도를 바꾸어 결혼해 아이를 낳게 한다면, 그것이 정치·도덕·종교계에 영향을 줌이 도리

20 이에 대해서는 김광식, 「『조선불교유신론』과 한용운의 민족의식」, 『한국민족운동사연구』 35, 2003 참고.

어 많지 않겠습니까. 이런 이유로 하여 이에 감히 소견을 개진하오니, 깊이 살핀 다음에 승려의 결혼 금지 해제의 사실을 특별히 府令으로 반포하여 대번에 천년의 누습을 타파하여 세상에 드문 치적을 이루기를 바랍니다.

정치는 革新함이 제일 중요합니다. 이 일이 비록 작은 듯하면서도 사실은 중대한 일이니, 빨리 조처되기를 바랍니다. 간곡히 기원해 마지 않습니다.

明治 43년 9월 일

통감 子爵 寺內正毅 殿[21]

이렇게 한용운은 일제 통감에게 승려 결혼 자유의 조치를 정치적인 차원에서 해결해 줄 것을 요청하였다. 이 건백서에는 이전의 헌의서와 거의 같은 논리에 의해 승려 결혼의 자유론이 개진되었다. 다만 근대적 세계관은 이전보다 확연하게 노출되지는 않으면서 유신하는 오늘이라고만 전제한 것에서 헌의서의 인식이 지속되었음을 알 수 있다. 그러나 승려의 결혼 금지가 방편의 하나이고, 당시 현실에 적합하지 않으며, 승려 결혼의 금지로 폐단이 노정되어 승려들의 환속이 심하다고 보았다. 결과적으로 승려 결혼의 금지가 해제되면 현실 사회(정치, 도덕, 종교계 등)에 이익을 주리란 것을 강조하였다. 이에 한용운은 승려 결혼 금지의 해제가 불교의 존립에 가장 중요함을 역설하였던 것이다.

지금껏 헌의서와 건백서에 나타난 한용운의 승려 결혼 자유론의 배경, 취지, 성격 등을 간략히 살펴보았다. 그것은 근대적 세계관, 문명관에 의거하여 근대의 시공간에서 불교가 존립할 수 있는 최우선의 대안으로서 제시되었던 것임을 알게 되었다. 그러면 이제부터는 이 같은 전제하에 『조선불교유신론』의 내용과 논리를 더욱 자세히 살피고자 한다. 한용운의 승려 결혼의 자유론은 『유신론』의 「불교의 장래와 승니의 결혼 문제(論佛教之

21 이 건백서도 원문은 순 한문이지만, 이원섭의 해석을 저본으로 하여 번역된 것을 제시한다.

前道가 關於僧侶之嫁娶與否者)」라는 제목의 내용에 나온다. 한용운은 그 내용의 서두에서 다음과 같이 자신의 견해를 분명하게 밝혔다.

> 나에게 "불교는 무슨 방법으로 장차 부흥시킬 것인가?"라고 묻는다면, 나는 반드시 이렇게 말하겠다. "승려의 결혼 금지를 푸는 것도 중요하고 시급한 대책(急務)의 하나일 것이다."라고.

이렇게 한용운은 불교의 부흥을 위한 차원에서 중요하고, 시급한 대책으로 승려 결혼 금지의 해금을 보았다. 불교의 부흥이란 것은 달리 말하면 불교 근대화, 근대공간에서의 불교 생존하기의 다름이 아니었다. 필자의 표현으로 하면 근대화 기획의 중요 방략인 셈이다.

그러나 한용운은 불교의 수많은 계율에 승려의 결혼 금지가 등장하는 내용은 인정하면서도 『화엄경』의 사사무애事事無碍의 대승적 진리에 의거하여 불교의 진리는 계율에 있는 것이 아니라고 보았다. 그는 승려 결혼 금지는 근기가 천박한 대상자들을 상대로 하였던, 방편으로 사소한 계율을 설정한 것에 지나지 않는다고 보았던 것이다. 그러면서 그는 "오늘의 무대는 전일의 도량이 아니라"고 하면서, 이제는 근대라는 공간에 맞는 불교가 되어야 한다고 역설했다.

> 비록 결혼이 계율에 어긋나는 것이어서 행하기 어렵다 해도, 마땅히 결혼이 불교의 시기와 근기에 이롭다 할 때에는 방편으로 결혼을 행해 때와 근기에 적응하다가 다시 결혼이 불교의 시대적 상황에 이롭지 않은 때가 온다면, 그때에 가서 이 방법을 거두어 옛날로 돌아가게 할 수도 있는데, 그렇게 하는 경우 누가 잘못이라고 하겠는가. 그리고 결혼 금지가 어찌 세상의 도리에 어울리겠는가. 그 어울리지 않는 까닭이 되는 이치를 논해 보고자 한다.

한용운의 정신적 고향인 백담사(1990년대 이전 모습)

한용운은 승려 결혼의 자유가 불교 발전, 존립에 유익하다면, 즉 시기와 근기에 이롭다고 하면 방편적으로 허용해야 한다고 보았다. 즉 그는 승려 결혼의 절대성을 강조한 것이 아니라 어디까지든지 방편적, 일시적, 제한적으로 자유스럽게 허용되어야 한다고 주장한다. 그러면서도 한용운은 결혼 금지는 세상의 도리(世道)[22]에 어울리지 않는다고 보았다. 한용운은 왜, 어떤 연고로 불교 내적인 논리에 의거하지 않고, 세속의 논리에 의거하여 승려 결혼의 문제에 접근하였는가? 이에 대해서는 후술하겠거니와, 우선은 한용운이 주장한 그 내용을 제시하겠다.

22 여기에서 나온 세도世道는 한용운의 불교 근대화 추구, 근대성 이행에 있어서 많은 문제를 잉태하고 있는 표현, 개념이다.

• 논리倫理에 해로운 점
• 국가國家에 해로운 점
• 포교布敎에 해로운 점
• 풍화風化에 해로운 점

이 같은 논리를 그 내용 및 성격으로 분류하면, 불교의 기준으로 제시한 것은 포교이고, 세속의 기준에서 나온 것은 윤리, 국가, 풍화라고 볼 수 있다. 물론 세속의 기준도 광의의 의미로 보면 불교 보존, 발전에 초점이 맞추어질 수는 있지만 그 접근 시각을 불교적인 관점이라고 보기는 어렵다. 그러면 그 내용을 세부적으로 정리해 보자. 우선 포교에 해롭다는 것을 보면, 불교 보존의 차원에서 접근하였다. 불교가 지속되어야 하는데, 불교를 포교하는 주역이 부재한 상황을 문제시하는 것이다. 즉 그 주역인 승려가 위축, 부족한 여건하에서는 포교를 할 수 없다는 것이다. 그래서 한용운은 다음과 같이 주장했다.

> 이제 불교를 천하에 펴놓고 계율을 지켜 계율을 금해 어를 낳지 못하게 한다면 누가 불교에 들어와 이 계를 실천할 수 있단 말인가. 또 불교에 들어와 거꾸로 속세로 나가는 자가 절 치고 없는 데가 없어서 거의 비는 날이 없을 지경이니. 이는 무슨 까닭인가. 그 원인인즉 여러 가지가 있을 것이나 대부분은 결혼 문제에 있음이 사실이다.[23]

그 당시 승려의 환속, 사찰의 공허가 승려 결혼의 금지에서 나온 것으로 보았다. 이제부터는 한용운이 주장한 논리 중에서 속세의 기준에서 문제점을 찾은 것을 살펴보자. 우선 윤리에 해롭다는 것은 세속사회에서의 윤

---

23 이원섭 옮김, 『조선불교유신론』, 운주사, 1992, 121~122쪽.

리적 기준에서 고려되는 불효不孝 문제이다. 불효 중에서도 자손이 없는 '무후無後' 상태는 '죄'라고 보았다. 다음의 국가에 해롭다는 것은 식민주의殖民主義의 옹호이다. 한용운은 당시 문명화된 국가에서는 모두 식민적殖民的인 인구의 증가를 강조한다고 보았다. 그래서 인구의 증가는 자연 진화進化의 방향으로 나가게 한다고 강조한다. 마지막으로는 풍화風化에 해롭다는 것에 대하여 살펴보자. 여기에서 말하는 풍화는 어떤 뜻을 갖고 있는가? 풍화는 풍속으로 볼 수 있는데, 이는 불교와 사찰의 관습, 정서가 아니라 일반사회를 위주로 한 개념이라 하겠다. 속세사회, 승가사회를 망라한 인류의 풍속이라고 본 것이다. 여기에서 한용운은 결혼의 금지가 풍화, 풍속을 해친다고 하였다.

> 만약 이렇게 끝내 결혼을 금하는 경우 풍속을 해치고 뜻을 상실케 하고, 기개를 능멸케 함에 있어서 무엇이 이보다 심할 수 있겠는가. 고려 말년 이후의 불교사를 돌아보건대, 승려의 음탕한 행위로 불교 전체를 汚損시킨 예가 도리어 허다하였다. 결혼 금지가 風化와 關係 있음이 이토록 심한 것이다.[24]

그러면 한용운은 어떤 이유로 이런 단정을 하였던가? 그것은 인간이 보편적으로 갖고 있는 욕망인 식욕食慾과 색욕色慾의 억제, 부정에서 나온 것이다. 한용운은 인간세상의 모든 대상자가 기본적으로 갖고 있으며 공통적으로 내재한, 부정할 수 없는 것이 식욕, 색욕이라고 보았다. 이에 그는 이를 부정하는 것은 '헛소리'에 불과하다고 하였다. 그렇기 때문에 이를 억제할 수 없기에 계율이라는 이름으로도 이를 누를 수 없다고 했다. 그러므로 한용운은 이 같은 본능, 욕망이 인간의 풍속이기에 승려 결혼의 금지는 불가하다고 보았다.

---

24 앞의 책, 123쪽.

이처럼 한용운은 『조선불교유신론』에서 네 가지 측면에서 승려 결혼의 금지는 풀고, 그를 승려들이 자유롭게 선택해야 한다고 주장했다. 즉 시대에 맞지 않는 것을 고쳐서 새로운 방향[25]에서 승려 결혼을 자유롭게 해야 한다는 것이다.

> 과연 이상에서 말한 바와 같다고 하면, 승려의 결혼을 금해서는 안 된다는 것이 진실(誠)임이 분명하다. 그러나 나라고 해서 불교의 계율을 무시하여 승려 전체를 휘몰아 淫戒를 범하게 하고자 하는 것은 아니며, 다만 그 自由에 일임하려는 것뿐이다.[26]

이로써 우리는 한용운이 승려 결혼을 주장한 내면의 논리, 명분, 지향 등을 알 수 있었다. 그런데 이상과 같은 내용에서 살핀 한용운의 승려 결혼 자유론의 출발점이자 근원점은 무엇인가? 이것이 한용운 논리, 사상에서 가장 중요하다고 볼 수 있다. 그는 승려의 인권 회복에 있는 것이다. 위에서 살핀 한용운의 승려 결혼 자유론 네 가지도 실제는 승려가 승가의 일원, 불교의 주체자로서의 성격보다는 일반사회의 인간과 동질적인 입장에서 그에 접근한 것이었다. 이는 곧 인간의 권리, 인간의 보편성을 담보하는 인권의 문제이다. 한용운은 『조선불교유신론』의 「승려의 인권 회복은 반드시 생산에서」에서도 승려들의 인권 문제에 대한 그의 입장을 드러냈다. 그 사례를 제시하면 다음과 같다.

> 아, 타고난 人權이 平等해서 온 세상 사람들이 못 하든가 많다든가 한 일이 없는데 이는 어떤 사람들이랴. 그리고 스스로 그 천부의 권리를 손상함이 이렇게나 극

25 한용운은 불교유신의 출발점도 이같이 개진하였다.

26 앞의 책, 123쪽.

단적이면서도 부끄러움조차 모르는 것이랴. 부처님께서는 위대함과 큰 역량으로 천상천하에 오직 자신만이 홀로 존재하는 듯한 기개가 계신 터임에도 불구하고, 그 교도인 자들은 과연 무엇을 배웠기에 바로 반비례의 인간이 된 것이랴.

우리들이 길이 전날의 구속을 벗어 던지고 사람 고유의 人權을 回復하고자 할 것 같으면 무엇보다도 스스로 생산하여 自活할 필요가 있는 것이니[27]

이렇게 한용운은 승려의 인권을 강력하게 문제시하였던 것이다. 승려의 인권을 세속사회의 보통사람들과 대등하게 여긴다면, 세속사람이 세속사회에서 누리고 있는 인권도 동일하게 누려야 함은 당연한 논리이다. 그래서 한용운은 보통의 인간이 갖고 있는 생존적, 욕망적인 권리를 승려도 함께 갖고 있다고 보았다. 그래서 한용운은 세속의 인간들의 기본적인 욕망, 억압할 수 없는 욕망인 식욕과 색욕은 승려에게도 동일하게 적용되어야 한다고 보았다.

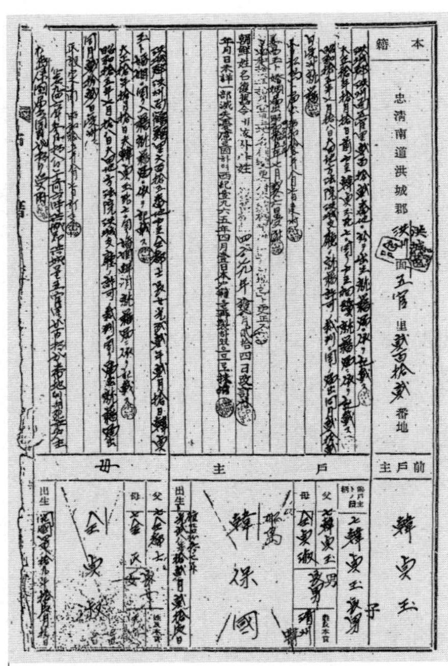

本籍 忠淸南道洪城郡 面 里 番地

前戶主 戶主 母

한용운의 호적. 그의 호적명인 한정옥과 아들 한보국의 이름이 보인다.

한용운의 이러한 논리, 이념은 저절로 승려의 결혼을 자유롭게 선택할 수 있다는 자유론으로 나가는 것의 원동력이 되었다. 한용운의 이런 주장의 목적, 목표는 불교 생존, 발

27 앞의 책, 112쪽.

전에 있었지만, 그 출발 및 저변에는 당대 불교계의 주류적인 가치보다는 유교적인 가치가 짙게 깔려 있음을 느낄 수 있다. 한용운의 유교적 성격은 이미 선학의 연구에서 조명되었다.[28] 한용운은 유년 시절 선친으로부터 유교적인 충효의 교육을 이수받으면서 유교 경전을 섭렵하였고, 10대 후반에는 서당의 선생까지 역임하였다. 그리고 그의 출가 동기를 주의 깊게 보면 불교적 가치와 함께 유교적 가치도 짙게 드리워 있음[29]을 알 수 있다.

그래서 필자는 한용운의 승려 결혼 자유론의 이념에는 인권론과 함께 유교적인 충효 이념이 자리 잡고 있다고 주장한다. 여기에서 우리는 전장에서 살핀 한용운의 불교 근대화의 이념에서 나온 대중불교론을 다시 한 번 음미하게 된다. 한용운 불교를 상징하는 불교 대중화론에서 한용운은 산중에서 도회지로, 승려 중심에서 대중으로의 불교를 강조했다. 바로 이 같은 도회지로, 대중으로는 기존의 불교적 가치라는 울타리에서 벗어나 속세, 인간, 문명의 성격을 파악할 수 있는 단서이다. 그 울타리를 벗어나는 순간, 기존의 인식과 관습에서 이탈하게 되며, 승려 중심, 승려 위주의 불교는 그 존립을 상실하게 되는 것이다. 그런데 그 당시도 그러하고, 지금도 그러하지만 승려와 재가자와의 가장 근본적, 상징적인 구분은 승려의 결혼의 여부였다.[30] 이에 그 구분, 울타리를 벗어나게 되면 자연적으로 승려 결혼이라는 구분은 특별한 의미가 없는 것이다. 다만 중생의 근기 차원에서, 승려들의 선택적 방편에서만 존재할 뿐이다.

그런데 이 같은 논리는 그 당시 세속에서도 일정하게 수긍된 보편성을 갖고 있었다고 보인다. 즉 승려 결혼의 보편화를 인정, 환영하는 조류도 있었던 것이다. 그래서 승려들도 결혼의 선택을 파계적인 색채에서 벗어

---

**28** 허우성, 「만해의 불교 이해」, 『만해학보』 창간호, 1992.

**29** 그는 출가 동기가 단순한 신앙만을 위한 것은 아니라고 하였다.

**30** 조준호는 출가자와 재가자가 구분되는 결정적인 경계를 성행性行을 차단하는 마음 자세에서 찾았다. 조준호, 「출가와 재가가 나누어진 사상적 이유」, 『불교평론』 35, 2008. 6, 219쪽.

나기가 용이하였다. 1926년 일제가 승려들의 이른바, 대처식육을 허용하는 행정적 조치를 단행할 때의 사정에서 극명하게 나오는바, 이제 그 내용을 살펴보자.

破戒奬勵는 아니다 시세에 순응케 할 뿐 이학무 국장 談

승려에게 육식대처를 법률상으로 認하게 된 것은 시세에 순응케 한 것이다. 사실에 入하야는 본 戒命을 엄수치 않고 다만 형식으로 此를 피하는 체하는 것은 모순이다. 또는 인생의 본능상으로나 사회정책상 여하한 모순을 지속케 하는 것은 불가하다. 그러나 주의할 것은 승려로 하여금 파계를 권하는 것은 아니다. 참된 신도가 되고자 하면 의연히 이 戒命을 엄수할 것은 물론이요, 이 같은 승려가 많기를 원하는 것이다. 그리고 제일 곤란한 것은 如斯한 제한을 철폐치 아니하면 주지될 자격을 가진 자가 없는 것이다. 그럼으로 사법 중에 이것을 삭제하여 役僧을 구함에 便케 하였다. 최근은 승려 중에 계명을 지키는 자에게는 특별한 대우를 하여 달라고 하는 청원이 있으나 그것은 참된 신도의 당연한 所行이다. 다만 금번 개정 사법은 爲先 帶妻를 법적으로 공인케 함이다.

『당연한 귀결이다 본능생활로 보와도』 교무원 이사 이혼성 談

그렇습니다. 사법에 역승 임명자격 중에 『비구계 구족한 자』라는 조건을 철폐하기로 되었습니다. 시세의 적응이오 불교의 사회화이겠지요. 인생의 본능상 당연한 귀결이라 할 것입니다. 그러나 그렇다고 파계를 강요하리라, 또는 장려하는 것은 아닌즉 이 계명을 지키는 자는 모든 승려의 모범이 될 것이오. 따라서 수도 승려가 증가하여질 줄 압니다.[31]

위의 글은 1926년 총독부 주관으로 승려의 대처식육을 공인하는 사법

31 「내적 생활의 해방으로 조선사법 결정」, 《매일신보》, 1926. 5. 21.

개정을 단행할 때의 일제 당국자와 한국불교의 교단 역할을 하였던 교무원 책임자의 발언이다. 여기에서는 인간의 본능상으로 승려의 결혼을 인정할 수밖에 없으며, 나아가서는 불교와 승려는 기존 계율의 속박에서 벗어나 이제는 불교의 사회화로 나가야 한다고 강조하였다. 불교 사회화는 불교와 승려도 사회 공동체의 일원으로, 사회의 문제에 동참해야 한다는 논리이다. 즉 불교 사회화의 장애물의 하나인 승려 결혼의 억압을 풀어 인간으로서의 욕망을 구사케 한다는 것이다. 이러한 논리는 당시 언론지인 《매일신보》에서도 나온다.

> 조선寺法 개정으로 인하여 승려에게도 육식대처를 인정하게 되자 『파계 생활은 불교 파멸의 근본원인』이라고 백여 명 승려가 연명하야 당국에 파계엄금을 진정하얏다 함은 최근 각 紙所□와 같고 …(중략)….
>
> 『인생이란 무엇인가?』 이것이 천고의 의문으로 되어 왔지간은 결국은 정신 물리적 유기체로 물질상 본능 생활과 정신상 심령 생활을 병행하는 무한 욕구의 연속에 不外함을 알게 되었다. 따라서 정신 생활상으로 종교와 예술이 필요한 그만큼 본능 생활상으로는 역시 영양과 성욕을 缺할 수가 없다. …(중략)….
>
> 그럼으로 우리는 금일 당국의 사법 개정이 彼等의 내적 생활 又는 사회정책상으로 보와 시대에 순응한 조치임은 물론이오 그보다도 더 문제로는 此로 인하야 종래의 가공적 종교사상을 일소하는 기운을 촉진하야써 종교는 그 자체로 하여금 더욱 사회화할 결과를 초래하는 곳에 많은 의의가 있을 것을 기뻐하는 바이라.[32]

여기에서도 승려는 인간이라는 전제하에 성욕이라는 본능을 인정하고, 그것이 불교의 사회화에 기여할 수 있다고 보았다. 당시 승려의 결혼 문제가 논란이 되었을 무렵, 『조선불교』에는 대처식육을 찬성하는 승려들의 기

32 「논설, 무슨 까닭으로 반대인가?」, 《매일신보》, 1926. 5. 22.

고문이 다수 전하는데 그들의 주장도 대부분은 승려도 인간이다, 인간의 본능적 욕구를 수용해야 한다, 승려도 인류사회의 일원이다,[33] 불교가 사회화·대중화로 나가야 한다고 주장했다.[34] 이런 주장은 《동아일보》가 백용성이 대처식육을 반대한다는 건백서를 제출하였다는 것을 보도하면서 나온 사설에서도 찾을 수 있다.

> 금일 우리 사회의 불교 교도가 자진하여 자멸을 촉한다면 모르지만은 그러치 아니하야 장래를 생각하고 현재를 善圖한다 하면 재래의 불합리한 敎則을 改하야 인간의 본성과 종교의 목적에 부합한 행동을 취하지 아니하면 아니될 터인대 개선은 고사하고 오히려 재래에 나려오던 부당한 부분을 부활시키려고 한다는 데에 대하여 그네들의 심산을 알 수가 없다. 실상을 말하면 금일에 있는 종교로서의 조선불교는 민중에게 무슨 이익을 주느냐 하면 의심이라고 할 것이니[35]

이렇듯 이상과 같은 1920년대 중반의 사회에서는 승려들의 성적 해방, 승려 결혼을 인정하는 풍조가 상당하였다. 이런 추세에 힘입어 일제 당국도 결혼한 승려를 본사·말사 주지로 임명함에 있어 장애물을 제거하였다. 기존 관념에서는 파계자로 매도당하기도 하였지만, 변화된 조류하에서 결혼한 승려는 불교 사회화의 구현자가 되었다.

그런데 이 같은 불교 사회화의 논리는 이미 1910년대에서부터 가시화되었다. 그러면 불교 사회화는 무엇인가? 이에 대해서는 추후 다양한 검토가 요망된다. 본 고찰에서 필자는 불교 사회화와 승려의 결혼 자유론이 밀

---

33 「京城小言 與三十本山住持」, 《매일신보》, 1917. 1. 12. 이 내용에는 승려들의 유일한 희망과 욕구를 수백년래 사회에서 천대받음을 탈각하고, 속인과 동격으로 일반사회에서 대우를 받고자 하는 바람으로 평가한 것이 잘 묘사되어 있다.

34 김광식, 「1926년 불교계의 대처식육론과 백용성의 건백서」, 『한국 근대불교의 현실인식』, 민족사, 208~210쪽.

35 「승려의 대처식육 금지에 대하여」, 《동아일보》, 1926. 5. 20.

접한 연관을 갖고 있음을 제시한다. 이런 배경하에서 1917년 상황을 보여 주는 아래의 글은 일정한 정보를 제공한다.

> 然ᄒ다. 彼等의 唯一 희망과 慾求가 무엇이뇨. 數百年來 社會에셔 賤待밧음을 脫免ᄒ고 俗人과 同格으로 一般社會의 待遇를 밧코자 ᄒᄂ 以外에ᄂ 進ᄒ야 사회 人心의 지도자가 되고 儀表가 되리라고 ᄒᄂ 사름은 砂中에 金剛石을 求홈 보담도 困難ᄒ도다.[36]

30본산 주지들에게 주는 이 글에서 《매일신보》는 승려들이 천대를 벗어나 속인과 동격으로 대우를 받으려는 흐름을 지적했다. 이것이 바로 승려의 인권론이었다. 30본산 주지는 당시 불교계의 가장 중심적인 인물임은 두말할 나위가 없는 것이다. 이렇게 인권론은 보편화되었다. 1921년의 정황을 보여 주는 아래의 글에도 인권론, 불교 사회화에 대한 정보가 다수 나온다. 이 글을 쓴 당사자는 일본 유학 중이었던 학생인바, 필자의 논리의 이해에 큰 도움을 준다.

> 朝鮮佛教로써 우리 社會에 무어슬 利益으로 供하얏ᄂ가. 교육이나 포교나 자선이나 무어슬 사업홀 有ᄒ가. 이러하구야 엇지 사회에 落伍가 아니되며 衰亡이라구 아니하리오. 나ᄂ 사회에 害毒됨을 말하노라.
>
> 一, 娶妻를 禁하야 사회에 害를 及하ᄂ 것
>
> 現金 세계가 婦人까지 解放하ᄂ대 엇지 男子를 持ᄒ 自權에 禁妻ᄂ 不正義ᄒ 事
>
> 一, 慈善을 不爲하고ᄂ 金乞糧하ᄂ 것
>
> 현금 사회에서는 병원과 및 고아원을 設하ᄂ대 流浪乞食이 사회에 害毒되는 事
>
> 一, 古寺刹 及 藝術的 建設을 不護하ᄂ 것

36 「京城小言 與三十本山住持」, 《매일신보》, 1917. 1. 12.

과거에 역사를 자랑하는 문명 시대인대 古來에 예술을 不保하고 廢止하는 害毒

一, 寺刹財金을 共益에 不務하는 것

사회에 進하야 무엇이든지 공익적 노력홀 事가 多積훈대 사원에셔 消耗하는 것

一, 教育을 壯麗치 안이하는 것

조선 현재에 兒童이 就學홀 장소가 업는대 완전훈 小學校하나 업스니 무슨 교육

一, 布教를 振興케 안이하는 것

教會마다 宗教信心이 더욱 膨脹하는대 佛教堂은 滑稽談으로 老婦少女를 欺하는 것

一, 書籍을 간행치 안니 하는 것

우리 사회에도 한문을 페지코져 하는대 팔만장경은 積立山이라도 사회에 無利益

一, 黨派心을 養成하는 것

우리 사회가 本來 黨으로써 亡훈 바인대 宗教에셔 그리 野僞를 持行홈은 사회에 害

이러구 하야 엇지 사회에 비평이 無하며 佛教前途에 행복이 엇지 到來하리오.

…(중략)….

宗教라는 것은 社會를 위하여 生한 바로 사회는 종교를 依하야 安寧에 幸福을 享하나니 엇지 사회를 離하야 孤立의 宗教가 되고져 하는가. 朝鮮佛教를 위하야 犧牲을 드림에 대하야 우리 사회에 同情을 구하노라.[37]

위의 글에서 가장 주목되는 것은 취처를 금하여 사회에 해를 준다는 표현이다. 즉 승려의 결혼 자유를 시행하지 않아서 남자가 갖고 있는 스스로의 권리를 억압한다는 것이다. 이는 여성의 해방까지 추진하는 문명사회

37 「조선불교는 社會化하라 / 東京 金一貫」, 《매일신보》, 1921. 9. 3.

에서 남성의 권리(성욕, 본능)를 제어하는 것은 정의롭지 못하다는 입장이다. 이렇게 승려의 결혼 자유론은 점차 보편화되어 갔다고 본다. 그런데 이 글의 입론은 기본적으로 종교는 사회를 위한 활동에 나서야 하는데, 이는 종교의 기본적인 정체성이자 의무이고, 생존의 요건이라는 것이다. 즉 불교 사회화론의 구도에서 승려의 결혼은 보편성을 갖게 되었다.

지금까지 살펴본 바와 같이 한용운의 승려의 결혼 자유론은 1910년, 1913년에 주장된 이래 불교계에 상당히 전파되었다고 보인다. 승려의 결혼 자유론이 포함된 『조선불교유신론』에서 "일면으로 莫大한 讚賞을 得하고 일면으로 無限한 打擊을 받았다."는 표현[38]은 그를 상징적으로 대변해 준다. 또 다른 예증은 위의 1917년 보도기사와 함께 일제가 결혼한 승려도 본사·말사 주지 취임이 가능하도록 사법 개정을 단행한 1926년 5~6월의 보도기사에서 잘 드러난다. 그래서 필자는 한용운의 승려 결혼 자유론이 승려의 인권론과 불교 사회화론의 구도에서 나온 것임을 주장하는 것이다.

## 4. 결 어

본 고찰의 맺는말은 전장에서 살핀 한용운의 승려 결혼 자유론에 나타난 제반 개요를 다시 한번 정리, 요약하면서 추후 이 분야 연구에 유의할 측면을 제시하는 것으로 대신하고자 한다.

첫째, 한용운은 출가 직후 격정적인 삶을 구현하면서 불교유신 및 개혁에 눈을 뜨고 불교 근대화를 추진하겠다는 목표를 설정하였다. 이는 그 자신은 근대적인 승려로 변모하였지만 자신이 속한 사찰, 교단은 봉건적 체

38 이는 『조선불교유신론』의 발매를 담당한 조선선종 중앙포교당과 광학서포의 광고문안에 나온 표현이다. 김광식, 『만해 한용운 평전 – 첫키스로 만해를 만난다』, 장승, 2004, 83쪽 참조.

질에서 벗어나지 못함을 자각함에서 나온 것이다. 이는 불교를 근대적 세계에 적응, 생존할 수 있는 체질로 전환시키려는 기획임을 말한다. 한용운의 이 같은 기획은 그가 검토한 근대적인 세계관에 입각하고, 근대적 문명관과 맞물려 나온 것이다. 그래서 한용운은 불교의 평등주의. 구세주의를 바로 근대적 체질과 부합할 수 있는 핵심적인 요소로 보았던 것이다.

둘째, 한용운은 자신이 강구한 불교 근대화 기획의 일환으로 승려의 결혼을 강력하게 주장하였다. 그리하여 그는 구한국 정부의 중추원, 일제 당국에 승려의 결혼 자유를 인정해 달라는 건의서를 두 차례나 제출하였다. 그러나 그의 건의는 수용되지 않았다. 이에 그는 그의 불교개혁 입론서인 『조선불교유신론』에서 더욱더 자신의 주장인 승려 결혼의 자유를 논술하였다.

셋째, 한용운의 불교관은 대중불교론이었는데, 이 대중불교론에서도 승려의 결혼은 당연한 것으로 여겼다. 그는 산중불교, 승려 중심의 불교에서 도회지 불교로, 대중을 위하는 불교로 나아가야 한다고 역설하였다. 즉 그는 불교가 입니입수하고, 중생을 구제하는 실천을 중요하게 여겼지 승려가 결혼이라는 테두리에 얽매이는 것은 신경 쓰지 않았다.

넷째, 한용운의 승려 결혼 자유론은 진화론적 세계관에 의거하여 태동되었는데, 거기에는 승려의 인권론이 개재되어 있었다. 세속사회의 인간과 동일한 대우, 권리를 받아야 한다는 것이었기에 자연 속세의 인간이 누리는 욕망도 구사할 수 있다는 것이다. 이에 인간의 기본 욕망인 식욕, 색욕에 대한 관대성이 관철되었다.

다섯째, 한용운의 승려 결혼 자유론에는 유교적인 가치관이 반영되어 있었다. 유교적 가치는 충효를 기본으로 하는 것이거니와, 결혼은 인간의 필수적인 제도였다. 한용운은 출가 이전 유학을 전수받았고, 서당 선생을 한 이력이 있었다. 이런 그의 이념이 승려의 결혼 자유론에 영향을 끼쳤던 것이다.

여섯째, 한용운의 승려 결혼 자유론이 실천, 구현되었음에는 당시 사회에서 불교가 사회화되어야 한다는 여론도 일정하게 작용하고 있었다. 불교가 산간에 머물러 있지 말고, 세속으로 나와 국가와 민족, 즉 사회의 문제에 적극적인 관심을 갖고, 해결에 나서야 한다는 것이었다. 불교 사회화라는 명분으로 대두된 그 논리는 1910년대부터 서서히 제기되어 1920년대에 접어들면서는 보편적인 흐름으로 강세를 띠었다고 보인다. 이런 흐름은 자연 승려의 결혼을 묵인, 인정하는 정서를 가져왔다.

지금껏 한용운의 승려 결혼 자유론이 설립, 실천되었던 배경, 사정, 논리 등을 정리하였다. 이제부터는 추후 이 분야 연구에서 참고할 점, 혹은 더욱 분석이 요망되는 것을 제시해 보고자 한다.

첫째, 한용운의 승려 결혼 자유론과 일제의 불교정책과의 함수 관계를 분석해야 할 것이다. 한용운의 주장에 대한 일본불교의 영향은 지금껏 지적한 경우도 있었으나 일제의 불교정책과의 상관성은 집중적인 검토가 없었다. 불교 근대화라는 내적인 기획에 의해서 이행되었지만, 그래도 혹시 일본불교의 영향, 일제 당국의 불교정책도 간과할 수 없는 주제이다.

둘째, 불교 사회화의 논리를 정치하게 분석할 필요성이 요청된다. 이 논리는 세속사회의 여론 형성층에서도 나왔지만, 일제 당국도 이 논리를 불교정책의 구현에 활용하였다. 나아가서는 승려들도 이런 주장을 한 경우가 있었다. 그래서 각 분야의 논리가 어떻게 조합, 재인식, 보편화되었는지를 살펴야 할 것이다.

셋째, 승려 결혼 자유론이 해방 이후 정화 공간과 지금 이 시점에서는 어떻게 이해, 평가, 변질되었는지도 차분하게 따져 보아야 한다. 그리고 추후 인구 감소, 출가자의 감소, 승려 수의 변동이라는 변화에서는 승려 결혼 자유론이 어떻게 받아들여질 것인가의 문제도 간단치 않다고 본다.

이상으로 승려 결혼 자유론과 연관된 다양한 측면을 검토하고, 그에 대한 필자의 단상을 제시하여 보았다. 추후에는 다양한 관점에서 이 문제가 검토되길 기대한다.

# 한용운의 「조선불교의 개혁안」 연구

제4장

## 1. 서 언

한용운은 한국의 근대불교를 대표하는 승려이다. 지금껏 그에 대해서는 시인, 독립운동가, 선사라는 명칭이 부여되었고, 다양한 관점에서 그에 대한 연구가 시도되어 연구 업적만도 700여 편을 헤아리게 되었다. 그러나 이러한 연구는 주로 문학적인 방면에서 접근한 것이 주류를 이루고 있었다. 때문에 한용운 연구는 연구의 편향성을 극복하는 것이 1차적인 과제일 것이다. 최근에는 연구의 편향성이 극복되면서 그에 대한 연구의 지평이 확대되고 있다. 이러한 연구 지평과 관련해서는 무엇보다도 그에 관련된 구체적인 자료 수집, 분석이 요망된다.

본 고찰에서는 위와 같은 배경하에서 지금껏 선학들이 주목하지 않았던, 한용운이 일제하의 대표적인 불교계 잡지인 『불교』 88호(1931. 10)에 기고한 논설문인 「조선불교의 개혁안」을 분석하고자 한다. 이 논설문의 분석을 통하여 한용운의 불교개혁가로서의 모습을 새롭게 그릴 수 있을 것이다. 지금껏 한용운의 불교개혁론과 관련된 연구는 『조선불교유신론』의 내용, 의의, 사상을 중심으로 전개되었다. 그런데 『조선불교유신론』은 1910년에 집필되고, 1913년에 출간되었다. 그러므로 이 저술은 한용운의 1910년대의 현실인식을 반영하고 있다고 이해된다.

한편 한용운의 불교개혁론은 그의 일생 동안 관철한 화두였지만, 그 시대의 불교 현실과 상호 조응한 결과이기도 하였다. 요컨대 그의 불교개혁론은 일제하의 불교 현실을 반영하고 있었으며, 나아가서는 변화하고 있는 불교 현실에 의거해 변모한 측면도 있었다. 다시 말하면, 한용운은 『조선불교유신론』의 대상 주제를 지속적으로 주장하였지만, 일부 내용은 수정, 보완하였다. 그리고 일부 내용은 추가한 것도 있었고, 제외한 것도 있었다.[1] 이러한 첨삭의 원인은 한용운의 불교개혁론과 당시 불교 현실과의 긴장감 넘치는 대결의 산물로 볼 수 있다. 때문에 우리는 이러한 변화의 원인을 밝혀낼 과제에 직면한다. 바로 이 과제의 해소와 관련하여 우리가 주목할 대상이 본 고찰에서 분석하려는 「조선불교의 개혁안」이라 하겠다.

이에 본 고찰에서는 우선 이 「조선불교의 개혁안」을 분석하고, 그 연후에는 1910년대의 『조선불교유신론』과의 상호 비교를 통하여 그 변질의 내용과 성격을 살펴보려고 한다. 이를 통하여 필자는 한용운의 불교개혁론을 조망하고, 이를 통하여 당시 불교 현실의 이해에 심화를 기하고자 한다.

## 2. 「조선불교의 개혁안」의 분석

한용운이 『불교』 88호(1931. 10)에 기고한 논설문인 「조선불교의 개혁안」(이하 「개혁안」으로 약칭함)은 다음과 같은 목차로 구성되어 있다.

---

1 그 실례는 『유신론』의 내용을 대표하면서도, 가장 논란이 심한 승려의 결혼 허용 문제이다. 1920년대 후반에 가서는 승려(비구)의 절반 이상이 결혼하였기에 개혁의 대상으로 설정할 필요가 없어 개혁안에는 포함되지 않았다.

1. 緖言

2. 統一機關의 設置

3. 寺刹의 廢合

4. 敎徒의 生活保障

5. 經論의 飜譯

6. 大衆佛敎의 建設

7. 禪敎의 振興

8. 結論

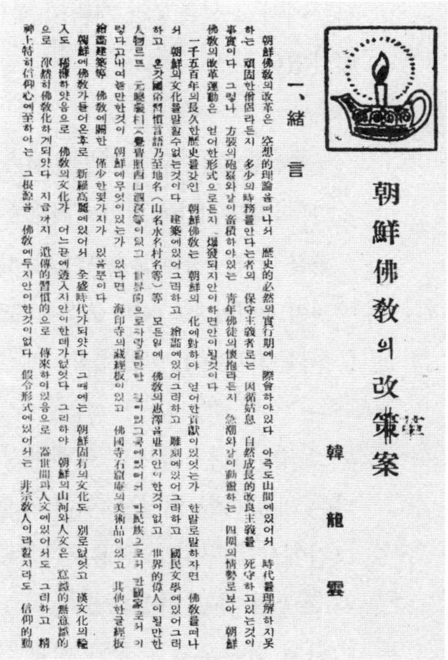
朝鮮佛敎의 改革案

韓龍雲

一、緖言

朝鮮佛敎의改革은 空想的理論을떠나서 歷史的必然의實行期에 際會하야있다 아즉도山間에있어서 時代를理解하지못하는 頑固한僧侶라든지 多少의時務를안다는者의 保守主義者로는 因循姑息 自然成長的改良主義를 死守하고있는것이 事實이다 그렇나 方裝의砲聲와같이蓄積하야있는 靑年佛徒의懷抱라든지 急潮와같이動徹하는 四圍의情勢로보아 朝鮮佛敎의改革運動은 엇어한形式으로든지 爆發되지안이하면안이될것이다

一千五百年의長久한歷史를갓인 朝鮮佛敎는 朝鮮의 化에對하야 엇어한貢獻이있엇는가 한말로말하자면 佛敎를떠나서 朝鮮의文化를말할수없는것이다 建築에있어그러하고 繪畵에있어그러하고 雕刻에있어그러하고 國民文學에있어그러하고 온갓國俗習慣言語乃至地名(山名水名村名等)等 모든일에 佛敎의惠澤을받지안이한것이없고 世界的偉人이될만한 人物로드르 元曉義相[illegible]西山四溟等이있고 世界的으로자랑할만한 [illegible] 民族으로서 [illegible]國家로서 가랑다고나어붐만한것이 朝鮮에무엇이있는가 있다면 海印寺의藏經板이있고 佛國寺石窟庵의美術品이있고 其他한글經板 繪畵建築等 佛敎에關한 僅少한몇가지가 있을뿐이다

朝鮮에佛敎가들어온후로 新羅高麗에있어서 全盛時代가되얏다 그때에는 朝鮮固有의文化도 別로없엇고 漢文化의輸入도 稀薄하얏음으로 佛敎의文化가 어느끝에透入지안이한데가없엇다 그리하야 朝鮮의山河와人文은 意識的無意識的으로 深然히佛敎化하게되얏다 지금까지 遺傳的習慣的으로 傳來하야있음으로 器世間과人文에있어서도 그리하고 精神上特히信仰心에至하야는 그根源을 佛敎에두지안이한것이없다 假令形式에있어서는 非宗敎人이라할지라도 信仰的動

「조선불교의 개혁안」(『불교』 88호, 1931. 10)

이 개혁안은 『불교』 88호의 2~10쪽에, 국한문 혼용체로 기고되었다. 이 글을 집필하고 기고할 때 한용운은 『불교』를 발간하였던 불교사의 사장이었다. 이는 당시 급변하는 불교 현실에 대한 즉각적인 답변이 가능했음을 암시하는 단서이기도 하다. 이 개혁안은 한용운이 1913년에 간행한 『조선불교유신론』이 80쪽 분량, 17장으로 구성,[2] 한문체 서술, 단행본으로 출간된 것을 참조하면 비교적 간략한 개혁론이라 하겠다.

이런 전제하에서 이제부터는 이 「개혁안」을 구체적으로 분석하겠다. 우선 제1장인 서언에서는 당시 불교가 개혁되어야 하는 당위성을 개진하고, 동시에 불교계가 처해 있었던 실정을 요약하였다. 한용운은 이 「개혁안」의

2 『조선불교유신론』의 목차는 다음과 같다. 1. 서론, 2. 불교의 성질, 3. 불교의 주의, 4. 불교의 유신은 파괴로부터, 5. 승려의 교육, 6. 참선, 7. 염불당의 폐지, 8. 포교, 9. 사원의 위치, 10. 佛家에서 숭배하는 塑繪, 11. 불가의 각종 의식, 12. 승려의 인권 회복은 반드시 생산에서, 13. 불교의 장래와 승니의 결혼 문제, 14. 사원 住職의 선거법, 15. 승려의 단결, 16. 사원의 統轄, 17. 결론.

서두에서 조선불교의 개혁이 역사적 필연의 시기에 달하였음을 강력히 피력하였다.

> 조선불교의 개혁은 空想的 이론을 떠나서 역사적 필연의 실행기에 際會하여 있다. 아직도 산간에 있어서 시대를 이해하지 못하는 완고한 승려라든지 다소의 時務를 안다는 자의 보수주의로는 因循姑息 자연성장적 개량주의를 사수하고 있는 것이 사실이다. 그러나 方裝의 砲臺와 같이 動濫하는 四圍의 정세로 보아 조선불교의 개혁운동은 어떤 형식으로든지 폭발되지 아니하면 아니 될 것이다.[3]

그러나 그는 시대를 이해하지 못하는 승려, 보수적인 승려들이 개혁보다는 개량적인 입장을 취하고 있어 개혁을 방해하고 있다고 판단하였다. 그럼에도 불구하고 한용운은 불교의 개혁운동은 어떠한 형식으로는 반드시 폭발될 것을 전망하였다.

한편 한용운은 불교가 한국 역사에 끼친 영향과 한국 문화사에 기여한 공헌을 높이 평가하였다. 그는 불교를 떠나서 한국의 문화를 말할 수 없다고 단언하였다. 건축, 회화, 조각, 문학, 민속, 습관, 언어, 지명 등에서 불교의 혜택을 받지 않은 것이 없다는 것이었다. 한국인 가운데 세계적 위인으로 여길 수 있는 인물로는 원효, 의상, 의천, 지눌, 서산, 사명 등을 지목하였는데 이들은 모두 승려였다는 것이다. 그리고 세계에 내놓을 만한 것인 해인사의 대장경판, 불국사 석굴암, 한글 경판, 회화, 건축 등도 대부분 불교와 관련이 있다고 보았다. 나아가서 그는 불교가 전래된 이후 한국의 산하山河와 인문人文은 의식적, 무의식적으로 불교화되었다고 인식하였다. 이에 한국인의 정신, 신앙은 불교적이라고 단언하였다.

---

3 「개혁안」의 원문을 현대의 철자법으로 옮기고, 간단한 한문은 한글로 제시하였다. 이후의 「개혁안」의 인용도 이 같은 방법으로 처리하겠다. 『불교』 88호, 1931. 10, 2쪽.

이에 그는 불교만을 위한 불교개혁보다는, 한국민족의 정신과 생활의 형태를 개량하기 위한 불교개혁을 주장했다.

> 그럼으로 불교는 조선과 조선인의 전적 생활에 대하여 능히 분리할 수 없는 것이다. 그러므로 조선민족의 정신적 동향과 생활의 형태를 개량 혹은 혁신하려면 그에 대한 역사적 영도권을 갖고 있는 불교의 개혁이 먼저 그 衝에 당하지 아니하면 될 것이다. 다시 말하면 조선인의 정신과 생활의 신세계를 개척하려면 조선인의 정신과 생활의 형이상적 産婆業을 把持하고 있는 불교가 먼저 혁신 아니하면 안 된다는 것이다.[4]

그러나 한용운은 당시 불교의 내적 조건과 외적 정세를 종합하고서는, "위기일발危機一髮의 백척간두百尺竿頭에 서 있는" 현상으로 단언하였다. 한용운이 이 같은 단언을 한 내적 조건에는 신라 및 고려시대의 찬란한 불교가 조선 후기 이래로 압박을 받고, 부패에 부패를 더하여 생명만 근근이 유지하는 형해形骸뿐인 현실이 있었다. 더욱이 불교를 이끌어 갈 훌륭한 승려 수의 미약, 사찰의 실권을 쥐고 있는 인물들은 시무時務를 모르는 구인물과 구태의연한 평범한 인물이 대다수인 점, 일제 관청에 아부하여 비열한 행동으로 불교의 개신운동을 저해하는 본산 주지가 아직도 청산되지 않은 현실도 지목하였다. 외적 정세는 국권을 상실당한 현실에서 사찰령으로 대변되는 일제 총독부의 간섭을 받고 있었음을 말한다. 나아가서 사회주의자의 반종교운동反宗教運動, 유물주의唯物主義, 무정부주의, 허무주의 등의 조류도 불교에 불리한 정세로 파악하였던 것이다. 이에 한용운은 이 같은 내적 조건과 외적 정세가 모두 불교에 불리한 것임을 간파하면서 그를 타개할 방책인 '갱생更生의 도道'를 제시할 수밖에 없음을 도입부에서

---

4 『불교』 88호, 1931. 10, 3쪽.

피력하였다.

제2장인 통일기관의 설치는 1930년대 초반에 등장한 불교계의 통일운동의 당위성을 강력하게 주장한 내용이다. 우선 그는 교단이나 비교단을 막론하고 집단적 운용에 있어서는 반드시 통일이 필요함을 제시하였다. 그는 집단적 운용을 일정한 지도원리, 행동강령의 프로그램에 의해서 순차적으로 진전시켜야 된다고 보면서, 단체적 행동이 통일되지 못하면 집단적 의의와 소기의 목적은 성립할 수 없다고 주장하였다. 그런데 당시 불교계의 사찰이 통일되지 못하였고, 1929년 1월의 승려대회[5] 직후에 등장한 통일기관을 의미하는 종회, 교무원은 이름만의 통일기관이지, 통일의 실제 권리를 갖지 못하고 있다고 보았다. 이런 원인에 대하여 한용운은 승려의 자각 부족과 그 당시 통일기관 조직의 내용이 통일의 기능을 갖지 못한 것에서 찾았다. 당시 통일기관은 31본산을 영도할 만한 실제 권한의 내용을 갖지 않고 막연한 관념적인 규약만이 있었다는 것이다.

> 그러면 31본산을 영도할 만한 실권은 어떠한 것을 가리킬 것인가. 그것은 심히 간단하니 통일기관에서 31본산의 주지를 임면하고 소위 사법을 통일하여 통일기관의 명령에 복종하는 의무를 가지게 되면 족한 것이다.[6]

한용운은 그 실제적인 권한을 통일기관에서의 본산 주지 임면권과 사법 개정을 통한 통일기관의 명령에 복종하는 의무로 단언하였다.[7]

그러나 사찰령 시행 이후 일제의 관청에 아부하여 주지의 자리를 보존

---

5 이 승려대회에 관한 제반 내용은 김광식, 「조선불교선교양종 승려대회의 개최와 성격」, 『한국근대불교사연구』, 민족사, 1996을 참고 바람.

6 『불교』 88호, 1931. 10, 4쪽.

7 한용운은 『불교』 84·85합호, 1931. 7에 「조선불교를 통일하라」를 기고하였다. 이 내용도 불교계의 통일의 당위성을 강조한 것이다.

하기에 급급하는 비열한 자들은 불교 자체의 기관에서 주지를 임면하는 것을 기피하였다. 나아가서는 불교 자체에서 임면하는 것을 변칙으로 여기고 사력을 다하여 반대하였는바, 이는 불교 자체의 기관에서 임면하면 정당한 인물 본위로 주지를 임명할 것이기에 자연 기존 주지들은 몰락을 당할 것이라는 우려에서 나온 것이었다고 한용운은 보았다. 이에 한용운은 이런 행태를 비판하면서 종교 단체가 자치적으로 교단의 임원을 임면하는 것은 당연한 것으로 주장하였다.

> 그러나 隙雲이 天日을 가리지 못하고 殘雲이 陽春을 대적하지 못하는 것이니 可憎한 小人輩가 어찌 당당한 조선불교의 前導光明을 막으리오.
>
> 종교 단체가 자치적으로 그 교단의 임원을 임면하는 것은 당연 이상의 당연이다. 불교 단체가 스스로 통일의 최고기관을 두고 그 기관으로부터 각사 주지를 임면하고 그 일체의 교무를 영도하는 것이 무슨 不可한 것이 있으리오.[8]

이 같은 입론하에서 한용운은 불교의 통일기관의 표현 방식으로 총본산안總本山案과 교무소안敎務所案을 제시하였다. 한용운이 구상하였던 총본산안은 당시의 본산 중에서나 그 외의 한 사찰을 선택하여 각 본산의 위에 임하게 하여 그 총본산에서 각 사찰의 주지를 임면하고 일반 교무를 지도하여 스스로 통일기관이 되는 것이다. 그에 반해 교무소안은 당시의 본산제를 그대로 두고 불교의 전체를 대표하는 총기관을 별도로 두어서 사찰 주지의 임면, 그리고 일반 교도의 지도와 불교의 기타 행위를 대표하는 것이었다. 한용운은 이 같은 자신의 의견을 개진하면서 당시의 형편으로는 교무소안이 일반 승도僧徒의 인심 수습상 다소 편리할 것으로 보았다. 그러나 한용운은 어떤 안을 채택하여도 통일기관의 원칙에서 가장 중요한 것

8 『불교』 88호, 1931. 10, 4쪽.

은 각사 주지의 임면권 부여로 보았고, 각 본산의 사법을 개정하여 통일기관의 명령에 복종하도록 해야 한다고 주장하였다.

제3장인 사찰의 폐합廢合에서는 불교 발전을 기하기 위해서 사찰의 폐합을 단행할 것을 강조하였다. 한용운은 한국불교의 전성기인 신라, 고려시대의 사찰의 대부분은 도회지와 촌락에 있었다고 전제하였다. 그런데 조선 중기 이후부터 유교의 세력이 발전되고, 불교는 정치적·사회적으로 압박을 받으면서 쇠퇴한 결과로 사찰이 도회지를 떠나 산간으로 들어갈 수밖에 없었다고 하였다. 그리하여 도회지와 촌락의 사찰은 점점 사라지고, 불교도의 숫자도 감소되고, 잔여 승려는 일반사회로부터 구축을 당하여 산간의 사찰에 주거하였다는 것이다. 그 결과 불교는 인간사회와는 완전히 격리되었다는 이해를 하였다. 그런데 시일이 경과하면서 불교도 스스로가 불교는 으레 산간에만 있는 것으로 알고, 일반사회에서도 불교는 세상과 교섭이 없는 것을 원칙으로 오해하였다고 한다. 그 결과로 당시 일제하의 불교가 도회지에 포교를 하고, 불교가 사회사업을 하는 것을 보고서는 경이驚異 혹은 불교 본질의 파괴로 보는 사람도 있었다는 것이다. 한용운은 산간에 있는 사찰의 존립 가치가 희소함을 다음과 같이 피력하였다.

> 산간의 사찰은 진경을 떠난 修道地로서 필요가 있는 것인즉 산간의 寂靜淸洒한 곳에 다소의 수도원을 두는 것은 可한 일이나 불교의 전체를 窮山僻地에 幽閉하여 度生利物의 宗旨를 위반하는 것은 魔行外道에 불과한 것이다.[9]

요컨대 어느 정도 수도원의 성격으로 산간에 사찰을 두는 것은 무방하나, 불교 전체의 사찰이 산간에 있다는 것은 불교의 종지宗旨인 중생 교화를 위반하는 것으로 보고 부정적인 의사를 피력하였다.

9 『불교』 88호, 1931. 10, 5쪽.

그러나 사찰은 더욱더 그 위치를 궁벽한 곳에 자리 잡고, 사찰의 규모를 분리시켜[10] 사찰은 열패劣敗 생활의 개별적 근거지가 되고 말았다고 한용운은 보았다. 그 결과 당시 산간 사찰의 현황은 재산의 수입이 없거나, 공허한 곳도 많고, 수입이 있는 곳은 비승비속의 주지의 사생활에 충당되고 있었다는 것이다. 이런 사정하에서의 불교의 모습은 잔사고암殘寺古庵의 흙먼지에 묻혀 있는 불상佛像, 불구佛具의 잔해뿐이기에 한용운은 이런 산간의 사찰은 불교 발전에 전혀 도움을 주지 못하고 오히려 방해가 된다고 강력하게 주장한다.

> 그러한 寺庵은 불교를 위하여서의 존재가 아니요. 개인의 厭世 생활을 위하여서의 필요가 되나니 불교 발전에 대하여 하등의 필요가 없을 뿐 아니라 도리어 불교 통일상 방해가 되고 世人에게 비난의 재료를 공급하게 되나니 그러한 사암의 존재 의의는 조금도 없는 것이다.[11]

이에 한용운은 그 산간 사찰의 자산資産의 전부 혹은 기지, 산림, 토지, 건물 등을 합치면 상당한 거액이 될 것으로 보고, 그를 불교 발전의 사업에 투입할 것을 고려하였다. 따라서 한용운은 그 산간에 있는 사찰들을 폐합할 당위성을 찾기에 이르렀다.

> 山門에 산재하여 불교의 발전에 필요가 없고 따라서 修道의 처소로 사용하지 못할 寺庵은 일체 폐지하고 지리상 기타 필요한 사정에 의하야는 數 寺庵의 합병도 무방한 것이다. 그리하야 無用의 散財를 수합하여 불교의 전체를 위하여 적당히 사용한다면 얼마나 필요할 것인가.[12]

---

10 한용운은 이를 큰 사찰에서 작은 사찰로, 암자에서 토굴로 분리해 가는 현상으로 보았다.

11 『불교』 88호, 1931. 10, 5쪽.

12 『불교』 88호, 1931. 10, 5~6쪽.

한용운은 당시와 같은 산간의 사찰을 그대로 두면, 신도들이 제공하는 신시信施를 허비하여 개인의 염세 생활을 조장하여 승려의 부정업不淨業을 짓게 하고, 불교 발전의 경영상 그 재원을 손실케 하는 것이기에 사암의 폐합을 단행한다면 일거양득一擧兩得의 성과를 얻을 것임을 주장하였다.

제4장인 교도教徒의 생활 보장은 불교를 믿고 생활하는 신도들의 생활 보장에 불교계가 나서야 한다는 주장이다. 그런데 한용운 자신도 교도教徒라는 범위의 문제점을 스스로 인정하였다. 그리고 불교 신도인 교도 전체의 생활을 보장하는 것도 불가능하다고 보았다. 그러나 그는 불교를 발전시키려면 가급적 교도의 생활을 보장하지 않으면 안 될 시기에 처하였다고 보았다. 그 시기라 함은 세계 각국에서 번성하는 유물주의에 편승하여 인간생활에 있어서 생활의 보장이 제일의 선결 문제라는 풍조의 도래를 말하는 것이다. 이에 일반 대중, 교도가 생존경쟁에서 투쟁하고 있는데도 불구하고 종교가 유심론唯心論이나 유신론有神論만을 전개하는 것은 종교의 본의本義가 아니라는 입장을 피력하였다. 더욱이 불교는 시대, 장소, 중생의 근기를 따라 제도濟度하는 방편을 달리하는 종교이기에 더욱 방편의 운용이 중요하다고 보면서 시대 및 대중의 욕구에 응하여 방편을 조화시켜야 한다고 보았다. 대중들의 갈망이 생활 보장에 있는 이상 그들의 생활 문제를 도외시하고 불교의 교리만을 선포하는 것은 곧 사회 현실의 행복을 등지고 독자적 공간의 천국으로 향하는 것이라는 것이다. 이에 한용운은 그 방안을 다음과 같이 피력하였다.

> 사찰의 고정 재산을 유통 재산으로 변경하고 각 사의 재산을 융통합치하여 통일기관으로부터 그것을 적당히 운용하되 그것으로 소비사업 이외에 적당한 생산기관을 시설하여 그 시설의 직접 간접으로 교도의 생활을 보장한다면 상당한 良果를 얻을 것이다.[13]

즉, 사찰의 재산을 통일시키고, 통일기관이 그 재정 기반으로 생산기관을 운용하고, 그 생산시설에 교도들을 취업케 하는 방안인 것이다. 그러나 그 생산기관의 운용만으로 전체 교도의 생활 보장은 기할 수 없더라도 불교가 이처럼 일반 대중의 생활을 위한 방책을 강구, 실천한다는 평가가 일반 대중에게서 나온다면, 그는 불교 포교에 큰 도움이 된다는 것이다. 그러나 만약 불교가 예전과 같은 노선만을 고집한다면 결과적으로 그것은 불교의 근본이 아니라는 입장을 개진하였다.

> 만일 불교로서 前日과 같이 信徒 檀徒의 명복을 빈다든지 혹은 종종 佛事를 구실로 하여 그들만의 施財만을 多方으로 수취하여 그 敎中의 축적을 기도하고 일반 교도의 窮困을 도외시한다면 불교의 度濟衆生하는 本義가 아닐 뿐 아니라 생활선상의 噴火口에서 萬死를 睹하여 일생을 구하는 赤色 프로 대중의 決死的 반종교운동을 어찌 할 것인가. 또는 생활의 파멸을 당하여 死를 구하여도 오히려 얻지 못하는 참경에 있는 人衆들이 佛壇 아래에 와서 향을 불사르고 經을 외울 수 있으며 지도계급에 있는 청년불도들이 운동선상에서 활약할 수 있겠는가.[14]

불교가 생활에서 곤궁하고, 파멸을 당하고 있는 대중들을 구하지 못하면, 반종교운동의 도전을 방어하기 어렵고 사찰에 와서 신행 생활을 하는 대중을 찾기 어려울 것이라는 것이다. 또한 반승반속伴僧反俗의 기로에서 불교청년운동을 하는 지도계급의 활약도 기대하기 어렵다고 이해하였다. 때문에 한용운은 불교도의 생활 보장은 불교 홍포弘布의 지침을 마련하는 추진기가 된다고 주장하였다.

제5장인 경론經論의 번역에서는 불교의 경전을 번역하여 불교 대중화에

---

13 『불교』 88호, 1931. 10, 6~7쪽.

14 『불교』 88호, 1931. 10, 7쪽.

이바지하자고 주장하였다. 한용운은 우선 언어와 문자의 의의를 사람 간의 의사를 이해하고 인식하는 데에 있어서의 필요와 가치에서 찾았다. 그런데 불교의 전체 경전인 대장경은 그 규모가 크고, 한문으로 되어 있어서 한문을 배웠는가의 여부와 관계없이 일반 대중에게 전달하기는 어렵다고 보았다. 한용운은 불교의 포교 방식으로 언어로 직접 전달하는 방식이 있으나 이것은 특수시설을 통하여만 효과가 있다고 보았다. 이에 그는 보편적, 항구적인 방식으로 대중에게 전달하는 것은 평이한 문자로 번역을 하는 것이라고 주장하였다.

그러나 당시까지 팔만대장경은 극소수의 전문가 이외에는 이해하는 사람이 없었으니, 이는 대장경이 난해한 한문으로 되어 있고 깊은 산의 사찰에 있었기 때문이었다고 한용운은 보았다. 이에 그는 당시 불교가 포교를 하려면 평이한 한글로 혹은 선한문鮮漢文, 호용문互用文으로 번역·편찬·창작을 해야 한다고 강조한다. 이러한 입론하에서 그는 대중의 수준 및 취향에 맞는 번역을 하자고 주장한다.

> 번역으로 말하여도 아직 조선에서 대장경판의 전부를 번역하기는 그야말로 시기상조다. 우선 그 내용이 비교적 간단명료하고 人衆에게 보급하기에 적당한 경전을 지극 평이하게 번역하고, 혹은 각 경전에서 더욱이 金科玉條가 될 만한 聖言 妙旨를 撮要하여 팜푸레트 혹은 단행본으로 간명하게 번역하며 창작에 있어서 물론 다방면이 있겠으나 주로 불교교리의 시대사조에 적응한 점을 많이 지적하고 논거하여 廣大 深遠한 불교교리의 중생을 제도하는 방편에 있어서 갖추지 아니함이 없는 것을 일반에게 알려 주는 것이 가장 필요할 것이다.[15]

즉 대중에게 보급하기에 적당한 경전을 번역하거나, 각 경전에서 금과

---

15 『불교』 88호, 1931. 10, 8쪽.

옥조가 될 수 있는 구절을 선택하여 출간하자고 제안한다. 창작에서는 불교교리가 중생제도 방편에 유용함을 전달해 주는 것에 유의해야 한다고 주장하였다. 나아가서 한용운은 이러한 사업의 추진에 필요한 비용은 불교의 통일기관[16]에서 지출하되, 불교 사업의 중요성을 고려하여 다른 사업의 비용보다는 우선적으로 지출해야 한다고 강조하였다.[17]

『불교』 창간호(1924. 7)

제6장인 대중불교의 건설에서는 불교의 모든 운영을 대중을 위한 노선으로 집결시켜야 함을 강조하였다. 한용운은 대중불교의 지향을 강조하기 위해서 우선 불교의 대상은 일체 중생이고, 일체 중생은 불성이 있다는 것을 지적하였다. 이 점은 불교의 이상이기에, 불교는 일체 중생의 불교임을 거듭 확인한다. 따라서 불교는 산간에 있는 사찰만의 불교가 아니고, 승려만의 불교도 아니라 한다. 때문에 한용운은, 불교는 구세적救世的으로 입니입수入泥入水하는 것으로 이해하였던 것이다. 그러나 당시 한국불교는 역사적 변천과 사회적 정세에 의하여 사찰의 불교, 승려의 불교로만 되어 있었다고 한다. 이는 역사적 쇠퇴의 일시적 현상에 지나지 않은 것이고 이를 불교의 교의라고 볼 수는 없다고 하면서, 불교는 마땅히 이

16 원문장에서는 '총기관總機關'으로 표현하였으나, 「개혁안」의 전체적인 흐름을 고려하여 통일기관으로 제시하였다.

17 그는 번역 사업을 뒤로 미루고, 다른 사업에 힘을 쓴다는 것은 근본을 버리고 지말枝末을 취하는 것이 된다고 보았다.

현상을 부정해야 한다고 주장하였다.

> 불교도는 마땅히 이러한 현상에 대하여 斷然 타파하지 아니하면 아니 될 것이니 「산간에서 가두로」 「승려로서 대중에」가 현금 조선불교의 「슬로간」이 되지 아니하면 아니 될 것이다.[18]

이에 한용운은 대중을 떠나서 불교를 행할 수 없고, 불교를 떠나 대중을 제도할 수 없다는 논리를 피력하였다. 그러면 대중불교라는 의미는 무엇인가. 한용운은 자신이 생각하였던 대중불교를 다음과 같이 정의하였다.

> 대중불교라는 것은 불교를 대중적으로 행한다는 의미이니 불교는 반드시 愛를 버리고 親을 떠나서 인간사회를 격리한 뒤에 행하는 것이 아니라 인간사회의 만반 현실을 조금도 여의지 아니하고 번뇌 중에서 菩提를 얻고 생사 중에서 涅槃을 얻는 것인즉 그것을 인식하고 실천하는 것이 곧 대중불교의 건설이다.[19]

한용운은 불교를 인간사회의 현실을 떠나지 않으면서 깨달음을 얻고, 생사 중에서 열반을 얻는 것이라고 보면서, 이 불교 정신을 대중과 함께 인식하고 실천하는 것을 대중불교의 건설로 보았다. 그런데 대중불교의 건설은 그 이론을 인식함과 동시에 그를 실행할 수 있는 시설과 실행이 필요함을 역설하였다. 여기에서 말하는 시설은 불교의 사회교육적 시설을 지칭하는 것이고, 실행이라는 것은 불교도 자체가 사회적으로 진출하여 불교교화를 궁행실천하는 것을 말한다. 이를 더욱 구체적으로 말하면 사회교육적 시설은 불교교화를 대중에게 파급시킬 만한 시설을 칭하는 것이

18 『불교』 88호, 1931. 10, 8~9쪽.
19 『불교』 88호, 1931. 10, 9쪽.

고,[20] 불교도의 실행은 불교도 스스로가 대중불교를 건설하기 위하여 자기 자신이 '등장의 인물'[21]이 되어야 한다고 한용운은 주장하였다. 즉 한용운은, 불교도는 산간의 사찰에서 수행할 수도 있지만, 만약 대중과의 교섭이 없으면 그는 소승小乘, 외도外道에 지나지 않는다고 보았다. 이에 그는 불교도가 대중불교를 건설하기 위한 최우선적인 대안을 다음과 같이 제시하였다.

> 요컨대 대중불교를 건설하려면 山間巖穴에서 淸淨自持하든 승려의 인습을 타파하고 諸佛菩薩의 方便力을 躬行實踐하여 불교의 교화로 모든 중생의 행복을 증진하지 아니하면 아니 될 것이다.[22]

즉 한용운은 승려들의 관행이었던 산간에서 수행만 하는 인습을 타파하고, 일체 중생을 구원하겠다는 보살의 방편력을 철저히 실천하는 교화로써 모든 중생의 행복을 증진시켜야 한다고 하였다.

제7장인 선교의 진흥에서는 불교는 교敎와 선禪을 떠날 수 없기에 교敎와 선禪을 균형적으로 발전시켜야 함을 지적하였다. 한용운은 선과 교는 새의 두 날개와 같아서 하나를 버릴 수가 없는 것과 같이 불교의 성쇠는 선교禪敎의 흥체興替의 영향에서 나온다고 하였다. 한용운은 한국불교는 역사적으로 교가 성하였고, 선은 비교적 영세하였다고 보았다. 교학 분야에서는 학자가 배출되고, 교리를 설명하는 저술도 상당하였고, 교를 가르치는 불교 기관에서도 교학을 배워야 한다는 것을 장려하였다. 그러나 교학 분야를 비판적으로 보면서, 교육 내용이 경론의 훈고학에 치중하였으며 각 사

---

20 그 실례는 '문예작품, 사진, 창작영화, 선전적 비라, 팜푸레트, 불교도서관, 노농층에 대한 사회적 시설 등' 이라고 한용운은 보았다.

21 필자는 한용운이 표현한, '등장의 인물'을 그 흐름의 주체적인 인물로 보고자 한다.

22 『불교』 88호, 1931. 10, 9쪽.

찰의 불교 강원의 제도가 개량되지 못하여 당시 환경의 정세[23]로는 불교의 위기를 초래하지 않는 것이 없을 정도라고 보았다. 이에 그는 불교 전공의 교육 방식을 개혁해야 함을 역설하였다.[24]

선학에 있어서는 신라 이래로 개인적인 선학자가 있었으나, 선을 전적으로 장려하고 보급한 일은 미약하였다고 우선 전제하였다. 이에 선과 관련된 체계적인 저술이 적었고, 조선 후기 이래로는 더욱 침체하여 선의 존재를 거의 인식하지 못할 정도였다고 혹평하였다. 다만 개항 전후부터 선풍이 다소 재기하면서 각 사찰에서 의식적으로 장려도 하고 선학자도 배출하였다고 한다. 그러나 선의 지도이론과 교수의 방법이 규율적으로 통제되지 못하여 선가禪家의 풍규風規가 정연하지 않았다는 것이다. 한용운은, 선은 불립문자, 이심전심의 성격을 갖고 있어 그 지도이론이 중요치 않을 수 있지만, 집단적으로 대중을 교양함에는 교수이론과 대중 규제가 구체적으로 정비되어야 한다는 소신을 개진하였다. 선과 교에 대한 이러한 분석과 대안의 방향을 제시한 후 한용운은 자신의 개혁안을 다음과 같이 요약하였다.

> 요컨대 敎에 대하여는 교과서를 편집하고 교수 방법을 개량하며 禪에 대하여는 지도이론을 통일하고 규율적 제도를 완비하여 교학과 보급에 편의를 圖하자는 것이다. 그리하고 강원 선원은 전조선의 적당한 처소에 구분하여 불교의 總機關으로부터 此를 경영 관리하여 제도를 劃一할지니 이것이 선교진흥의 要門이 될지니라.[25]

23 한용운이 그 정세로 본 대상은 변증법적 유물론의 등장, 종교 부인의 이론 투쟁, 반종교운동의 실현, 여타 종교의 공격 등이었다.

24 그 실례로 지금 불교전문교육을 개신함에는 먼저 교과서를 편집하여 교학에 편리케 하고 교수 방법을 학교교육에 준하여 학습의 시간과 연구의 정력을 절약하는 것을 간이한 방법으로 제시하였다.

25 『불교』 88호, 1931. 10, 10쪽.

즉 교에서는 교과서 편집과 교수 방법의 개량, 선에서는 지도이론의 통일 및 규율적 제도의 완비로 요약되는 것이다. 나아가서는 강원과 선원을 중앙의 통일기관이 직접 경영하고 제도를 통일하는 것이 선교진흥의 지름길이라고 주장하였다.

마지막으로 제8장인 결론에서는 특별한 내용이 없었다. 다만 위에서 제시한 7조의 내용으로 불교개혁안을 제시하였지만 당시 한국불교의 현실에 비추어서는 '과도기적인 개혁안'이 될 것임을 첨언하였다.[26] 그리고 이 「개혁안」의 실시는 전적으로 불교도의 자각 여하에 달려 있다고 제시하면서 자신의 개혁안을 마감하였던 것이다.

## 3. 『조선불교유신론』과의 비교

본장에서는 한용운이 1930년대 초반에 저술한 「조선불교의 개혁안」의 각 장별 내용을 한용운의 1910년대 불교개혁론을 대표하였던 『조선불교유신론朝鮮佛敎維新論』(이하 『유신론』으로 약칭함)과의 비교를 시도하겠다.

우선 제1장인 서언緖言은 『유신론』의 서序(머리말)와 서론緖論에 해당한다. 『유신론』에서는 한용운 자신의 불교유신의 갈망을 개진하면서도, 그를 펼칠 수 없는 안타까움을 피력하였다. 그리고 사회의 각 분야에서는 유신을 부르짖는 소리가 가득한데도 불구하고 불교계에서는 유신을 하자는 소리가 들리지도 않고, 유신에 뜻을 둔 인물도 찾을 수 없다고 개탄하였다. 이에 한용운은 자기 자신부터 『유신론』을 써서 스스로 경계하고, 자신의 『유

26 그리고 그는 이 「개혁안」이 근본적인 개혁안이 아니며, 그 실시는 불가능도 아닌 동시에 용이한 일도 아니라 하였다. 한용운이 근본적인 개혁안을 어떤 연유로 제시하지 않았는가에 대한 궁금증은 다각도로 분석할 여지가 있다.

신론』을 승려들에게 전하겠다는 현실인식을 구현하였다. 이에 반해서 「개혁안」에서는 불교개혁의 이론 단계는 떠나고 그 실천 단계에 접어들었다고 보면서, 불교 개혁운동은 폭발 단계로 나갈 것임을 예견하였다.

이를 보면 한용운은 1910년대에는 불교개혁의 암울함을 보았다면, 1930년대에는 불교개혁의 진행을 지켜보면서 다만 그 미약함을 확인하였던 것이다. 또한 1910년대에서는 불교개혁의 움직임이 전혀 없는 것을 개탄하였으나, 1930년대에는 개혁을 방해하는 일제 총독부, 사찰령, 친일주지들을 구체적으로 대상화하였는데, 이것을 차별성으로 볼 수 있다. 그리고 1930년대의 현실인식에서 추가된 것은 불교가 한국사 및 한국문화에 끼친 영향에 대한 강한 자부심의 피력이다. 한용운의 이 변화를 어떻게 설명한 것인가에 대해 단언은 하기 어려운 형편이지만 한용운의 한국불교사에 대한 인식의 폭이 확대되었음은 유의할 내용임이 분명하다.

제2장인 통일기관의 설치는 『유신론』에서는 '사원의 통할'이라는 주제에 나온다. 『유신론』의 그 주제에서는 불교계의 통할統轄이 없기 때문에 일정한 지휘가 없고, 서로 다른 운영이 나온다고 진단하면서 여기에서 불교계의 불화不和, 사업의 부진이 유래한다고 주장하였다. 이에 한용운은 불교를 살리기 위한 급선무로 통할을 제안하였거니와, 그것은 혼합混合 통할과 구분區分 통할이었다. 혼합 통할은 불교계 전체를 하나의 통할권에 넣고 운영하는 것이며, 구분 통할은 전체를 둘 이상으로 구분하여 통할하는 것을 말한다. 한용운은 이 둘의 방안이 각각 장단점이 있음을 지적하면서도, 혼합 통할을 마땅히 시행해야 할 것을 강조하였다.[27]

이에 반해서 「개혁안」에서는 불교 교단에서의 통일의 필요성을 전제하면서도 1930년대 초반에 존재한 통일기관은 실질적 권한을 갖지 못한 한

27 그러나 한용운은 이 방안을 시행하기에도 당시 불교의 상황은 어려운 지경이고, 동시에 구분 통할을 하면 그를 기회로 불교가 더욱 분열되는 상황이 우려된다고 피력하였다.

계를 노정하였다고 비판하였다. 즉 통일기관의 외형을 갖고 있었지만 그 실제의 내용에서는 문제점이 많았다는 것이다. 그 문제점은 통일기관이 본산 전체를 영도할 수 있는 권한의 담보인 인사권을 갖지 못하였다는 것이다. 한용운은 그 원인을 일제의 사찰령과 그에 기생하고 있는 친일적인 주지들의 행태에서 찾았다. 이에 그는 그를 극복할 수 있는 대안으로 총본산안과 교무소안을 제시하면서 현실적인 여건을 고려하여 교무소안의 시행을 제안하였던 것이다.

## 總本山創設에 對한再認識

卍 海

筆者는 本欄을 通하야 總本山 即 朝鮮佛敎統制機關의 必要를 提唱한것은 한두번이 아니므로 重說을 避하거니와 總本山 大雄殿의 落成에 際하야 朝鮮佛敎徒의 再認識을 促하고자 하는배 잇으므로 다시 이붓을 드는것이다。

總本山創設의 具體的形式으로는 昨年三月 三十一本山住持會議에서 決定된것이나 그萌芽의 動機로 말하면 그三十一本山住持會議에서 비로소 創案된것은 아니다 구태여 그動機의 出處를 말하지 않거니와 何如間 百千年後 朝鮮佛敎史를 읽는者가 總本山創設史를 보는때에는 開宗明義第一章에 佛紀二千九百六十四年三月 朝鮮佛敎三十一本山住持會議가 大書特書될것인즉 다시말하면 當時三十一本山住持가 總本山 開山祖가 될것이다 大抵 權利라는것은 義務와 平行하는것이어서 權利만 享有하고 義務를 忘却하는수는 없는것이다 바로 말하면 當時 三十一本山住持가 總本山의 開山祖되는 特權만을 갖인것이 아니라 總本山을 完成하는 義務도 갖인것이며 總本山을 最善의 方法으로 運用하야 朝鮮佛敎를 빛내게 한다면 後代兒孫에게 讚歎을 받을수도 잇시마는 만일 朝鮮佛敎統制機關을 誤用하야 千五百年의 燦然한歷史를 갖인 朝鮮佛敎에 汚點을 찍치는일이 잇다면 그것은 未來衆生에게 얼마나한 不幸을 주는것일까 無論、朝鮮佛敎有史以來 未曾有의 單一統制機關인 總本山이 創設되라는 劈頭에 웨 귀래여 이러한 [illegible] 못한말을 쓰너냐고 꾸지람하실 讀者가 게실는지도 모두지마는 筆者도 그런한줄을 알면

한용운이 총본산 건설운동은 자주, 자립의 정신으로 추진해야 한다고 역설한 글 「총본산 건설에 대한 재인식」(『불교』 신17집, 1938. 11)

이러한 분석을 통하여 1910년대 『유신론』에서는 사원 통합의 당위성을 전제하면서 혼합 통할이라는 불교계 전체의 통일적 운용을 천명하였다면, 1930년대 「개혁안」에서는 불교 통일기관 시행의 문제점을 지적하고 그 대안을 제시하였다고 볼 수 있다. 요컨대 『유신론』에서는 원칙만을 개진하였지만, 「개혁안」에서는 그 실행의 문제점을 분석하면서 대안을 마련하였다고 보겠다. 때문에 여기에서는 불교계 통일이라는 한용운의 불교개혁론이 지속되었고, 불교 현실에 반영되었음을 알 수 있는 것이다.

제3장의 주제인 사찰의 폐합은 『유신론』에서는 '사원의 위치'라는 주제에 나온다. 한용운은 『유신론』에서 불교 세력의 미약과 승려의 나약성을 사원 위치와의 관계를 통하여 자세히 개진하였다. 그는 사원이 산간에 위

치함으로써 진보사상의 부재, 모험정신의 부재, 구세救世사상의 부재, 경쟁사상의 부재를 가져왔다고 보면서 이 요인이 불교의 사회사상의 결핍을 가져왔다고 보았다. 그리고 사원이 산간에 있음으로 인해 교육에 불리하고, 포교에 불리하고, 교섭에 불리하고, 통신에 불리하고, 단체 활동에 불리하고, 재정에 불리하다고 보면서 이것이 불교 사업의 부재를 야기하였다고 보았다.

이러한 분석하에 그는 사원의 위치를 기존 산간 중심에서 도회지 중심으로 이전시킬 것을 주장하였다. 동시에 기존 사원의 통폐합을 과감히 추진할 것을 역설하였다. 그 방책으로 산속에 있는 모든 사원 중에서 오직 기념할 만한 몇 곳만 남기고 그 나머지는 철거하여 도회지에 세우는 상책上策, 크고 아름다운 사원은 남기고 작은 것과 황폐한 것은 철거하여 도회지에 옮겨 짓는 중책中策, 암자만을 폐지하여 본사에 합하고 또한 몇 개의 사원들이 합동으로 중요 장소에 출장소를 두어 포교 및 교육의 사업을 하는 하책下策을 제시하였다. 그러나 한용운은 각 방책의 실현에는 나름의 고충이 있음을 제시하면서 하나의 방책만을 선택하지는 않았다.

그러나 1930년대의 「개혁안」에서는 불교 발전을 기하기 위해선 사찰이 산간에서 도회지로 나와야 함을 역설하고 산간의 사찰은 폐합해야 한다고 주장하였다. 이는 이전 『유신론』에서 제시한 개혁론이 지속된다고 볼 수 있는 대목이다. 그리고 이전 『유신론』에서는 자신의 방책을 분명하게 선택하지 않은 것에 비하여 「개혁안」에서는 자신의 입장을 분명히 제시하였다. 그것은 이전 『유신론』에서의 하책의 노선을 기본으로 한 것이다. 나아가서 산간에 남길 사찰의 대상을 수도修道의 처소로 사용할 수 있는 사찰이라고 분명히 밝히고, 그 폐합의 대상이 되는 사찰의 재산을 통합하여 불교 사업의 재원으로 활용할 수 있는 방안까지도 제안하였다. 이를 볼 때 사찰의 폐합은 『유신론』의 '사원의 위치'에서 제기한 개혁론보다 구체적으로 진전시켰음을 알 수 있다.

제4장인 교도敎徒의 생활 보장은 『유신론』에서 동일한 주제로는 나오지 않는다. 다만 『유신론』의 '승려의 인권 회복은 반드시 생산'에서라는 주제와 유사하다. 그러나 이 『유신론』에서는 승려가 일반사회로부터 인권을 존중받고 배척을 받지 않으려면 노동을 해야 한다고 강조하고 있다. 그런데 「개혁안」에서는 교도의 생활 보장을 사찰 및 불교계에서 어느 정도는 관심을 갖고 해결해 주어야 한다고 주장하였다. 그런데 여기에서 말하는 교도가 승려를 포함하는 것인가의 문제는 있다. 전체적인 문맥으로 볼 때, 한용운은 교도를 승려라고 표현한 것은 아니다. 다만 한용운이 제시한 반승반속半僧半俗하에 있는 불교청년들을 승려로 보아야 하는 문제는 남아 있다. 현재의 관점으로는 승려로 볼 수 없지만, 1930년대 초반의 상황을 고려하면 이들은 승려로 볼 수 있다. 당시 반승반속의 불교청년들은 결혼을 한 경우도 있었으며,[28] 불교계의 기관 및 학교에서 근무한 사례도 있었다. 이처럼 한용운은 1910년대에는 승려의 인권회복을 위한 승려의 노동을 강조하였는데, 1930년에 접어들어서는 이전 주장을 하지 않았다. 이 배경을 단언하여 말할 수는 없지만 승려의 인권이 우려할 정도는 아니었음에서 나온 것으로 보인다.

제5장인 경론의 번역은 『유신론』에서는 '포교'의 일부분으로 나오고 있다. 즉 『유신론』의 '포교'에서는 불교가 유린된 원인을 세력의 부진에서 찾고, 그 세력의 부진은 포교의 부재에서 찾았다. 이어 한용운은 불교의 생명을 영속시키기 위한 포교의 중요성을 강조하였다. 한용운은 포교가 승려를 스스로 이롭게 하고(自利), 동시에 중생을 제도(利他)하는 것이라고 보고 적극적으로 포교에 나서야 한다고 주장하였다. 그 포교 방법으로 연설을 통한 포교, 신문·잡지 등의 대중 매체 포교, 경의 번역을 통한 포교, 자선사업을 통한 포교를 제시하였다. 그런데 1910년대에는 이러한 포교가

28 이들은 일반적으로 대처승으로 불렸다.

전무全無함을 개탄하였던 것이다.

그러나 「개혁안」에서는 경론의 번역이 불교 대중화의 지름길임을 강조하면서 불교계가 적극적으로 역경에 나설 것을 주장하였다. 나아가서는 역경의 방법과 추진의 문제까지도 제시하였던 것이다. 이처럼 한용운이 1910년대보다 1930년대 초반에 역경의 구체성을 제시한 것은, 1920년대의 불교계가 1910년대 역경이 전무한 상황을 어느 정도는 극복하였음을 말하는 단서이다. 다만 더욱 강력하게 추진되어야 함을 역설하는 의미인 것이다. 따라서 이 분야에서의 한용운의 불교개혁은 진일보한 것으로 보아도 좋을 것이다.

제6장인 대중불교의 건설은 『유신론』에서 해당하는 주제가 없다. 다만 『유신론』의 '포교' 및 '사원의 위치'의 내용에 대중불교 건설에서 주장하는 일부의 내용이 나타날 뿐이다. 한용운이 대중불교의 건설을 이전 1910년대에는 강조하지 않다가 1930년대에 와서 강력하게 강조한 원인은 어디에서 찾아야 할 것인가. 그것은 1910년대 이후의 불교계가 그가 생각하고 있는 대중불교 건설에 나서지 않았음에서 기인하였다고 보인다. 그러면 한용운이 생각하는 대중불교는 무엇인가? 한용운은 이에 대하여 불교는 대중을 떠나서 존립할 수 없다는 표현으로 자신의 구상을 단언하였다. 그러나 당시 불교는 산간 중심의 불교, 승려 중심의 불교였다고 지적하였다. 한편 여기에서 다시 한번 고려할 것은 「개혁안」에서 나온 대중불교 건설을 한용운이 힘주어 강조한 요인이다. 그는 필자가 보기에 『유신론』의 단계에서는 불교 자체의 암울성으로 대중불교 자체를 논할 여건도 부재하였지만, 「개혁안」 단계에서는 불교가 이전보다는 활성화되었지만 승려 중심의 불교로 고정되었음을 말하는 것이다. 또한 여기에는 한용운 자신이 이전에는 승려로서 생활하였다면, 「개혁안」 단계에 접어들면서는 그 자신이 비승비속으로 생활하였던 것을 반영한 면도 고려해야 할 것이다.[29]

제7장인 선교의 진흥은 『유신론』에서 '참선'의 주제에 해당한다. 『유신

불교사 사무실이 있었던 교무원 자리(현 조계사 자리)

론』에서는 참선의 문제점을 신랄하게 비판하였지만 고에 대해서는 뚜렷한 문제 제기를 하지 않았다. 『유신론』에서 제기한 참선의 문제는, 당시 대부분의 사찰에 있던 선방에서의 참선은 명목만 유지하는 현실이며, 이에 그 참선 수행자 가운데 진정한 수행자는 극소수이고 대부분은 먹기 위해 들어온 경우라는 것이다. 한용운은 이 전제에서 참선을 새롭게 하기 위해서는 각 사찰의 선실禪室을 통폐합하여 한두 개의 선학관禪學館을 세우고, 선에 밝은 몇 명의 선지식을 초청하여 스승으로 삼고 수행할 것을 제안하였다. 구체적으로는 승속을 가리지 않는 개방, 시험을 통한 수행자의 선발, 일정한 통제를 수반한 수행, 청강 및 토론의 시행, 수행의 결과를 시험으로써 점검, 수행의 축적은 저서를 발간하여 대중들에게 공표함 등을 제시하였다.

한편 「개혁안」에서도 선학, 선풍의 문제점을 계속하여 지적하면서 특히

29 그가 재혼을 한 것은 1933년이었지만 그는 1920년대 후반부터는 사찰에 주거하지 않고, 의상도 승려 복장을 하지 않고 한복의 두루마기를 입고 다녔다.

선의 지도이론과 교수 방법에 대한 대안을 마련할 것을 주문하였다. 이는 이전 『유신론』의 단계와 유사한 개혁안인 것이다. 그런데 『유신론』에서 나온, 먹기 위해 수행한다는 수행자의 비판은 나오지 않고, 대신 수행자의 통제 의미를 담고 있는 선가禪家의 풍규風規를 문제시하는 것을 보면 수행의 방법과 노선에 대한 개혁을 시작하였음을 말해 준다. 요컨대 선에 대한 고민과 대안 마련이라는 차원에서 한용운의 개혁은 지속되었던 것이다. 한편 『유신론』에서는 논의되지 않았던 교의 분야가 「개혁안」에서는 새롭게 제기되었다. 교의 분야가 「개혁안」에 포함된 것은, 우선 한용운이 불교는 교와 선의 균형에서 근거하고 있음을 인식한 산물로 볼 수 있는 대목이다. 이는 『유신론』의 단계보다 한용운의 불교개혁론의 폭과 깊이가 심화되었음을 말해 주는 단서로 보고자 한다.

제8장인 결론은 『유신론』의 결론에 해당된다. 『유신론』의 결론에서는 한용운이 생각하고 있는 불교개혁론을 당시 승려들이 이해하고, 채택하여 실천해 주었으면 하는 바람을 표출시키고 있다. 그러나 「개혁안」에서는 한용운이 제시한 개혁 방안의 성격을 과도기적인 개혁안으로 자리매김하고, 그 실천은 불교도의 자각에 달려 있다고 스스로 평가하였다. 이는 『유신론』 단계보다는 현실을 고려한 탄력적인 불교개혁안을 개진하였음을 알려주는 단서이다.

## 4. 결 어

본장에서는 한용운이 『불교』 88호에 기고한 논설문인 「조선불교의 개혁안」의 내용, 그리고 이 「개혁안」과 1910년대 한용운의 불교개혁론을 대변하는 『조선불교유신론』과의 비교에서 살핀 내용들을 요약하고자 한다. 그리고 그 내용들이 갖고 있는 의미를 짚어 보는 것으로써 맺는말을 대신하고자 한다.

첫째, 「개혁안」의 분석과 『유신론』과의 비교를 통하여 한용운의 불교개혁론은 1910년대부터 1930년대에 이르기까지 일관적으로 지속되었음을 알 수 있다. 즉 불교개혁론의 지속성을 파악한 것이다. 이로써 한용운은 청년 승려 시절부터 중년, 노년 승려 때까지 불교개혁이라는 긴장감 넘치는 고민을 하였음을 거듭 확인하였다.

둘째, 「개혁안」에서는 당시 불교 현실과의 치열한 대결의식이 수반된 현장성을 파악하였다. 한용운의 불교개혁안은 당시 급변하는 불교계 현실을 정확하게 분석한 배경하에서 나온 것이었다. 예컨대 통일기관의 필요성, 교도의 생활 보장, 대중불교 건설을 주장한 이면에는 당시 불교계에서 이러한 문제가 논란이 되고, 결핍되었으며, 부재하였는데 그 현실을 타개하려는 고민이 수반된 것이라 하겠다. 이러한 측면은 곧 한용운의 불교개혁론의 현장성을 말하는 것이다.

셋째, 1930년대 초반의 「개혁안」은 1910년대의 『유신론』의 보완성을 띠고 있었다. 「개혁안」에서 나온 방안은 『유신론』에서 분석, 제안한 것이 지속되거나, 혹은 보완의 측면을 갖고 있는 것이 적지 않았다. 예컨대 통일기관, 사찰의 폐합, 경론의 번역, 선교의 진흥 등은 『유신론』에서 제기한 것을 더욱 보강한 것이었다. 그 보강은 변화된 현실하에서 뿌리내릴 수 있는 대안으로 검토하였던 것이다.

넷째, 「개혁안」에서는 『유신론』에서는 보이지 않았던 민족불교의 관점이 새롭게 추가되었다. 『유신론』에서는 불교의 특성과 세계관이 나왔지만, 「개혁안」에서는 한국의 문화, 사상, 정신에 끼친 불교의 영향이 제시되었다. 나아가서는 1930년대 한국인의 정신을 개혁하려면 필히 불교가 우선적으로 개혁되어야 한다는 입론을 개진한 것은 매우 이채로운 것이다. 이런 관점은 불교의 민족주의적인 측면을 추가한 것인데, 이를 민족불교의 관점으로 보고자 한다.

다섯째, 「개혁안」에서는 불교의 근본성이 추구되었다. 이는 불교개혁론이 불교의 근본을 더욱 보강하는, 불교 정신을 토착화하려는 시도로 볼 수 있는 대목이다. 선교의 진흥과 대중불교 건설을 주장하면서 그 저변에는 불교의 근본을 재인식하고, 그를 통하여 불교개혁에 나서야 함을 역설하였던 것이다.

여섯째, 「개혁안」에서는 불교의 재산 통일이라는 과제가 강조되었다. 불교개혁의 추진에 필요한 재정 확보라는 성격을 띠고는 있지만 경론 번역, 교도의 생활 보장의 재원은 통일기관에서 해결할 수 있다는 논리는 곧 불교의 재산 통일을 전제로 한 방안이다. 사찰 폐합을 통해 나오는 재원을 통일기관이 관리해야 한다고 주장한 것은 그 단적인 예증이다.

지금껏 한용운의 불교개혁론을 「조선불교의 개혁안」의 분석을 통하여 살펴보았다. 동시에 그 개혁안의 내용을 『조선불교유신론』의 내용과도 비교하여 한용운 불교개혁론의 변화상에도 접근하였다. 이로써 우리는 한용운의 불교개혁가로서의 모습을 더욱 새롭게 하였다. 불교개혁가로서의 한용운의 실상을 더욱 다양한 시각에서 접근할 때 본 고찰이 참고자료로 활용될 수 있을 것이다.

# 한용운의 대중불교·생활선과 구세주의·입니입수

제5장

## 1. 서 언

만해 한용운은 한국 근대사에 다양한 행적을 남겼다. 그 행적은 문학, 독립운동, 불교 분야에 망라되어 있는데 이러한 특이성으로 인하여 그를 전인적인 활동가로 칭하기도 한다.[1] 그런데 본 고찰에서 대상으로 삼고자 하는 것은 한용운의 선, 깨달음, 깨달음 이후의 행적 및 노선 등이다. 즉 한용운은 선과 깨달음에 대하여 어떠한 입장을 갖고 있었으며, 깨달음 이

1 필자가 한용운 일대기, 『만해 한용운 평전 – 첫키스로 만해를 만난다』(장승, 2004)를 집필하면서 한용운의 일생을 표현한 호칭을 조사하였더니 다음과 같은 것들이 부여되었음을 확인하였다. 간단히 조사된 것만 50여 가지가 넘는데, 스님(승려), 큰스님, 선사, 대선사, 선승, 선학자, 대종사, 대학승, 선교쌍수의 종장, 불학佛學의 석덕碩德, 시인, 큰시인, 민족시인, 문학인, 문학가, 문장가, 대문장가, 저술가, 대저술가, 소설가, 근대시의 개척자, 근대시문학의 선구자, 문단의 거벽, 사상가, 예술가, 실천가, 대학자, 애국자, 애국지사, 독립지사, 독립투사, 독립운동가, 민족주의자, 스승, 행동인, 행동하는 지성인, 혁명가, 불교인, 개혁승, 불교개혁자, 혁신적인 불교인, 종교지도자, 종교운동가, 사회운동가, 선구자, 선도자, 선각자, 민족의 애인, 민족의 스승, 민족의 사표, 선생, 지사, 고사高士, 선비, 전인全人, 영웅 등이다.

후의 그의 행적은 어떠한 성격을 갖고 있었는가이다.

주지하는 바와 같이 만해 한용운은 전통적인 의미의 선사禪師는 아니다. 그리고 그는 제도권의 선방禪房에서 관행적, 장기적인 선禪 수행을 하지도 않았다. 그러나 우리가 한용운에 대한 행적을 주의 깊게 살피면 그가 걸어간 길, 그의 기고문, 그의 비석 등에서 선과 유관한 의외의 자료를 만날 수 있다.

우선 공식적인 그의 비석은 서울 종로의 탑골공원에 위치하고 있는데, 1967년에 세워진 이 비석의 문장은 현대불교의 강백으로 유명한 이운허가 쓴 것이다. 그 비명의 제목이 '만해萬海 한용운대선사비龍雲堂大禪師碑'이며, 그 내용에도 "선禪과 교敎를 겸통兼通하고 진眞과 속俗을 쌍융雙融한 용운당龍雲堂 대선사大禪師"라는 표현이 나온다. 비석 내용을 신뢰하면 한용운도 선에 대한 간단치 않은 소양을 갖고 있었음이 파악된다.

다음으로는 한용운이 1917년 설악산 백담사의 오세암에서 안거 수행 중에 깨달음을 겪고 읊은 이른바 오도송悟道頌이 전하고 있다. 또한 당시 불교잡지에 선에 대한 종합적인 개요 및 성격을 정리하여 기고한 글이 세 편이나 전하고 있다. 한편으로는 말년의 거처인 심우장에서 참선 수행을 하였음을 전하는 기록도 찾을 수 있다.

이렇게 한용운은 전통적 의미의 제도권 선사는 아니었지만 선에 대해서는 일정한 소견을 갖고 있었으며, 선과 유관한 활동을 한 것은 분명하다고 하겠다. 이에 본 고찰에서는 우선 한용운의 선과 깨달음에 대한 관점을 정리하고자 한다. 그 연후에는 선사가 깨달음을 겪은 이후에는 어떠한 활동을 해야 하는가에 대한 한용운의 입장을 살피려고 한다.[2] 이러한 점과 관

2 만해 한용운의 선에 대한 기존의 연구 성과는 다음과 같다. 서정주, 「만해 한용운 선사」, 『사상계』 113호, 1962; 서재영, 「禪師로서의 만해의 행적과 禪思想」, 『한국선학』 4호, 2002; 심재룡, 「근대 한국불교의 네 가지 반응 유형에 대하여」, 『철학사상』 16호, 2003; 석길암, 「만해의 십현담주해에 나타난 선교관」, 『만해학보』 8호, 2004; 김광식, 「생활선의 계승과

련해서 한용운 자신은 어떠한 길을 갔으며, 그것을 우리가 어떻게 받아들여야 하는가에 대한 문제도 조명하려고 한다.

## 2. 한용운의 선과 깨달음에 대한 입론

만해 한용운의 삶은 그의 대표적인 저술 『조선불교유신론』(1913)이 개혁, 파괴라는 상징적인 의미로 대변되듯이 도전적, 진보적인 격정 그 자체였다. 이러한 점은 그의 불교에 대한 이해, 나아가서는 선과 깨달음에 대한 정리에서도 지속된다. 한용운은 그의 최초의 저술인 『조선불교유신론』에서 불교를 종교와 철학으로 보고, 현재 및 미래의 도덕과 문명의 원료품 구실을 착실히 할 것이라고 단언하였다. 그는 불교에 대한 이런 확신에서 불교 이념의 핵심을 평등주의와 구세주의라고 강조하였다. 한용운은 그의 불교관을 이렇게 극명하게 피력하면서 마음의 정체를 밝히는 길을 참선이라고 보았다. 때문에 참선도 불교의 본령과 무관할 수 없다고 보면서, 참선자가 구세주의에 배치되어서 염세와 독선에 빠져 있으면 잘못이라고 강한 질타를 하였다. 한용운은 1913년 이전 당시의 선방과 선사들을 관찰한 결과 조선의 참선은 겨우 명맥만 유지하는 수준이며, 선실禪室은 영리營利의 산아産兒이고, 대부분의 선객禪客은 쌀로 사 온 것으로 풍자, 비판하였다.

이러한 불교 및 선에 대한 이해는 1910년대의 한용운의 인식이었다. 그러나 한용운은 이후 다양한 경험을 거치면서 그의 불교관, 선불교관을 더욱 심화시켜 나갔다고 볼 수 있다. 즉 국권 상실, 일제 저항운동, 불교 대

구현 – 한용운과 이춘성」, 『유심』 18호, 2004; 윤재근, 「만해선사의 一大時敎」, 『만해축전 자료집』, 2004; 박재현, 「만해 한용운의 선적禪的 역할의식에 관한 연구」, 『불교학 연구』 16호, 2007.

중화운동 추구, 오세암에서의 깨달음 경험, 3·1운동, 일제 형무소 수감, 선학원 참여, 『님의 침묵』 발간, 『십현담주해』 발간, 오세암의 참선, 민족운동 지속, 불교 개혁운동 추동이라는 다양한 활동을 하였다. 이러한 다양성의 경험은 그의 불교관, 참선관에도 일정한 영향을 주었을 것으로 필자는 본다.

이에 필자는 한용운이 『불교』 88호(1931. 10)에 기고한 「조선불교의 개혁안」을 한용운 불교관을 상징하는 글로 이해하고 있다.[3] 『조선불교유신론』을 집필할 당시는 30세 초반이었지만, 이 「개혁안」을 집필할 때에는 53세였다. 요컨대 한용운의 원숙한 불교관이 단적으로 드러난 글로 필자는 보고자 한다. 더욱이 그는 불교계 제도권 밖의 공간에서 참선을 독자적으로 생활화하였으며, 그 결과로 깨달음의 경지를 느꼈던 당사자였기에 『유신론』의 단계와는 질적으로 다른 내용이 추출될 가능성이 많다 하겠다.

그러면 이러한 배경하에서 「개혁안」에 나오는 한용운의 불교관을 살펴보자.

> 불교의 대상은 물론 一切 衆生이다. 「一切衆生皆有佛性」 「有情無情悉皆成佛」 이것이 불교의 이상이므로 불교는 일체 중생의 불교요, 산간에 있는 사찰의 불교가 아니며, 戒行을 지키고 禪定을 닦는 승려만의 불교가 아니다. …(중략)…불교가 출세간의 道가 아닌 것은 아니나, 세간을 버리고 세간에 나는 것이 아니라 세간에 들어서 세간에 나는 것이니, 비유컨대 蓮이 卑濕汚泥에 나되 卑濕汚泥에 물들지 아니하는 것과 같은 것이다. 그러므로 불교는 厭世的으로 孤立獨行하는 것이 아니오, 救世的으로 入泥入水하는 것이다.[4]

---

3 김광식, 「한용운의 '조선불교의 개혁안' 연구」, 『유심』 24호, 2006.

4 인용문은 『증보 한용운전집』, 신구문화사, 1979(이하 『전집』으로 약칭함)을 근거로 하였다. 『전집』 2, 167쪽.

이렇게 한용운은 불교의 대상을 일체 중생으로 전제하였다. 그는 일체 중생이 불성을 가지고 있으며, 모든 중생(무정, 유정)이 성불할 수 있다는 것을 불교의 이상으로 피력하였다. 때문에 그는 불교가 산간에 있는 사찰의 불교, 승려만의 불교가 아님을 강조하였다. 이에 불교는 구세적으로 입니입수하는, 즉 세간 및 중생 속으로 들어가는 구세주의를 취함을 단언하였다. 이러한 입론에서 한용운은 자신이 생각하는 불교를 대중불교大衆佛教로 표현하였다.

> 在來의 조선불교는 역사적 변천과 사회적 정세에 의하여 다만 寺刹의 불교, 僧侶의 불교로만 되어 있었다. 이것은 불교의 역사적 쇠퇴의 일시적 현상에 지나지 않는 것이니 어찌 이것을 불교의 敎義라 하리오. 佛教徒는 마땅히 이러한 현상에 대하여 斷然 타파하지 않으면 아니 될 것이다. 「山間에서 街頭로」「僧侶로서 大衆에」가 현금 조선불교의 「슬로간」이 되지 않으면 아니 될 것이다. …(중략)…그러므로 대중을 떠나서 불교를 행할 수 없고, 불교를 떠나 대중을 지도할 수 없는 것이다.
>
> 大衆佛教라는 것은 불교를 대중적으로 행한다는 의미이니 불교는 반드시 愛를 버리고 親을 떠나 인간사회를 隔離한 뒤에 행하는 것이 아니라, 인간사회의 만반 현실을 조금도 여의지 아니하고 煩惱 중에서 菩提를 얻고 生死 중에서 열반을 얻는 것인즉 그것을 인식하고 실천하는 것이 大衆佛教의 建設이다.[5]

한용운은 불교는 마땅히 대중불교이고, 대중불교로 나아가야만 하지만 당시 불교는 사찰의 불교, 승려의 불교로만 존재, 기능하였다고 보았다. 이에 한용운은 1930년대 식민지 불교는 대중불교의 건설로 나아가야 한다고 주장하였던 것이다. 그러므로 필자는 한용운의 선, 깨달음에 관한 입론

5 앞의 책, 8~9쪽.

도 대중불교관과 연결되어 나왔을 것으로 추정하는 것이다. 이제 그 구체적인 내용을 보자.

이러한 대중불교의 논리를 1931년 10월, 불교의 개혁안의 입장에서 개진한 그는 3개월 후인 1932년 2월의 『불교』 108호에 「선禪과 인생人生」이라는 기고문을 통하여 선과 삶 전반에 걸친 자신의 입론을 기고하였다. 이 기고문은 그간 한용운 연구자들에게서 큰 주목을 받지 못하였다. 그런데 필자가 이 글을 정독한 결과 만해 한용운이 선에 대한 총괄적인 정리를 시도한 글로 볼 수 있었다. 이는 한용운의 선관禪觀을 뚜렷이 보여 주는 글이 분명하다고 본다. 그 글의 개요는 다음과 같다.

1. 禪의 意義
2. 禪의 必要
3. 禪의 方式
4. 禪과 求放心
5. 禪과 存養
6. 禪機
7. 見性
8. 禪의 活用
9. 結論

위의 목차에서 보이듯 이 글은 선과 관련된 각 부분에 대한 한용운의 해석이 나올 가능성이 농후하다. 그러면 여기에서 한용운의 대중불교관, 그리고 본 고찰과 유관한 깨달음과 깨달음 이후의 노선 등에 대한 입장을 살펴보겠다.

한용운은 선을 승려들만의, 나아가서는 불교만의 것이 아니라고 보았다. 이는 선 외연의 확장을 의미하는 것이다. 즉 그는 선은 종교적 행사,

종교적 신앙, 학술적 연구, 고원한 명상, 침적沈寂한 회심灰心이 아니라고 한다.

> 따라서 누구든지 할 수 있는 지극히 평범하고 필요한 일이다. 선은 전인격의 범주가 되는 동시에 최고의 취미요 지상의 예술이다. 선은 마음을 닦는, 즉 정신수양의 대명사이다.[6]

이렇게 그는 선을 대중이면 누구나 할 수 있는 정신수양의 대명사로 보았다. 그렇기 때문에 대중들은 누구나 할 수 있다는 논리가 되고, 승려만의 것은 더더욱 아니었다. 그러면 모든 사람, 대중들이 왜 마음을 닦는 선을 해야 하는가. 이에 대해서는 다음과 같은 입장을 개진하였다. 즉 한용운은 사람의 전 책임이 마음에 있다고 보면 선의 필요성은 명료해진다고 주장했다. 나아가서 그는 이런 입론하에서 선의 방식을 개진하였다. 한용운은 마음의 형태 및 본성을 허령담적虛靈湛寂하다고 보고, 이 마음의 본성을 그대로 보유하려고 노력하는 것을 선의 방식으로 이해하였던 것이다. 마음을 닦는 것, 즉 선은 바로 그 마음을 보기 위한, 찾기 위한 화두를 드는 방법 이외에는 없다고 하였다. 선의 유일한 방법은 화두뿐이라고 단언하였던 것이다. 요컨대 화두는 선의 목적이 아니라 선의 방편이라는 것이다.

> 그러고 보면 禪이라는 것은 마음을 써서 연구하는 것도 아니오, 마음을 쉬어서 無記空에 떨어지는 것도 아니다. 다만 화두에 疑情만을 活着猛起할 뿐이다.
>
> 마음을 닦는 것, 즉 정신수양에 대해서는 불교의 선만 있을 뿐 아니라, 유교에도 있고, 예수교에도 있으나, 유교에서는 맹가의 求放心과 송유의 存養이 그것이요, 예수교에서는 예수의 요르단 河邊에서 40일간 沈劃冥想한 것이 그것일 것이다. 다

6 앞의 책, 311쪽.

만 그 내용의 방식이 다를 뿐이다.[7]

이렇게 한용운은 불교에서의 선을 하는 것을 화두를 들어서 마음의 본성을 찾고, 보는 것이라고 하였다. 그러나 정신수양으로서의 선은 유교, 기독교에도 있는 것으로 보았다. 이에 그는 이 글에서 유교의 구방심求放心과 존양存養에 대하여 약술하였던 것이다. 다음으로 한용운은 견성見性에 대한 자신의 입장을 정리하였다. 견성은 인간의, 수행자의 성性, 즉 근본을 본다, 만난다는 것이다.

그런데 이 견성은 일반적으로 깨달음, 깨침으로 표현되지만 선사, 학자, 종파, 문헌에서는 훨씬 다양하게 표현된다. 이런 배경하에서 한용운은 그를 어떻게 표현하였는가를 보자. 본 고찰의 주된 초점의 하나인 이 주제에 대한 한용운의 입론은 어떠하였는가? 자못 관심이 가는 대목이다.

> 見性이라는 것은 自性을 본다는 뜻이니, 선을 닦아서 話頭의 疑情을 파하면 일체 公案이 일시 頓破하여 了了히 佛性을 보게 되는 것이다. …(중략)….
>
> 그러나 불성은 눈으로 능히 볼 수 있느니 성은 형색이 있는 까닭이다. 왜 그러냐 하면 언어도단, 심행처멸한 法性만이 불성이 아니오, 山山·水水·花花·草草 어느 것 하나도 불성이 아닌 것이 없는 까닭이다. 그러면 산산·수수·화화·초초는 누구든지 볼 수 있는 것인즉, 일체 중생이 다 견성한 것이어서 하필 참선의 悟를 기다려 비로소 견성한다 하리요 하는 질문이 있을 것이다. 그러나 일체 중생이 다 견성한 것이다. 그러나 迷한 자는 스스로 견성한 줄을 알지 못하느니 산산·수수·화화·초초가 다 불성인 줄 모르고, 가령 관념적으로 안다 하드라도 어찌하여 산산·수수·화화·초초가 다 불성인 줄 모르는 까닭이다.[8]

---

7 앞의 책, 313~314쪽.
8 위의 책, 316쪽.

이렇게 한용운은 견성은 자성을 보는 것이라고 전제하고, 일체 중생들이 다 견성하였기에 불성을 볼 수 있다고 확신하였다. 이러한 견성에 대한 이해는 파격적인 것이었다. 불교 근본적인 입장에서는 당연한 것이지만 당시의 보편화된 정서에서 보면 충격적인 이야기이다. 그의 입론은 허령담적한 법성法性의 경우에도 동일하게 적용된다. 법성드 마음으로 볼 수 있을 뿐 아니라 눈으로도 볼 수 있다고 하였다. 깨달은 자는 육근六根과 육진六塵을 호용互用할 수 있는 것이기에 육근, 육진으로도 볼 수 있다고 하였다. 이러한 것을 서술한 후에 최종적으로 한용운은 견성이라는 것은 마음으로 볼 수 있는 것으로 단언하였다.

이러한 한용운의 견성관은 일반 대중 차원으로 지극히 낮은 단계에 위치하는 것이다. 요컨대 깨달음, 깨침을 대중화시켰던 것이다. 그런데 한용운은 여기에서 견성을 낮은 단계로 끌어내렸지만 '悟한 것, 悟한 자'에 대해서는 뚜렷한 개념을 피력하지 않았다. 한용운도 이에 대해서는 난점이 있었던 것으로 보았다. 그 이후 한용운은 '悟'한 이후, 즉 깨달은 이후에 행해야 할 것에 대하여 논하였다.

한용운은 선학자들이 흔히 산간 암혈에서 참선을 헝하기에 선을 염세적 고선枯禪, 사선死禪으로 오인하는 경향이 있다고 보았다. 그러나 선은 사람이 하는 것이고, 초학자는 경境, 장소를 가리지 않을 수가 없기에 불가불 참선처를 고려한다고 하였다. 그러나 장소는 선 수행자의 자의에 의해서 얼마든지 선택되는 것이지만 복잡한 곳을 피하는 것이 좋다고 하였다.

그러므로 선학자는 고래로 대개는 산간 암혈에서 정진하게 되었으나, 선학을 종료한 후에는 반드시 出世하여 入泥入水 衆生을 濟度하는 것이요, 뿐만 아니라 수학할 때에도 반드시 산간 암혈이 아니면 아니 되는 것은 아니다. 참선이라는 것은 글을 배우면서도 할 수 있는 것이요, 농사를 하면서도 할 수 있는 것이요, 그 밖에 모든 業을 하면서도 할 수 있는 것이다. 한 걸음 더 나아가서 兵馬倥傯, 硝烟彈雨

의 중에서도 참선을 할 수 있는 것이다. 할 수 있을 뿐만 아니라 그러한 때일수록 참선이 필요한 것이다.

선이라는 것은 枯寂을 墨守하는 死禪이 아니오, 機鋒을 활용하여 任雲騰騰하는 活禪이다. 선은 능히 危懼를 제하고, 선은 능히 哀傷을 軀하고, 선은 능히 生死를 超하는 것이다. 이것이 얼마나 큰 修養이냐.[9]

그러나 한용운은 선학을 종료한 후에는 반드시 출세出世하여 입니입수入泥入水의 중생제도衆生濟度에 나서야 한다고 강조하였다. 이른바 상구보리上求普提 후에는 반드시 하화중생下化衆生해야 한다는 의견을 피력하였다. 이러한 한용운의 입론은 여러 측면에서 논란의 여지가 많다.

우선 첫째로 선학을 종료한 후라는 것의 내용이다. 이 측면은 앞에서 잠시 언급한 바가 있지만, 어떤 내용을 깨달은 것(悟)이라고 볼 수 있는가 하는 문제이다. 선학을 종료終了한 것과 오悟한 것은 동일한 뜻을 담고 있다고 볼 수 있다. 한용운은 이 점에 대하여 명쾌한 표현을 하지 않았다. 둘째는 반드시 출세하여 입니입수의 중생제도에 나서야 한다는 것에서 '반드시'라는 것이다. 한용운의 논리대로 하면 반드시 세상으로 나와 중생제도를 하는 것은, 보살과 깨달은 자가 중생에게 회향을 하는 것이다. 그런데 만약 세상으로 나오지 않거나, 입니입수하지 않으면서 중생제도를 하지 않으면 어떠한 평가를 해 주어야 하는가 하는 문제가 생긴다. 이렇게 세상으로 나오지 않고, 중생구제를 하지 않는 선 수행자는 진정한 수행자로 볼 수 없고, 참다운 선 수행을 하지 않은 대상자로 보면 되는 것인가. 한용운의 논리에 의하면 이들은 불교의 근본 뜻을 알지 못하는, 우매한 불교도일 수밖에 없을 것이다. 한용운은 그 대상자들을 "禪의 活用을 誤認하여 山間巖穴에서 孤節을 死守하고, 活用度生의 本旨를 妄覺하는 것"[10]이라고 표현

9 앞의 책, 317쪽.

하였다.[11] 여기에서 필자는 한용운이 주장한 깨달음은 곧 출세出世하여 입니입수의 중생구제를 의미하는 것임을 확연하게 파악하였다. 셋째는 세상(도회지)으로 나오지 않고 산속의 사찰, 심산구곡의 선방에 찾아오는 승려 및 재가자들을 지도하는 것은 어떠한 평가를 해 주는가이다. 이는 단언키 어렵지만 한용운도 입니입수하는 중생구제의 실질적 내용이 중요하지 그 장소는 그다지 깊게 의식하지 않은 것으로 보인다.

지금까지 한용운의 깨달음의 논리를 검토한 결과 깨달은 이후에는 반드시 세상으로 나가, 즉 입니입수하여 중생구제를 하는 것을 원칙으로 강조한 것을 알 수 있었다.[12] 이러한 입론은 한용운이 선을 수행하는 대상자와 대상처를 확대한 것과도 연결된다. 즉 그는 선 수행은 모든 생업生業의 대상자들이 할 수 있는 것이고, 오히려 다양한 삶의 현장, 치열한 삶의 구현처에서 행해져야 한다고 주장한다. 일언으로 말하면 '활선活禪'이라는 것이다. 그러하기에 선은 '큰 수양'이라고 하였다. 지금껏 살펴본 바와 같이 한용운의 선론은 그의 대중불교론이라는 구도에서 나온 것이며, 정신수양으로서의 선의 특징을 강조하고, 선의 외연을 확대하였다. 나아가서 선은 누구나 할 수 있고, 어떤 업을 하면서도 할 수 있는, 어느 장소에서도 할 수 있는 활선活禪으로 그 위상을 자리매김하였다. 그런데 여기에서 유의할 것은, 활선에는 인간의 삶의 현장에서 나오는 측면, 그리고 삶의 현장에서

---

10 위의 책, 318쪽.

11 한용운은 「불교와 효행」(『불교』 신13집, 1938. 5)이라는 기고문에서도 비구의 출가는 출가 그것이 최대 목적이 아니라 이진離塵 출가하여 오도수행悟道修行의 목적을 달하면 곧 출산입세出山入世하여 도제중생의 구경究竟 목적에 종사하는 것이라고 서술하였다(『전집』 2, 338쪽). 여기에서도 한용운은 깨달음은 구경 목적이 아니라 중생구제가 구경 목적이라고 단언하였다.

12 한용운의 입니입수에 대한 관점은 곽암의 심우도에 대한 해석에서도 찾을 수 있다. 즉 한용운은 곽암의 「입전수수」편에 대한 해석에서 "此는 入泥入水 老婆心切로 慈悲의 手를 垂하고 萬丈塵埃의 市廛에 入하야 苦海衆生을 濟度하는 것이다."라고 하였다. 『불교』 신4집, 1937, 13쪽.

더욱 필요한 것이 선 수행이라는 성격, 선 수행을 하고 난 이후의 그 모습이 임운등등任運騰騰하는 치열성의 성격이 있다는 것이다.

이에 한용운은 이 기고문의 결론에서 인생관과 인격적인 면에서 피동되지 않는 사람을 '참사람'이라고 주장하였다. 즉 사물 환경이 어떻게 변동되든지 '진아眞我' 자체는 상도常道를 잃지 않으며, 그 사람이 바로 진정한 사람이 될 것이라고 주장하였다. 바로 이러한 참사람, 진정한 사람에게는 실천적, 후천적 수양이 있는바 그것이 곧 선적 활용에 부합된다고 하였다. 필자는 한용운이 선을 불교의 테두리에서 해방시켰다고 보고자 한다. 이런 점에서 그는 당시 관행적인 선을 유신하고 파괴한 당사자로 재평가, 재인식되어야 한다는 점을 제언한다.

한용운은 「선과 인생」을 기고한 후로부터 1년 5개월 뒤인 1933년 7월, 『불교』 108호에 「禪과 自我」라는 글을 기고하였다. 이제부터는 「선과 자아」라는 내용에서 위에서 필자가 추출한 한용운의 선관禪觀과 유관한 내용을 정리하겠다. 이 글은 선의 개념, 선의 종류, 선과 철학과의 관계, 선과 자아의 실현 등으로 구성되어 있다. 그런데 이 글은 앞서 분석한 「선과 인생」과 비교해서 새로운 것은 없다. 그러나 선의 개념을 보완하고, 선과 자아에 대한 연관성을 보다 강조하였다. 선의 개념에서 선을 "心境을 一處에 集注하여 靜慮 冥想하는 것"으로 보고, 그 결과로 삼매三昧와 선나禪那가 나오는 것으로 정리하였다. 그 후에는 불교 수행 전반에서 참선이 중요하다고 인정하고, 일체 만법은 유심唯心의 소조所造이기에 심체를 투철하지 못하면 제법을 오득悟得지 못하기에 선 수행의 중요성을 재삼 강조하였다. 선 수행은 적당한 외경外境(장소)을 택하고, 회심멸지灰心滅志와 고사극색苦思極索의 폐해를 떠난 중도 수행을 하는 것인데, 그로써 화두 공안의 포착과 의정의 집중을 통해서 대오大悟를 얻는다고 하였다.[13]

13 『불교』 108호, 1933. 7, 2쪽.

다음으로 한용운은 자아를 육체와 정신을 통괄 주재하는 마음(心)으로 보았다. 그런데 자아는 무한아無限我, 절대아絕對我를 가지고 있는바, 이 진여불성眞如佛性의 무한아, 절대아를 실현하기 위해서는 마음을 닦는 것 외에는 다른 방도가 없다고 주장하였다. 그리하여 한용운은 마음을 닦는 도를 선이라고 보았는데, 선적 수행을 하여 심체心體를 오득悟得하면 진여불성眞如佛性이 일시에 발로發露하고 일체만법一切萬法이 돈연구현頓然具現하여 만사제법萬事諸法의 진상眞相이 거울에 비치는 영상과 같이 마음을 따라 은현隱現된다고 하였다.[14] 그리하여 선은 진여불성, 즉 무한 절대의 자아를 실현하는 유일무이의 도가 된다고 단언하였다. 이상과 같은 한용운의 주장은 이전보다는 선의 중요성을 더욱 강조한 것으로 보인다.

『불교』의 속간호(1937. 3)

한용운은 「선과 자아」를 기고한 때로부터 4년 뒤에는 『불교』 신5집(1937. 7)에 「선외선禪外禪」을 기고하였다. 이 기고문은 서언, 선의 의의, 선외선으로 구분되어 있는 것과 같이 주로 관행적인 선禪 외부의 선에 대한 측면을 집중적으로 정리한 글이다. 한용운은 이 글의 서언緖言에서 선화禪話에 대하여 이렇게 말하고 있다.

선이라는 것은 有心으로도 아니 되는 것이오, 無心으로도 아니 되는 것이며, 禪話

14 앞의 책, 6쪽.

라는 것은 威儀를 갖추고 淸規를 지키면서 專心 參究하는 禪學者의 입에서만 나오는 것이 아니라 이러한 상추 장수의 無心한 입에서도 훌륭히 흘러나오는 것이다. 이러한 것을 가리켜서 禪外禪이라고나 할까? 나는 이런 動機로 이 글을 쓰게 되는데 …(하략)…[15]

한용운이 이 글을 쓰고 기고한 동기가 바로 여기에 있는 것이다. 한용운은 선에는 상도常道의 선이 있는데 이는 의식적으로 선에 종사하여 참구의 상궤를 밟아 가는 것, 즉 선학자의 선이라고 하였다. 그런데 선외선이라는 것은 선문禪門의 인물이 아니면서 능히 선적禪的 언동言動을 하는 것으로 보았다. 한용운은 고해苦海에 부침하는 필부필부匹夫匹婦 중에도 무명無名의 선사禪師가 적지 않고, 산간 선방에서 전문적으로 수행하는 수행자 중에도 속물俗物이 적지 않다고 하였다. 그렇기 때문에 필부필부, 무명 선사의 언행을 선외선으로 표현한 것이다. 그러나 한용운은 이러한 특성을 당연한 것으로 인정하였던 것이다.

그러나 禪外禪에 대하야는 조금도 이상할 것이 없는 것이다. 禪定을 修習하여 開語하는 것은 本來에 없는 것을 無中生有로 얻는 것이 아니라 迷하였든 本來面目을 漸修頓悟하는 것인즉, 만일 迷하지 아니하였으면 修習을 假資치 아니하고도 本來의 家風을 드러낼 수가 있는 것이다. 一切 衆生이 同一佛性인즉 누구든지 禪的 인물이 될 수가 있는 것이오, 有情 無情이 皆有佛性인즉 …(하략)…[16]

즉 한용운은 일체 중생이 누구나 불성佛性을 가지고 있음을 인정한다면 선외선은 수긍할 수 있음을 논파하였던 것이다. 여기에서 한용운은 자신

---

15 『불교』 신5집, 1937. 7, 3쪽.

16 위의 책, 6쪽.

의 기본적인 불교관인 대중불교론의 구도에서 한발 나아가 선의 대중화라는 특성을 제시하였다. 선의 대중화는 기존의 선학자(수좌) 중심의 보수적인 틀을 깨는 것이다.

지금껏 한용운의 선과 유관한 기고문 세 편을 분석하면서 한용운의 선관을 조망하여 보았다. 여기에서 본 고찰의 초점인 한용운의 선, 그리고 깨달음에 관한 개요와 관련하여 그 성격을 정리해 보자. 한용운의 불교관은 대중불교론이며, 이런 구도에서 한용운은 선 수행을 마친, 깨달은 이후에는 마땅히 중생들이 머물고 있는 세상으로 입니입수하여 중생을 구제하는 것이 불교의 본지라 하였다. 한편 한용운은 선의 외연을 확장하였거니와 이로써 선에서 불교라는 덫을 제거하고, 선은 누구나, 어떤 일을 하여도, 어느 곳에서나 할 수 있는 낮은 단계로 끌어내렸던 것이다. 이는 선이 활선活禪임을 보여 주는 것이며, 일체 중생이 정신수양 차원에서 접근할 수 있는, 대중화를 가능케 하는 이론을 제공하는 것이다. 이로써 한용운의 선은 개방적, 대중적, 생활적인 의미를 띠게 되었다.[17]

## 3. 한용운의 행적과 선 수행, 그리고 깨달음 이후의 노선

전장에서 한용운의 기고문 분석을 통하여 그가 생각하는 선, 선 수행, 깨달음, 깨달음 이후의 노선 등에 대한 것을 살펴보았다. 본장에서는 위에

---

17 그런데 한용운의 선관禪觀에는 깨달음에 대한 개념 정리가 애매하고, 선 수행을 하여 깨닫기 이전에는 중생구제를 할 수 없는가에 대한 문제에 대해서는 언급이 부재하였다. 그러나 한용운은 선 수행의 장소를 산속의 사찰, 선방으로 제한하지 않았기에 이를 확대하면 도회지, 중생 삶의 현장에서 활동을 하면서 적정한 시간과 공간에서 선 수행은 가능하다고 보았고, 오히려 그런 곳에서 더욱더 선 수행이 필요한 것으로 보았던 점을 유의할 필요가 있다. 즉 그는 깨닫기 이전의 활동 전체를 중생구제로 간주하지도 않았지만, 깨닫기 이전에도 중생구제와 선 수행이 병립할 수 있는 것으로는 인정하였다.

一、出家의動機

나는 웨 僧이 되엇나? 내가 태어난 이나라와 社會가 나를 僧이 되지아니치못하게하엿든가 또는 人間世界의 生死病苦가튼 모든 괴로움이 나를식혀僧房에모라너코서 永生과脫俗을 속삭이게하엿든가 대체나는웨僧이되엇나 僧이되어가지고 무엇을하엿나또무엇을어덧나 그래서人生과 社會와 時代에 對하야 엇더한 도음을하여왓나 이제爲僧된지 三十年에 出家의動機와 그동안의 波瀾과 現在의 心境을 생각하여볼때에 스사로 一脈의感懷가 가슴을덥는것을 깨닷게한다。

韓 龍 雲

나의 故鄕은 忠南洪州엇다 只今은 世代가 變하여 고을일홈조차 洪城으로變하엿스나 그때 나는어린少年의몸으로 先親에게서 나의 一生運命을 決定할만한 重要한 敎訓을 박엇섯스니 그는國家社會를 爲하야 一身을 바치는 녯날義人들의 行蹟이엇다 그래서 매냥 先親은 스사로 그러한種類의 書冊을 보시다가도 무슨感懷가 게신지 朝夕으로 나를불너다세우고녯사람의傳記를 가르처주엇다 어린마음에도 史上에빗나는 그분들의 氣慨와 思想을 崇拜하는 마음이생기어 엇더케하면나도 그러케 훌융한사람이 되어보나하는 것을 늘생각하여왓다 그러자 그해가 甲辰年의 前해로 大勢의礎石이 처음으로 기울기시작하여서 서울서는무슨 條約이 締結되어 뜻잇는사람들이 구름갓치 경성을향하여모와든다는 말이 들니엇다 그때에 엇지 新聞이나 郵便이잇서서 알엇스리만은 너무도 크게 국가의 大動脈이 움지겨지는판이 되어 所聞은 바람을타고 아츰저녁으

「나는 왜 중이 되었나」. 한용운이 출가해 승려가 된 배경과 과정을 자세하게 회고한 글(『삼천리』 6호, 1930. 5).

서 살핀 한용운의 입론을 유의하면서 그는 어떠한 선 수행을 하였는가, 그리고 깨달음 이후의 행적에 대한 의미, 성격에 관해 살피고자 한다.

만해 한용운이 본격적인 입산 출가를 단행한 것은 1905년이었다.[18] 그러나 그는 단순히 출가를 위해 집을 나온 것은 아니었다. 뒤숭숭한 국가 정세가 그의 고향인 홍성까지 파급되면서 그는 주체할 수 없는 도전정신의 발동으로 무작정 상경하였다. 그러나 그는 서울로 가는 도중에 어느 주막의 밤에서 인생에 대한 근원적인 화두를 잡고, 발길을 돌려 속리산[19]으로 향하였다. 속리산에 가서 설악산에 도인이 있다는 말을 듣고는 백담사로 들어오게 되었다. 백담사에 입산한 그는 탁발승이 되어 불교의 기초를 배우게 되었다.

그러나 그는 그곳에서 『영환지략』이라는 지리 서적을 보고 세계 문명에 대한 인식을 깨닫게 되었다. 이에 그는 조선 이외의 넓은 천지를 파악하고 그곳에서 뜻을 펴기 위한 행보를 단행하였다. 이에 그는 뜻을 같이한 승려 한 명과 함께 원산을 거쳐 배를 타고 시베리아로 건너갔다. 그렇지만 블라

18 이는 2차 출가를 의미한다. 필자는 1차 출가를 1897년으로 본다.

19 그는 속리사俗離寺라 하였지만 이는 속리산 법주사일 가능성이 많다.

디보스토크에서 일진회원이라는 누명을 쓰고 거의 죽음 직전에서 탈출하여 구사일생으로 국내로 돌아왔다. 그 이후에는 석왕사에서 칩거하며 그의 인생에서 최초의 참선을 하게 된다. 그 내용은 다음의 회고 글에서 찾을 수 있다.

> 그래서 살을 에어내는 듯한 고난의 와중을 헤치고 구사일생으로 다시 귀국하였다. 그러자 각처에는 의병이 일어나서 시세 – 크게 어지럽게 되어 나는 간성에서 쫓기어 안변 석왕사의 깊은 산골 암자를 찾아가 거기서 참선 생활을 하였다.[20]

석왕사의 산골 암자[21]에서 한용운은 참선 안거安居를 하였던 것이다. 이후 그는 1906년 5월, 서울에 설립된 불교계 최초의 근대 학교인 명진학교[22]의 보조과 과정을 마쳤다. 명진학교 과정을 이수한 뒤의 행보는 명쾌하게 전하지 않지만 여러 정황으로 보건대 출가 사찰의 본사인 건봉사로 갔다고 짐작된다. 그는 1907년 하안거 수행을 건봉사 선원에서 하였던 것이다.[23] 한용운은 건봉사에서 근 1년여의 선 수행을 마치고 인근 사찰인 유점사로 향했다. 그리고 그는 1908년 4월, 유점사 서월화 강백에게 『화엄경』을 배웠다. 그 직후 문명의 도래지로 인식되고 있는 일본을 탐방하기 위해 일본으로 건너갔다. 그는 일본 조동종 본부를 찾아가 조동종 관장의 도움으로 조동종 대학에 들어가 일어와 불교사상을 공부하였다. 그러나 그는 6개월의 체류를 하고는 1908년 10월경에 귀국하여 지리산의 범어사에 머물렀다.

---

20 「나는 왜 중이 되었나」, 『전집』 1, 411쪽.

21 이 암자의 이름은 알 수 없다.

22 이 학교에 대한 정보는 김광식, 「명진학교의 건학정신과 근대 민족불교관의 형성」, 『불교학보』 45, 2006을 참고할 것.

23 한용운의 건봉사에서의 행적, 비사는 김광식, 『만해 한용운평전 – 첫키스로 만해를 만난다』, 장승, 2004, 47~50쪽 참조.

이렇게 한용운은 석왕사, 건봉사에서 참선 수행을 하였지만 장기적이고, 지속적인 선 수행은 하지 않았던 것을 알 수 있다. 이후 한용운은 건봉사에서 이학암에게 『화엄경』, 『반야경』을 수학하고, 1909년에는 표훈사 강사를 역임하고, 1910년에는 중추원과 통감부에 승려의 결혼을 요청하는 헌의서와 건백서를 제출하면서 풍전등화와 같이 국운이 침탈되었던 그 시기를 보내고 있었다. 국권 상실 이후에도 한용운의 행적에서 참선과 유관한 것은 뚜렷하게 보이지 않는다. 1911~1912년에는 불교적 항일운동인 임제종 운동의 주도, 1913~1915년에는 『조선불교유신론』과 『불교대전』 그리고 『정선강의 채근담』을 발간하면서 불교 대중화의 일선에 서 있었다.

다만 이 시기에 있어 선과 유관한 것은 『조선불교유신론』의 내용에 '참선' 편이 포함되어 있다는 것이다. 이 글에서 그는 마음의 정체를 밝히는 길을 참선이라고 보면서 참선의 요점을 적적성성寂寂惺惺이라고 정리하였다. 그러면서도 당시 수좌들에 대한 비판을 다음과 같이 하였다.

> 요즘의 참선하는 사람들은 참 이상하다. 옛사람들은 그 마음을 고요하게 가졌는데 요즘 사람들은 그 처소를 고요하게 가지고 있다. 옛사람들은 그 마음을 움직이지 않았는데, 요즘 사람들은 그 몸을 움직이지 않고 있다. 그 처소를 고요하게 가지면 厭世가 되는 것뿐이며, 그 몸을 움직이지 않으면 獨善이 안 되려 안 될 수 없을 것이다. 불교는 구세의 가르침이요, 중생제도의 가르침인 터에 부처님의 제자된 사람으로서 염세와 독선에 빠져 있을 따름이라면 잘못된 것이 아니겠는가.[24]

이렇게 당시 수좌들은 염세와 독선에 빠져서 불교의 근본에서는 이탈되어 있다고 진단하였다. 나아가 한용운은 당시 사찰에 선실禪室들이 대부분 존재하지만, 그곳에서 행해지는 참선은 겨우 명목만 유지하고 있다고 평

24 『전집』 2, 54~55쪽.

하였다. 이에 대해서 한용운은 그 문제점을 극복하기 위해서는 선실의 재산을 합쳐 큰 규모의 선학관을 짓고, 선에 능한 선사를 초청하여 스승으로 삼아야 한다고 주장하였다. 그리고 승속을 불문하고 수용하고, 일정한 규제를 가해야 하며, 공개적인 토론 및 검증을 해야 한다고 강조한다. 그러면서 그는 선실에서만의 참선을 주장하지 않고 다양한 곳에서의 참선이 가능함을 역설했다.

> 만약 각 사의 직책을 맡은 승려로서 선의 전문 道場에 들어갈 수 없는 사람이 있다면 각기 그 절에 조그만 참선의 모임을 만들어 매일 집무의 여가인 한두 시간을 이용해 참선케 하면 된다. 어찌 따로이 禪室을 만들어 놓은 다음에야 비로소 참선을 말할 수 있다는 법이야 있겠는가. 물을 나르고 땔나무를 운반함도 妙用 아님이 없고, 시냇물 소리와 산 빛도 같은 眞相임을 알라. 앗![25]

즉 한용운은 제도적인 선실이 아닌 곳에서도 얼마든지 참선을 행할 수 있음을 제시하였다. 심지어는 선실의 외부인 생산·울력의 현장에서 행해지는 것 자체가 선의 묘용이라고 보았다. 이는 전장에서 살핀 선의 확대, 선외선禪外禪이라는 내용과 연결되는 것이다.[26]

한편 한용운은 불교 대중화를 강력하게 추진하면서 일면으로는 일제로부터 강한 압박을 받았다. 예컨대 그가 관련된 〈조선불교강구회〉, 〈불교동맹회〉, 〈조선불교회〉의 활동에 대해 일제는 제재를 하였다. 그리고 30본산 주지들은 본산 구도의 틀 내부에서 불교 운동을 할 것을 은근히 주문하였다. 이에 그의 활동은 현실적인 운신이라는 면에서 난관에 처하였다. 그래서 그는 서울을 떠나 자신을 정리하고, 되돌아볼 시간을 갖게 되었다.

---

**25** 앞의 책, 55~56쪽.

**26** 한용운 선관禪觀 변천에 있어 주목할 시점이다.

눈 내린 오세암 전경. 한용운은 이 암자에서 깨달음을 얻었다.

그리하여 한용운은 그의 정신적인 고향인 백담사로 돌아갔는데, 때는 1917년 가을이었다. 한용운은 백담사에 머물지 않고, 오세암으로 올라갔다.[27] 당시 백담사는 1915년의 화재로 인하여 건물이 전소되었기에 사무도 오세암에서 볼 정도였다. 당시 오세암에는 경전도 있었다고는 하나 문헌으로 확인하기는 어렵다. 아마 한용운은 동안거 수행의 기간에 나름대로의 안거 수행을 하였을 것으로 보인다. 즉 제도권 선방에서의 수행은 아니었지만 한용운은 지독스럽게 참선의 세계로 들어갔을 것이다. 마침내 1917년 12월 3일 밤 10시경, 그는 좌선 중에 돌연 바람이 불어 무엇인가를 떨구는 소리를 들었다. 바로 그때 지금껏 의심하였던 것이 씻은 듯이 풀렸다. 즉 자신의 깊은 의문이 풀린 것이다. 견성이었다. 당시 그가 읊은 경지

27 오세암도 이설운의 화주로 선방을 개설하였다는 구전은 있으나, 문헌상에서 아직 관련 자료를 찾지 못하였다.

는 다음과 같은 게송으로 전해 온다.

| | |
|---|---|
| 사나이 가는 곳마다 바로 고향인 것을 | 男兒到處是故鄕 |
| 몇 사람이나 나그네 시름 속에 오래 젖어 있었나. | 幾人長在客愁中 |
| 한 소리 크게 질러 삼천세계 깨뜨리니 | 一聲喝破三千界 |
| 눈 속에도 복사꽃이 펄펄 날린다. | 雪裡桃花片片飛[28] |

한용운이 이때 깨달은 것이 초견성인지, 구경각인지는 가늠할 수는 없지만 견성을 한 것은 분명하다. 즉 깨친 것이다. 한용운의 깨친 직후의 행적이 어떠하였는지에 대해서는 전하는 것이 없어 알 수 없다. 그러나 분명한 것은 그는 깨친 이듬해 봄, 즉 안거 기간이 종료된 직후에는 서울로 상경을 하였다는 것이다. 이제 그는 그의 표현대로 하면 선학을 마친 것이다. 그래서 그가 주장한 바와 같이 중생들과 입니입수하기 위해 중생들이 머물고 있는 삶의 현장으로 나왔다. 그런데 그 현장은 중생들의 삶의 현장만은 아니었다. 당시 그곳은 식민지 본부가 있었던 곳이며, 식민지 치하에서 미래와 희망을 찾지 못하였던 청년들이 좌절하고 있던 곳이었다. 이에 그는 서울로 돌아오자마자 민족 전체, 청년 전체를 염두에 둔 종합 교양잡지인 『유심』을 발간하였다. 『유심』은 그가 3·1운동에 민족대표로 참여하였던 연고로

『유심』, 한용운이 정신문화의 계발을 위해 발간한 잡지이다.

28 이 게송 한문은 한용운 친필로 전하고 있다. 말미의 편편비片片飛는 만공의 지적으로 편편홍片片紅으로 바뀌었다고 한다. 임중빈, 『만해 한용운』, 명지사, 2000, 87쪽 참조.

3호에서 그쳤지만 『유심』이 갖고 있는 의미는 민족문화운동사에서 간단한 것은 아니다. 필자는 그 의미를 『유심』 창간호에 게재된 「처음에 씀」에서 찾을 수 있다고 본다.

배를 띄우는 흐름은 그 근원이 멀도다 송이 큰 꽃나무는 그 뿌리가 깊도다
가벼이 날리는 떨어진 잎새야 가을바람이 굳셈이랴
서리 아래에 푸르다고 구태여 묻지 마라 그 대(竹)의 가운데는 무슨 걸림도 없나니라
美의 音보다도 妙한 소리 거친 물결에 돗대가 낫다 보느냐 샛별 같은 너의 눈으로 千萬의 障碍를 타파하고 大洋에 도착하는 得意의 波를
보일리라 宇宙의 神秘 들일리라 萬有의 妙音
가쟈 가쟈 사막도 아닌 氷海도 아닌 우리의 故園 아니 가면 뉘라서 보랴 한 송이 두 송이 피는 梅花

문학적 수사에 가린 한용운의 심성, 의도를 추출해내는 것은 간단한 일이 아니다. 그러나 문학적인 표현에서도 쉽게 간파되는 것이 보편적인 정서라면 배를 띄우는 흐름, 가을바람의 굳셈, 대양에 도착하는 득의의 파도, 만유의 묘음, 매화에서 느낄 수 있는 공통분모는 희망이라고 볼 수 있다. 이는 청년들에게 희망을 불어넣으려는 한용운의 지성이다.

이렇게 청년들에게 희망을 불어넣던 그는 이제는 청년들과 함께 민족의 희망을 만들어 주는 광장으로 나섰거니와, 그것은 3·1운동의 동참이다. 그는 동참뿐만 아니라 3·1운동 민족대표의 일원으로 3·1운동의 최일선에서 진두지휘하였다. 천도교, 기독교, 불교가 연합한 그 운동을 추동하고, 공약삼장을 추가시키고, 거사 당일에는 민족대표가 모인 자리에서 독립선언을 기념하는 연설을 하였던 것이다. 이에 그는 그의 일생에서 가장 통쾌한 일이 바로 그날의 연설이라고까지 회고하였다.

한용운은 이렇듯이 입니입수하는 구세주의를 실천한 것이 분명하였다. 때문에 그는 일제에 수감된 그 3년 기간을 고통이 아닌 쾌락이라고 인식하였다.[29] 그리고 옥중 3년은 한용운에게서 선외선禪外禪이며, 제도권 선방을 벗어나서 행한 참선 수행이 분명하다고 필자는 보고자 한다.[30] 그리고 한용운은 출옥 후 선학원禪學院에 머물렀다. 선학원은 항일의식이 투철한 수좌들이 일본불교의 침투로 쇠퇴해지고 있는 한국의 선 전통을 수호하기 위해 설립한 전국 수좌들의 본부격인 사찰이다.[31] 이러한 성격을 갖고 있었던 선학원에 머물던 한용운은 수좌들의 자생적인 조직체인 〈선우공제회禪友共濟會〉의 발기인으로 참여하였으며, 1924년에는 공제회의 임시의장과 수도부 이사로도 활동하였다. 이는 한용운이 선에 큰 관심을 가졌음을 의미한다.

이러한 한용운의 선과 유관한 행적은 1925년 백담사로 돌아와 예전과 같이 오세암에 올라가 참선을 하면서 선서인 『십현담』을 주해한 것이다. 그는 김시습이 주해한 『십현담요해』를 읽으면서 자신과는 다른 해석을 확인하고, 그 기회에 원 저자인 중국 당나라 상찰 선사의 『십현담』까지 읽고는 자신의 견해를 정리하여 『십현담주해』를 집필하여 그 이듬해인 1926년 5월 15일에 발간하였던 것이다. 여기에서도 한용운의 선에 대한 고집스러운 관심, 열정적인 선 수행을 엿볼 수 있다. 이러한 것은 한용운이 밝힌 선방에서의 안거 수행을 벗어난 것이었다.

한편 한용운은 1930년대 초반에 선학원을 나와서 청진동 근처의 민가[32]에 방을 얻어 혼자 생활을 하였다. 당시 그는 신간회운동 등의 민족운동의

29 이는 출옥 직후 찾아온 《동아일보》 기자에게, 자신은 옥중의 고통 속에서 쾌락을 얻었고, 지옥 속에서 극락을 구하였다는 대답을 말한다.

30 수년 전 만해대상(문학 부문)을 수상한 황석영은 만해마을의 수상식장에서 수상 소감을 피력하며, 교도소를 국립선방으로 표현한 것을 필자는 현장에서 들은 바가 있었다. 당시 필자는 그 발언에 크게 시사받았다.

31 김광식, 「일제하 선학원의 운영과 성격」, 『한국근대불교사연구』, 민족사, 1996.

32 서울 시내, 선학원 인근인 사직동, 청진동이었는데 구체적인 번지수 등 주소는 알 수 없다.

일선에서 후퇴하지 않으면서도 『불교』의 사장을 역임하였다. 이에 그는 세속의 방에서도 참선 수행을 쉬지 않았다고 본다. 이에 대한 당시 관찰자의 증언이 참고된다.

> 신미년(필자 주; 1931년) 겨울! 나는 선생을 청진동 숙소로 찾아뵈었었다.
>
> 그때 선생은 〈불교〉사 시절, 춘추는 53세, 내 나이는 26세 때이었다.
>
> 무슨 용건이 있었던 것도 아니요, 더구나 어떠한 목적이 있었던 것도 아니었었다. 그저 찾아뵈옵고 싶어서다.
>
> 선생의 거실에 들어서자마자, 이마가 설렁하고 냉기가 온몸을 엄습했었다. 나는 나도 모르는 사이에 몸이 옴칫했었다.
>
> 방안에는 책상 하나, 그 위에는 《조선일보》 한 장이 놓였을 뿐, 메모 용지는커녕 펜대 한 개도 없었다. 책 한 권도 눈에 띄지 않고 말쑥했다. 벽에 꽂힌 못 한 개에는 선생의 두루마기가 걸렸었고, 그 위에는 모자가 얹혔을 뿐, 방문객의 모자 하나 걸 못도 없었다. 앉을 방석은 말할 것도 없었다. 서화 병풍이며 장서가 많을 줄로 알았던 나의 생각은 완전히 뒤엎이고 말았었다.
>
> 나는 새삼 놀라지 않을 수 없었다. 참고도서 한 권 없이 어떻게, 어쩌면 그렇게 글을 쓸 수 있을까… 순간 내 머리는 번쩍했었다. 「선생은 우박같이 머리에서 글이 쏟아지고, 샘솟듯 가슴에서 글이 솟는가 보다…」「석가모니가 무슨 책이 있어서 49년간 설법을 했나!」 옳다! 선생은 「사상의 원천」을 발굴하고 확보했기 때문에 입만 열리면 폭포같이 열변이 쏟아지고, 펜대만 잡으면 구름 일듯 글이 부프는 것이 아닐까.
>
> 선생은 가사, 장삼, 발우 한 벌 없는 운수납자(雲水衲子)의 생활이다. 청초하고 쇄연한 생애였던 것이다. 학과 같은 모습에 구름 같은 삶이여![33]

당시 불교청년운동 단체의 간부[34]이면서 시조 시인으로 활동한 조종현

---

33 조종현, 「불교인으로서의 만해」, 『나라사랑』 2집, 1971, 47~48쪽.

의 회고이다. 위의 회고에서 한용운을 운수납자雲水衲子의 생활로 표현한 것에 주목하고자 한다. 조종현은 당시 승려였는데, 그가 이런 표현을 하였다면 한용운은 일상생활 자체가 곧 참선 수행이었음을 말해 주는 것이다.

한용운은 1933년에 가서는 서울 성북동 소재에 자신의 거처인 심우장尋牛莊을 마련하였다. 그리고 그 즈음에 그는 결혼을 하여 그가 평소 주장한 승려의 결혼을 실천하였다. 때문에 이 무렵의 그는 승려라기보다는 비승비속의 생활인으로서의 거사居士로 보아야 할 것이다. 그에 대한 호칭이 선생으로 전환된 것은 이런 변화와 무관치 않다. 그의 거주처인 심우장은 지금은 서울 시내에 위치하고 있지만 당시만 해도 그곳은 서울 시내에서 수십 리가 떨어진 아주 한적한 곳이었다. 그래서 심우장은 그의 집에 대한 별칭이지만 어찌 보면 수행의 토굴로도 볼 수 있는 것이다. 한용운은 다음과 같이 그때의 소회를 피력하였다.

> 筆者는 城北洞의 一隅에 小居를 卜하고 尋牛莊이라 命名하였다. 「尋牛」라는 뜻은 一般으로 알려진 것이 아니어서 往往 지나는 사람들이 「尋牛莊」이라는 門牌를 보고서 「尋牛莊? 尋牛莊? 아마 이것이 牧場인가 부다?」 하는 말을 하게 되는 것도 그다지 怪異한 일은 아닐 것이다. …(중략)…

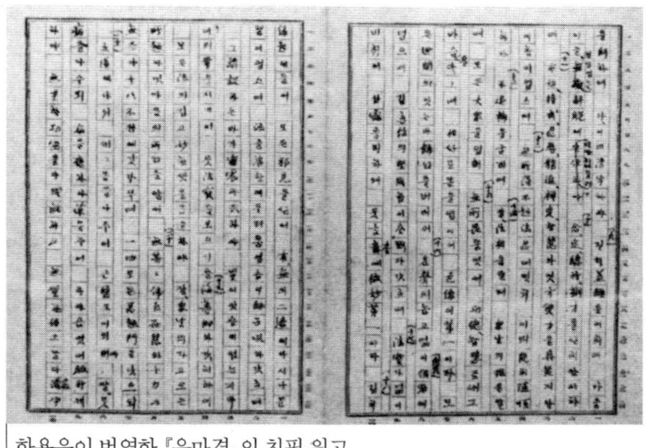
한용운이 번역한 『유마경』의 친필 원고

34 그는 〈조선불교청년총동맹〉의 간부였다. 그 이전에는 조선불교학인대회의 발기인이기도 하였다.

筆者는 佛教學徒의 一人인 故로 初心求道의 뜻을 表하기 위하여 所居處를 尋牛莊이라 命名하였으나 實로 그것도 猥濫한 일이다.[35]

한용운도 자신의 처지, 신분을 불교학도佛教學徒의 일인으로 표현하면서 자신의 근황을 초심구도初心求道하고 있다고 피력하였다. 그러므로 필자는 이러한 한용운의 생활 배경에서 재가거사의 수행 논리를 대변한 『유마힐소설경維摩詰所說經』을 그 무렵에 번역, 연재한 것을 이해할 수 있었다.

1936년 6월호 『삼천리』에 게재된 「尋牛莊에 參禪하는 韓龍雲氏를 찾아」는 당시 한용운의 근황과 그의 참선 수행 생활에 대한 정보를 정밀하게 전한다. 『삼천리』 기자는 '당대처사방문當代處士訪問'이라는 기획 시리즈 두 번째 인물로 한용운을 취재하기 위하여 1936년 3월 3일, 심우장을 찾았다. 당시 한용운은 불당 같은 심우장에서 칩거하는 것이 답답하지 않느냐는 기자의 질문에 "틈만 있으면 正坐하고, 俗念에서 물러나 參禪하는 것이 나의 매일의 중요한 일과"라고 답하였다.[36] 이어서 참선은 꼭 시간을 정하여 하느냐는 질문에는 이렇게 답했다.

그렇지도 않아요. 조용하고 틈이 있으면 언제든지 몇 십 분이고 몇 시간이고 하게 되지요. 그러나 아침 일찍 세수한 다음 저녁밥이 지난 뒤 잠자리에 들어가기 전에는 매일같이 꼭 참선하지요.[37]

여기에서 한용운의 심우장 생활의 요체는 참선임을 알 수 있다. 참선을 하면서 유유자적하고, 그러나 세상일과는 적정한 거리를 유지하는 무애자재無礙自在[38]하는 삶 그 자체인 것이다. 이러한 삶이 선이 아니고 무엇이겠

35 牧夫(한용운), 「尋牛莊說」, 『불교』 신4집, 1937. 6, 10~14쪽.
36 「심우장에 참선하는 한용운씨를 찾아」, 『전집』 4, 408쪽.
37 위의 글.

는가. 이제 한용운이 자신의 삶을 회고하는 장면으로 들어가 보자.

> 이제는 나이도 60고개에 이르렀으니 마음은 그렇지 않건만 기력이 쇠잔하여 가니 이런 것을 낸들 막을 길이 있나요! 이런 곳에 꾹 박혀 있는 나이니 혹 세상에서는 나를 세상일을 영영 잊으려는 사람으로 알리다마는 내 비록 행동은 없을지나 마음까지 세상사를 잊어버릴 수야 있겠나요! 하나 내 일찍부터 削髮爲僧으로 入山修道하여 일생을 마치려는 몸이니 조용한 이런 처소를 택해서 「심우장」을 꾸며 놓고 「무애자재」하는 이 생활에서 무엇을 탓하며 무슨 불안을 느끼겠소! 또 누가 그르다 말하겠어요! 허허…….[39]

이러한 한용운의 발언에서 필자는 전장에서 살핀 바와 같은 활선活禪, 선외선禪外禪, 정신수양으로서의 선을 만났다. 한용운은 자신이 주장한 선의 본질, 성격, 대중화를 실천하였던 것이다. 그런데 이러한 한용운의 선행禪行은 그 자신의 안락만을 기하기 위해서 나온 것이 아니었다. 그것은 그가 주장한 것과 같이 대중불교大衆佛敎, 입니입수入泥入水, 구세주의救世主義를 실천하는 과정에서 자연스럽게 나온 것이었다. 한용운이 3·1운동 참가부터 입적하였던 그날까지의 행적을 떠올리면 이러한 논지에 큰 거부감은 없을 것이다. 한용운의 선행禪行이라는 관점에서 그의 일생을 조망할 경우에 참고할 자료가 있거니와 그는 한국 현대불교의 거목, 조계종단의 종정을 역임한 청담의 회고이다. 청담은 일제시대 1920년대 중반부터 불교개혁, 선학원 운동 등에서 활동하였기에 한용운을 접하였으며, 지근거리에서 지켜볼 수 있었을 것이다. 더욱이 청담 자신이 수십 안거를 제도권 선방에서 행한 이력을 갖고 있다. 요컨대 제도권 수좌의 제도권 밖 선 수

---

38 당시 한용운의 심우장 방에는 석정石丁 작가의 작품인 '無礙自在'라는 액자가 걸려 있었다.
39 앞의 책, 409쪽.

행자에 대한 평가라는 점에서 주목할 내용이다.

상구보리(上求菩提)와 하화중생(下化衆生)이라는 자기 완성과 중생제도의 두 가지 고업(苦業)에 심신을 다 바쳐 실천한 만해(卍海) 한용운(韓龍雲) 스님은 늘상 승려이기 전에 인간이라는 차원에서 사바세계 속을 헤매는, 대중과 더불어 살며 그들의 고뇌를 알고 살아왔었다.

그는 항상 이 번뇌 많은 세상을 굽어보고 살지 않고, 도리어 번뇌의 소용돌이 속에서 빛을 잃고 헤매는 무리와 살결을 맞대고, 파토스(感情)와 로고스(是非)를 거듭하는 경지 속에서 이를 바로잡고, 그 속에서 보다 참된 빛을 찾는 해탈(解脫)의 길을 스스로 택했다. 모든 번뇌를 능히 벗어날 수 있을 법한 일이었건만, 그는 너무나 인간적이었기 때문에 자기 인격의 완성이란 미덕에 홀로 교만하지 않고, 그가 성취한 모든 진선미를 적게는 남과 더불어, 크게는 민족과 더불어 나누어 가지고 섬기며 사는 길을 스스로 택했다.

말하자면 고뇌를 면하기 위해 부처님을 찾으면서, 부처님이 곧 내 마음이며 때문에 좋은 것 궂은 것을 가리지 않고 모두를 포괄하기 때문에 고뇌를 새롭게 하는 무애(無礙)의 경지 속에서 그는 속된 것과 성스런 것을 자유자재로 오간 것이다. 오늘날 만해 스님을 평하기를 그저 호매불굴(豪邁不屈)의 독립투사로, 불세출(不世出)의 대웅변가로, 격조 높은 대시인으로 추앙하는 게 보통인데, 그러한 만해 스님의 실상(實相)은 번민과 탐구로 시시각각으로 여미어 온 수련의 고독이 깔려 있음을 자칫하면 놓쳐 버리기 쉽다. 사실 그는 「나」라는 소우주와 대아(大我)라는 대우주를 시시로 넘나들며 서원(誓願)의 여행(勵行)에 그때마다 새로운 마음가짐으로 대하는 영원한 구도자(求道者)이었다. 이 때문에 그는 그의 행적(行績), 그의 언어, 그의 시(詩), 그리고 그의 죽음조차 그 하나하나가 모두 새롭고 젊고 순수했다. 다시 말하면 불교 수행의 특징이 깨달음의 참신성과 번뇌의 순수성으로 집약될 수 있다면, 만해 스님이야말로 인생의 그때마다의 새로움을 맛보고 살아온 이른바 인간이란 엄연한 전제에서, 내적으로는 특수와 일반, 육(肉)과 영(靈), 감정과 지성, 미와

추, 영원과 순간, 현재와 미래, 전체와 개체, 보리(菩提)와 번뇌와의 무서운 갈등 속에서 인간 때문에 한없이 울었으며(詩), 또한 인간이란 그 전체적 원리 때문에 한없는 침묵(禪)을 지켰던 것이다. 한 가지 애석한 일이 있다면, 그가 오매불망 잊지 못하던 약소민족의 완전 해방을 인류 역사상에 실현하지 못하고 돌아간 것이 가장 슬픈 일이라 하겠다.[40]

이렇게 청담이 요약, 평가한 한용운의 행적이 본 고찰에서 다룬 한용운의 선에 대한 관점, 그리고 선행禪行과 동질적인 것이다. 청담의 평가에 의하면 한용운은 상구보리, 하화중생을 동시에 달성한 구도인이었다. 그는 깨달음을 마친 후에는 당연히 입니입수하여 중생구제를 하였고, 나아가서는 번뇌의 소용돌이인 중생의 삶이 구현되는 현장에서 깨달음을 얻고 그를 중생들에게 되돌려 주었던 것이다. 그러므로 그가 3·1운동의 참가 때부터 심우장에 칩거하다가 입적하였던 그의 후반부 삶은 영원한 구도자의 여정이었다. 그런데 그 여정은 단순한 참선 수행의 여정이 아니라, 끊임없이 자신과 중생·민족을 오고 갔던 서원誓願의 행보였다. 그러므로 이러한 한용운의 삶을 선에서의 깨달음과 사회화라는 관점을 갖고 조명해 본다면 그는 깨달음을 중생, 민족에게 회향한 대보살이었던 점을 분명하게 인식할 수 있을 것이다. 이는 그가 주장한 대중불교 그리고 선학을 종료한 후에는 반드시 입니입수하여 중생제도에 나서야 한다는 당위성에 부합되는 행보였음이 분명하였다. 여기에서 필자는 한용운의 삶이 대중불교, 활선, 입니입수, 구세주의에 투철하였다고 보고자 한다.

**40** 석(釋) 청담, 「고독한 수련 속의 구도자」, 『나라사랑』 2집, 1971. 12~13쪽.

## 4. 결 어

지금까지 깨달음과 사회화의 관점에서 만해 한용운의 선론禪論과 선행禪行을 정리하여 보았다. 맺는말에서는 지금까지 나온 주요 내용을 대별하여 요약하는 것으로 대신하고자 한다.

첫째, 만해 한용운의 불교개혁안 및 불교에 대한 관점을 이해하는 대상을 지금까지는 한용운이 1910년에 집필하고, 1913년에 발간한 『조선불교유신론』으로 간주하였다. 그러나 필자는 1931년 『불교』 88호에 기고된 「조선불교의 개혁안」을 주목하여 본 고찰을 집필하였다. 『조선불교유신론』이 30대의 글이라면 「조선불교의 개혁안은」은 50대의 글이다. 50대는 경험과 사상의 원숙이라는 측면에서 필자의 관심을 끌었기에 본고에서 「조선불교의 개혁안」에 나오는 불교관을 정리하였다.

둘째, 이런 전제에서 한용운의 불교관은 대중불교라고 필자는 단언하였다. 승려만의 불교, 산중불교가 아니라 도회지로 나와야 하는 불교, 전 중생 및 대중을 위주로 하는 불교가 되어야 한다는 것이 그의 지론이었다. 때문에 불교는 대중들이 살고 있는 현장으로 들어가 대중 및 중생들의 삶을 구원하는 구세주의, 입니입수하는 종교임을 설파하였다. 이런 입론에서 선 수행을 하고 깨달은 이후에는 당연히 구세주의로 나서야 함을 한용운은 강조하였던 것이다.

셋째, 그런데 한용운의 이러한 선에 대한 입장은 「선과 인생」, 「선과 자아」, 「선외선」에서 찾아볼 수 있었다. 이 글들에서 한용운은 자신의 대중불교, 구세주의적인 선론을 여실히 피력하였다. 그러면서도 선과 선 수행의 확장을 의도하였는바, 그것은 활선과 선외선이었다. 때문에 대중불교라는 구도에서의 선 수행이 가능함을 이론적으로 제시하였다.

넷째, 한편 한용운의 이 같은 선론禪論을 유의하면서 그의 일생에서의 선 수행에 관련된 행적을 정리하였다. 그 결과 그는 석왕사, 건봉사라는 제도권 선방에서 수행을 한 것을 찾아낼 수 있었다. 그리고 『조선불교유신론』에 참선편이 포함된 것을 보고, 한용운이 선에 대하여 일정한 관심, 개혁, 비판의 입장이 적지 않은 것을 파악하였다.

다섯째, 그는 백담사 오세암에서 1917년 깨달음을 만나게 되었다. 그는 깨달은 직후 서울로 올라와서 『유심』 발간, 3·1운동 주도 등 중생과 민족의 고통의 중심부에 서게 되었다. 수감 생활에서의 선 수행, 출옥 이후에는 선학원에 머물며 다양한 활동을 하면서도 그의 참선행은 지속되었다.

여섯째, 1930년대 초반부터 그는 사찰, 선방을 완전히 벗어났지만 민가, 심우장에서의 참선 생활은 지속했다. 이는 그가 주장한 선의 외연 확대를 실행하였음을 의미하는 것이다. 특히 심우장에서의 생활은 운수납자의 삶이라고 지칭될 정도로 무애자재하는 경지였다. 재가거사로서 그는 말년을 참선과 함께 지냈다.

일곱째, 그러므로 선의 관점(禪論, 禪行)에서 본 그의 삶은 대중불교, 입니입수하는 구세주의 실천의 다름이 아니었다. 이는 그가 지적한 깨달음 이후에는 반드시 대중불교로 나가야 하는 것뿐만이 아니라 인간사회의 현실을 여의지 않고, 번뇌 중에서 보리(깨달음)를 얻고 그를 실천해야 한다는 대중불교의 실천행이었다.

# 불교의 근대성과 한용운의 대중불교

제6장

## 1. 서 언

최근 10여 년간 인문학의 학문적인 논쟁의 중심에는 근대성 및 탈근대성이 자리 잡고 있었다. 그러나 그 논쟁은 불교계에서 큰 주목을 받지 못하였다. 그 이유는 무엇인가? 이에 대한 해답은 다양한 관점에서 설명이 가능하겠지만, 필자는 다음과 같은 입장을 갖고 있다. 우선적으로 불교계의 학문적 취향이 불교의 교리, 신앙, 사상 등에 경도된 연구 경향과 무관할 수 없다는 것이다. 다음으로는 근대성, 탈근대성에 대한 접근 및 이해는 관련 분야의 근대, 현대 시기에 대한 적극적인 관심, 분석, 연구와 연결되어 있다. 이는 자기가 처한 현실의 분석 및 나아갈 방향에 대한 고민에서 나온다. 최근 각 분야에서 이 시기를 연구하는 학자들이 나오고, 불교계의 사찰, 문도회 차원에서 고승 및 사찰 역사 찾기가 가시화되고 있지만 큰 구도에서 볼 경우, 연구의 척박성은 부인치 못할 것이다.

불교학계에서 그에 대한 검토, 논의, 시각이 전연 없었다고는 말할 수 없지만 여타 분야와 비교해 보면 그 차별성은 분명하다. 한편 불교계, 불교학계의 그 정황은 불교 현장, 현실에 대한 무관심 혹은 애써 눈감기, 회피하기, 논란하지 않기, 논쟁 문화의 부재 등의 정서와도 연계되고 있다. 그리하여 이러한 자기 정체성에 대한 몰인식의 풍토는 불교계의 역사의식 빈곤을 설명하는 단서가 되었다.

그럼에도 불구하고 만해 한용운에 대한 연구 분야에서는 근대성의 논의가 일부에서 있었음을 주목하고자 한다. 이에 본 고찰에서는 지금껏 불교계에서 미약하게나마 논의된 내용을 정리하면서, 나아가서는 한용운에 대한 이해 및 바라보는 성격을 둘러싸고 전개된 한용운의 근대성, 탈근대성의 논란을 소개하고자 한다. 이런 과정을 통하여 필자가 생각하고 있는 불교의 근대성을 시론적으로 추출하고자 한다. 본 고찰이 추후에 불교의 근대성을 검토할 경우에 참고할 수 있는 디딤돌이 된다면 다행이라 하겠다.

## 2. 불교의 근대성 연구, 검토

불교의 근대성에 대한 불교계, 불교학계에서의 본격적인 검토나 관련 글의 기고는 2000년대에 들어와서 시작되었다.[1] 2001년 부처님 오신 날을 기해 《불교신문》에서 봉축 기획으로 특집(2004. 5. 1)을 마련한 것을 주목할 수 있다. 《불교신문》은 이 특집에서 「한국불교와 근대성」이라는 특집 대담을 마련하고, 그를 보도하였다. 이 신문의 대담자로 나선 인물은 고영섭, 종림, 장석만이었다. 그 대담 내용 중에서 주목할 것을 대담자별로 구분하여

1 불교의 근대성에 대한 논고는, 고병철이 『한신인문학연구』 4집(2003)에 기고한 「일제하 한국불교의 근대성 수용 방식」이 참고된다. 이 글은 1939년경 홍천사 감로탱화에 그려진 그림의 각 장면을 불교의 근대적 사회상에 연결하고, 그를 불교의 근대성 수용 방식으로 설명한 고찰이다. 고병철은 이 글에서 불교 근대성에 대한 개념을 소략히 취급하였기에 필자도 그 글을 참고하는 수준에서 이해하였다.

제시하겠다. 먼저 고영섭은 개항 이후를 근대로 보면서 불교의 근대성은 연기설과 연결지어 이해하자고 주장한다. 그는 근대성을 양화, 분화로 보면서 불교의 근대성은 연기설의 관점에서 바라보아야 한다고 주장하였다. 그리고 종림은 수직적인 구조를 전통적인 구조로, 수평적인 구조를 근대 및 현대의 사고로 이해하면서 불교 교단 내의 변화상에서 근대성을 찾을 것을 주장하였다. 그리고 장석만은 불교 근대성의 검토에서 삶과 믿음의 양식 변동을 하나의 관점으로 제시하였다. 삶, 믿음이 새롭게 된 내용을 근대성의 기준이라 강조하였던 것이다.

이처럼 고영섭, 종림, 장석만의 근대성을 바라보는 관점은 각기 그 접근이나 표현하는 개념이 이질적이다. 한편 당시 《불교신문》의 특집에는 심재관의 「한국불교에 '근대'는 존재하는가」와 허우성의 「한국불교의 '근대성' 인식과 극복」이라는 주제의 글이 기고되었다. 우선 심재관의 입론을 살펴보자. 그는 전통적인 불교 국가의 근대적 변형을 식민성의 극복과 근대의 수용이라는 이중적 과제로 설명하였다. 그리고는 불교 내부로부터 근원적인 변동으로서의 교리의 새로운 이해와 승단의 변모가 그 이전과는 확연히 구분된 점을 주목하였다. 그는 이를 불교의 근대성으로 은연중에 제시하였다고 보인다. 이에 심재관은 불교 내부에서 근원적인 변동을 기하려는 사고와 행동을 불교 혁신운동으로 표현하였다. 그러나 심재관은 당시 나온 권상로, 이영재, 한용운, 이능화의 개혁사상과 운동이 선언적인 불교혁신에 머물렀다고 이해하면서 그 움직임은 실패하였다고 보았다. 요컨대 역사적인 근원에서부터 개혁하려는 것이 아니었고, 민족적 과제의 실천과 불교가 갖는 사회적 기능의 근대화를 꾀한 것으로 보았던 것이다.

이에 반해 허우성은 근대성을 주체의 자율성에 대한 신념과 이성의 보편성에 대한 믿음이라고 보면서 한국불교의 근대성은 한국사회 일반의 근대성과 불가리不可離의 관계에 놓여 있다고 하였다. 그는 근대의식을 자신의 시대에 대한 자의식, 과거와의 차별성을 통한 현재에 대한 자의식으로 전제하던 불교 근대성의 시각으로써 불교계 구성원들의 주체의식, 자율성으로 설정하였다. 이는 불교공동체 혹은 승가공동체 구성원의 주체와 자율을 불교 근대성의 핵심으로 간주하였음을 말하는 것이다.

필자는 불교 근대성에 대한 관심의 일단을 중앙학림의 사례 분석을 통해 개진한 바 있다. 2003년에 「중앙학림과 식민지 불교의 근대성」이라는 고찰을 발표한 것이다.[2] 이 고찰은 현재 동국대의 전신인 중앙학림의 설립(1915) 과정을 관련 자료의 발굴, 분석으로써 재구성한 글이다. 그런데 그 과정을 세밀히 보면 당시 조선총독부의 적극적인 개입이 나타나고 있는바, 이를 '친일적'인 모습으로 그릴 것인가, 아니면 그를 다른 의미로 성격을 부여할 것인가에 대한 고민의 일단으로 작성되었다. 당시 필자는 그 다른 의미를 식민지 불교가 갖고 있는 근대성의 일면으로 표현하였다. 나아가 필자는 그 글을 집필하였을 때, 일제하의 불교의 속성을 식민지 불교라고 표현하면서 식민지 불교의 근대성을 어떻게 이해할 것인가를 고민하였다. 이에 당시는 식민지 불교의 근대성을 바라보는 관점으로 사상, 교단, 의례라는 개념을 제시하였던 것이다. 그런데 식민지 불교가 근대화로 나가던 그때는 일제의 불교정책에 긴박당하고 있었으며, 간혹 일본불교에 자극, 추동되었음을 부인키 어렵다. 즉 불교의 근대성에는 일면 '친일'적인 색채를 완전 배제할 수 없다는 것이다. 필자는 그 대표적인 사례를 중앙학림의 설립 과정에서 찾았던 것이다. 이는 여타 연구자들이 바라보았던 불교의 근대성과는 약간 다르다. 그래서 중앙학림의 설립을 친일이라는 개념에서 벗어나, 필자는 그를 불교의 근대성 범주에서 바라보려고 하였다.

여기에서 필자가 제시한 개념을 풀어 설명하면, 우선 사상적인 측면은 불교의 경전과 교리를 재해석하거나 특정 사상을 강조하여 그를 현실에

---

2 김광식, 「중앙학림의 설립과 식민지 불교의 근대성」, 『사학연구』 71호, 국사편찬위원회, 2003.

맞게 적응시키는 노력으로 보았다. 즉 사상의 재조명을 통하여 대중에게 다가가려는 불교 대중화라고 한 것이다. 그리고 교단은 승려와 재가 대중이 사찰 및 포교당을 거점으로 공동의 신앙생활을 하는 조직체의 결성을 시도함을 말한다. 여기에는 조직 체계와 규율이 나온다. 이처럼 교리 체계가 정비되고 단체가 결성되면, 승려와 신도가 함께 행하는 공동적인 의식 체계가 등장한다. 이는 의례라고도 표현되지만 불교의 외형적인 활동(법회 등)으로 말할 수도 있다. 이렇게 당시에는 불교 근대성을 바라보는 관점으로 사상, 교단, 의례라는 개념을 제안하였던 것이며, 중앙학림의 사례에 그를 적용해 보았던 것이다.

한편 2005년 『불교평론』 22호에서는 「한·중·일 불교의 근대성을 해부한다」는 특집 기획을 마련하였다. 이 기획에 참여한 김경집과 심재관은 자신의 글에서 한국불교 근대성에 대한 소감을 피력하였다. 우선 김경집은 정체성 인식, 교단 쇄신, 불교의 사회화를 한국, 중국, 일본의 불교가 근대성을 수용하는 과정에서 나타난 공통된 특징이라고 설명하면서도, 외세를 극복하면서 자주적인 전통을 되찾으려는 한국불교의 움직임을 근대성의 독자적인 성격으로 이해하였다.[3] 그리고 심재관은 과거 전통과 확연히 분리되어 새로이 '경험'되는 불교이면서, 타자(서구/일본)로부터 분리해 우리를 주체화시켰던 불교의 모습을 불교의 근대 체험으로 보았다. 즉 그는 이

고뇌하는 모습의 한용운

3 김경집, 「한·중·일 불교의 근대성 수용 경로와 차이점」, 『불교평론』 22호, 2005, 13~21쪽.

를 불교 내의 근대적 특성으로 표현하였던 것이다.[4]

지금까지 필자를 포함한 유관 연구자들이 제시한 불교의 근대성을 개괄하여 보았다. 연구자들의 문제 제기에서 공통적으로 드러난 것을 요약하면 다음과 같다.

- 개항(도성 출입금지 해제) 이후의 불교계의 변화상
- 조선시대의 불교와의 차별성(삶, 신앙의 양식, 전통)
- 불교의 집단 및 교단의 특성
- 일본불교 및 서구와는 다른 모습(전통, 활동)
- 불교 내부의 근원적인 변동(교리의 새로운 이해, 승단의 변모)
- 불교인의 시대 인식 및 각성, 주체의식 및 자율성
- 불교계의 동향 및 정서를 객관적, 역사적으로 그려낼 수 있는 보편성

이처럼 각 연구자들이 불교의 근대성을 자신의 시각, 코드에서 제안하였지만 합의된 개념은 확연하게 드러나지 않았다.[5] 그러면서도 개항 이후 불교계의 변동, 주체의식, 조선시대 불교와의 차별성에서는 공통적인 분모를 찾을 수 있다. 추후에는 이 공통분모에 대한 적절한 의미 부여, 개념 설정이 뒤따라야 할 것이다.[6]

---

4 그는 이 내용에서 승려의 대처식육과 승가교육의 변동을 가장 확실한 근대성의 지표로 이해하였다. 심재관, 「근대 한국불교의 한 진경」, 『불교평론』 22호, 2005, 60쪽.

5 정혜경은 『승가교육』 2집, 조계종교육원, 1999에 기고한 「일제하 승가교육의 근대화론」에서 교육적 측면의 불교 근대화의 이론을 점검하였다. 그러나 근대성을 직접적으로 검토하지 않았기에 필자는 본 고찰에서 활용치 않았다.

6 조성택은 기존 근대기 불교 연구에 대한 인식의 총체적인 전환, 재인식을 촉구하는 글을 발표하였다. 조성택, 「근대불교학과 한국 근대불교」, 『민족문화연구』 45호, 2006. 본 고찰에서는 그에 대한 대응, 의견을 논할 여건이 없지만, 필자는 조성택의 논지에 동의할 수 없다. 조성택은 그 글에서 불교의 근대성을 "불교가 추동한 역사적 결과물이 아니기에 불교 자체의 근대성을 논의하는 것은 무의미하다고 보면서, '근대불교'가 함의하고 있는 것은 근대라

한편 여기에서 필자가 느낄 수 있는 것은 문학, 철학 방면에서 논의된 근대성과는 다른 이질성이다. 필자가 타 분야에서 논의된 근대성을 정리할 수 있는 여건에 있지는 않지만 근대성의 초점은 대략 서구·백인·남성 중심주의, 자본주의, 이성 중심주의로 모아지고 있다고 본다. 그리고 근대성의 원리는 이분법,[7] 진리의 확정성,[8] 인간 중심주의 등이라고 이해하고 있다.

필자는 여기에서 근대성을 논의하고, 근대성(탈근대성)을 적용하여 특정 시기의 역사, 삶, 변동을 서술·이해하는 근원(목적)은 무엇인가에 대하여 생각해 보았다. 그것은 지난 과거(역사)에 대한 이해이며, 현재(현실)에 대한 분석 혹은 이해, 현 단계의 정체성 파악일 것이다. 요컨대 과거 및 현재에 대한 성찰적 이해이다. 이 경우 이해를 하기 위한 관점·시각(해석학)으로서 하나의 가설, 잣대로서 활용하는 것이라 하겠다. 근대성, 탈근대성은 학문을 통해 점검, 바라보려는 방법이지, 그 자체가 절대적인 관점일 수는 없다고 필자는 본다.

그러면 근대성을 바라보는, 탐구하는 관점은 무엇인가? 서구 학문에서 나온 근대성의 원리만이 유일한 관점이 되어야 한다는 것은 수긍키 어렵

---

는 공간에서 재해석되고, 재구성된 불교라는 의미"로 주장하였다. 그리고 "근대라는 새로운 종교 환경에서의 새로운 형태의 불교 활동을 뜻한다."고 주장했다. 즉 그는 "불교 지식인의 등장, 번역 및 출판과 같은 지식인으로서의 활동 포교, 다원적 종교 상황 인식, 근대적 의미의 학문으로서 불교학의 등장, 과학과의 관계에 대한 인식 등을 근대불교의 특징"으로 거론했다. 위의 글, 103~104쪽 참조. 조성택의 이 주장은 필자의 주장과 큰 줄기에서는 같다고 하겠으나 당대를 이해하는 기본 입장, 그를 바라보는 지향점, 현실 불교의 해석 등에서 많은 차이점을 갖는다. 필자는 조성택의 주장에 대해서는 적절한 시점이 오면 그에 대한 입장을 개진할 예정이다. 그리고 조계종 교육원의 불학연구소에서 펴낸 『불교근대화의 전개와 성격』(조계종출판사, 2006)도 이 분야 연구 심화에 참고할 수 있는 저작이다.

7 여기에서는 유럽과 제3세계, 문명과 야만, 이성과 감성, 남성과 여성, 영혼과 육체, 주체와 객체, 정신과 물질 등 근대의 구분법이 대개 이분법적임을 말한다.

8 이는 관찰과 실험을 중시하는 실증주의적인 입장을 말한다. 즉 진리의 추구 방식이 과학적 검증에 크게 의존한다는 것이다. 그리하여 과학과 기술이 모든 진리의 준거라고 이해한다.

다. 그런데 여타 분야의 근대성, 탈근대성 논란은 이러한 가설, 잣대, 관점의 성격을 벗어난 것으로 보인다. 다시 말하면 근대성, 탈근대성이라는 구도에 함몰된 것이 아닌가 한다. 문학·철학 분야에서의 기존 논의를 필자의 시각에서 조망하면, 근대(성)를 하나의 본질로 고정 및 절대화시켜 이해하는 것이며, 근대를 고정불변의 단일체로 이해한 것이 아닌가 한다. 간혹 기존 근대인식을 비판하는 흐름도 있었지만 그것은 외곽의 목소리였다. 즉 근대의 다양성에 대한 길을 터놓으려는 흐름도 등장하였지만 미약하였음이 분명하다.

다시 말하면 필자에게는 기존 근대성 논의의 목적이 어디에 있는가에 대한 대답이 선명하게 다가오지 않았다. 아울러 서구 학문에서 생성된 이론을 갖고 우리의 현실을 이해하려는 것도 납득하기 어려웠다. 우리가 불교의 근대성을 논의할 때에는 위에서 살핀 원칙(관점, 잣대 등)을 유의해야 한다고 필자는 강조한다. 그런데 그간 불교의 근대성이 불교계에서 논쟁의 중심에 서지 못한 것은 위에서 제시하였지만, 1차적으로는 근현대 불교에 대한 무관심에서 비롯된 것이다. 그리하여 현재 불교학계는 불교 근대성의 개념 자체가 논의될 수 없는 학문적 토양 위에 있다. 이에 불교의 근대성 분야가 검토, 논의되려면 근현대 불교에 대한 학문적인 관심, 접근이 우선 이루어져야 한다고 본다.

한편 필자는 근대성 검토의 우선점이 불교인들이 '새로운 시대'에 대한 이전과는 다른 '인식'에서 나온 역사의식이 아닌가 하는 단상을 갖고 있다. 물론 이 경우에는 주체의식, 자율은 기본적으로 수반된다. 이 전제에서 불교의 근대성을 검토하면, 불교인의 각성, 주체의식이 최우선적으로 설정되어야 한다. 그 후에는 새로운 시대에 접어들었다는 강한 주체의식 하에 불교가 변화해야 한다는 다양한 고민, 활동, 대안, 불교개혁론, 신식학교 설립, 도회지에 포교당 개설, 외국 유학, 교단 재건 등이 뒤따르는 것이다. 요컨대 새로운 시대에 불교가 처하였다는 불교계의 역사의식을 점검하는 것이 불교 근대성 연구의 첫 번째 발걸음이라고 본다. 그 연후에는 근대 시기(개항~8·15해방) 불교계의 총체적인 움직임(의식, 흐름, 운동 등)의 본질(성격, 특성 등)을 찾아내야 할 것이다. 그리고 그 본질에 대한 보편적인 개념화 작업이 필요할 것이다.

## 3. 한용운 연구와 불교의 근대성

필자는 본 고찰에서 한용운과 불교의 근대성을 접목하여 한용운 및 불교 근대성 연구의 지평을 새롭게 하고자 한다. 그리고 이 접근은 앞서 필자가 밝힌 불교의 근대성은 새로운 시대에 접어들었다는 역사의식, 주체의식을 점검하는 것이 최우선이라는 제안과 연결되는 것이다. 이에 본 장에서는 필자가 제안한 작업의 선행으로 우선 기존 연구자들이 접근한 내용을 살피고자 한다.

한용운을 근대성, 탈근대성과 연결하여 연구한 최초의 연구자는 장시기이다. 그는 2003년 8월 9일, 백담사 만해마을에서 개최된 만해축전 만해학 심포지엄(대주제: 만해의 정치·사회 사상)[9]에서 「만해 한용운의 불교적 '노마돌로지'에 나타난 근대성과 탈근대성」을 발표하였다.[10] 장시기는 한용운을 신비적이고 추상적인 인물로 칭송하지만, 이면에서는 파계승이라는 낙인, 불교의 좁은 테두리 속에서 전개한 독불장군식의 독립운동가이기에 집단적·민족적 각성이나 독립정신의 고취에 기여하지 못했다는 평가가 있음을 소개하였다. 그는 이 평가가 근대성의 기준인 서구적인 이분법의 잣대에서 나온 것으로 보았다. 이러한 평가는 문학 비평을 비롯한 인문학적 지

9 〈한국교수불자연합회〉 주최로 개최되었다.

10 『만해축전자료집』, 2003, 267~289쪽.

식의 전 분야에 걸친 한국사회의 주류를 담당하고 있는 '근대성(서구·백인·남성 중심주의)'의 전형이라고 주장하였다.[11] 이는 은연중 한용운에 대한 부적절한 평가는 근대성의 관점에서 나왔음을 강조한 것이다. 나아가 그는 한용운을 제대로 평가하기 위해서는 탈근대의 관점에서 새롭게 보아야 한다고 주장하였다. 즉 근대성의 기준에서 판단할 수 없는 것을 신비화로 색칠하였는데, 바로 한용운의 경우가 그렇다는 것이다. 이에 그는 들뢰즈의 '노마돌로지'라는 개념으로 한용운을 다시 보자고 제안하였다. 즉 들뢰즈는 스피노자, 니체, 베르그송과 같은 서구적 근대의 비주류 철학자들을 탈근대성의 논의를 위한 '개념적 인물'의 모델로 제시하는 지적인 작업을 하였는데, 그것을 일컬어 '노마돌로지'라고 부른다는 것이다. 이에 그는 노마돌로지의 개념으로 한용운을 재평가해야 한다고 주장하였다.

나아가서 그는 한용운의 시를 분석하면서 여성의 소재가 많음을 적시하고, 그러한 점을 한용운의 여성주의로 보았다. 그 후 한용운의 여성주의는 서구적 근대성에 저항하는 여성주의와 일치한다고 연결하였다. 그는 한용운 시의 주제로 등장하는 '님'은 생성적, 깨달음의 님이기에 서구적 근대관으로는 결코 이해할 수 없다고 본다. 요컨대 그는 만해 한용운의 삶과 문학을 탈근대의 관점에서 재평가하자고 하였다.

이러한 만해의 삶과 문학, 그리고 유교의 국가철학에 의하여 변질된 근대 초기의 조선불교를 개혁하고자 했던 그의 불교사상을 우리의 삶과 인식론적 체계 속으로 끌어들이는 작업은 전 지구적인 탈근대의 탈식민주의, 페미니즘, 그리고 생태주의가 들뢰즈의 노마돌로지를 그들의 이론과 실천에 끌어들이는 작업과 마찬가지로 서구·백인·남성 중심주의의 서구적 근대로부터 벗어나 전 지구적인 탈근대

---

11 장시기는 이를 고은의 『한용운평전』(민음사, 1975)에서 그 근거를 찾았다. 그는 고은의 만해관을 서구의 근대 국가철학에 의하여 구성된 서구·백인·남성 중심주의의 근대성을 그대로 물려받은 비평 문학의 예증이라고 하였다.

성으로 나아가는 길일 것이다.[12]

이처럼 그는 한용운을 탈근대성의 기준에 의해 부활시켜야 한다고 강조하였다. 그러나 장시기는 한용운의 행적에 대한 탈근대 관점에서의 종합적인 분석은 시도하지 않았다.

장시기의 이 주장은 당시 불교계에서 큰 주목을 받지 못하였다. 필자도 그 주장을 잘 알지 못하였다. 그러다가 2004년 8월 18일 자의 《한겨레신문》의 칼럼에 박노자가 「만해 한용운, 인류를 사랑한 애국자」라는 주제의 글의 내용에 한용운의 탈근대성을 언급하였다. 박노자의 이 칼럼에 대하여 장시기는 《불교신문》에 박노자의 주장에 전적으로 동의한다는 요지의 기고문인 「만해 한용운의 탈근대성」을 보내 그 글이 《불교신문》에 게재(2004. 8. 22)되었다. 당시 《불교신문》은 장시기의 기고문을 게재하면서 그를 기점으로 한용운의 근대성, 탈근대성에 대한 논쟁을 유도하였다. 그리고 《불교신문》 기자는 필자에게 연락을 하여 그에 대한 기고문을 요청하였다. 그래서 필자는 박노자, 장시기의 글을 읽어 보면서 한용운에 대한 편향적인 이해를 지적함과 동시에 한용운의 근대성에 대한 입장을 개진해야 하겠다는 심정으로 「만해의 '탈근대성' 규정에 이의 있다」는 글을 작성하였는데, 그 글은 《불교신문》에 즉시 게재(2004. 8. 29)되었다. 그런데 필자의 글이 기고된 이후 찬동, 반박에 대한 글이 기고되지 않아 그 논쟁은 중단되고 말았다.

여기에서는 박노자, 장시기, 필자의 글을 요약하면서 한용운의 근대성에 대한 필자의 입장을 제시하고자 한다. 우선 박노자는 《한겨레신문》의 칼럼에서 한용운을 다음과 같이 언급하였다.

> 식민지 시대가 낳은 가장 뛰어난 '근대성의 비판자'였던 만해는 민족주의뿐만

12 『만해축전자료집』, 2003, 289쪽.

아니라 자본주의도 인류가 지나가야 할 낮은 단계로 생각했다. …(중략)….

만해는 독립운동가였지만 그는 일제로부터 정치적 독립뿐만 아니라, 서구로부터의 지적인 독립, 그리고 인간의 보편적인 자유와 평등을 추구했다. …(중략)….

한국학자로서 만해의 사상이 나라 밖에서 잘 알려지지 못한 점을 아쉽게 여기지만, 필자가 알고 있는 탈근대 사상가로서의, 정신적인 아나키스트로서의 만해의 모습이 국내 저술에서마저도 잘 찾아지지 않은 것은 더욱 아쉽다. 그래도 한국역사 속에서 근대의 환상을 넘어선 박애주의자 만해가 있기에 우리에게 희망이 있다고 본다.

요컨대 한용운을 근대성의 비판자, 탈근대의 사상가로 보았던 것이다. 박노자는 한용운의 근대화 노력을 완전 부정한 것은 아니었지만, 이러한 그의 주장은 파격성을 갖는 글이었다. 이에 대하여 장시기는 박노자의 입장을 찬동하는 취지의 글, 「만해 한용운의 탈근대성」에서 박노자의 견해, 한용운의 탈근대성을 다음과 같이 피력하였다. 장시기는, 한용운은 근대의 민족시인이 아니라 탈근대의 세계적인 시인이라고 하면서 한용운을 민족불교 사상가가 아니라, 탈근대의 민중불교[13]의 사상가라고 주장한다.

만해는 근대적으로 부활된 민족(혹은 호국)불교의 사상가가 아니라 탈근대적인 민중(노마드)불교의 사상가이다.

만해를 근대적으로 부활된 민족불교의 사상가로 오인하는 순간, 우리는 만해가 일본의 불교나 중국의 근대 사상가들을 배우고자 했던 것을 제외하거나 평가절하하는 오류를 범하게 된다. 만해는 민중의 자각에 의한 아름답고 평화로운 나라를 추구한 독립운동가이다.

---

13 장시기가 칭한 민중불교의 개념은 들뢰즈가 인용한 노마드에서 연원한 것으로 보인다. 그런데 노마드는 '유목민적'인 뜻을 담고 있는데 이를 민중불교 개념으로까지 본 것은 보다 세밀한 보완이 요청된다.

박노자의 주장보다 한발 더 나간 분위기였다. 그는 탈근대의 이름으로 논의된 탈식민주의, 여성주의, 생태주의도 상호 연대와 성찰이 없으면 근대성의 나락으로 떨어질 가능성이 있다고 주장한다.[14] 이에 장시기는 한용운을 탈근대성에 의해 재평가하면서, 한용운의 철학은 불교의 문화적 생태주의라 하였다. 즉 그는 탈근대성의 관점으로 한용운의 전체상에 대한 재평가를 시도하였던 것이다. 나아가 그는 한용운을 '모든 탈근대 지식인들의 대표적인 모델'이라는 표현으로 자신의 입론을 마감하였다.

한용운이 항일비밀결사체인 〈만당〉의 당원 박근섭에게 준 친필 도자기

이에 대하여 필자는 「만해의 '탈근대성' 규정에 이의 있다」는 기고문에서 박노자의 글에서부터 장시기의 글이 나왔기에 박노자의 입장에 반박하는 요지의 글을 작성하였다. 필자는 박노자가 한국학 전반, 불교, 독립선언서 공약삼장에 대한 이해가 깊다는 것은 인정하면서도 그의 칼럼은 지나친 해석이 있다고 보았다. 이에 재고를 요청하는 요점을 세 가지로 대별하였다. 우선 첫째는 한용운 평가를 극단적, 영웅적으로 한 것에 대한 이의를 제기하였다. 박노자가 쓴 '민족영웅의 상'이라는 개념은 부적절하다고 보았다. 한용운은 위대한 인물이지만 이 표현은 어울리지 않는다고 주장하였다. 둘째, 한용운을 서구적 관념인 폭력 숭배, 민족주의를 넘어선 박애주의자, 서구로부터 지적인 독립을 하였다는 것을 비판하였다. 셋째

14 그는 탈근대성의 추구에는 비서구적인 시선과 여성의 시선, 비인간의 시선이 필요하다고 본다.

로는 한용운을 탈근대 사상가, 정신적인 아나키스트, 근대성의 비판자로 표현한 것을 비판하였다. 필자는 그를 다음과 같이 개진하였다.

> 필자는 이에 대하여 동의하기 어렵다. 그는 일생 동안 민족의 독립을 갈구하고 헌신하였다. 설혹 탈근대적인 측면이 있었다 해도 이는 그의 사상이 시대를 뛰어 넘는 보편성을 말하는 것이다. 정신적인 아나키스트라는 것은 더욱 곤란하다. 그의 행적, 지향, 사상은 한국적인 바탕에 서 있었다. 그가 불교의 진리성, 보편성을 자신의 사상으로 만들었기에 이는 탈근대성과 연결될 수 있지만 그 경중을 고려해야 할 것이다.
>
> 박 교수는 탈근대의 개념을 통한 한용운 이해를 하기 이전에 근대성, 민족의 독립의 관점에서 한용운을 바라보아야 할 것이다.

필자는 이처럼 박노자의 견해에 대하여 강한 이의를 제기하였다. 그러나 이후 추가의 기고문이 없어 논쟁은 시작 초반에 중단되었다. 필자의 요체는 한용운을 근대성으로 우선 접근해야 한다는 것이다. 그래서 필자가 생각하는 불교의 근대성과 한용운은 어떻게 연결되는가를 고민하기 시작했는데, 그것이 이 글을 쓰게 된 배경이 되었다.

한편 이런 논쟁이 있기 1년 전인 2003년 8월 10일, 백담사 만해마을에서 열린 만해축전의 만해학 심포지엄(대주제: 『조선불교유신론』의 21세기적 의미)에서 이도흠은 「『조선불교유신론』에서의 근대적 세계관 읽기」를 발표하였다.[15] 이도흠은 각종 텍스트로부터 근대적 세계관과 이를 형성하는 약호를 찾아내는 것이 근대성 논의의 바른 길이라고 하였다. 그는 『조선불교유신론』의 근대성을 논하려면 우선 『유신론』이라는 텍스트에서 근대적 세계관과 이를 이루는 원리를 찾아야 한다고 전제하였다. 그는 근대적 세계

15 이 논문은 『불교평론』 16호(가을, 2003)에 게재되었다.

관을 형성하는 원리를 이분법, 인간 중심주의, 진리의 확정성, 합리성이라고 보았다. 요컨대 이도흠은 그 원리가 『조선불교유신론』에서 찾아지는가를 검토하였거니와, 이에 대한 그의 결론은 다음과 같다.

> 그 결과 만해는 중도의 사유를 인정하면서도 이분법적 사유를 하고 승려로서 진여의 불가사의함을 인정하면서도 진리의 확정성을 옹호하였으며 부처와 중생과 마음이 하나임을 알면서도 인간 중심의 사유를 전개한다. 이분법, 진리의 확정성, 인간 중심주의 등은 근대성을 형성하는 원리들이다. 이는 만해가 단순히 근대적 요소를 부분적으로 수용한 계몽주의자가 아니라 근대적 세계관을 굳게 형성하고 있었던 근대적 지식인이었음을 의미한다. 궁극적으로 불교적 세계관을 지향하면서도 불교개혁의 방편으로 이분법 등 근대적 사유와 실천을 행한 것이 『조선불교유신론』의 두드러진 특징이다.[16]

즉 그는 『조선불교유신론』에 나타난 한용운은 근대적 세계관이 투철한 지식인이었다고 강조하였다. 이는 앞서 살핀 장시기의 입장과는 정반대의 접근이고, 이질적인 결론을 도출한 것이라 하겠다. 이를 어떻게 설명하는 것이 타당할까? 학문은 본디 이처럼 다양한, 대응적인 시각에서 접근할 수 있는 것이다. 그럼에도 불구하고 이에 대한 적절한 대답이 궁하다. 그런데 장시기, 이도흠은 문학 방면의 연구자이다. 그들은 불교 관련의 글을 쓴 경우도 있겠지만 그들의 출신, 활동 공간은 문학이다. 때문에 이들의 입론은 앞서 필자가 정리한 불교의 근대성을 살펴본 불교 관련 연구자의 접근 방식과는 차이가 있음을 알게 된다. 다시 말하면 지금까지의 한용운 연구에 접목한 근대성은 주로 문학 연구자들에서 나온 것이다. 때문에 이를 불교의 근대성이라고 즉각적으로 연결하여 말하기는 어려운 것이다.

---

16 『만해축전자료집』, 2003, 488쪽.

## 4. 불교의 근대성과 한용운의 불교개혁

앞서 필자는 불교의 근대성을 접근함에 있어서는 최우선적인 것이 이전 시기와는 다른 새로운 시대에 접어들었다는 인식으로서의 역사의식이라고 지적하였다. 이런 자각, 자의식이 있은 연후에 불교가 그러한 새 시대에 적응, 토착화하기 위한 대안 및 방향을 고민할 것이다. 이는 어찌 보면 자각과 동시에 구현될 수도 있는 것이다. 그리하여 이러한 자각, 고뇌, 대안 등이 성숙되면 이 흐름 자체가 하나의 시대적인 이슈가 될 것이다. 마침내 이러한 일련의 과정이 심화되면 불교계 전체에서 불교가 지나온, 나아갈 흐름·방향이 공통적으로 나타날 수 있는 것이다. 여기에서는 조선시대의 불교가 숭유억불로 그간 표현된 개항 이전의 불교 상황을 심도 있게 고려해야 함은 당연한 전제이다.

필자가 위에서 말한 것을 다시 정리하면, 새로운 시대가 왔다는 불교계 내부의 구성원의 자각을 거쳐 다양한 대안과 방향이 대두되면서 점차 불교가 나아갈 방향에 대한 단일적인 흐름(시대 정신)이 형성되었다는 것이다. 이러한 배경하에서 필자는 본 고찰에서 그 검토 대상을 한용운의 불교개혁에서 찾고자 한다. 그리하여 이를 불교의 근대성의 개념화, 일반화의 사례로 제시하는 것이다.

주지하는 바와 같이 한용운은 1905년에 입산, 출가하였다.[17] 그리고 백담사에서 불교 경전을 수학하고, 건봉사에서 참선을 통하여 불교 사상을 수용하였다. 그러나 그는 불교의 울타리에 안주하지 않고 세계일주의 기획에서 나온 시베리아 여행(1906), 명진학교 수학(1906), 량치차오(梁啓超)의 『음빙실문집』의 탐독, 일본 탐방(1908)을 단행하였다. 이는 근대문명에 대

---

17 한용운은 1차 출가, 2차 출가를 단행하였지만 1905년의 2차 출가를 본격적인 승려의 길로 나선 것으로 자신도 인정하였다.

한 그의 호기심에서 구현되었거니와, 이런 실험을 거친 이후 한용운은 새로운 시대에 적응하려는 강렬한 자의식을 표출하였다. 이어서 한용운은 불교개혁의 지름길로 구상한 승려의 결혼을 주장하는 헌의서와 건백서를 구한국 정부(1910. 5)와 통감부(1910. 9)에 제출하였던 것이다.[18]

# 西伯利亞거처서울로

韓龍雲

뜻을 품고 내가 서울을 향하야 고향을 떠나기는 열여덜살때이다。그때 나는 서울이 어듸잇는줄도 모르고 그저서북쪽으로 큰길만 차저가면 만호장안이나지겟지 하는 막연한 생각으로 떠낫다 그러면 지금부터 삼십년 전인 그때 시골구석에 무쳣든 나이 어린소년은 무엇때문에 서울로 향하엿든고?

□

내고향은 충청도홍주(洪州)다 지금은 세월이 변하여서 그일홈 조차 충청남도 홍성(洪城)으로 되엿다。고향에 잇슬때 나는 선친에서 조석으로 조흔 말슴을 들엇스니 선친은 서책을 보시다가각금 어린나를 불너세이시고 력사상에빗나는 의인걸사의 언행을 가르처주시며 또한 세상형편、국가사회의 모든일을 알어듯도록타일너주지엇다。이러한 말슴을 한두번 듯는사이에 내 가슴에는 이상한 불길이 이러나고 그러고「나도 그 의인걸사와가튼 훌융한 사람이 되엇스면!」하는 숭배하는생각이 밧작 낫섯다。

그러자 그해가 바로 갑신(甲申)년의 전해로 반도의 대세가 기우러지기 시작하여 서

「시베리아 거쳐 서울로」. 한용운이 도전과 모험으로 가득찬 청년 시절을 회고한 글(『삼천리』 42호, 1933. 9)

이러한 일련의 과정을 거치면서 그의 불교개혁에 대한 열정은 구체화되었으니, 그것이 바로 『조선불교유신론』(이하 『유신론』으로 약칭함)의 집필(1910. 7~8)과 간행(1913. 5)이었다. 한용운은 그 『유신론』의 머리말에서 불교유신에 고뇌하였음을 개진하였다.

> 나는 일찍이 우리 불교를 유신하는 문제에 뜻을 두어 얼마간 가슴속에 成算을 지니고도 있었으나, 그러나 일이 뜻 같지 않아 당장 세상에 능히 실행할 수는 없어서 시험 삼아 한 무형의 불교의 새 세계를 자질구레한 글 속에 나타냄으로써 스스로 쓸쓸함을 달래고자 한 것이다.[19]

18 한용운의 행적에 대한 제반 내용은 필자의 『만해 한용운평전 – 첫키스로 만해를 만난다』(장승, 2004)를 참조할 것.

19 본 고찰에서 인용하는 『유신론』의 내용은 이원섭이 번역, 간행한 운주사판의 『조선불교유신론』을 저본으로 활용한다.

그리고 그의 구상은 불교의 새 세계를 펼치는 것임을 알 수 있다. 이러한 그의 고뇌 및 구상은 요컨대 새로운 시대가 왔다는 인식과 그 시대에 적응하겠다는 불교도로서의 자의식이었던 것이다. 이는 『유신론』의 서론에서 단적으로 나온다.

> 오늘의 세계는 과거의 세계가 아니며 미래의 세계도 아니요, 어디까지나 현재의 세계다. 그럼에도 불구하고 어찌하여 천만 년 뒤의 일을 연구하는 이도 있어서 천지 사이의 形而上, 形而下의 문제 치고 연구하여 維新하지 않을 것이 없어서 학술의 유신을 외치는 이가 있고, 정치의 유신을 외치는 이가 있고, 종교의 유신을 외치는 이가 있고, 그 밖에도 각 방면에서 유신을 부르짖는 소리가 천하에 가득하여 이미 유신을 했거나 지금 유신을 하고 있거나 장차 유신을 하고자 하는 사람들이 헤아릴 수 없도록 踵接하고 있는 상태임에도 불구하고 유독 조선의 불교에 있어서는 유신의 소리가 조금도 들리지 않으니, 모르겠구나, 과연 무슨 징조일까. 조선불교는 유신할 것이 없는 탓일까, 아니면 유신할 만한 것이 못 되는 까닭일까. 곰곰히 생각해 보나 그 이유를 알지 못하겠다. 아, 그러나 이것 역시 알 수 없는 일이다. 어디까지나 책임은 나에게 있을 것임에 틀림없다.
>
> 조선불교에 유신에 뜻을 둔 이가 없지 않으나 지금까지 드러남이 없는 것은 유독 무엇 때문일 것인가. 하나는 천운에 돌리고, 하나는 남을 탓함이 그 원인일 것이 분명하다. 나는 「일을 이룸이 하늘에 있다」는 주장에 의혹을 품게 된 후에 비로소 조선불교 유신의 책임이 천운이나 남에게 있는 것이 아니라 나에게 있다는 것임을 알았다.
>
> 그리고 그런 후에 책임을 회피할 수 없음을 갑자기 깨달은 나머지 유신해야 할 까닭을 생각하기에 이르렀다. 그리하여 이 유신론을 써서 스스로 경계하는 동시에 이를 승려 형제들에게 알리는 터이다.

이 서론에는 필자가 관심을 갖고 있는 불교 근대성의 관련 내용이 나온다. 즉 한용운은 자신이 살고 있는 현실에 대한 '시대적 인식'을 극명하게 표출하였다. 당시 현실에 대한 판단, 대응으로서의 불교의 유신이 절박함을 강조하였다. 각 분야에서는 유신하는 소리가 천하에 가득한데 불교의 유신이 부재함을 인식하고, 그 원인을 분석하여 자신부터 불교유신에 나서야 한다는 책임을 통감하고, 불교가 유신해야 하는 원인을 정리하여 불교계에 알리려는 의식의 변천·성숙을 알 수 있었다. 여기에서 우리는 한용운이 그 시대의 인식, 역사의식, 주체의식이 확연함을 알 수 있다. 이는 필자가 제기한 불교 근대성의 첫 발걸음으로 보아도 무방하다.

한용운은 새로운 시대에 대한 의식, 불교유신의 의식이 부재한 불교계의 현실을 분석한 이후에 자신부터 유신의 작업에 들어가겠다는 책임을 피력하였다. 그 후 그는 불교도로서 우선 불교 자체에 대한 성질을 자세히 분석하였다. 이는 불교의 근대성에 들어가려는 자기 정체성의 점검을 말하는 것이다.

> 오늘의 불교유신을 논하고자 하는 사람은 마땅히 먼저 블교의 성질이 어떤지를 살피고, 이것을 현재의 상태와 미래의 상황에 비추어 검토해야 하며, 그런 다음에야 이 문제를 다룰 수 있다. 왜 그런가. 금후의 세계는 진보를 그치지 않아서 진정한 문명의 이상에 도달하지 않고는 그 걸음을 멈추지 않을 추세에 있으며, 만약 불교가 장래의 문명에 적합하지 않을 경우에는 죽음에서 살려내는 기술을 익힌 마르틴 루터나 크롬웰 같은 이를 지하에서 불러일으켜 불교를 유신코자 해도 반드시 실패할 것이기 때문이다. 그래서 불교를 종교로서 우수한지 어떤지와, 미래사회에 적합할지를 곰곰히 생각하게 되는데, 불교는 인류 문명에 있어서 손색이 있기는커녕 도리어 특출할 점이 있다는 것이 나의 결론이다.

한용운은 불교가 진보하는 현실, 장래의 문명세계, 미래사회에서 적응할 수 있는 특출한 면이 있다는 확신을 갖고 있었다. 한용운은 불교의 종교적인 면의 우수성을, 미래사회에서의 적합성을 종교적 성질과 불교철학적 성질로 대별하여 그를 제시하였다. 종교적 성질에서 한용운은 사람들이 종교를 믿는 근원을 희망에서 찾았다. 한용운은, 불교는 미신이 아니라는 입장에서 불교는 지혜로 믿는 종교임을 강조하였다. 철학적 성질에서는 량치차오, 칸트, 베이컨, 데카르트, 플라톤, 루소, 육성산, 왕양명의 철학과 불교와의 동질성을 우선 개진하였다. 나아가서 한용운은 문명이 더욱 발전하게 되면 종교와 철학이 높은 차원으로 발전하게 될 것이며, 그때에는 그릇된 철학이나 신앙은 존재할 수 없다는 확신하에 불교는 미래의 도덕 · 문명의 원료품 구실을 할 것을 믿었다. 요컨대 한용운은 종교 · 철학의 방면에서 미래에도 불교는 적응할 것이라는 자부심을 가졌던 것이다.

다음으로 한용운은 불교가 유신을 하고, 다양한 활동을 함에 있어서 그 토대가 되는 불교의 성격을 정리하였다. 이는 불교의 유신, 근대화를 추구함에서 요청되는 자기 정비인 것이다.

> 이 세상에 主義가 없이 이루어지는 일이란 없는 터이니, 만약에 어떤 일에 있어서 주의가 서지 않는 경우는 어지럽고 空轉해서 성인의 지혜를 가지고도 일을 처리해 성공으로 이끌지는 못하게 될 것이다. 이에 비해 주의가 일단 정립되면 추세를 파악하기 쉬움이 마치 수레에 실은 장작을 보는 것같이 명백하여 앞날의 길흉화복을 대개 자리에 앉은 채 짐작하게 될 것이다. 그러므로 일을 논하는 이는 마땅히 먼저 그 주의를 알고 나서 갈팡질팡함이 없어야 될 것이다. 불교의 주의는 크게 나누어 둘로 잡을 수 있으니, 하나는 平等主義요, 하나는 救世主義가 그것이다.

즉 한용운은 불교의 주의를 평등주의와 구세주의라고 개념화하였다. 한용운이 말하는 불교의 평등주의는 진리의 성격을 말하는 것이고,[20] 구세주

20 한용운은 자유주의, 세계주의도 평등한 진리에서 나온 것으로 보았다.

現制度를打破하라

朝鮮佛敎法寶會

韓龍雲師談

나는朝鮮佛敎에對하야 말하라는생각보다 차라리말아니하라는편이 만습니다마는 말을하라면 朝鮮佛敎의그自體로는 나는無限히 그未來를樂觀합니다——勿論悲觀하는사람도잇겟지오마는——그러나그同時에悲觀치아니치못할事情이 만습니다 最大한條件만으로도첫재에는現寺刹制度를打破하여야할것이니 三十本山이라는것은 可謂羣雄割劇로各自의地位勢力을 各自保全擴張하기爲하는까닭에 容易히 團結이되지아니하고 設或된다하야도皮相的이오 眞實한內容的團結이 아니되고둘재로는當局者의干涉이 넘우도細項煩苛하야 全鮮寺刹住持로써 總督府宗敎課官吏나屬이라면 몰으거니와宗敎家敎役者라면 아니될것은他國又는他宗敎家에 類例업는干涉일샘니다 그制度와그干涉을 그대로維持한다하면 朝鮮佛敎의未來는 發展할日이 遙遠할것이니 時刻이밧브게 現制度를打破하고當局의干涉을 뎐허야되리라고합니다。만일그러케되지안는다하면 그中間에반듯이 朝鮮의新佛敎를爲하야 新天地를開拓하며 新世界를建設할者가 써로出現할줄로 밋습니다 밋을뿐만아니라나부텀이라도 거게努力하라합니다

「현 제도를 타파하라」. 한용운의 불교개혁의 원칙을 소개한 글(『동명』 2호, 1923. 1)

의는 이기주의의 반대 개념인바 이는 불교가 갖고 있는 중생구제의 성격을 크게 내세운 것이다. 한용운은 불교에 내재하고 있는 평등주의와 구세주의를 찾아내 그를 불교의 이념으로 자리매김하였다. 평등주의와 구세주의를 찾아냈다 함은 근대적 세계관(문명)에 적응할 수 있는 자기 정체성의 확인이다. 이는 그 주의로써 불교 대중화에도 나설 수 있다는 강한 자신감을 피력한 것이라 하겠다. 나아가서 이는 근대 시기의 중세적 신분 해방으로부터 나온 평등 이념과 즉자적으로 연결되는 것이고, 구세주의는 새로운 시대(근대)에도 필요, 생존할 수 있는 이념으로 표출시킨 것이다. 특히 구세주의는 조선시대 불교가 '구세救世'를 적극적으로 할 수 없었던 사회적, 정치적인 제도(억압, 이념)하에 있었음을 재음미하면, 근대사회의 중심으로 활동할 수 있다는 강한 자부심의 산물이다.

이후 한용운은 불교의 유신은 마땅히 파괴라는 입지에서 가능함을 강조하였다. 새롭게 하기 위해서는 우선, 마땅히 파괴해야 함을 피력한 것이다. 그러나 한용운이 주장한 파괴는 파괴를 위한 파괴는 아니었고, 시대에 맞지 않는 것을 새로운 방향으로 나아가게 해야 한다는 것이었다. 즉 한용운의 파괴는 시대와의 조화가 그 기준이며, 목적은 폐단의 제거였다.

이러한 입론하에서 한용운은 당시 불교계의 폐단, 즉 파괴할 대상으로 승려교육, 참선, 염불당, 포교, 사원의 위치, 소회塑繪, 의식, 승려의 노동, 승려의 결혼, 주지 선거법, 승려의 단결, 사원의 통할 등 불교계의 모든 분야를 망라한 대상을 거론하였다. 한용운은 이러한 다양한 분야에서의 불교유신을 강력하게 주장하였다. 그를 일별하면 불교가 새로운 시대의 주역으로 나서야 함을 지적하면서 그 주역으로 나설 수 있는 체질 개선을 주문한 것이었다. 그리고 기존의 산속에서 존재하였던 불교가 이제는 도회지로 나와야 한다는 당위성도 피력한 것이다. 한용운은 자신이 주장한 유신론은 자신의 내면에서 나온 충동이라고, 결론 부분에서 단언하였다.

> 움직이는 마음이 있으면서 겉으로 나타나지 않는 일이 있을 수 있겠는가. 아마도 없을 것이다. 사실로 행하지 않는다면 필시 말로 나타날 것이고, 말로 나타나지 않는다면 필시 안색에 나타날 것이다. 어찌 그 안은 있으면서 그 밖이 없을 수가 있겠는가. …(중략)….
>
> 대개 말하고 싶지 않건만 내면의 충동을 못 이겨 저절로 말하게 된 것이 이 논문이니, 어찌 조금인들 私心이 섞였겠는가. 그러면 이 논설이 다 옳다는 것인가, 다 옳지 못하다는 것인가. 옳고 그른 것은 나의 알 바가 아니다. 그러면 이 말들을 다 행할 수 있는가, 행할 수 없는가. 행하고 못하는 것 역시 나의 알 바가 아니다. 다만 나의 마음이 이와 같기에 마음 그대로 말한 것뿐이며, 나의 임무가 이와 같기에 의무 그대로 행하는 것뿐이니, 그 나머지 일은 나의 알 바가 아닌 것이다.
>
> 그러나 다시 한마디를 우리 승려 동지들에게 보낼 것이 있다. 이 논설이 조금이라도 채택할 것이 있을 경우에는 그 취지를 따라 우리 동지와 내가 함께 실천했으면 한다.

이처럼 한용운은 불교의 유신을 위한 강렬한 내면적 충동을 고백하면서 자신이 주장한 내용들이 채택, 실천되기를 호소하였다.

지금껏 소개한 한용운의 『유신론』에서 필자가 위에서 제시한 불교의 근대성의 접근에서 최우선적인 것, 즉 새로운 시대의 의식과 그에 적응하기 위한 고뇌와 다양한 대안 강구를 즉각적으로 찾을 수 있었다. 그리고 『유신론』에서 주목할 것은 불교가 당시 현실 및 미래에서 적응할 수 있는 종교적, 철학적인 특성을 갖고 있다는 자부심이다. 이는 불교의 평등주의, 구세주의이다. 이는 종교 경쟁 시대에 불교의 진리성을 강조한 것이며, 사회(민중, 대중)를 이끌 수 있는 흡인력인 것이다. 요컨대 한용운은 불교가 새 시대의 주역이 될 수 있음을 확신했다. 근대사회의 중심에 설 수 있다는 의식을 가졌다는 것이다. 그러면 한용운은 자신이 제시한 새로운 사회, 근대사회에서 불교가 추구할 활동, 대안, 방안을 어떻게 자리매김하였는가? 이에 대해서는 연구, 검토가 좀 더 필요하다.

그런데 한용운의 유신론, 불교개혁의 또 다른 근원적인 전제는 불교가 산중에서 도회지로 나와야 한다는 것이었다. 이 같은 전제가 인정되는 배경에서 한용운의 『유신론』은 작성된 것이다. 불교가 도회지로 나온다는 의미는 단순히 공간적인 차원에서 사찰 및 승려의 거주처가 도회지로 이전한다는 의미를 뛰어넘는 것이었다. 물론 한용운이 이를 강조한 것은 불교가 기존에 처한 위치에서 탈피해야 한다는 공간적인 뜻이 담겨 있다. 이는 조선왕조 500년의 불교의 역사 및 관행을 부정하고, 새 시대에 조응, 맞서기 위한, 이끌기 위한 단초인 것이다. 요컨대 이전 불교사와의 단절이요, 새 시대의 불교를 주체적·자율적으로 만들겠다는 의식의 산물인 것이다. 물론 이 주장을 한용운만이 한 것은 아니다. 그러나 한용운은 그 주장을 최초로 하였다. 단순히 주장한 것에 머무른 것이 아니고, 그 명분과 당위성 그리고 그에 필요한 자기 정비 및 성찰을 하였음이 주목된다. 요컨대 '산중에서 도회지로'라는 불교가 전개할 슬로건을 제창하였던 것이다. 거듭 강조하건대 필자가 『조선불교유신론』을 읽어 내는 주 초점은 '산중에서 도회지로'이다.

이와 같은 한용운의 『유신론』은 당시 불교계 내외에 큰 반향을 일으켰다. 『유신론』을 찬성하는 입장도 강력하였지만, 그에 대한 반론도 적지 않았다. 그러나 이러한 찬반양론 자체는 한용운이 주장한 『유신론』의 구도에 흡수되었다. 필자는 한용운의 불교개혁론이 점차, 더욱 당시 불교계에 큰 파장을 일으키며 불교계 내의 보편적인 문화적 정서로 성장하였던 것으로 본다. 그 단적인 예가 바로 불교청년운동, 불교개혁운동, 불교계 항일운동, 불교계 3·1운동, 포교당 활동, 경전 번역, 승려교육, 종단 건설 및 개혁 등의 활동에 직간접적으로 한용운이 관련되지 않은 것이 없었다는 사실이다. 이는 불교의 근대화 추진의 중심에 그가 자리 잡고 있었음을 말한다.

한편 한용운의 불교개혁의 기본 골격은 『유신론』이었다. 그는 『유신론』을 집필하던 1910년부터 지속적으로 불교개혁을 주장했고, 『유신론』을 발간한 1913년 이후에도 추진하였으며, 몇 차례 변화를 거처 새로운 내용을 추가하기도 했다. 그러므로 한용운의 불교개혁론은 『유신론』 이후의 행적 및 기고문에서도 새롭게 조명되어야 한다.

이 점과 관련하여 필자는 한용운이 『불교』 88호(1931. 10)에 기고한 「조선불교의 개혁안」을 주목한다. 필자가 보기에 한용운의 그 「개혁안」은 『유신론』을 집필한 지 20년이 지난 후에 나온 것으로, 그 20년간의 고민과 활동 등이 반영되었던 것이다. 그 「개혁안」은 일부는 지속되고, 일부는 수정되고, 일부는 추가되었다. 여기에서 필자가 주목한 것은 새롭게 추가된 것의 하나인 '대중불교의 건설'이다. 부연하면, 대중불교의 건설이 한용운이 그리는 불교개혁의 최종 단계가 아닌가 한다. 그리하여 필자는 한용운이 여기에서 제시한 '대중불교'를 불교의 '근대성'과 연결하고자 한다. 우선 한용운이 그리는 대중불교의 내용을 보자. 그는 당시 그의 기고문에서 불교를 다음과 같이 이해하였다.

> 불교의 대상은 無論 一切 衆生이다. 「一切衆生皆有佛性」 「有情無情悉皆成佛」

이것이 불교의 이상이므로 불교는 일체 중생의 불교요, 산간에 있는 사찰의 불교가 아니며, 戒行을 지키고 禪定을 닦는 승려만의 불교가 아니다. …(중략)…그러므로 불교는 염세적으로 孤立獨行하는 것이 아니오, 救世的으로 入泥入水하는 것이다.[21]

즉 대중불교는 결코 승려만의 불교가 아닌, 구세불교라고 주장했다. 이전에 『유신론』 집필 단계에서는 산간에 있는 불교에 대한 문제점을 주로 강하게 비판하였지만, 승려만의 불교는 아니라는 것은 피력하지 않았다. 이 점이 새롭게 추가되고, 대중불교의 서두에서 강조하는 것이 예사롭지 않다. 그 후 한용운은 대중불교를 다음과 같이 요약하였다.

在來의 조선불교는 역사적 변천과 사회적 정세에 의하야 다만 寺刹의 불교, 僧侶의 불교로만 되어 있었다. 이것은 불교의 역사적 쇠퇴의 일시적 현상에 지나지 않는 것이니 어찌 이것을 불교의 敎義라 하리오. 佛敎徒는 마땅히 이러한 현상에 대하여 斷然 타파하지 않으면 아니 될 것이다. 「山間에서 街頭로」 「僧侶로서 大衆에」가 현금 조선불교의 「슬로간」이 되지 않으면 아니 될 것이다. …(중략)….

대중불교라는 것은 불교를 대중적으로 행한다는 의미이니 불교는 반드시 愛를 버리고 親을 떠나 인간사회를 隔離한 뒤에 행하는 것이 아니라, 인간사회의 만반 현실을 조금도 여의지 아니하고 煩惱 중에서 菩提를 얻고 生死 중에서 열반을 얻는 것인즉 그것을 인식하고 실천하는 것이 大衆佛敎의 建設이다.[22]

요컨대 승려만의 불교, 사찰만의 불교를 부정하고 대중을 위한 불교를 행해야 한다는 것이다. 이에 그는 "산간에서 가두로, 승려로서 대중에"라

21 『불교』 88호, 1931. 10, 8쪽.
22 앞의 책, 8~9쪽.

는 슬로건이 당시 불교가 나아갈 방향이라고 주장하였다. 즉 이 슬로건의 실천이 곧 대중불교의 실천이라는 것이다. 필자는 여기에서 '승려로서 대중에'가 추가된 것에 큰 의미를 두고 있다.

하여간 한용운은 자신의 불교개혁의 핵심, 불교의 나갈 방향을 대중불교라 하였다. 그런데 그는 대중불교를 건설하기 위해서는 시설, 실행이 뒤따라야 한다고 보았다. 시설은 불교의 교화를 대중층에 파급시킬 수 있는 사회·교육적 시설[23]을 말하는 것이다. 그리고 실행은 불교도 스스로가 대중과의 교섭에 나서야 한다는 것이다.

> 요컨대 대중불교를 건설하려면 산간암혈에서 淸淨自持하는 승려의 인습을 타파하고 諸佛 菩薩의 방편력을 躬行 實踐하여 불교의 敎化로 모든 중생의 행복을 증진하지 아니하면 아니 될 것이다.[24]

대중불교 건설의 가장 중요한 것은 기존 승려의 인습을 버리고 중생의 행복 증진을 위해 나가는 것이라고 보았다.

필자는 한용운의 이러한 대중불교의 입론을 불교 근대성의 조망에서 주목하려고 한다. 다시 말하면 한용운의 불교개혁론의 대명사를 대중불교로 보는 것이다. 그런데 한용운의 이 대중불교는 근대불교(일제하의 불교)에서 가장 보편적으로 파급된 논리인 것이 아닌가 한다. 한용운은 대중불교를 실행함에서 승려의 결혼을 묵인, 수용하자고 하였음은 널리 알려진 바와 같다. 그의 논리가 널리 파급되었음은 일제하 승려의 대부분이 결혼을 하였음에서도 알 수 있다. 그러면 한용운의 이 논리가 수용된 증거를 몇 사례에서 찾아보자.

---

23 한용운은 시설의 예로 '불교문학, 그림, 영화, 선전 비라, 팜푸레트, 도서관 공개, 농민과 노동자에게 제공' 등을 들었다.

24 『불교』 88호, 1931. 10, 9쪽.

山林佛敎의 지역이 신장되어 都市佛敎가 되고 僧侶佛敎의 범위가 확대되어 社會佛敎가 되는 이때에…(하략)….(『불교』 29호, 1926)[25]

불교의 민중화를 구체적으로 진행시켜야 할 것입니다. 첫째 불교 경전을 발췌·집약하여 현대적 사조와 합치하도록 하고 그리고 그 문체부터도 평이한 한글로 할 것입니다.(『불교』 91호, 1932)[26]

불교를 현대에 살리는 것은 현대인의 생활을 어떻게 把持하여 어떻게 불교적으로 指導할 것인가이다. 불교가 종교적으로 갱생하고 민중적으로 갱생하는 길은 이 길이다.(『불교』 신4집, 1937)[27]

우리 불교도 자신이 산간의 불교를 도시로 진출시키고, 승려의 불교를 민중의 불교로 전환시키고자 하야 노력하야 온 것도 많지마는…(하략)….(『경북불교』 12호, 1937)[28]

조선불교가 山林의 불교로서 도시에 진출하고 民衆化를 부르짖은 지 30여 년이 넘되 얼마나 수확이 있었는가 하면 참으로 한심타 하고 아니할 수 없습니다.(『불교』 신45집, 1943)[29]

이처럼 당시 불교인들에 의해 한용운의 대중불교의 논리는 구현되었다고 보고자 한다. 이런 내용은 『불교』 100호[30] 기념 좌담회에서도 찾을 수

25 간산艮山의 「개운사 불교전문강원 개원식 감상기」.
26 안재홍, 「불교에 대한 의견」.
27 허영호, 「邪敎와 불교도」.
28 사설, 「조선불교총본산 창건에 취하야」.
29 김태흡, 「포교전도에 대하야」.
30 『불교』 100호, 1932, 100~107쪽.

있다. 1932년 7월 9일 개최된 이 좌담회는 당시 서울 근교인 청량사에서 21명[31]이 참가하였다. 이들은 당시 불교계의 여론 형성층의 일원이었다. 이 좌담회에서 한용운은 〈불교사〉의 사장으로 참가하여 좌담회를 주도하였는데, 당시 그는 '불교는 시대화할 것인가'에 대하여 질문하였다. 이에 대하여 참가자는 다음과 같이 발언하였다.

김법린: 문제로서는 너무 시대에 뒤떨어진 느낌이 있습니다. 한 선생님의 『유신론』 때로부터 있었는데 지금 새삼스러히 문제 삼을 것도 없습니다. 물론 새 이데올로기를 포함한 것이겠지마는….

정봉윤: 불교 자신이 비판적이니 그런 까닭에 불교가 인간생활을 규정하는 이상 인간생활의 변화를 따라 절로 변할 줄 압니다.

김포광: 불교를 시대화할 것인가? 다시 변통할 수 있다면 변해 가고 정해져 가는 줄 압니다. 그런데 불교의 정신이 어디 있는가를 먼저 알 필요가 있습니다. 佛陀는 모든 것을 수시 변동하였지요. 그리고 불교도 수시 변동하였지요.

정준모: 결국 시대화를 문제 삼을 것이 아니라 시대화할 것입니다. 불변할 진리가 변할 일 없지마는 그 범주를 넘지 않고 시대화할 것이라 생각합니다.

정상진: 시대화는 말할 여지도 없습니다. 사람 자신이 변해지는데 아니 변해지랴 해서 아니 변해질 수 있습니까? 현대인에게 적절하지 않으면 받아들이지 않는데 무슨 이론이오. 여기에 걸 문제가 되지 못합니다.

김경주: 문제는 됩니다. 우리 자신에게는 문제되지 않는다 하더라도 다른 사람들에게는 문제되니까요. 나는 事理에 나누어 보는 것이 좋을 듯합니다. 離苦得樂이 모든 종교의 主旨이지마는 불교는 특히 轉迷開悟에 있는데 그 진리는 불변입니다.

---

31 〈불교사〉 측은 한용운, 허영호이고, 출석자는 김포광, 허상현, 김법룡, 김경주, 김태흡, 김법린, 강정룡, 김잉석, 정상진, 김일엽, 서원출, 정준모, 이갑득, 조은택, 김수선, 정귀인, 정봉윤, 최봉수, 이용조이다.

그것이 거짓말이라면 삼천년래의 경전을 信치 않는 셈이 됩니다. 다만 교화하는 수단 방법이 변할 뿐입니다. 事相에 대해서 行卽戒律에 대해서 그대로 쓸까 말까 그때 당시의 환경이 그렇게 만들었으니 현대에 와서는 현대 民衆에 適合하도록 시대화할 줄 압니다.

위의 대담에서도 나왔지만, 참석한 인물들[32]도 기본적으로는 한용운의 뜻을 따르고 있다고 보인다. 이러한 대중불교의 구현은 1930년대 불교청년운동의 중심체인 〈조선불교청년총동맹〉의 이면 단체인 〈만당卍黨〉의 강령에서도 찾아볼 수 있다. 즉 강령의 하나로 '불교 대중화'가 나온다.[33] 1939년 4월에 등장한 〈제주불교연맹〉의 강령의 하나 역시 대중불교의 실현이다.[34]

지금껏 필자가 제시한 요지는 한용운 불교개혁론을 개념화할 경우 그를 '불교대중화'라고 부르자는 것이다. 그런데 이 불교대중화는 근대불교의 본질을 대변하는 것이 아닌가 한다. 때문에 불교의 근대성을 우리가 찾을 경우 필자는 한용운의 대중불교의 이념을 주목하자는 것이다. 본 고찰에서는 불교의 근대성을 즉자적으로 대중불교라고 말할 수는 없지만, 불교의 근대성을 개념화할 경우 '대중불교'는 필히 참고할 대상이라는 점을 개진한다.

## 5. 결어: 불교 근대성 검토의 전망

여기서는 필자가 지금껏 분석, 제안한 내용 중에서 추후에 더욱 유의할 내용을 제시하겠다. 이를 본 고찰의 맺는말로 대신하고자 한다.

---

32 이들 대부분은 당시 불교계의 일선에서 포교, 강의, 청년운동 등을 주도한 승려이다.
33 김광식, 「조선불교청년총동맹과 만당」, 『한국근대불교사연구』, 민족사, 1996, 263쪽.
34 『불교시보』 47호, 불교시보사, 1939, 16쪽.

첫째, 불교 근대성을 필자는 한용운의 불교개혁론을 상징하는 대중불교에서 찾았지만, 한용운의 불교개혁론이 당시 불교계를 대표할 수 있는 주된 흐름인가에 대한 의문을 해소해야 한다.[35] 한용운 이외에도 불교개혁론을 주장한 인물로는 백용성, 이영재, 권상로, 박한영, 백학명 등이 있다. 이들의 불교개혁론의 성격과 함께 그 개혁론의 파장, 실현 등을 세부적으로 파악할 필요가 제기된다.

둘째, 일제하 불교계에서 한용운 노선(승려 결혼 허용)과 대척점에 있었던 승려들의 입장을 어떻게 이해할 것인가에 대한 정리가 뒤따라야 한다.[36] 예컨대 승려의 결혼을 파계로 인식하고 전통불교를 고수하는 것을 바른 불교로 인식한 선방 수좌, 선학원의 흐름이 있었던 것이다.

셋째, 8·15해방 이후 특히 1950년대에 등장한 정화운동(법난, 분규 등)에서는 한용운의 불교 대중화 논리가 철저히 배제되었다. 물론 당시 일부세력(대처승, 태고종)이 한용운 노선을 지지한 경우도 있었지만 기본 흐름은 한용운 노선의 거세였다고 본다. 그러면 불교의 근대성과 불교의 현대성은 어떠한 차별, 동질성을 갖는가에 대한 문제가 제기된다. 이는 한국불교 최근 100년사에 대한 이해와 관련하여 간단한 문제가 아니다. 정화운동 초기 대처승들이 교화승과 수행승이라는 이분적인 승려상을 제안한 것은 어떤 연유일까도 자못 궁금하다.

넷째, 한용운의 불교 대중화론은 현대 한국불교 내부에서 완전 거세되

---

35 『조선불교유신론』이 발간되었을 당시의 반응은 "一面으로 막대한 讚賞을 得하고 一面으로 無限한 打擊을 受하였다."는 당시 광고문안에서 짐작할수 있다.

36 한용운의 대처론과 불교의 근대화, 근대성에 대한 검토는 추후 집중적인 검토가 요청된다. 최근 학계에서도 이와 연관된 주목할 만한 연구가 나온 바 있다, 필자도 그에 관한 예비적인 검토를 수행하였다. 이에 관해 참고할 만한 연구는 다음과 같다. 심재관, 「근대 한국불교의 한 진경(珍景)」, 『불교평론』 22, 2005; 김광식, 「용성의 건백서와 대처식육의 재인식」, 『한국 현대선의 지성사 탐구』, 도피안사, 2010; 박재현, 「근대불교의 대처식육(帶妻食肉) 문제에 관한 윤리적 고찰」, 『철학』 93, 2007.

지는 않았다고 보인다. 그래서 이에 연관하여 불교 근대성의 계승에 대한 문제를 분석해야 한다. 현재 수십 처의 불교종단은 승려의 결혼을 묵인, 허용하고 있다. 그리고 조계종단에서도 1980년대 초반 승려의 결혼을 인정하려는 이른바 수행승과 교화승으로의 이원화를 시도한 경험이 있다. 물론 그는 종단 내 원로, 보수주의자, 선 수행 강조 흐름 등에 의해서 중도 퇴진하였다. 그러나 그 흐름은 지금도 '은처승'이라는 이름으로 잠복되어 있다. 최근 종단 외부에서 조계종단이 '재가종단화'로 가고 있는 것이 아니냐는 지적이 나온 것[37]도 그 흐름과 무관한 것은 아니다. 이와 관련하여 1970~1980년대 불교계에서 강력하게 등장한 민중불교론도 간과할 것은 아니다. 혹자는 이 당시의 승가, 재가의 민중불교론자들을 현재 조계종단에서 1994년의 '개혁'을 주도한 중심 세력으로 보고 있기 때문이다. 그런데 민중불교론자들의 입론에는 한용운의 불교개혁이 강력히 자리하였음을 유의해야 한다. 그렇지만 민중불교론자들도 승단의 존재를 인정하면서 불교의 사회화와 불교의 민주화를 강력히 주장한 점을 보면, 전통불교 노선에 민중불교론을 접목시키려 했던 것으로 보인다.

넷째, 필자는 역사적인 측면에서 불교의 근대성을 검토하였지만 문학, 철학 분야에서 근대성 기준으로 나온 관점들은 전혀 참고할 것이 없는가에 대한 문제도 따져 봐야 한다.

다섯째, 불교사상, 교리, 신앙 등의 시각에서 불교 근대성을 집중적으로 조명할 경우에 필자의 제안과의 동질성, 차별성 문제는 어떻게 이해할 것인가의 문제가 제기된다. 즉 조화 문제도 나올 수 있다.

여섯째, 식민지하의 불교로서 친일성, 일제에 협조한 체질 등의 문제를

---

37 덕산이 중앙승가대에서 개최된 2004년도 불교학결집대회에서 이 내용과 연관된 주제인 「90년대 종단사태를 통해서 본 한국불교의 미래」를 발표하였다. 김광식, 「용성의 건백서와 대처식육의 재인식」, 『한국 현대선의 지성사 탐구』, 도피안사, 2010, 549~554쪽 참조.

어떻게 인식할 것인가 하는 점도 간단히 넘어갈 사안은 아니다. 불교 근대화를 위해 일본불교를 모방한 것인지, 단순히 식민지 권력에 구속당한 것인지, 제도권 권력에 기대어 불교 권력의 확대화를 시도한 것인지 등의 의문이 놓여 있는 것이다.

일곱째, 한용운의 불교개혁론을 대중불교라고 개념화한 것이 지나친 것이 아닌가 하는 점이다. 즉 대중불교론이라는 개념에 한용운의 불교개혁론을 담을 수 있을 것인가의 문제이다.

여덟째, 한용운의 대중불교론은 동아시아의 대승불교의 이념과 관련하여 세부적으로 검토되어야 한다. 불교가 기본적으로 철학성을 띠고 있다면 동아시아불교사, 한국불교사에서 이전 시기의 대승불교론과의 동질성과 차별성이 무엇인지를 추출해야 할 것이다. 예컨대 원효의 민중불교론과 한용운의 민중불교론이 같은 것인지, 다르다면 어떤 측면에서 그 변별성을 띠고 있는지를 이론, 철학성에서 찾아내야 한다. 즉 한국 고대·중세·근대 불교에서의 대승불교의 변화 및 그 흐름 속에서 한용운의 대중불교론이 차지하는 적절한 위상을 부여해야 한다.

지금까지 필자가 본 고찰의 미진한 점과 추후에 재검토할 내용을 구분하여 제시하였다. 본 고찰이 불교의 근대성 검토와 근현대 한국불교의 정체성 분석에 디딤돌이 된다면 다행이겠다. 선학제현의 질정을 바란다.

# 한용운 민족의식의 다면성

# 한용운의 민족의식과 『조선불교유신론』 제1장

## 1. 서 언

일제하 한국불교를 대표하는 승려인 한용운은 다양한 분야에서 큰 족적을 남겼다. 그는 독립운동, 문학, 민족지성, 불교개혁 등에서 기념비적인 활동을 하였던 것이다. 이에 우리는 그를 민족의식이 투철한 항일지사로 부르고 있다. 그래서인지 그에 대한 연구는 주로 문학과 독립운동 분야에서 접근한 것이 주종을 이루고 있다. 한용운은 출가한 승려였고, 그가 활동한 주된 공간은 불교계였음을 고려하면 이 같은 연구의 불균형은 납득하기 어려운 것이다. 그리고 그에 대한 기존의 불교적인 접근도 주로 불교개혁이라는 측면에서 전개되었음을 부인하기는 어려운 실정이다. 다만 한용운을 재평가하려는 일련의 시도하에 한용운 연구가 새롭게 가시화되고 있음을 유의할 수 있다.[1]

한편 위에서 제시한 불교적인 접근에서 중심적인 연구 소재가 되었던

1 백담사에서 만해축전이 매년 개최되면서 다양한 한용운 연구가 구체화되고 있음을 말한다.

것은 한용운의 저술인 『조선불교유신론』(이하 『유신론』이라 약칭함)이었다.[2] 이는 『유신론』이 갖고 있는 파격적인 불교유신의 내용과 그 내용 중에서 특히 근현대 불교사상에서 큰 논란을 제공한 승려의 '결혼' 문제가 개재되어 있음에서 비롯된 것이다. 그럼에도 불구하고 이제까지의 선학의 연구는 주로 『유신론』의 내용에 대한 해설 수준에 머무르고 있었다. 『유신론』이 갖고 있는 다양한 의미, 한용운의 저술·간행 의도 및 현실인식, 당시 불교계에 끼친 영향 등에 관련된 종합적인 연구는 부족하였다. 한편 선학의 연구[3]에서 한용운이 『유신론』을 집필할 당시 민족의식의 미약성은 간략히 언급되었으나, 그 구체적인 배경과 내용에 대한 검토도 미진하였다. 이에 필자는 이러한 선학의 문제 제기에 힘입으면서, 한용운이 『유신론』을 집필한 당시와 1911년 임제종운동이 본격화된 시기에 한용운의 민족의식이 극명하게 대비되는 연유에 관심을 기울이고자 한다.

본고는 이러한 전제와 배경하에서 한용운의 민족의식과 『유신론』과의 상호 관련성을 살펴보고자 한다. 다시 말하자면 한용운이 『유신론』을 저술할 당시에 민족의식이 있었는가 하는 점을 분석의 초점으로 삼고자 한다. 이러한 접근은 『유신론』을 집필하기 이전과 집필 당시 한용운의 현실인식을 보다 구체적으로 이해하고자 함에서 나온 것이다. 이는 『유신론』 이해에 또 하나의 관점을 제공할 수 있을 것이며, 아울러 한용운의 현실인식의 변질, 나아가서는 민족의식의 형성 과정에 관한 단서를 찾을 수도 있을 것

---

2 『조선불교유신론』에 대한 선학의 연구는 다음과 같다. 염무웅, 「만해 한용운론」, 『창작과 비평』 통권 25호, 1972; 전서암, 「만해의 정신과 불교유신론」, 『씨올의 소리』 79호, 1978; 안병직, 「조선불교유신론의 분석」, 『창작과 비평』 52호, 1979; 서경수, 「만해의 불교유신론」, 『한용운사상연구』 2, 1981; 이영무, 「한국불교사상 한용운의 위치 – 조선불교유신론을 중심으로」, 『인문과학연구』 14, 1982; 최병헌, 「일제불교의 침투와 한용운의 『조선불교유신론』」, 『한국종교사상의 재조명』, 1993; 정광호, 「한용운과 조선불교유신론」, 『근대한일불교관계사연구』, 1994.

3 위의 논문 중 특히 염무웅, 안병직, 최병헌의 고찰.

이다.

그런데 이러한 논지를 전개함에서 필자는 두 가지 측면의 전제를 제시하고자 한다. 우선 한용운의 현실인식을 살핌에 있어 당시 불교계의 동향과의 연관인데, 요컨대 그의 제반 의식과 행동은 당시 불교계 현실에서 배태되었을 것이라는 점이다.[4] 다음으로는 한용운의 민족의식은 다양한 계기에 의하여 질적인 변화를 겪었을 것이라는 점이다. 즉 한용운의 민족의식은 우연히 가시화되었으며, 출가 초기부터 자생적으로 제기되었다고 볼 수는 없다는 것이다.

그리고 우리는 민족의식의 문제를 보다 구체적으로 점검해야 한다. 민족을 의식한다 함은 민족의 고뇌, 진로, 문제, 현안 등에 대한 구체적이고 치열한 의식을 갖는 것으로 볼 수 있다. 나아가서 민족의식이 배태되었음은 구체적인 발언, 행동, 저술 등에서 찾아야 한다는 것이다. 이는 한용운이 『유신론』의 결론에서 "움직이는 마음이 있으면서 겉으로 나타나지 않는 일이 있을 수 있겠는가. 아마도 없을 것이다. 사실로 행하지 않는다면 필시 말로 나타날 것이고, 말로 나타나지 않는다면 필시 안색에 나타날 것이다 어찌 그 안은 있으면서 그 밖이 없을 수 있겠는가."라는 문맥에서도 시사받을 수 있다. 바로 이러한 한용운의 발언이 본 고찰의 화두인 것이다.

## 2. 한용운의 민족의식과 일본불교

한용운이 승려로 출가한 근본 요인을 단순히 종고적인 측면에서 찾을 수만은 없다. 이는 그가 밝힌 출가의 동기에서 잘 나타나고 있다.[5] 그는 그

4 김광식, 「근대 불교개혁론의 배경과 성격」, 『근현대불교의 재조명』, 2000.

의 고향인 홍성에 밀어닥친 구한말의 뒤숭숭한 분위기, 인생은 무엇인가에 대한 그의 간절한 의문, 그의 도전적이며 모험적인 기질 등이 어우러져 나온 것이다. 이제부터는 이 같은 전제에서 그가 『유신론』을 집필하기 이전의 현실의식을 점검하면서 『유신론』 집필 이전에 민족의식이 있었는가를 살펴보고자 한다.

『유신론』을 집필한 것은 1910년 12월 8일로 전하고 있지만, 실제 집필 시기를 어느 때로 보아야 하는지는 단언키 어렵다. 이 집필 시기에 대하여 지금껏 선학의 연구에서도 구체적으로 제시하지 않은 것으로 보인다. 필자가 보기에 그 서술의 시기는 1910년 10월 전후가 아닐까 한다. 왜냐하면 그가 1910년 3월과 9월에 승려의 결혼 인정을 위해 중추원과 통감부에 헌의서와 건백서를 제출하였는데, 『유신론』에 그 건백서가 포함되었기 때문이다. 즉 건백서 제출 이후에도 『유신론』을 저술하였다고 보는 것이 순리일 것이다.[6] 이에 본장에서는 1910년 9월, 즉 통

朝鮮日報

北大陸의 하룻밤 ②

韓龍雲

世界的體驗을 가진사람의

「북대륙의 하룻밤」. 한용운이 세계일주의 일환으로 시베리아행을 단행한 내용을 회고하여 《조선일보》에 기고한 글

5 한용운, 「남모르는 나의 아들」, 『별건곤』 5권 6호, 1930; 「나는 왜 중이 되었나」, 『삼천리』 1930. 5; 「西伯利亞 거처 서울로」, 『삼천리』 42호, 1933. 9; 「북대륙의 하룻밤」, 《조선일보》, 1935. 3. 8~13면.

6 다만 건백서 제출 이전에 『유신론』의 초반을 이미 집필하였을 가능성도 있다.

감부에 건백서를 제출하기까지의 한용운의 현실인식을 조망하고자 한다.

그런데 이 시기 한용운의 현실인식을 구체적으로 전하는 것이 희박하기에 현전하는 자료에서 그 대강을 추출할 수밖에 없다. 우선 그가 정식으로 출가[7]를 단행하기 직전과 출가 이후의 그의 심성을 전하는 「나는 왜 중이 되었나」에서 그 편린을 찾을 수 있다. 이 글에 의하면 출가 심정과 동기, 백담사로 오게 된 사정, 탁발승 노릇, 『영환지략』을 읽고 난 소감, 시베리아에서의 경험, 석왕사에서의 참선 등이 자세히 나오고 있다. 이러한 내용은 대략 1903년부터 1907년까지의 한용운의 행적이다. 그런데 그는 1908년 초, 서울에 건립된 불교계 신식학교인 명진학교의 보조과 단기과정을 마치고 그 이듬해인 1908년 4월 하순에는 일본으로 건너갔다.[8] 이즈음의 한용운의 현실인식은 아래의 글에 잘 나와 있다.

> 그리하여 馬關에 내리어 동경에 가서 曹洞宗의 統治 機關인 宗務院을 찾아 그곳 弘眞雪三이라는 고승과 契合이 되었다. 그래서 그분의 호의로 학비 일 푼 없는 몸이나 조동종대학에 입학하여 일어도 배우고 불교도 배웠다. 그럴 때에 조선에서는 崔麟, 高元勳, 蔡基斗 諸氏가 유학생으로 동경에 건너왔더라. 그러다가 나는 다시 귀국하여 동래 범어사로 가 있다가 다시 지리산으로 가서 朴漢永, 全錦坡(고인이 되었으나)의 세 사람과 결의까지 하였다. 그럴 때에 서울 동대문의 元興寺에서 全朝鮮佛敎徒들이 모여 불교대회를 연다는 소식이 들리므로, 나는 부랴부랴 상경하였는데 그때는 李晦光氏가 대표가 되어 僧侶解放과 학교 건설 등을 토의하고 있었는데 그것은 대단히 좋으나 未幾에 합병이 되자, 前記 이회광 일파는 무슨 뜻으로 그러하였는지 일본의 曹洞宗과 계약을 맺었는데 이는 조선의 사찰 관리권과 포교권과 재산권을 모두 양도하는 실로 놀라운 것이었다. 이 주착없는 계약을 하자 한 것

7 그의 출가 시점에 관해서는 지금껏 18세(1896), 19세(1897), 25세(1903)라는 설이 있다.

8 고은, 『한용운평전』, 고려원, 2000, 181쪽. 여기에서는 각황사 사미승이었던 최원종의 말을 인용하여 한용운을 일본으로 보낸 인물은 서진하徐震河라고 적고 있다.

이 그때 이회광 일파의 圓宗이므로 우리는 그를 막기 위하여 臨濟宗이란 宗을 창립하여 그의 반대운동을 일으켰는데, 이 운동이 다행히 주효하여 이회광의 계약은 취소되어 조선의 불교는 그냥 살아 있게 된 터이었다.[9]

위의 글에서 우리는 다양한 내용을 찾을 수 있다. 한용운이 귀국한 시점은 1908년 10월로 전하고 있으며, 그가 1908년 12월 10일에는 명진학교 부설로 3개월 과정의 명진측량강습소를 개설하였다[10]는 것에 유의하여 위의 글을 분석하겠다.

무엇보다도 한용운이 일본으로 건너간 것에서 그의 도전정신과 문명의 도래지를 확인하고자 하는 열망을 거듭 찾을 수 있다. 이는 그의 출가 초기부터 지속된 특성이라 하겠다. 다음으로는 일본불교의 한 종파인 조동종과 연계되어 그 책임자[11]와 마음이 일치(契合)하였을 뿐만 아니라 조동종 대학에서 일어와 불교를 배웠다는 것을 알 수 있다.[12] 당시 그의 나이 30세에 조동종 책임자와 계합할 수 있다는 자신감과 일어와 불교를 적극적으로 배우는 문명의 긍정성은 대단한 것이라 하겠다. 그 밖에 일본에서의 최린과의 만남이 후일 3·1운동을 주동할 때의 인연으로 작용한 것은 널리 알려진 바와 같다.

이 같은 내용에서 우리는 거듭 한용운의 도전정신과 강렬한 문명의 수

---

9 한용운, 「나는 왜 중이 되었나」, 『삼천리』 1930. 5; 전보삼 편, 『푸른 산빛을 깨치고 – 만해의 불교사상』, 민족사, 1992, 20쪽에서 재인용.

10 최동호, 『한용운』, 건국대출판부, 1996.

11 한용운과 계합하였다는 히로츠(弘津說三)는 1910년 10월 원종 종정인 이회광과 이른바 조동종맹약을 체결한 당사자였다. 요컨대 일본 조동종의 실세였다.

12 한용운은 1909년 5월부터 9월까지 일본의 조동종이 운영하는 조동종 대학(현재 고마자와 대학)의 조동종 청년들이 주축을 이룬 화융회和融會의 기관지인 『화융지和融誌』에 한시를 기고하였다. 최근 권영민 교수가 그 한시 12편을 발굴하여 『만해학보』 4호(2002)에 기고하였다. 그런데 지금껏 한용운의 일본행은 1908년으로 이해하고 있는데 이에 대한 재검토가 요청되었다.

용성을 확인하게 되는 것이다. 그런데 위의 글은 그의 나이 50세 무렵에 인생을 회고하면서 쓴 글이지만, 나타난 문맥에서 일본에 건너갈 그 즈음에는 민족의식의 편린이 뚜렷이 보이지 않고 있다. 오히려 일본 및 일본 문명에 대한 갈망이 엿보인다. 1908년은 일제에 의한 국권 강탈이 기승을 부리던 때이었다. 외교권을 박탈한 을사늑약(1905), 고종황제의 강제 퇴위와 군대 해산(1907) 등으로 국권이 피탈되기 직전이었다. 그리고 이러한 일제의 국권강탈에 저항한 수많은 의병이 각처에서 항쟁을 전개하였던 시기였다. 또한 전국에서 일어난 의병전쟁으로 인하여 각처의 사찰들도 큰 피해를 입었을 뿐만 아니라, 사찰이 의병의 근거처로 활용됨을 차단키 위한 대책의 하나로 일본군에 의해 사찰이 불태워지던 시절이었다. 이에 일부 사찰은 그 만행을 피하기 위해 일본불교의 종단에 사찰 관리권을 맡기는 관리청원이 등장하였다. 바로 이러한 때에 한용운은 일본에 건너가 일본어와 불교를 배웠다.

한편 위의 글에서 이회광이 주동하여 전조선불교도대회를 개최하였기에 한용운이 서울로 상경한 시점도 언제인지 정확하지 않다. 1908년 후반인지, 아니면 1909년 초반인지 알 수 없다. 추측건대 1908년 후반경으로 보인다. 이는 그가 그해 12월 10일에 명진측량강습소를 열었다면 그 준비를 위해서라도 그 이전에 상경하였을 가능성이 크기 때문이다.

그런데 당시 중앙 불교계에서는 한국불교의 종단을 세우기 위한 움직임이 본격적으로 전개되었다. 즉 1908년 3월 6일 전국 승려대표자들 52명이 서울 원흥사에 모여[13] 불교의 종단을 지향하는 불교종무국을 세우면서 원종圓宗을 창설하였다.[14] 그러나 이 원종과 종무국을 당시 정치 권력에 승인

13 『조선불교통사』 권하, 신문관, 1918, 937쪽.

14 「광고, 불교종무국 취지서」, 《대한매일신보》, 1908. 3. 17. 이 취지서에는 원종 종무국 설립을 찬동하는 승려, 즉 발기인이었던 13도 각사총대各寺總代 65명의 명단이 나온다. 이들 중 52명이 원흥사 총회에 참석한 것으로 보인다.

받아야 할 과제에 직면하였다. 정치 권력의 실체는 국권의 대부분이 일제에게 피탈된 지경이었기에 구한국 정부와 일제의 통치 조직체인 통감부를 말한다.

이에 원종의 종정으로 추대된 이회광은 원종의 실체를 공인받기 위한 다양한 노력을 기울였는바, 그 과정에서 이른바 친일파인 이용구, 송병준과 그와 연결된 일본불교 조동종 소속 승려인 다케다(武田範之)의 힘에 의탁하였던 것이다.[15] 다케다는 당시 조동종 한국포교책임자로 내한하여 활동한 인물인데, 그는 단순한 승려이기보다는 일제의 한국 침략의 선봉에서 있던 인물이다.[16] 극우적인 성향으로 친일단체인 일진회와도 연결되어 당시 정계에서는 일정한 영향력을 행사하였던 인물인바, 바로 그는 이용구의 추천[17]에 의하여 원종의 고문으로 활약하게 되었다. 그는 이회광을 대신하여 당시 내부대신內部大臣인 송병준에게 원종을 인가해 달라는 청원서를 대필하는 등 원종의 공인을 위해 활동하였다. 그리고 그는 그 활동의 내용과 한국불교계 정황을 조동종 본부에 보고하면서 그 지침을 받았던 것이다.

요컨대 다케다는 원종의 인가를 위해 활동하면서 궁극적으로는 원종과 조동종과의 연결, 즉 조동종의 한국 진출 극대화를 위해 암약하였던 것이다. 바로 이러한 움직임이 전개된 시기가 1908년이었던 것이다. 당시 다케다는 이회광을 대신하여 1908년 7월 27일, 9월 20일에 각기 원종 인가 청

---

15 이 내용은 川上善兵衛, 『武田範之傳』, 일본경제평론사, 1989, 307~379쪽의 내용을 참조.

16 그는 명성황후 시해 사건에 관련되어 일본에서 구금되었으며, 석방 후에는 이토 히로부미가 한국에 들어올 때 통감부의 촉탁으로 부임한 흑룡회의 주간의 요구로 다시 내한하였다. 이에 그는 흑룡회 주간인 우치다 료헤이의 소개로 시천교의 고문이 되었다. 요컨대 그는 단순한 승려이기보다는 동양 평화를 기하기 위해서는 한국을 일본이 침략, 식민지로 만들어야 한다는 논리를 갖고 있었던 인물이었다.

17 그는 이용구가 주도한 시천교의 고문으로 활동하였으며, 1907년에는 이용구에게 한국불교 재흥에 관한 글을 써 주기도 하였다.

원서를 작성하였다.[18] 당시 그 청원의 초점은 신앙의 자유, 승려의 인권, 사찰 재산 및 국보의 보호였다. 그런데 이런 움직임에 한용운도 관련되었음이 1908년 12월에 나타난다. 즉 다케다가 동경에 가 있을 적에 이회광이 업무 관련 편지를 11월에 이어서 12월에도 보냈다. 바로 그 2차 편지에 이회광, 김현암, 강대련, 전보륜, 김호응, 한용운, 황하담, 이혼허 등의 서명이 전하고 있다는 것이다.[19] 이는 한용운이 일본행을 단행하기 이전의 일이었을 것이다. 그 편지의 내용은, 요약하건대 업무 연락으로서 원흥사에서 승려가 축출된 사정, 이에 대하여 내부와 경찰 측과의 연관, 이 해결을 위한 청원이다. 우리는 여기에서 일단 한용운도 원종의 이회광과 연결되고 있음을 주목한다.

그러나 위의 글에서 한용운이 제시한 전조선불교도대회는 언제 개최된 대회를 말하는지는 알 수 없다. 다만 그를 짐작케 하는 내용으로 아래의 글이 참고가 된다.

> 韓國 각 道의 寺院 代表者ᄂᆞᆫ 全國 寺院의 統一을 經營하고 佛敎의 振興을 希望하는 目的으로 日本人 僧侶를 顧問으로 하고 京城 宗務院을 設하는 件에 關하여 總代를 選ᄒᆞ야 宗務院 規則을 定ᄒᆞ고 其 認可를 內部大臣에게 申請한 故로 內部大臣은 此를 前週 閣議에 提出하고 昨日 參會議에 附議하얏ᄂᆞᆫ대 日間 認可된다는 說이 有ᄒᆞ더라.[20]

위의 글은 1908년 10월 20일경의 사정이다. 아마드 한용운이 귀국한 직

---

18 이회광은 1908년 봄 일본으로 건너가 일본의 여러 종파 중에서 조동종의 종지(선 관련), 종단 기구 등이 한국불교와 유사한 것을 보고 흔쾌히 여기었다. 이 내용도 원종과 조동종 간의 조약 체결과 관련하여 유의해야 한다. 앞의 책, 334쪽.

19 앞의 『武田範之傳』, 346쪽.

20 「국내사원 통일」, 《대한매일신보》, 1908. 10. 22. 이 내용은 「사원통일」, 《황성신문》, 1908. 10. 22에도 전하고 있다.

후에 각도 사원 대표자 회의가 열렸기에 한용운이 '부랴부랴' 상경한 것이 아닌가 한다. 이 회의에 한용운이 참가하였다면 앞서 살핀 이회광의 편지의 서명과 동일하게 일본불교, 일본승려의 관련성이 지속적으로 나타나는 것이다. 물론 그 이면에는 불교 발전이라는 주제하에 원종의 인가, 사원의 통일, 종무원 설립의 의도가 있었다. 그런데 바로 이 같은 움직임 및 지향에 대하여 한용운은 승려 해방, 학교 건설을 토의하였다면서 '대단히 좋은 것'으로 표현하였다. 요컨대 일본승려를 활용한 불교 발전에 동의하였다는 점이다. 이는 곧 한용운이 이 당시에는 이회광과 일정한 연결 고리가 있었음을 말해 준다. 더욱이 그가 개설한 명진측량강습소[21]가 명진학교의 부설이었다는 것에서도 그러하다. 한용운이 측량기술을 보급하려는 것은 사찰이나 농민들이 토지를 수호할 수 있는 여건을 만들려는 의도로 볼 수는 있다.[22] 그러나 당시 명진학교는 설립자이며 책임자인 홍월초가 사임하고 원종에서 그 관리를 담당하고 있었다. 이는 한용운이 원종의 종정인 이회광의 노선을 지지하지 않으면 불가한 일이었음을 말해 주는 것이다.

1909년 3월 무렵, 한용운은 그가 추진한 명진측량강습소가 자진하여 문을 닫는 요인[23]에서 기인한 것인지 단언할 수는 없지만 서울을 떠나 그해 7월 30일부터는 금강산의 표훈사 강사로 부임한다. 그리고 1909년 후반부의 한용운의 행적에는 그 강사 활동 이외에 특이한 내용이 전하지 않는다. 한용운이 중앙 불교계에 다시 나타나게 된 것은 1910년 3월이었다. 그것

---

21 고은은 앞의 『한용운평전』, 197쪽에서 강습소 개설에는 건봉사의 정재淨財와 각황사의 시주施主가 있었다고 서술하였다.

22 전보삼, 「만해의 생애와 사상」, 『푸른 산빛을 깨치고 – 만해 한용운 산문집』, 민족사, 1996, 23쪽. 전보삼은 여기에서 "최첨단 기술인 측량술을 공부한 일인들이 조선 땅으로 와서 하는 것은 토지 수탈"이었기에 그를 막기 위해 한용운이 측량술을 공부하여 귀국한 것으로 주장하였다.

23 명진측량강습소가 언제 문을 닫았는지에 대한 기록은 전하지 않는다. 다만 1909년 1월 9일의 《대한매일신보》의 광고에 '學員모집광고'가 전한다. 그 내용에 의하면 강습과, 초등과, 산술과를 특설하였으며 졸업 기한은 3개월이라고 한다.

은 승려의 결혼을 공인받기 위한 헌의서를 중추원에 제출한 사정이다.

> 隣蹄郡 百潭寺僧 韓龍雲氏가 中樞院에 獻議하얏ᄂᆞᆫ대 其 槪要를 聞ᄒᆞᆫ즉 內閣에 建議ᄒᆞ야 一般 僧尼로 ᄒᆞ야곰 自由 嫁娶케 ᄒᆞ라 ᄒᆞ얏다더라.[24]

즉 한용운이 1910년 3월에 친일 세력의 집합처인 중추원中樞院[25]에 일반 승려의 결혼을 자유스럽게 해 달라는 건의를 하였다는 것이다.[26] 그런데 이 같은 승려의 결혼 자유에 대한 건의는, 한용운이 최초로 건의한 이후에도 이민우에 의하여 거듭 제기되었다. 이민우가 어떤 인물인지는 알 수는 없지만 아래의 내용에는 그해 4월 20일경, 그가 승려의 결혼에 대하여 중추원에 건의하였음을 알 수 있다.

> 昨日 中樞院에셔 月曜例를 開하고 議長 이하 贊副議諸氏가 會同하야 李敏禹氏의 獻議ᄒᆞᆫ 僧尼 嫁娶의 案件을 內部에 建議하기로 決議하얏다더라.[27]

그러나 위의 기사 내용만으로 그의 주장이 승려 결혼을 자유롭게 해야 한다는 것이라고 받아들일 수는 없다. 이민우의 주장은 한용운의 주장과

---

24 「僧尼嫁娶獻議」, 《황성신문》, 1910. 3. 27.

25 중추원은 고종 31년(1894)의 제1차 갑오개혁 당시의 정치 제도 개편에 의해 설립되었다. 그러나 중추원은 몇 차례의 제도 개편으로 인하여 그 성격이 자주 바뀌었으나, 을사조약(1905) 강제 체결 이후에는 일본 군국주의자들의 한반도 식민지화를 가속화한 내정 개혁을 합리화시키는 기능을 수행하는 자문기구로 전락되었다. 중추원은 1910년 8월 29일, 경술국치 이후에는 일제 식민지정책을 정당화, 홍보하는 조선총독부의 예하 기구로 운영되었다. 중추원에 대한 개요와 성격은 다음의 논고가 참고된다. 진덕규, 「일제 식민지 시대의 중추원에 대한 고찰」, 『일본 식민지 지배 초기의 사회분석 1』, 이화여대 한국문화연구원, 1987; 조범래, 「조선총독부 중추원의 초기 구조와 기능」, 『한국독립운동사연구』 6, 1992.

26 『조선불교유신론』에서는 이를, '隆熙四年三月 日 中樞院議長金允植 閣下'에게 보낸 '中樞院獻議書'로 전하고 있다.

27 「僧尼嫁娶建議」, 《황성신문》, 1910. 4. 26.

같았음을 당시의 보도기사[28]에서 추론할 수 있다.

기사는 중추원에서 이민우[29]의 건의를 내각에 보냈는데에도 그 후속 조치가 없어 그 건의를 그해 5월 10일에 내각에 다시 보냈다는 내용이다. 그러면서 한용운의 건의를 제기함을 보면[30] 두 사람의 건의는 동일한 방향으로 보인다는 점이다.

일단 우리는 여기에서 승려의 결혼 자유에 대한 주장이 1910년 전반기에 구체적으로 제기되고, 그는 당시 제도권에서도 긍정적으로 수용됨을 파악할 수 있다. 그 당시 승려의 결혼에 대한 공식적인 주장은 1907년 1월 봉원사에서 개최된 연설회에서 비롯되었다.[31] 당시 그 연설자였던 고영균[32]은 인구 감손의 우려로 승려는 '허혼신불許婚信佛'해야 함을 주장하였으나, 김홍수라는 인물은 '청정위법淸淨爲法과 지혜손상智慧損傷'을 이유로 그에 반대하였음을 전하고 있다. 그런데 이 연설의 전후 사정을 보도한 신문은 양측의 주장이 팽팽하였음을 은연중 전하고 있는 것이다.

그런데 당시 불교계에서 이 같은 승려의 결혼 허용 여부가 구체적으로 전개되자, 《대한매일신보》에서는 이 문제를 대서특필하여 보도하였다. 즉 1910년 4월 19일 자의 논설, 「승니계僧尼界의 희소식喜消息」에서는 불교계에서 '취가임의娶嫁任意'의 문제가 일어나서 '산문山門'에서 협의도 있었으며,[33] 정부에 헌의도 있었음을 지적하며 그를 희소식으로 요약하였다. 그

28 「樞院再建議」, 《대한매일신보》, 1910. 5. 11.

29 앞의 글에서는 이민우가 이민설로 나오지만 동일 인물로 파악하였다.

30 한용운의 '獻議를 因'하였다는 것이 한용운이 그해 3월에 건의한 내용을 말하는 것인지, 아니면 한용운이 같은 내용으로 재차 헌의하였다는 것인지는 단언키 어렵다.

31 「俱是自由」, 《대한매일신보》, 1907. 1. 30.

32 그가 승려인지, 아니면 재가불자인지는 전하지 않는다.

33 한용운은 이 사정을 중추원에 제출한 헌의서에서 "異議百出, 互相疑懼, 有志未達, 抑有年所"라고 표현하였다.

러면서도 승려의 결혼 자유가 불교만을 위한 것임은 곤란하다는 주장을 강력히 피력하였다. 그 주요 내용을 살펴보면 다음과 같다.

> 然이나 吾儕는 此 嫁娶 任意의 問題를 主唱ᄒᆞᄂᆞᆫ 僧尼 諸氏에게 告ᄒᆞ노니 此 嫁娶 嚴禁의 弊風은 流來가 已久ᄒᆞᆫ 者라. 僧尼同胞 중에 혹 驚怪ᄒᆞᆯ 者-有ᄒᆞᆯ지며 或 不樂ᄒᆞᆯ 者- 有ᄒᆞᆯ지나 果然 諸氏가 誠心으로 僧尼 同胞를 勸勉ᄒᆞ야 不變을 期圖하면 엇지 功貴의 盈을 得睹치 못ᄒᆞ리오.
>
> 嗚呼라 挽近 韓國에 風雲이 日邊하고 山河가 日慘ᄒᆞᄂᆞᆫ 以後로 吾儕ᄂᆞᆫ 僧尼 同胞의 奮興을 得ᄒᆞᆫ지 久ᄒᆞᆫ지라. 近者 僧尼界에 或 學校를 設備ᄒᆞᄂᆞᆫ 人도 有ᄒᆞ며 或 教務를 改良ᄒᆞᄂᆞᆫ 人도 有ᄒᆞ나 然이나 尙此 新風潮가 全國 僧尼界에 遍及치 못ᄒᆞᆫ 故로 或 日僧을 迎하야 寺刹을 讓與하ᄂᆞᆫ 者도 有ᄒᆞ며 或 日僧을 仰ᄒᆞ야 說法을 傾聽ᄒᆞᄂᆞᆫ 者도 有ᄒᆞ다 ᄒᆞ기로 吾儕가 慨歎을 不已ᄒᆞ엿더니 今次 嫁娶 任意의 喜消息을 接ᄒᆞ고 一筆로 花雨諸天을 向ᄒᆞ야 賀를 呈ᄒᆞ노라.
>
> 最後에 吾儕ᄂᆞᆫ 僧尼 同胞에게 一勉ᄒᆞᆯ 바 有ᄒᆞ니 同胞가 此 問題를 實行ᄒᆞᄂᆞᆫ 同時에 教育을 擴張ᄒᆞ며 實業을 奮勵ᄒᆞ며 國家精神 民族主義를 大振興ᄒᆞ야 滅亡의 禍를 脫ᄒᆞ고 極樂의 福을 收ᄒᆞᆯ지어다.

위의 논설의 주장은 승려들의 결혼 자유는 찬성하지만, 그를 통하여 승려들의 분발을 요구하고 있다. 당시 한국은 일본의 침탈로 국운이 위태로운 지경에서 승려들의 분발을 요구하였지만 기대에는 미치지 못하였다는 것이다. 오히려 일본승려에게 사찰을 양도하고, 일본승려에게 설법을 구하는 지경을 보고 개탄하였음을 지적하고 있다. 요컨대 승려의 결혼 자유를 통하여 교육, 실업 분야에서 분투하고 그를 통하여 '국가정신과 민족주의'를 크게 진흥하기를 바라고 있었던 것이다. 여기에서 제기된 국가정신과 민족주의의 진흥은 곧 민족의식으로 말할 수 있다. 다시 말하자면, 불교만의 발전을 위한 승려의 결혼 자유보다는 민족의식 고양을 위해 승려의 결혼 자유가 이루어져야 한다는 요지이다.

그러면 우리는 한용운의 승려 결혼 주장이 위의 《대한매일신보》 논설에서 개진된 수준까지 고민이 심화되었는가에 대하여 살펴볼 필요가 있다. 역사적인 평가와 이해는 현 시점의 기준도 중요하지만 당대의 기준도 중요한 잣대로 볼 수 있기 때문이다. 한편 이러한 보도의 정황에서 승려의 결혼 자유에 대한 공감대는 상당했던 것으로 볼 수 있다. 따라서 당시 구한국 정부에서는 이를 곧 허용할 것이라는 보도가 나오기도 하였다.

> 中樞院에셔는 僧侶의 娶嫁 特許를 決議ᄒᆞ야 內閣으로 交付ᄒᆞ얏다 홈은 已報어니와 內閣에셔는 閣令으로 日間 頒布ᄒᆞᆫ다더라.[34]

이 보도기사는 1910년 5월 17일의 《황성신문》의 내용이다. 이로써 당시 제도권에서는 거의 수용 단계까지 이르렀음을 파악할 수 있다. 이에 우리는 한용운의 주장이 돌발적인 건의가 아니라 불교계 내외의 일정한 지지하에 대두된 것을 알 수 있다. 그러면 이제부터는 한용운이 1910년 3월에 건의한 중추원 헌의서에서 승려 결혼을 자유롭게 하자는 취지를 살피고, 그 취지에서 민족의식의 지향을 엿볼 수 있는가를 가늠해 보고자 한다.

한용운은 헌의서에서 '진화의 구도하에 변화는 매우 중요'함을 역설하면서, 승려 결혼은 국가 대계大計의 측면에서 공인되어야 함을 강조하였다. 때문에 승려 스스로 처리하도록 방관해서는 안 됨을 지적하고, 자신이 이를 국가에 헌의함의 타당성을 전제하였다. 한용운은 그 첫 번째 원인을 국가의 식민殖民 문제에서 찾았다. 즉 인구 감소의 요인을 지적한 것이다. 그 두 번째 원인은 종교 경쟁의 구도하에서 불교의 교세가 보존되는 계기가

---

34 「僧尼嫁娶實施」, 《황성신문》 1910. 5. 17; 「僧尼嫁娶實施」, 《대한매일신보》, 1910. 5. 17에서 그 내용을 동일하게 보도하였다.

될 수 있다고 보았다. 이는 타 종교의 교세가 강화되는 현실에서 불교는 존립이 위태로움을 지적한 것이다. 이러한 주장은 곧 승려의 결혼 허용이 공적으로는 식민殖民(公而殖民)과 사적으로는 교세보존敎勢保存(私而保敎)에 유익함과 직결된다는 내용이다.

이 주장을 달리 말하면 국가의 토대와 불교의 발전을 고려한 하나의 대안으로 볼 수 있지만, 민족의식 차원까지는 심화되지는 않은 것으로 이해하고자 한다. 국운이 침탈되는 지경에 즈음하여 승려의 결혼이 민족의식에 바탕을 둔 불교계의 화급을 다투는 문제로는 볼 수 없다는 것이다. 더욱이 승려의 결혼이 국권을 강탈하고 있는 일본불교의 대명사였으며, 당시 일제의 불교정책이 일본불교를 모방케 하여 일본 침략에 대한 의구심을 완화시키는 역할을 불교에게 요구하였던 사정을 유의한다면 이는 자명한 이해라 하겠다.

더욱이 불교의 종단을 공인받기 위해 대표적인 친일파, 그리고 친일파와 연결되었으며 일제 침략의 첨병으로 활동한 일본승려의 절대 지도를 감수하면서 전개한 일련의 일은 납득하기 어려운 것이다. 이러한 문제에 대해서는 깊은 성찰을 하지 않고 나라가 망하기 일보 직전에 승려의 결혼을 강력하게 주장하였음은 한용운에게서나 당시 불교계 중심인물들에게서 투철한 민족의식이 있었다고 보기는 어려운 것이다.

한편 중추원 건의를 받은 내각에서 승려의 결혼 허용이 거의 성사 단계까지 갔으나 끝내 반포되지 않은 이유에 대해서는 현재 추론키 어렵다. 결과적으로 1910년 8월 29일, 국권을 상실당한 경술국치 이전까지 승려의 결혼은 허용되지 않았다. 그러나 한용운은 나라를 빼앗긴 직후, 즉 1910년 9월에도 승려 결혼을 주장하는 건백서를 제출하였다. 그 제출처는 한국의 국권이 상실당한 시기였기에 일제의 한국 식민통치 책임자인 통감부統監府 자작子爵인 데라우치 마사타케(寺內正毅)였다.[35] 이 데라우치는 일본 육군대신 출신으로 1909년 10월 일제 침략의 선봉이었던 이토 히로부미가 안중근 의사에 의해 저격된 직후, 한국 강탈의 구체화를 위한 일제 내의 체제 개편의 구도하에서 제3대 통감으로 부임한 인물이다. 그는 한국에 부임하여 한국 강탈을 진두지휘한 책임자로서 통감의 직을 수행하고, 한국의 국권을 강탈한 직후에도 통감으로 근무하였다. 1910년 10월 1일부터 조선총독부가 출범하자 그는 초대 총독으로 활동하면서 1910년대에는 헌병경찰과 조선주차군이라는 일본군대를 이용하여 이른바 무단통치를 자행한 장본인으로서 1916년에는 내각 수반으로 영전한, 일제 침략과 통치의 당사자였다.[36]

한용운은 바로 위와 같은 성격을 갖고 있었던 한국 식민통치 최고 책임자인 데라우치에게 승려 결혼의 자유를 위한 건백서를 올렸던 것이다. '통감부 건백서'라는 제목의 그 건백서에서 한용운은 조선의 승려들도 승려의 결혼 금지의 허용이 낫다는 것을 알고 있지만, 천년의 구습을 타파할 수 없기에 마음 가득 의구심을 품고 해가 다 가도록 주저하고 있는 실정이었다고 이해하였다. 이에 조정의 법령으로 금혼을 해제하고자 자신이 1910년 3월 중추원에 그 해제를 위해 청원하였음을 환기시키면서 그 후속 조처가 없음을 지적하였다. 그 결과 승려들의 의구심은 깊어 가고, 환속하는 승려들이 증가하고, 포교가 위축되어 가기에 금혼禁婚을 풀어 정치, 도덕, 종교계에 영향을 주는 것이 더욱 좋다는 입장을 개진하였다. 이에 한용운은 승려 결혼의 금지를 해제하는 부령府令을 특별히 반포하여 누습을 타파하는 치적을 이루라고 건의하였던 것이다.

이 건백서는 이전 헌의서와 내용이 거의 같다. 그러나 승려 결혼의 해금은 정치 분야에도 영향을 끼치며, 구습을 타파하는 치적을 이루라는 문맥에서 국권을 강탈한 일제의 최고 통치자에 대한 자주의식을 가졌다고 보

---

35 『조선불교유신론』에서는 이를, '明治 四十三年九月 日 統監子爵寺內正毅 殿', '統監府建白書'라고 기재하였다.

36 정제우, 「朝鮮總督 寺內正毅論」, 『한국독립운동사연구』 6, 1992, 16~23쪽.

기는 어려운 것이다. 다시 말하자면 나라를 잃은 지 불과 1개월도 지나지 않은 시기에 나라를 빼앗은 강탈자에게 승려 결혼의 허용을 구하는 것이 민족불교의 지향인가 하는 점이다. 이러한 한용운의 현실인식에서 투철한 민족의식을 찾기는 어렵다 하겠다. 물론 이 같은 인식은 비단 한용운에게서만 나타난 것은 아니다. 당시 종단을 수립하고 그를 통하여 불교 발전을 기하려는 일단의 승려들에게서 보편적으로 나타난 성향이 아닌가 한다. 이러한 점과 관련하여 아래의 글은 우리의 관심을 끌게 한다.

各道 各郡 住持僧 三百餘名은 去 十三日 以來로 東大門外 元興寺에 會同ᄒᆞ야 宗務會를 開ᄒᆞ얏다가 十六日에 散會ᄒᆞ엿는대 其 目的은 朝鮮佛敎를 現狀에셔 面目을 一新케 홈인대 昨年 以來로 屢屢히 企圖ᄒᆞ엿스나 實行치 못ᄒᆞ엿슴으로 今에 其 決議홈이 如左ᄒᆞ더라.

一, 布敎者의 位置를 進行ᄒᆞ기 爲ᄒᆞ야 各道內 大刹 二十九個寺에셔 生徒 一名式을 選拔ᄒᆞ야 養成所를 設立ᄒᆞ고 四月間 敎育홀 事

二, 宗務院 維持費 四千圓과 養成所 經費 三百六十圓을 各 寺刹에셔 擔當홀 事

三, 養成所의 開敎師長 一, 副敎師長 一, 敎師 一, 助敎 三名을 置ᄒᆞ고 更히 宗務院 役員을 改選홀 事인대 佛敎 發達에 關ᄒᆞᆫ 議事 外에 他事ᄂᆞᆫ 一切 干涉치 아니ᄒᆞ엿다더라.[37]

위의 글은 1910년 9월 13~16일경 한국불교계의 현실인식을 단적으로 전하고 있다. 이 내용에 의하면 국권을 강탈당한 지 불과 20일 후 원흥사에 모인 전국의 주지승 300여 명은 종무회를 개최하여 불교의 일신을 위한 기본 방향을 결의하였다. 그 요지는 포교자 양성소 및 종무원의 설립과 유지, 양성소와 종무원의 조직 구성과 인물의 개선이었다. 그런데 여기에서

37 「各道僧 會集」, 《매일신보》, 1910. 9. 20.

우리의 시선을 끄는 것은 불교 발달에 관한 일 이외의 다른 일은 일체 간섭하지 않았다는 것이다. 여기서 나온 '다른 일'은 무엇이며, '일체 간섭하지 아니하였다'는 것은 어떠한 뜻인가. 그는 곧 일제의 식민통치에 대해서는 전연 문제 삼지 않았다는 것이다. 물론 이를 두고 정교 분리의 입장을 취하였다고도 볼 수는 있다.

그러나 이를 달리 말하자면 불교의 발전에만 유의하였고, 일제 식민통치와 국권의 회복 문제는 일체 언급하지도 않았다는 것이다. 이는 곧 민족의식의 구현과 민족불교 지향과는 거리가 먼 노선을 가고 있었다고 볼 수 있는 대목이다.

그런데 위의 주지승 회의가 개최되던 그 시기에 당시 불교계의 종단을 지향하였던 원종의 종정인 이회광은 원종을 인가받음과 동시에 일본불교에 의지하여 불교 발전을 기하기 위한 일본행을 단행하였다.[38] 당시 이회광은 일본에 건너가기 이전에 국내의 승려 50여 명에게 불교 발전을 기하기 위해서는 불가피하게 일본불교의 힘을 빌릴 수밖에 없다는 것과 그 대상은 일본 조동종으로 하겠다는 취지를 설명하고 그에 대한 동의를 받았다.[39] 그런데 이회광에게 동의를 해 준 승려들이 전국 주지승 300여 명의 집회에 모였던 승려들의 일부인지는 단언하지 못하여도 그럴 가능성은 농

---

38 일제시대 한국에 건너와 불교계 및 교육계에서 활동한 일본인 학자인 다카하시 도루(高橋亨)가 조선시대 불교사를 일제 측 입장에서 정리한 『이조불교李朝佛教』 922~923쪽에서는 이회광이 13도 사찰총회를 갖고 주지 대표들(72명)의 위임장을 갖고 일본에 건너갔다고 하였다. 여기에서는 위임장의 내용은 전하지 않는다. 『조선불교통사』 권하 938쪽에서는 그를 원종 종무원의 인가를 위한 동의로 보고 있다. 이 두 기록에서 이회광이 주지들의 동의를 받은 집회의 일자는 전하지 않지만 9월은 분명하다. 왜냐하면 이회광이 일본에 건너가 조동종 측과 조약을 맺은 것이 10월 6일이었고, 그가 귀국한 날짜는 10월 11일이었기 때문이다. 그러나 당시 승려들이 이회광에게 위임한 실체의 내용은 정확하지 않다. 1910년 12월경, 이회광이 조동종과 맺은 조약의 내용이 불교계에 알려지면서 그에 대한 반발이 일어난 것을 보면 동의를 한 승려들은 굴욕적인 조약 체결을 통한 불교 발전까지 원한 것으로는 보이지 않는다.

39 「불교개종문제 (7)」, 《동아일보》, 1920. 7. 2.

후하다. 더욱이 그 두 집회가 일어난 것은 같은 9월이 분명하다. 그리고 원종 인가를 포함한 불교 발전을 위해서는 일본불교에 힘을 빌려야 한다는 데에 동의한 승려 50여 명[40]의 결정과 주지승 300여 명이 집회를 갖고 결의한 내용은 그 성격이 거의 동질적이다.

여기에서 우리는 일단 1910년 9월경 불교계를 대표한 승려들의 현실인식이 민족불교 지향과 민족의식 구현과는 일정한 거리가 있었음을 파악할 수 있다. 때문에 우리는 한용운이 일제 통감에게 제출한 건백서에 나온 현실인식도 여타 승려들의 인식과 큰 차별점을 갖고 있지 않음을 알 수 있다. 요컨대 한용운은 1910년 9월에는 민족의식을 확연하게 정립하고 있지 않았다. 그리고 우리는 이러한 전제에서 한용운이 민족의식 지향에 완전히 진입하지 못한 구체적인 요건을 승려의 대처를 허용케 하는 대안에서도 말할 수 있다. 이는 널리 알려진 바와 같이 그가 일본에 가서 일본불교를 모방한 문명의 하나였다. 그럼에도 한용운은 일본불교가 한국에 건너온 배경, 일본불교의 각 종단이 일제 당국과 결합된 본질, 일본불교가 한국에서 전개한 침략 선발대로서 첨병의 활동, 일본불교에 영향받으면서 점차 나타난 한국불교의 계율 파괴 현상, 일본불교의 각 종단이 한국불교와 연계하려는 근본 목적 등에 대해서는 침묵을 한 연유가 자못 궁금한 것이다. 이는 구체적인 이해와 파악이 안 되었던 측면, 크게 문제시하지 않았던 측면도 있었을 것이다. 그러나 그가 그토록 불교 발전을 위한 대안으로 강력히 주장하였던 승려의 결혼 허용이 일본불교의 침투, 수용, 우호성 증대를 촉발시킬 수 있는 문제임을 왜 인식하지 못하였을까? 그가 승려 결혼 허용을 통한 한국불교의 발전은 보았지만, 일본불교에 의한 부정적인

40 『이조불교』 922쪽에서는 이회광이 원종 종무원의 대표라는 위임장에 동의한 승려가 72명이라고 전한다. 이를 보면 그 서명자는 72명이었지만 실제 이회광을 만나서 동의한 승려는 50여 명이고, 그 나머지 인물은 대리 서명을 한 것으로 보인다.

산물은 보지 못한 것으로 이해하는 것은 지나친 단정인가.

요약하건대, 1910년 9월까지의 한용운의 현실인식은 확연한 민족의식과 민족불교 지향까지는 이르지 못한 것으로 보고자 한다. 그리고 일본불교에 대한 긍정성은 보았으되, 부정성은 보지 못한 것으로 이해하고자 한다.

## 3. 『유신론』에서의 민족의식

한용운은 통감부에 건백서를 제출한 직후로 보이는 1910년 9월 20일에는 경기도 장단군 화산강숙華山講塾의 강사에 취임하였다고 전한다.[41] 한용운이 화산강숙의 강사로 취임한 배경과 사정에 관해서 구체적으로 설명된 바는 없다. 강사로 취임한 구체적인 일자와 언제까지 활동하였는지에 대해서도 단언키 어렵다. 이에 대한 해명이 중요한 것은 곧 『유신론』을 언제부터 서술하였는가를 밝히는 데에 긴요한 단서가 되기 때문이다. 물론 『유신론』의 서두에는 그 집필의 완료가 1910년 12월 8일이라고 되어 있다.

이러한 점과 관련하여 《매일신보》 1910년 11월 27일의 보도기사, 「사문신숙沙門新塾」의 내용, 즉 화장사가 새로운 강숙講塾을 설립하여 청년승려를 교육하고 있는데 그 강숙에 한용운이 교사로 근무하였다는 것은 우리의 관심을 끈다. 이를 주목하면 앞서 제시한 9월 20일부터 11월 초순까지는 강사로 활동하였다고 볼 수 있다. 그러나 그 활동이 상주 근무인지 아니면 비상임의 근무인지는 말하기 어렵다. 그러나 백담사와 화장사 간의 거리를 고려하면 상주일 가능성이 크다. 이러한 문제를 검토하는 것은 『유신론』의 집필은 어느 곳에서, 언제 시작되었는가 하는 점을 해명하기

41 최동호의 『한용운』(건국대출판부, 1996)의 연보 및 연구 자료 참조. 그런데 이 취임의 일자를 어떤 근거로 제시한 것인지는 나와 있지 않다.

위함이다.

지금껏 이에 대해서는 일반적으로 백담사라고 이해되어 왔다. 물론 그 집필의 완료는 백담사일 가능성이 농후하다. 그러나 그 집필의 개시도 백담사라고는 단언키 어렵다. 만약 백담사에서 모든 집필이 이루어졌다면 『유신론』의 서술은 11월 중순부터 12월 초순까지의 기간인 불과 20일 만에 성사되었다는 것이다. 한용운의 열정과 능력을 신뢰하여도 불과 20일 만에 그를 완료하기는 어려울 것이다. 다만 이러한 점의 해명과 관련하여 『유신론』의 집필이 11월 이전에 시작되어 서술의 상당량이 완료되었고, 백담사에 칩거하면서 본격적인 총정리와 탈고가 되었다고 볼 수 있다.

이러한 『유신론』 집필의 시기 및 장소와 관련하여 한용운의 상좌였던 이춘성[42]의 증언은 우리에게 중요한 정보를 제공한다. 고은高銀이 이 증언

일제시대의 백담사. 한용운의 출가 사찰인 백담사는 매우 외지고 궁벽한 오지의 절이었다.

42 이춘성이 한용운의 상좌였음은 서울 파고다 공원에 있는 '만해용운당대선사비萬海龍雲堂大禪師碑'의 비문에 나온다. 이운허(박용하)가 쓴 그 내용에 의하면 한용운 제자로 李春城(昌林), 金龍潭(初眼), 동파東坡(延夏)가 나온다. 『한용운전집』 권4, 420쪽 및 김광식, 『춘성 – 무애도인 삶의 이야기』, 새싹, 2009, 24~56쪽 참조

을 인용하였는바,[43] 그를 재인용하면 다음과 같다.

> 스님은 그때 여름 내내 쓴 글을 나에게 다 맡기고 「이것을 네가 잘 간수하되 그냥 두지 말고 밤마다 조금씩 읽어 보아라. 앞으로 새 시대의 불법은 이 글 가운데서 찾도록 하라. 그렇다고 노스님이나 여러 큰 스님들이 가르치는 바를 업수이 여겨서는 지옥에 떨어진다」라고 말씀하였어. 스님은 늘 밤에 「왜놈의 머슴살이 같으니라구!」 하고 혼자 욕설을 퍼붓는 일이 많았지. 나에게 글을 맡긴 다음날 새벽에 바랑도 놓아둔 채 보자기 보따리를 하나 들고 백담사를 떠나셨지. 그때가 초겨울이야.

이 글의 증언 당사자인 이춘성의 회고를 신뢰한다면 『유신론』의 집필은 1910년 여름에 집중적으로 이루어졌다고 볼 수 있다. 위의 글에서 '여름 내내 쓴 글'이라 함은 그를 단적으로 말하는 것인데, 여름 내내는 6~8월이라고 볼 수 있다. 그리고 서술 장소를 구체적으로 적시하지는 않았지만 일단은 백담사로 추정된다. 그러나 그 서술이 여름에 완전하게 된 것은 아닐 것이다. 위의 회고는 여름부터 집필이 시작되었고, 상당 분량의 서술이 이루어졌음을 말하는 것이다. 그러나 『유신론』의 후반부에 해당하는 승려 결혼의 자유를 주장한 부문(論佛教之前道가 關於僧侶之嫁娶與否者)이 포함되었음에서 그해 9월의 건백서 제출 이후에도 집필하였다는 것을 알 수 있다. 그리고 이춘성의 말에서, 한용운이 『유신론』의 초고를 맡기고 백담사를 떠난 때를 초겨울이라고 제시한 것은 여러 정황을 보면 타당한 내용이다. 즉 집필이 완료된 12월 8일이 초겨울이고, 당시 이회광의 조동종 맹약을 분쇄하기 위한[44] 송광사 집회에 내려가기 직전 분주함의 정황이 여실

---

**43** 고은, 『한용운평전』, 218쪽.

**44** 이회광의 조동종맹약이 전 불교계에 알려진 것은 1910년 12월이었다. 『이조불교』, 925쪽.

히 나타난다.

우리는 한용운의 『유신론』의 집필이 1910년 여름 백담사에서 시작되어 그해 초겨울의 백담사에서 완료되었음을 파악하였다. 한용운은 백담사에서 그 원고의 상당량을 집필하고 화장사의 강사로 갔다가 백담사로 돌아왔을 것으로 이해된다. 그리고 화산강숙의 강사 시절에는 집필이 이루어질 가능성이 희박하고,[45] 백담사로 돌아온[46] 후에 그 마무리를 위한 시간을 가졌을 것이다. 이 시기는 한용운에게도 삶의 행적이 치열하였겠지만, 한국의 운명도 패망, 국권 상실로 귀결되었음에 보이듯 거센 격랑이 휘몰아쳤던 시기였다. 한용운이 『유신론』을 집필한 것은 그가 중추원에 제출한 헌의서에서 주장한 승려 결혼의 자유에 대한 이행 조치가 없음에 대한 고뇌도 작용하였을 것도 추측게 한다. 이에 그는 그해 여름부터 본격적으로 한국불교의 발전과 개혁을 위한 방안을 구체화하였거니와 그것이 바로 『유신론』의 집필이었다. 한용운은 집필 과정에서도 통감부에 건백서를 제출하여 그의 소신을 거듭 강조하였다. 여기에서 한용운의 치열한 불교개혁 정신을 엿볼 수 있다.

이러한 사실을 재음미하면서 우리는 『유신론』에 나타난 한용운의 민족의식을 점검할 수 있다. 그러나 『유신론』의 집필이 그해 여름이라는 점을 유의하면, 『유신론』에 나타난 한용운의 현실인식은 전장에서 살펴본 기본 흐름에서 크게 다르지 않다고 하겠다. 왜냐하면 헌의서와 건백서를 제출하고, 그 추이를 보던 무렵에 『유신론』이 집필되었기 때문이다. 전장에서 살핀 주요 요지는 1910년 9월까지의 한용운의 현실인식은 민족불교 지향과 투철한 민족의식에까지는 이르지 못하였다는 점이다. 그러나 여기에서 유의할 점은 민족불교 지향과 투철한 민족의식에까지 이르지 못하였다고

45 이것도 추측에 불과하다.

46 그러나 정확한 일자는 알 수 없다.

하여, 당시 한용운이 친일적이며 현실에 대한 관찰이 부재한 상태라고 인식하는 단선적인 이해는 곤란하다는 것이다. 다시 말하자면 구체적으로 민족의식이 표출되지 않았다는 것인데, 이는 민족의식 심화의 내적인 과정에 있었던 단계라고 말할 수는 있다. 위의 이춘성 회고에서 국권이 상실당하였던 그해 여름에 "왜놈의 머슴살이 같으니라구!" 하는 욕설을 퍼붓는 일이 많아졌다는 것은 그를 더욱 보강하게 해 준다.[47]

그러나 이러한 이해를 함에서는 필자가 서언에서 제시한 『유신론』 말미에 나온 한용운의 생각인 "움직이는 마음이 있으면서 겉으로 나타나지 않는 일이 있을 수 있겠는가. 아마도 없을 것이다."라는 행간의 뜻을 거듭 살펴야 할 것이다. 한용운의 민족의식이 『유신론』에서 확연하게 드러나지 않는다고 하여 한용운에 대한 기존의 인식이 무너지는 것은 더더욱 아니다. 이제 우리는 그의 민족의식 성장 과정을 더욱 세밀히 살필 수 있는 안목을

---

47 한편, 전보삼은, 1909년 10월 안중근 의사의 의거(이토 히로부미 저격)와 1910년 9월(음력 8월 6일) 황현의 자결 소식을 접한 한용운이 다음과 같은 시를 읊었다고 지적하면서 이 당시에도 민족의식이 있었음을 은연중 강조하였다. 그 시의 전문은 다음과 같다. "만 섬의 끓는 피여! 열 말의 담력이여! 벼르고 벼른 기상 서릿발이 시퍼렇다. 별안간 벼락치듯 천지를 뒤흔드니 총탄이 쏟아지는데 늠름한 그대의 모습이여!" 그런데 전보삼은 이 시를 한용운이 읊었던 구체적인 시점 혹은 기고된 내용에 관해서는 서술하지 않았다. 전보삼, 「만해의 생애와 사상」, 『푸른 산빛을 깨치고』, 민족사, 1996, 24쪽.
이러한 한용운의 시를 통한 황현에 대한 애정은 『한용운시전집』(장승, 1998, 248쪽)에 전하는 '매천 황현을 기림(黃梅泉)'이라는 한시를 통해서도 알 수 있다. 그러나 여기에서도 이 한시를 읊은 시점은 밝히지 않았다. 번역된 그 한시는 다음과 같다. "義에 나아가 나라 위해 죽으니 만고에 그 절개 꽃피어 새로우리. 다하지 못한 恨은 남기지 말라 그 충절 위로하는 사람 많으리니!" 이 한시에 대하여 서정주는, 한용운이 황현을 "시인으로서, 선비로서의 순국殉國을 매우 높이 여겼던 것"으로 해설하였다. 『만해 한용운 한시선』, 민음사, 1999, 40쪽.
그런데 이종찬은 「만해의 시세계: 한시와 자유시의 달인」, 『만해축전자료집』, 만해사상실천선양회, 2001, 463쪽에서 전보삼이 인용한 한시를 「安海州」라는 제목의 한시로 보고 이는 안중근 의거 소식을 듣고 지은 것이고, 「황매천」이라는 제목의 한시는 황현 선생의 순국 소식을 듣고 지은 것으로 보았다. 우리는 여기에서 이 한시들을 읊은 시점과 그 한시가 게재된 지면, 현전하였던 사정들을 종합적으로 파악해야 할 것이다. 이러한 검토가 있어야 한용운의 시에 나타난 민족의식에 대해서도 보다 심화된 이해를 할 수 있다. 이종찬은 이 한시에 대하여 시대 상황에서 어쩔 수 없이 겪었던 '저항적 고뇌'라고 지적하였다.

갖게 되었음을 생각해 보아야 한다.

그러면 이제부터 이 같은 배경과 전제하에서 『유신론』의 주요 대목을 선별하고, 거기에서 한용운의 민족의식과 연관된 제반 문제를 살펴보겠다. 그러나 그와 유관한 문장은 많지 않다. 한용운은 『유신론』의 머리말에서, 불교유신에 뜻을 두었으나 일이 뜻과 같이 되지 않았음을 우선 전제하였다. 그런 연후에 그는 그가 생각하고 있는 불교의 새 세계를 그려내어 자신의 쓸쓸함을 달래고, 그와 생각이 같은 동지들의 목마름에 보시하는 마음으로 『유신론』을 집필하였음을 말하고 있다. 즉 『유신론』은 그가 생각하고 있는 불교유신의 핵심 내용인 승려 결혼의 자유에 대한 소신이 수용되지 못함에 대한 반발이 은연중 개재되었다 하겠다. 또한 그 서론에서는 일의 성패는 인간 자신에게 있음을 자각하면서 불교계에서 유신의 소리가 전연 없음을 안타깝게 여기며, 『유신론』을 집필한 목적은 스스로 경계하고 승려들에게 알리기 위한 목적에서였음을 밝혔던 것이다. 따라서 그는 『유신론』의 집필을 통해 그가 이전부터 갖고 있던 불교유신의 뜻을 더욱 분명히 하고, 그가 생각하는 불교유신이 불교계에 퍼져 나가기를 원하였다고 하겠다. 그러나 여기에서 그는 그의 주장이 받아들여지지 않은 것과 불교계에 유신이 나타나지 않은 여러 요인 중 당시 권력 및 일제에 대한 문제는 전연 언급하지 않았으며, 또한 정치 권력에 기대어 불교 발전을 추구하는 의타성에 대한 나약성도 거의 취급하지 않았다.

따라서 우리는 그 머리말과 서론에서 『유신론』의 성향을 일단 짐작하게 되는 것이다. 그러나 한용운은 당시 불교계 내외의 정황에 대해서는 비교적 객관적, 분석적으로 판단하고 있음을 알 수 있다. 예컨대 불교의 평등을 말하면서 당시의 세계주의는 경쟁과 침탈함이 없는 주의라고 본 것이나, 불교의 폐단이 극에 달하였다는 이해는 그 단적인 실례이다. 이렇듯 한용운은 당시 불교의 제반 문제점을 구체적으로 제시하며 파괴를 통한 유신을 강력히 개진하였던 것이다. 그런데 그는 불교계의 나약하고 투철하지 못한 현실인식을 가져온 원인의 하나를 세력 부진으로 보면서도, 타 종교의 위력과 형세가 도도함으로 나타난 현상만을 지적하였다.

> 지금 다른 종교의 대포가 무서운 소리로 땅을 진동하고 다른 종교의 형세가 도도하여 하늘에 닿았고, 다른 종교의 물이 점점 늘어 이마까지 넘칠 지경이니, 조선불교에서는 어찌할고.
>
> 조선불교가 유린된 원인은 세력이 부진한 탓이며, 세력의 부진은 가르침이 포교되지 않은 데 원인이 있다. 가르침이란 종교적 의무의 線과 세력의 선이 함께 나아가는 원천이다.[48]

즉 타 종교의 등장과 왕성한 포교로 인해 불교의 존립이 위험함만을 지적하고 경고하면서도, 그것을 가능케 한 제국주의의 침투에 대해서는 전연 지적지 않았다. 물론 이 글은 불교에 한정된 것이고, 그 서술의 초점을 명쾌하게 하기 위해 논외로 한 산물일 수도 있다. 제국주의 침투라는 구도에서 그 첨병으로 한국에 온 타 종교에 대한 본질의 성격을 충분히 인식하였는가 하는 점이다. 이러한 성향은 다음의 글에서도 여실히 나온다.

> 그러기에 종교와 종교의 대적하는 북과 피리소리가 땅을 진동하건만 불교는 싸움은 고사하고 종을 울려도 패잔병이나마 거두지 못하고 종교의 陣壘에 세운 기치가 숲과도 같건만 불교는 降旗나마 세울 힘이 없는 실정에 있다.[49]

종교 간의 대응, 전투가 치열하지만 불교는 싸울 여력도 없고 그에 전연 대응할 힘도 없다고 진단하였다. 즉 종교 간에 싸우는 근본 요인의 하나가

48 이원섭 옮김, 『조선불교유신론』, 운주사, 1992, 69쪽,
49 위의 책, 83쪽.

우리 한국의 침탈과 강탈에 있음을 왜 지적하지 않았는가?

한용운은, 불교가 여타 종교보다 부족한 요인과 그를 극복하기 위한 다양한 대안을 제시하였음은 분명하다고 보았다. 그리고 그에 관련된 분석 역시 탁월하였음도 인정할 수 있다. 그러나 거듭 말하건대 한용운은 타 종교 뒤에 있었던 제국주의 논리와 성향은 강조하여 분석하지는 않았다. 이러한 점을 어떻게 이해해야 하는가.

또한 한용운은 중추원과 통감부에 제출한 승려의 결혼 자유에 대한 주장이 승려 전체가 음계淫戒를 범하게 하려는 의도는 아니라고 말하면서도 이렇게 제시하였다.

> 나는 이 같은 불교의 개혁을 생각하여 큰 소리로 외쳐 보았건만 남이 들으려 하지 않으므로 정치의 힘을 빌어 행할까 하여 前後해 쇠북을 울리며 정부에 청원한 것이 무릇 두 번이었다.[50]

즉 여기에서도 승려 결혼의 자유라는 불교개혁을 위해 정치의 힘을 빌릴 수밖에 없었음을 주장하였다. 불교 발전을 위한 정치의 의타성을 노정한 것이다. 더욱이 문제가 되는 것은 중추원은 나라가 있었을 때였지만, 통감부는 국권을 강탈한 일제의 통치 기관이 아니었던가? 왜 그 통감부를 정부라고 인정하였는가. 물론 이는 그에 대한 의식을 갖고 있지 않았다는 단순한 이해도 가능하다. 그럼에도 불구하고 국권을 상실한 지 불과 1개월도 지나지 않은 시기에 국권을 강탈한 일제의 최고 통치자에게 건백서를 제출한 것을 당연시할 정도로 승려의 결혼이 긴박하였다고 볼 수는 없다.

이 같은 제반 이해하에 우리는 아래의 글에서 한용운이 의도한 불교의 개혁과 유신을 통한 의도가 어디에 있었는지를 가늠할 수 있다.

---

**50** 앞의 책, 125쪽.

마땅히 큰 목소리로 외치고 마음을 모으며 합쳐서, 방관하는 단결을 일하는 경지로 옮기게 하여 國利民福의 일을 기약하고 도모한다면, 우리 부처님의 중생제도의 정신을 저버리지 않는 것이 될 뿐 아니라, 아마 전날에 저지른 죄의 만분의 일이라도 갚을 수 있을 것이다.[51]

요컨대 국리민복國利民福을 도모하고, 중생제도衆生濟度의 정신(佛度生之義)을 기리는 것이 한용운 불교유신의 근본 목적이라고 하겠다. 이러한 목적은 불교의 근본정신에 부합되는 것임은 자명하다. 그러나 한용운이 『유신론』을 집필할 당시의 한국의 실정은 이 같은 국리민복과 중생제도를 위한 건의나 고뇌가 수용될 여건에 있지 않았다는 것이다. 거듭 말하건대 한용운의 주장은 타당하고 탁월하였지만 그 시대 및 현실의 긴박성과는 조화될 수 없었다. 불교의 현실은 냉철하게 보았으되, 그를 수용할 국가 및 정치의 현실은 냉철하게 보았는가 하는 점이 의아스러운 것이다.

지금까지 『유신론』에서 추출한 사례를 분석하면서, 『유신론』에서 한용운의 민족의식을 찾아볼 수 있는가에 대하여 살펴보았다. 그 결과 우리는 한용운의 불교계 내외의 현실 분석과 그 대안은 신뢰할 수 있었지만, 민족의식이 구체적으로 나타났음은 확인하지 못하였다. 이는 민족불교 지향도 뚜렷하지 못하였음을 의미하는 것이다. 따라서 우리는 여기에서 한용운이 한국불교를 일본불교에게 팔아 버렸다는 이른바 친일 승려 이회광의 조동종맹약을 분쇄하기 위해 1911년 1월부터 가시화된 임제종운동의 전위로 나서기 이전에는 민족의식이 구체화, 심화되지 않았다고 볼 수 있다.

그런데 이러한 한용운의 현실인식, 즉 『유신론』의 집필 단계에서의 민족의식 미약에 대해서는 이미 선학의 연구에서도 지적된 바 있다. 염무웅은 「만해 한용운론」에서 다음과 같이 그의 이해를 개진하였다.

---

51 앞의 책, 147~148쪽.

승려의 결혼이 본인의 자유의사에 맡겨져야 하느냐 하는 것은 필자로서 아무런 定見을 가진 바 없으나 어떻든 그 문제의 해결에 정치가의 손을 빌리고자 했다는 점은 문제가 안 될 수 없다. 아니, 그보다 정말 문제되어야 할 것은 그 건의의 대상이 〈統監子爵 寺內正毅〉 운운이라는 데에 있다. 당시 우리 현실이 부딪친 근본적 모순은 제국주의 일본 및 이에 결탁된 反민족적 봉건관료와 우리 민중 사이의 모순이며, 승려의 결혼 자유 여부를 포함한 모든 조선불교의 문제는 그 기본적 모순에 결코 우선될 수 없는 것이다. 아버지의 술주정이나 어머니의 춤바람이 아무리 심하다 한들 그것을 어찌 한밤중에 뛰어든 강도에게 하소연할 수 있겠는가. 이 점, 1910년 무렵의 만해는 조선불교의 현실은 정확하게 보았으나 그것을 민족적 현실 속에서 보는 데까지 이르지 못한 것 같으며, 불교적 평등의 개념은 인식하고 있었으나 일본제국주의와 식민지 조선 사이의 불평등은 인식하지 못한 것 같다. 그러나 『朝鮮佛教維新論』의 당당한 논리로 보아 그것은 단숨에 극복될 수 있는 문제였다.[52]

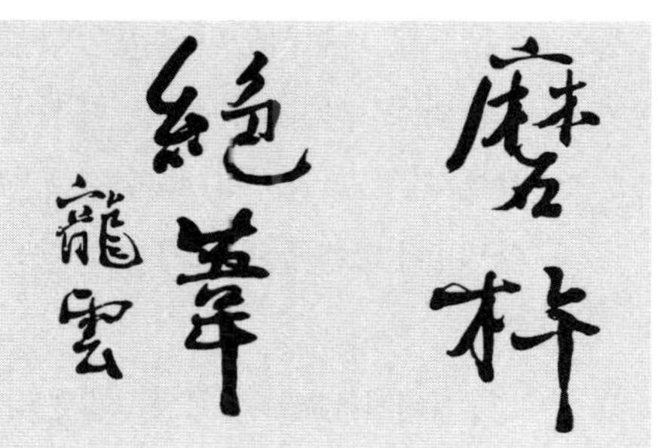


마저절위. 절굿공이를 갈아 바늘을 만들었고, 대나무 책의 가죽끈이 끊어졌다는 고사로 쉬지 말고 노력하라는 뜻을 담고 있다. 만해 유묵.

요컨대 한국불교의 현실은 정확히 보았으나 '민족적 현실 속에서 보는 데까지'는 이르지 못하였다는 것이다. 민족적 현실 속에서 불교를 본다는 것은 곧 민족불교를 의미하는 것이다. 그리고 염무웅드 한용운이 민족불교 지향에 분명히 접어들 수 있었던 것은 임제종운동[53]에 뛰어든 실천적

52 염무웅, 「萬海 韓龍雲論」, 『창작과 비평』 통권 25호(겨울호, 1972년). 『한용운전집』 4, 395쪽에서 재인용.

53 김광식, 「1910년대 불교계의 조동종맹약과 임제종운동」, 『한국근대불교사연구』, 1996, 71~77쪽.

투쟁으로 가능하였다고 보았다.[54] 그리고 최병헌도 「일제불교의 침투와 한용운의 『조선불교유신론』」에서 『유신론』을 이해하기 위해서는 일본불교의 침투 과정과 일제의 불교 정책을 고려하지 않을 수 없다는 점을 지적하였다. 이에 그는 한용운의 현실인식의 한계를 다음과 같이 지적하였다.

> 불교개혁을 남 먼저 부르짖었고, 과격한 주장을 서슴치 않았던 萬海조차도 자신이 불교의 사회적 역할을 강조하고 승려의 사회적 지위 향상을 재삼 주장하였던 것에 비하면, 일본의 정치적 침략과 일본불교의 침투에 대한 문제에는 이상하리만치 무감각하였던 것이다. 심지어 1910년 일제에 의한 병합이 이루어지던 당시의 일본 통감 寺內正毅에게 建白書를 올려 승려의 帶妻를 허용해 줄 것을 간청하고 있었던 것이다.[55]

즉, 일본의 국권 강탈과 일본불교의 침투 문제에 대해서는 '무감각'하였다고 보았다. 그리고 통감에게 제출한 건백서의 의미에서도 한용운의 현실인식이 투철치 못하였음을 은연중 주장하였다. 나아가 최병헌도 임제종 운동을 주도한 한용운은 민족에 대한 의식을 가졌다고 하면서, 『유신론』을 집필하던 시기의 한용운의 민족의식에 한계성이 있었음을 피력하였다. 김영태도 「만해의 새 불교운동」이라는 글에서 건백서에 '明治 四十三年'이라 명기한 것과 『유신론』의 서序에서도 '明治 四十三年 臘月 八夜'라고 일본의 메이지 연호를 주저 없이 쓴 것에서 한용운의 "서릿발처럼 매서운 항일의 기개와 배일 순국의 정신이 처음부터 그렇게 철저하였던 것은 아니라"

54 위의 염무웅의 글과 같음. 즉, "식민지 조선의 역사적 현실을 발견하게 되는 계기는 공허한 관념 속에서가 아니라 실천적 투쟁 속에서 주어졌다. 그것이 곧 해인사 주지였던 친일파 승려 이회광 일당의 음모를 분쇄하는 운동이었다."라고 서술하였다.

55 최병헌, 「日帝佛教의 浸透와 韓龍雲의 『朝鮮佛教維新論』」, 『진산한 기두 박사 회갑기념 한국종교사상의 재조명』, 1993, 458쪽.

고 보았다.[56]

지금까지 필자는 『유신론』의 내용을 음미함과 동시에 그 내용에서 한용운의 민족의식을 찾아보았다. 그러나 『유신론』에서는 불교계 내외의 현실을 객관적으로 파악, 분석한 것은 찾아보았으나, 민족불교의 지향이라든가 투철한 민족의식은 확연하게 나타나지 않았음[57]을 알게 되었다. 다만 1910년대 『유신론』의 집필에는 치열한 불교개혁의 정신이 용솟으면서 민족의식 지향으로 이르기 직전의 한용운의 현실과의 뜨거운 대응의식이 분명하게 나타난다. 그러나 거기에는 승려 결혼으로 상징되는 일본불교의 정체성, 일본불교의 뒤에 있었던 일제의 의도, 타 종교와 타 종교를 후원하는 제국주의 성격 등에 대한 이해는 미진하였다. 아울러 국권의 강탈 과정과 상실에 대한 문제를 불교와 연결시키지 않았음도 유의할 대목인 것이다.

## 4. 결 어

이상으로 한용운의 민족의식과 『유신론』과의 상관 관계를 살펴보았다. 이제 그 대강을 정리하면서 그에 담겨진 의미를 더욱 살펴보는 것으로 맺는말에 대신하고자 한다.

한용운은 출가 전후의 인생에 대한 고뇌, 급박하게 돌아가는 한국의 현실, 그가 입문한 불교계 내의 제반 현실을 타개하기 위한 다양한 행적을 노정하였다. 그러한 행적 중의 하나가 1908년 봄 무렵의 일본행이었다. 그는 일본 조동종 종단에 유숙하며 일본문명과 일본불교에 관련된 다양한

56 김영태, 「萬海의 새 佛敎運動」, 『불교사상사론』, 민족사, 1992. 682쪽.

57 안병직도 「조선불교유신론의 분석」, 『창작과 비평』 52호(1979)에서 이 시기의 한용운의 '민족적 자각은 매우 낮은 수준'에 있었다고 진단하면서 이를 『조선불교유신론』의 '결함'이라고 지적하였다.

체험을 갖게 되었다. 그가 귀국한 것은 1908년 10월경이었다. 그런데 그 당시 한국불교계에서는 불교 발전을 담보한다고 믿는 원종의 인가를 위해 친일파, 일본승려에 의존한 행태를 노정하고 있을 때였다.

한편 그 당시 한용운은 불교 발전을 위한 다양한 검토를 하면서 이회광이 주도하는 불교 발전의 추진에 일정하게 관여하고 있었다. 이회광이 조동종 승려인 다케다에게 보낸 사신에 서명하였음은 그 단적인 예증이었다. 그리고 그가 1908년 12월에 명진측량강습소를 개최한 것의 이면도 이회광의 노선과 연결되었음을 말해 주는 단서였다. 요컨대 그는 승려 해방, 학교 건설을 통한 불교 발전을 염두에 두었다. 이 같은 노선을 가던 그가 불교 발전을 위한 대안으로 내놓은 것은 승려 결혼의 자유에 대한 공인이었다. 이를 위해서 그는 1910년 3월, 9월에 중추원과 통감부에 그 공인을 위한 헌의서와 건백서를 제출하였다. 당시 승려 결혼은 불교계 내외에서 일정한 지지를 받으면서 구한국 정부 내에서는 거의 성사 단계까지 이르기도 하였다. 그러나 경술국치를 맞으면서 그 인가에 대한 논의는 중단되었다. 이에 한용운은 국권이 상실당한 직후에 일제 통감에게 그 건의를 재차 하기에 이르렀다.

그런데 여기에서 유의할 것은 당시 사회에서 승려 결혼의 자유를 인정한 것은 승려들이 결혼의 자유를 통하여 국가정신의 고양과 민족주의 진흥에 나서야 한다는 여론으로 수용해야 한다. 이는 곧 민족불교의 지향을 말하는 것이다. 그러나 한용운의 헌의서나 건백서에는 그와 같은 민족불교 지향이 확연하게 나타나지 않았다. 이로써 우리는 1910년 9월 이전까지는 한용운의 민족의식이 투철하지 못하였음을 파악하게 되었다. 이는 그가 일본불교에 대한 긍정성은 보았지만, 일본불교의 침투로 야기된 제반 문제를 인식하지 않은 것으로 볼 수 있는 대목이다. 즉 국권을 강탈하는 일제와 그에 연결되어 한국에 침투한 일본불교의 본질에 대해서는 주목하지 않았다. 불교의 발전을 염두에 두고 그 개혁과 유신은 강력히 주장하였으나 불교의 발전을 혼란케 한 일제의 불교정책, 그리고 한국불교의 정체성을 상실케 할 수 있는 일본불교의 위력과 성격에 대해서는 이해가 부족하였다.

『유신론』은 1910년 6~8월에 집중적으로 서술되었으며, 그해 11월 이후에는 총정리와 탈고가 이루어졌다. 이러한 『유신론』 서술 시기의 한용운의 행적에 나타난 의식은 승려 결혼의 자유를 위한 헌의서나 건백서에서 나타난 현실의식과 거의 동질적인 노선이었음을 알 수 있었다. 그리고 『유신론』의 구체적인 내용에서도 불교계 내외의 제반 현실에 대해서는 냉철한 분석과 판단이 있었으나 타 종교의 득세, 타 종교 득세의 배경, 제국주의의 실체, 일본불교의 본질, 일제의 정체성에 대한 이해는 미진하였음을 파악하였다. 이러한 점은 곧 『유신론』을 집필하던 단계의 한용운의 현실인식을 가늠케 하는 중요한 단서로 보인다. 즉 이 단계에서 한용운은 민족불교 지향에는 확연히 이르지 못하였는바, 이는 민족의식이 투철하지 못하였음을 말해 주는 부분으로 보고자 한다. 더욱이 국권을 강탈한 일제의 한국 통치자에게 승려 결혼을 요청하였다는 것, 나라가 망한 지 불과 한 달도 지나지 않은 시기에 건백서를 제출하였다는 것과 이를 통하여 누습을 타파하는 치적을 쌓으라는 의견 개진은 납득하기 어려운 것이다.

1910년 『유신론』을 집필하던 시기의 한용운의 의식의 저변에는 치열한 불교개혁을 위한 정열, 그 해결을 위한 실천적 지성은 있었다. 그러나 민족불교 지향과 투철한 민족의식의 단계까지는 이르지 못하였다. 그러나 우리들이 유의할 점은 한용운의 민족의식이 갑자기, 우연히 등장한 것이 아니라는 것이다. 한용운은 다양한 체험과 고뇌를 현실에서 겪고 그를 불교적인 사상으로 승화시키면서 그의 민족의식도 심화되었던 것이다. 그리하여 우리는 1910년 말부터 움트고 1911년 벽두에 타올랐던 임제종운동의 전위로 나선 한용운의 실천성을 더욱 주목해야 할 것이다.

물론 지금껏 제시한 이해로 인하여 『유신론』에 대한 가치, 의의, 성격,

본질 등등에 대한 것이 희석되는 것은 아니다. 또한 한용운의 사상, 민족의식, 현실인식 등을 점검할 시에 『유신론』은 필수부가결한 대상인 점도 부인키 어렵다. 다만 당시 불교계 현실인식과 한용운의 민족의식을 살피고 분석함에 있어 보다 다양하고 치밀한 시각이 필요함을 제시하는 바이다.

# 제2장 한용운 민족운동의 연구에 대한 성찰

## 1. 서 언

만해 한용운, 그는 한국 근대사의 중심에서 민족이 가야 할 길을 묵묵히 걸어간 독립지사였다. 이에 한용운은 민족운동가, 독립운동가, 독립지사 등으로 불리었다. 물론 그는 민족운동에 매진하였을 뿐만 아니라 문학, 사상, 불교, 지성 등 각 분야에서도 주목할 만한 행적을 많이 남겼다. 때문에 지금까지의 한용운에 대한 연구는 다양한 방면에서 접근되어 그의 행적과 사상은 구체적이고도 풍부하게 밝혀졌다고 볼 수 있다.

그러나 한용운 서거 67주년을 맞이하는 지금의 이 시점에서 그와 관련된 연구의 흐름을 정리, 회고해 보면 일단 불균형을 지적하지 않을 수 없다. 요컨대 지금까지의 연구는 문학적인 측면에 편중되어 있다고 하겠다. 물론 한용운 문학의 폭과 깊이, 혹은 그 의의와 위상을 고려하면 이 같은 연구의 편중은 충분히 이해할 수 있는 것이다. 그럼에도 불구하고 한용운이 갖고 있는 행적의 다양성을 유의하면 문학 중심으로 연구가 경도되는 점은 극복되어야 한다. 그래야만 한용운의 진면목, 한용운의 행적과 사상이 보다 객관적으로 조명될 수 있을 것이다.

이런 전제와 배경하에서 본 고찰은 한용운의 민족운동 분야에 대한 연구를 성찰하고자 한다. 우선 한용운의 민족운동 대상과 내용은 어떠하였는가를 간략히 정리하고, 그에 대한 연구가 어디까지 진행되었는가, 나아가서는 미진한 측면은 무엇이었는가를 살펴보겠다. 이러한 검토, 분석을 통하여 우리는 추후 한용운 민족운동 연구에 대한 심화를 기할 수 있을 것이다.

이 검토에서 필자가 유의한 관점은 다음과 같다. 첫째, 한용운 연구에 신화적, 신비적인 접근은 배제하고자 한다. 지금껏 한용운에 대한 연구에 있어서 한용운의 위대성을 강조한 결과 그 실제적인 객관성의 이해가 미진하였다는 것이다. 둘째, 한용운의 민족의식과 민족운동을 어느 정도는 구별해야 한다고 생각한다. 민족의식과 민족운동은 그 개념이나 구체적인 내용에서도 큰 차별성을 갖는다. 그럼에도 불구하고 지금까지의 연구에서는 이 양 측면을 혼돈하여 이해하였다.[1] 우리가 쉽게 보아도 민족의식은 그 실체와 내용이 애매하다. 즉, 일정한 객관성, 보편성을 제시하기가 매우 어렵다. 그에 반해 민족운동은 그 구체성, 대중성, 이념성이라는 측면에서 보다 분명한 근거를 갖고 있는 것이다. 셋째, 한용운의 민족운동을 이해함에 있어 근거, 문헌 등 객관적인 자료에 의거하여 접근, 설명되어야 한다고 생각한다.

지금껏 제시한 배경하에서 필자는 본 고찰에서 만해 한용운의 민족운동에 대한 연구의 성찰을 시도하겠다. 미진한 점은 필자 스스로가 보완할 예정인바, 강호제현의 질정을 바란다.

---

1 대표적인 연구가 송건호의 「만해 한용운의 민족운동」, 『한용운사상연구』 3, 1994의 고찰이다. 여기에서 송건호는 비타협의 생애, 불교운동, 파괴와 건설, 민족의식, 민족의 자존, 역사의식으로 구분하여 한용운의 민족운동을 설명하였다.

## 2. 임제종운동의 주도

임제종운동은 1910년 10월, 당시 원종의 종정이었던 해인사 승려 이회광이 일본에 건너가 일본불교의 일개 종파인 조동종과 맺은 조약인 이른바 조동종맹약을 반대하고, 그에 대응적인 한국불교의 자주성을 내세운 운동이었다. 당시 임제종운동의 주도자들은 그 맹약이 한국불교의 전통을 내팽개쳤다고 보면서, 한국불교의 전통은 임제종과 연결되었기에 자연 민족불교 지향과 민족불교 수호를 내세운 운동으로 볼 수 있는 것이다.

이 운동과 만해 한용운은 불가분의 관계를 갖고 있었으며, 그 운동의 일선에서 진두지휘한 주역이 바로 한용운이었다. 때문에 한용운의 민족운동을 검토할 경우에 이 운동을 배제할 수 없는 형편임은 자명하다. 그럼에도 불구하고 이 운동과 한용운과의 상호 관련성에 대한 연구는 1990년대에 접어들면서야 시작되었다.

그런데 여기에서 주목할 것은 한용운의 민족운동 출발로서의 임제종운동을 바라보아야 한다는 점이다. 지금껏 선학의 연구에서는 한용운의 민족의식 혹은 민족운동과 관련해서는 한용운의 정식 출가 이전부터 그 연원을 찾았다. 즉 출가 이전 그의 고향인 홍성에서 동학운동과의 연관 혹은 홍주 의병에의 참여가 바로 그것이다. 그러나 이 동학과 의병과의 연계는 소문, 풍문 등 구전에 의한 것이었다. 요컨대 문헌적인 근거는 전연 없는 것이었다. 그리고 1910년 여름 무렵에 집필한 것으로 전해지는 『조선불교유신론』의 집필 당시에도 민족의식이 충만하였기에 『조선불교유신론』도 자연 민족운동의 차원에서 접근한 연구도 왕왕 있어 왔다.[2]

그러나 국권이 침탈된 직후인 1910년 9월, 한용운이 승려의 결혼을 허용해 달라는 건백서를 나라를 강탈한 당사자이자 통감부 책임자였으며 초

2 서재영, 「1910년 전후의 시대상과 『조선불교유신론』의 의의」, 『의상만해연구』 창간호, 2003.

대 조선총독인 데라우치에게 제출하였다는 것을 보면 그즈음의 한용운은 민족의식이 충만하였다거나, 민족운동에 나섰다고 볼 수는 없는 것이다.[3] 한편 한용운은 조동종맹약을 지켜보면서 당시까지 그의 내부에 심화되어 가고 있었던 민족의식이 구체적으로 폭발하여 민족운동의 최일선에 나서게 되었거니와 이는 한용운의 인생에서 커다란 의미를 갖게 되었던 것이다. 요컨대 한용운이 일생일대의 결단을 내리고 그 길을 걸었다고 보아야 할 것이다.

그러면 우선 필자가 살펴본 임제종운동과 한용운과의 관련을 개략적으로 제시하겠다. 이회광이 체결한 조동종맹약은 당시까지 공권력에 공인을 받지 못한 한국의 원종의 인가에 대하여 일본불교인 조동종이 적극 후원하고, 그 대신 원종은 조동종의 한국 포교에 협조한다는 것이 그 골자였다.[4] 이회광은 이 조약을 처음에는 불교계에 공표하지 않았으나 맹약의 내용이 전 불교계에 알려지면서 반대 움직임이 거세게 일어났다. 이에 전라도 지역 사찰을 중심으로 반대 운동이 일어나 1910년 12월경 광주의 증심사에서 반대를 위한 집회가 준비되었다. 그러나 준비의 미흡, 시간 부족 등으로 인하여 참가자가 적어 성과를 거두지 못하자 1911년 2월 11일, 송광사에서 맹약을 반대하는 규탄대회가 재개최되었다. 바로 이 대회에서 한용운은 당시 박한영, 진진응, 김종래 등 전라도 지역의 유력 고승들과 연합하여 그 대회를 성사시켰던 것이다. 당시 일제는 그 운동의 주역이 한용운임을 일제의 고등경찰의 비밀 첩보 문건에 남겨 놓았다.

당시 임제종을 표방한 것은 한국불교가 일본불교에 흡수된다는 인식을 한 주역들이 한국불교는 선종 중에서도 임제종 계열임을 내세운 약간의 명분성이 개입된 것이다. 임제종을 내세운 그 주역들은 임제종의 종무원

---

3 김광식, 「한용운의 민족의식과 『조선불교유신론』」, 『한국민족운동사연구』 35, 2003.

4 한용운은 그를 "조선의 사찰 관리권과 포교권과 재산권을 모두 양도하는 실로 놀라운 것이었다."라고 표현하였다. 한용운의 회고 글, 「나는 왜 중이 되었나」, 『삼천리』 6호, 1930. 5 참조.

警高機發第二一一九號
朝鮮人僧侶宗務所
寺院等設立ノ件
近時朝鮮人僧侶カ宗務所寺院等
ノ名稱ヲ以テ団体ヲ組織セントスル
ニルノ風アリ、左ハ現ニ設立中ニ
屬スルモノナリ
一 江原道金剛山百潭寺住僧韓竜
雲ハ全羅南道重ナル僧侶等ト
図リ去ル三月以来臨濟宗々務
院ナルモノ、組織ヲ企テ其事
務所ヲ同道順天郡松廣寺ニ置
キ目下趣旨書規則書等ノ作製
準備中ナリ而シテ其目的ハ之
ヲ以テ各道同宗ノ寺院ヲ支配
セムトスル野心ナリト云フ
一 江原道金化郡南面千佛山福社
庵尼僧鄭氏ハ仙人ノ神託ニ依
リ佛教ノ再興ヲ図ルト稱シ書
ル四月廿二日以来同郡々内面

일제의 고등경찰이 한용운이 임제종운동을 총괄하여 추진하는 내용을 보고한 비밀 첩보 문건

을 출범시켰는데 관장으로 내정된 선암사의 고승 김경운이 연로하여 운동의 일선에 나오지 못하자 한용운이 서무부장 겸 관장 직무대리로 근무케 되었다. 이후 이 운동은 쌍계사 총회를 거쳐 운동의 본부를 범어사로 이전케 되었는바, 본부 이전의 교섭위원에도 한용운이 포함되었다.

임제종운동은 점차 그 범위를 전국적으로 확대시켜 가기 위한 차원에서 사법과 승규 제정, 본산 설립(범어사, 통도사, 해인사), 주요 도시에 포교당 개설을 추진하였다. 이런 구도하에서 1912년 봄에는 서울에 임제종 중앙포교당 건설 사업을 추진하였다. 포교당 건설은 임제종운동의 대중화 차원에서 매우 중요한 사업이었다. 그 포교당은 지금의 서울 인사동에 위치하였는데 건립 자금 4천여 원은 한용운이 직접 각 사찰을 순방하면서 걷은 자금이었다. 한용운의 노력에 힘입어 1912년 5월 26일 임제종 중앙포교당이 정식 개설되었다. 2천여 명이 참가한 개교식에서 한용운은 포교당의 취지를 설명하였다. 이 포교당은 임제종운동의 전국화, 대중화에 큰 기여를

하였음은 물론이다.

그러나 일제는 1912년 6월 21일, 임제종 측의 한용운과 원종 측의 이회광과 강대련을 불러 양측의 문패 철거를 명하였다. 이에 임제종의 간판은 내려졌다.[5] 한편 일제는 간판 철거를 명하기 이전인 6월 초에 한용운을 불러 포교당의 건립 자금의 모금을 일제에게 동의를 받지 않았다고 하여 한용운을 재판에 회부하였다. 그 결과 재판부는 한용운에게 기부금품 모집 취체 규칙의 위반이라 하여 벌금 30원을 선고하고, 이를 이행하지 않을 경우에는 20일간의 노역勞役에 처한다고 판결하였다. 이는 임제종운동의 주역이 한용운임을 역설적으로 보여 주는 사례이다.

한용운은 이처럼 일제의 외압을 받아 일시 좌절하였다. 그러나 그는 〈조선불교회〉, 〈불교동맹회〉를 조직하여 자신이 추구하는 불교 대중화 활동을 통하여 임제종운동을 지속하려고 하였다. 물론 이 활동도 일제의 탄압으로 좌절할 수밖에 없었다. 그러나 한용운은 자신이 주역으로 활동한 임제종운동에 대한 회고에서, 그 운동이 주효하여 "조선불교는 그대로 살아 있게" 되었다[6]고 자평하였다.

한용운과 임제종운동과의 이러한 연계에 대한 연구는 고재석에 의하여 약간 소개되었다. 즉 그는 양건식의 문학과 생애를 조망하는 논문[7]에서, 거사로서 근대문학을 개척하였던 양건식과 한용운과의 관련을 소개하였다. 고재석은 한용운의 임제종운동을 "원종의 부정이라는 내부적 차원을 넘어 훼손된 한국불교의 정신사적 정통성을 회복하려는 운동"이었다고 평가하였다.[8] 그리고 강돈구는 근대 종교의 민족주의를 검토하는 과정에서 임제

---

5 일제가 간판을 내리게 한 것은 1911년 6월 3일, 식민지 불교 체제를 구현하기 위해 제정한 사찰령 체제를 추진하기 위한 사전 조치인 것이다. 사찰령에서는 불교의 종명을 조선불교선교양종朝鮮佛教禪教兩宗으로 정하였다.

6 앞의 『삼천리』 기고문.

7 고재석, 「백화 양건식의 문학과 생애」, 『숨어 있는 황금의 꽃』, 동국대출판부, 2000, 182쪽.

8 고재석은 최근 이를 "영호남의 대표적인 사찰들이 일으킨 종지 수호운동"으로 보고, 조동

종운동을 "그것 자체가 항일적인 것이라기보다는 오히려 전통불교를 고수하고 시대적 상황에 맞게 불교를 개혁한다는 성격을 지닌 것"이라고 주장하였다.[9] 그러나 고재석과 강돈구의 이해는 임제종운동을 독자적, 전문적으로 연구한 산물은 아니었다. 때문에 운동의 관련 자료, 내용, 전개 과정, 성격 등에 대한 종합적인 이해는 미진하였다. 이후 필자는 임제종운동에 대한 관련 자료를 대폭 보강하여 운동의 배경인 이회광의 조동종맹약, 운동의 전개 과정 및 성격을 폭넓게 조명하였다. 특히 한용운과 관련된 자료를 새롭게 수집하여 임제종운동과의 연계성을 조명하였다. 필자는 이 운동을 "한국 불교의 保宗運動으로서 한국불교의 매종 행위를 차단하고 자주적으로 한국불교의 정신을 고수하였다는 데에 그 역사적, 불교사적 의의가 있다."고 자리매김을 하였다. 나아가서는 운동의 "정신이 이후 불교계의 개혁운동, 민족운동의 정신적인 근원이 되었다."고 평가하였다.[10] 이로써 운동의 전모, 한용운과의 관련성, 성격 등이 새롭게 이해될 수 있었다.

그런데 임제종운동의 내용, 혹은 임제종운동과 한용운과의 관련은 더욱 더 새로운 자료, 시각에서 접근되고 설명되어야 한다. 이제 그 측면을 제시하고자 한다. 우선 이 운동의 성격을 불교적인 관점과 민족운동적인 관점에서 어떻게 바라볼 것인가에 대한 정리가 되어야 한다. 임제종운동을 단순히 불교계 내부의 혼미, 반발, 갈등으로 보아야 할 것인가 아니면 민족불교, 민족운동의 차원까지 의의를 끌어올려야 할 것인가에 대한 문제이다. 다음으로는 운동의 전개 과정에서 한용운의 역할뿐만 아니라 여타 주역, 당시 본산 및 사찰, 다수의 승려 및 불교청년 등에 대한 움직임이 구

---

종맹약은 분쇄된 것이 아니라, 해소된 것이라고 주장하였다. 「한용운과 그의 시대(1)」, 『유심』 가을·겨울호, 2003, 208쪽.

9 강돈구, 『한국 근대 종교의 민족주의』, 집문당, 1992, 110쪽.

10 김광식, 「1910년대 불교계의 조동종맹약과 임제종운동」, 『한국민족운동사연구』 10, 1994. 이 논문은 『한국근대불교사연구』(민족사, 1996)에 재수록하였다.

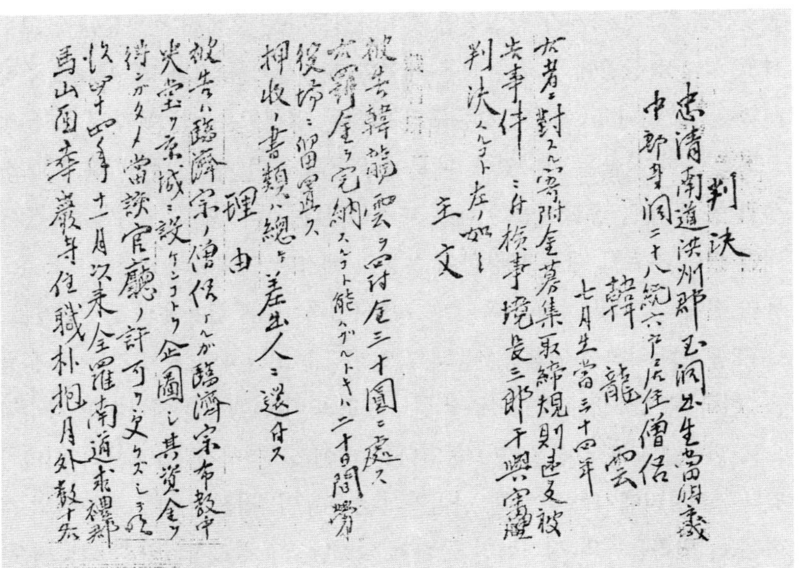

判決
忠淸南道洪州郡玉洞出生當時[illegible]處
中部寺洞二十八統六戶居住僧侶
韓龍雲
七月生當三十四年
右者ニ對スル寄附金募集取締規則違反被
告事件ニ付檢事境長三郎干與審理
判決スルコト左ノ如シ
主文
被告韓龍雲ヲ罰金三十圓ニ處ス
右罰金ヲ完納スルコト能ハザルトキハ二十日間勞
役場ニ留置ス
押收ノ書類ハ總テ差出人ニ還付ス
理由
被告ハ臨濟宗ノ僧侶ナルガ臨濟宗布敎中
央堂ヲ京城ニ設ケンコトヲ企圖シ其資金ヲ
得ンガタメ當該官廳ノ許可ヲ受ケズシテ
大正四年十一月以來全羅南道求禮郡
馬山面華嚴寺住職朴抱月外數十名

한용운이 추진한 임제종 중앙포교당의 건립자금 모금 활동이 불법이라고 하여 일제가 한용운에게 구형한 판결문

체적이고 다각적으로 조명되어야 한다. 물론 자료의 한계가 있겠지만, 관점을 달리하면 새로운 사실이 발굴될 수도 있을 것이다. 그리고 마지막으로는 이 운동이 갖고 있는 의의, 영향에 대해서 심도 있는 분석이 요망된다. 한용운이 이 운동이 불교청년운동의 기원이 된다고 하였음을 참고하여 이 운동이 갖는 성격과 위상을 재검토해야 한다고 본다.

## 3. 3·1운동의 주도

한용운의 3·1운동은 지금껏 그의 민족운동 연구 분야의 중심을 이루었다. 그중에서도 독립선언서의 공약삼장公約三章을 한용운이 작성하여 추가하였다는 것, 그리고 독립선언서도 한용운이 윤문하였다는 내용이 그것이다. 한용운의 3·1운동에 관한 전체적인 내용[11]보다는 선언서의 공약삼장 집필 문제에 치중, 경도된 감이 없지 않다. 요컨대 연구의 불균형인 것이다.

이렇듯 선언서의 공약삼장에 대한 논란과 연구가 가열된 것은 육당 최남선의 친일 행적과 그에 반하여 만해 한용운의 항일 행적이 극명하게 대비되었음에서 연유한다. 육당과 같은 나약하고, 친일적인 인사가 공약삼장을 쓸 수 없었으리라는 감성적인 판단이 작용했는데, 이와는 대조적으로 한용운이 공약삼장을 쓰고, 추가하였다는 다양한 회고와 증언이 나왔던 것이다. 주지하는 바와 같이 선언서의 공약삼장은 선언서의 핵심이고, 3·1운동의 이념을 극명하게 대변하며, 3·1운동의 대중화에 크게 기여하였으며, 일제의 재판 과정에서도 공약삼장의 표현 및 의미를 두고 치열한 공방이 전개되었다. 때문에 공약삼장의 집필자가 누구인가에 대한 논란, 검증은 당연한 것이었다. 그런데 그에 관한 명쾌한 기록이 부재하여 그 논란은 가열되고 혼미하게 진행되었다.

독립선언서의 공약삼장의 집필자에 대한 논란은 3·1운동 50주년인 1969년부터 본격화되었다. 그러나 1969년 이전에는 한용운의 제자, 후학, 연고자들에 의하여 공약삼장은 한용운이 추가, 작성하였다는 설이 다양하게 유포되었다. 예컨대 김법린의 회고,[12] 김관호의 회고,[13] 박노준과 인권환의 연구,[14] 최범술의 회고,[15] 염무웅의 연구[16] 등이었다. 이러한 배경하에서

11 이에 관해서는 김상현, 「3·1운동에서의 한용운의 역할」, 『이기영박사고희기념논총』, 1991의 고찰과 전보삼, 「한용운의 3·1 독립정신에 관한 일고찰」, 『한용운사상연구』 3, 1994의 논고가 참고된다.

12 「3·1운동과 불교」, 『신천지』 1권 3호, 1946.

13 「심우장견문기」, 『한용운사상연구』 2집, 1981.

14 『한용운연구』, 통문관, 1960.

15 「철창철학」, 『나라사랑』 2집, 1971, 83쪽. 『한용운전집』 6의 「한용운연보」에서도 이를 단언하였다.

16 「만해 한용운론」, 『창작과 비평』 겨울호, 1972.

1969년에 접어들면서 더욱더 한용운의 공약삼장의 전담 작성설(추가설)은 심화되었다. 예컨대 민족대표의 1인이었던 이갑성은 한용운의 추가설을 신문 지상에 발표하였고,[17] 신석호는 한용운이 선언서 작성을 주장하다가 최린에게 거절당하여 공약삼장을 붙이자고 주장한 것이 수용되어 공약삼장을 추가하였다고 하였다.[18] 또한 안계현은, 한용운이 최남선이 쓴 선언서를 윤문하고 공약삼장도 추가하였다고 하였다.[19] 그러나 조용만은 최남선의 취조기록을 중요하게 활용하면서 한용운은 선언서가 인쇄되기 이전에는 공약삼장을 보지도 못하였다는 주장을 하였다.[20]

이런 과정을 거치면서 1970년대 초반에는 한용운이 선언서의 공약삼장을 작성, 추가하였다는 이해가 대세로 자리 잡게 되었다. 그런데 이러한 한용운의 공약삼장의 작성, 추가설은 1977년 신용하에 의해 이의가 제기되었다.[21] 신용하는 한용운이 공약삼장을 추가하였다는 와전이 유포[22]된 것으로 보고, 한용운의 추가설을 비판하였다. 그의 논거는, 첫째 최린의 자서전에 근거하여 한용운이 육당의 작성을 비판하고 자신이 선언서를 쓰겠다고 하였으나 최린에게 거절당하였다. 둘째, 일제의 재판 과정에서 육당은 선언서와 관련된 심한 추궁을 받았으나 한용운은 상대적으로 추궁이 심하지 않았다. 셋째, 최린은 한용운에게 선언서의 초고를 맡기지 않았고,

---

17 《동아일보》, 1969. 1. 1. 그 내용에는 "한용운은 대단한 인물이었소. ……선언서를 자기 손으로 쓰겠다고 버티던 옹고집이 생각나요. 끝내 공약삼장을 추서했던 그는"이라고 하였다.

18 신석호, 「3·1운동의 전개」, 『3·1운동 50주년 기념논집』, 1969, 166쪽.

19 안계현, 「3·1운동과 불교계」, 『3·1운동 50주년 기념논집』, 1969, 271쪽.

20 조용만, 「독립선언서의 성립 경위」, 『3·1운동 50주년 기념논집』, 1969, 221쪽.

21 신용하, 「3·1운동 발발의 경위」, 『한국근대사론』, 지식산업사, 1977. 이 주장은 신용하의 저서 『한국민족독립운동사연구』, 을유문화사, 1985에 수록된 「3·1 독립운동 봉기의 경위」에서도 지속되었다.

22 그는 한용운의 추가설이 유포된 이유를 김법린의 기록이 확대 해석된 것, 한용운 자신이 육당의 집필에 불만을 품은 점, 한용운도 독립통고서와 독립청원서의 초고를 보관한 점, 옥중에서 조선독립의 감상을 쓴 것에 의거한 한용운 숭배자들이 사실을 와전시킨 것으로 주장하였다.

선언서를 수정할 시간도 없었다. 넷째, 한용운은 자신의 공로를 과신하는 경향이 있었음에도 불구하고 자신이 추가하였다는 사실을 주장하지 않았다는 것이다.

이러한 신용하의 견해에 대하여 김상현과 신국주는 반발적인 입장에서 대응의 논문을 발표하였다. 김상현은 당시 관련 자료, 증언을 폭넓게 활용하여 한용운의 작성, 추가설을 주장하였다.[23] 그는 김법린의 회고, 최린의 자서전, 재판어록, 이갑성의 증언, 제자(김관호, 최범술)의 회고 등을 활용하여 한용운의 추가설을 입증하였다. 나아가 그는 육당의 변절, 공약삼장에 스며 있는 불교의 삼보정신三寶精神과 최후의 일인, 최후의 일각에 스며 있는 내용이 불교의 세세생생世世生生의 사상이라는 점까지 제시하였다. 신국주는, 신용하가 제기한 논리를 비판하면서 한용운의 추가설을 주장하였다.[24] 그는 공약삼장의 과격한 문구는 육당이 사용할 수 없다는 점, 육당 자신이 독립운동의 영구성을 말하는 표현을 공약삼장이 아닌, 선언서의 마지막 구절인 '최후에 착수가 곧 성공이라'고 밝힌 점,[25] 한용운도 공약삼장에 관해 추궁받은 점, 한용운이 선언서를 수정할 시간이 있었다는 점, 한용운이 선언서를 개정까지 하였다는 발언, 이갑성의 증언 등을 고려하여 한용운의 추가설을 주장하였다.

그 후 홍일식은 이전 신용하의 견해를 수용하면서 육당의 전담설을 더욱 개진하였다.[26] 그는 한용운이 추가하였다는 논리어 활용한 '최후의 일인까지, 최후의 일각까지'의 문구도 육당에 의해 작성될 가능성을 추론하고, 육당 자신이 선언서의 형식과 내용과 표현 전부를 자신의 의사로써 작

23 김상현, 「한용운과 공약삼장」, 『동국사학』 19·20집, 1986; 「3·1운동에서의 한용운의 역할」, 『이기영박사고희기념논총』, 1991.

24 신국주, 「3·1 독립선언」, 『한민족독립운동사』 3, 1988.

25 이는 육당이 공약삼장을 집필하지 않았기에 자연 선언서의 말미의 문장에서 독립정신의 철저성, 지속성의 근거를 찾았다는 것이다.

26 홍일식, 「3·1 독립선언서 연구」, 『한국독립운동사연구』 3, 1989.

3·1운동의 민족대표가 독립선언식을 갖는 장면(기록화)

성하였다는 회고와 당시의 상황 논리에 의해 육당의 작성을 주장하였다. 심지어 그는 한용운의 언명은 물론 그와 연고가 있는 대상자들의 간접적인 기록에 의해서도 공약삼장은 한용운이 추가하였다는 주장은 뒷받침될 수 없다고 하였다.[27] 한편 박걸순은 당시까지 제기된 논란을 정리하면서 신용하의 견해를 더욱 굳히는 주장을 제기하였으니, 그것은 육당의 전담설이었다.[28] 그는 한용운의 선언서 개정 운운에 대한 내용의 분석, 취조 및 공판 기록에서 공약삼장과의 관련성, 선언서의 첨삭 여부의 분석, 한용운의 공판 결과 내용, 최린 기록의 정리, 최남선 회고의 활용 등을 통하여 육당의 전담설을 개진하였다.

---

27 심지어 그는 한용운의 추가설은 전혀 확실한 근거를 찾을 수 없는 소문에 지나지 않는다고 개진하였다.

28 박걸순, 「3·1 독립선언서 공약삼장 기초자를 둘러싼 논의」, 『한국독립운동사연구』 8, 1994. 그는 이 논고 발표 이전에 간행한 『한용운의 생애와 독립투쟁』(한국독립운동사연구소, 1992)에서도 자신의 주장을 강조하였다. 박걸순은 「3·1 독립선언서 공약삼장 기초자에 대한 재론」, 『한국근현대사연구』 46, 2008에서 자신의 입론을 재정리하였다.

한편 러시아 출신의 연구자인 박노자(블라디미르 티호노프)는 공약삼장을 선언서의 '눈동자'일 뿐만 아니라 한용운의 사상과 신념의 '축약판'이라고 보고, 공약삼장은 한용운이 작성한 것으로 주장하는 논고를 발표하였다.[29] 그는 공약삼장의 정신이 자유, 비폭력, 세계주의를 골자로 하고 있다고 보고, 불교의 해탈, 불살생, 박애, 보편 도덕주의 정신을 갖고 있었던 한용운이 작성하였다고 보는 것이 가장 자연스럽고 타당하다고 주장하였다.[30] 지금까지 요약, 정리한 연구의 과정을 거치면서 현재는 3·1 독립선언서의 공약삼장은 한용운이 추가하여 작성하였다는 주장이 보편적으로 수용되었다고 볼 수 있다.

그러면 이 같은 이해 속에서 한용운의 3·1운동 관련 연구의 미진한 측면을 보완하고 연구의 다양성을 기하기 위해 유의할 내용을 제시하고자 한다. 무엇보다도 한용운이 3·1운동의 중심부에서 활동할 수 있었던 배경, 과정이 구체적으로 분석되어야 될 것이다. 이를 위해서는 그가 오세암에서 깨달음을 거친 이후 『유심』을 발간하면서 고뇌한 실체가 무엇이었으며, 그 고뇌와 당시 시대 상황이 어떻게 맞물려 갔는가에 대한 점검이 필요하겠다. 이러한 전제하에 한용운과 최린의 연계, 즉 천도교와 불교와의 접촉이 가능하였음을 말해 줄 수 있는 것이다.

다음으로는 한용운이 불교계 승려를 민족대표로 끌어들이려 한 과정도 세밀히 밝혀내야 한다. 이에 대해서는 백용성은 동참시켰지만 송만공, 백초월, 오성월, 도진호 등은 여의치 않았다고 전하고 있다. 한편 공약삼장에 대한 한용운의 추가설(작성)에 대한 검토는 당시의 상황을 종합적으로 재구성하는 가운데 심층적인 분석이 요청된다. 필자가 보기에 한용운의 추가설이나 육당의 전담설은 각각 일부 측면에서 억지, 견강부회도 나타

29 박노자, 「기미독립선언서 '공약삼장' 집필자에 관한 고찰」, 『불고평론』 8, 2001.

30 그는 공약삼장을 한용운의 사상, 인격, 구도, 모색의 '결과물'로 보았다.

났다고 본다. 현재로서는 공약삼장에 관한 결정적인 자료가 새롭게 나오기는 어렵다 하겠다. 그렇다면 기존의 자료를 재해석하거나, 새로운 시각 및 관점으로 접근해야 할 것이다. 이러한 관점과 관련하여 지금까지의 분석에서는 구술, 증언에 대한 적극적인 해석이 미흡하였다. 그러나 추후의 연구에서는 구술, 증언에 대한 재검토가 요청된다는 입장을 개진한다.

## 4. '조선독립의 감상'의 집필

한용운은 3·1운동의 민족대표로 활동하였기에 일제에 피체되어 3년간의 옥중생활을 하였다. 그가 옥중에서도 일체의 타협 없이 자신의 소신을 지키며, 독립의 기개를 떨쳤음은 널리 알려진 바와 같다.

그런데 한용운은 옥중에서 자신의 독립정신, 한국 독립의 타당성을 개진한 명 논설을 작성하였거니와, 그것은 '조선독립의 감상'이었다. 지금껏 이 논설은 조선독립의 서, 조선독립의 이유서, 독립운동 이유서, 3·1 독립선언 이유서, 조선독립에 대한 감상의 개요, 조선독립에 대한 감상의 대요 등 다양한 명칭으로 불렸다. 이 논설은, 1919년 한용운이 서대문형무소에 수감 중 일제의 검사가 독립의 타당성에 대한 답변서를 요구하였고, 이에 응하기 위해 집필하여 7월 10일에 제출한 것이다. 그런데 한용운은 그 글을 제출하기 이전에 휴지조각에 또 하나의 글을 베껴 놓았다. 그리고 그 종이는 가느다란 노끈으로 바뀌고, 다음날 형무소 밖으로 차출되는 옷 갈피 속으로 들어갔다. 요컨대 형무소 밖으로 나왔으니, 그 인수자는 한용운의 상좌인 이춘성이었다. 이 원고는 불교청년으로서 한용운을 따르던 김상호에게 전달되었다. 김상호는 당시 상해임시정부를 배경으로 독립운동을 전개하였기에 원고는 자연스럽게 임시정부 기관지인 《독립신문》 25호(1919. 11. 3)에 게재되었던 것이다. 그리하여 이 논설은 독립운동가들에 읽혀진 명문이 되었다고 한다. 한편 한용운은 입적하는 그날까지 심우장 문갑의 찢어진 봉투 속에 보관하였으니, 입적 직후 그의 유품을 정리한 부인과 제자인 김관호(최범술)에 의하여 발견, 회수, 보관되었다. 해방 이후 그 원고는 최범술이 배접하여 보관하고 있었으나 현재는 행방불명되었다.[31]

이 장문의 논설은 한용운의 독립정신을 집약하여 보여 주는 글이기에 주목해야 할 대상이다. 그럼에도 불구하고 지금껏 이 논설에 대한 연구자들의 관심이 집요하지 못함은 납득하기 어렵다. 물론 한용운의 사상, 독립정신, 민족정신 등을 연구, 분석할 경우에는 예외 없이 이 대상 논설을 들추었지만 개별적, 종합적인 연구는 매우 미약하였던 것이다.

우선 이 논설을 통하여 한용운의 독립정신을 살핀 글의 개요를 검토하면 다음과 같다. 박노준과 인권환은 한용운의 민족주의사상을 인간 본연의 대도인 자유와 평화와 독립의 사상으로 주장했는데 그 근거를 바로 이 논설에서 찾았다.[32] 그리고 조지훈은 육당의 독립선언서에 비하여 시문時文으로서 한걸음 나아간 것이요, 조리가 명백하고 기세가 웅건할 뿐만 아니라 정치문제에 몇 가지 예언을 해서 적중한 명문이라고 지적하였다.[33] 홍이섭은 한용운의 이 논설에서 조선독립을 주장하는 이유가 현실적, 민족적으로 주장하는 정신 논리·강도(집약적)에 있어서 다른 선언에 비하여 공감되는 내용이 강력하다고 보았다.[34] 나아가서 홍이섭은 국내(식민지 현실)에 있어 직접 일본 관헌에게 '내가 왜 독립항쟁에 나섰는가'의 이유를 밝힌 문서로는 유일하였고, 침략적인 일제에의 직접 항쟁으로서 의미 있는 선언이었다고 평가하였다.

---

31 김상현에 의하면 한용운이 자필로 쓴 그 제목은 "조선독립에 대한 감상의 개요"였으며, 1970년대에 현존하였던 원고는 한용운의 옥중 원본이 아니었다고 한다.

32 박노준·인권환, 『한용운연구』, 통문관, 1960, 331~348쪽.

33 조지훈, 「민족주의자 한용운」, 『사조』 1958. 10.

34 홍이섭, 「한용운의 민족정신」, 『한용운사상연구』, 만해사상연구회, 1980, 117~120쪽. 원래 이 논문은 『korea journal』의 13권 4호(1973. 4)에 게재되었다.

그리고 안병직은 한용운의 독립사상의 핵심을 자유주의로 보고, 이 논설에 나오는 논리, 즉 민족자존성, 조국사상, 자유주의, 대세계의 의무를 조선독립선언의 이유로 제시하였다. 즉 안병직은 한용운의 독립사상의 근거로 이 논설을 적극 활용하고, 나아가서는 한용운에게서 민족 해방의 이론과 불교사회주의 이론이 나올 수밖에 없음을 주장하였다.[35] 김상현은 한용운의 이 논설을 일제 검사의 요청에 의해 하루아침에 이루어진 것이 아니라[36] 젊은 시절의 구도자적 자기 수련과 체험, 그리고 사색이 있어 가능했고, 구체적으로는 3·1운동에 참가하기 시작할 때부터 마음속에 간직하고 있던 독립에 대한 논리를 전개한 것으로 피력하였다.[37] 전보삼은 이 논설에 나타난 독립정신의 원천을 자유, 평등, 평화로 이어지는 대강령이라고 주장하였다.[38]

이처럼 한용운이 옥중에서 집필한 '조선독립의 감상'은 그의 민족정신, 독립정신의 분석, 검증 차원에서 연구자들의 관심을 끌었다. 그러나 '조선독립의 감상'에 대한 종합적, 단독적인 연구는 거의 실행되지 않았다. 이에 대한 접근은 박걸순에 의해 그 개요가 간략히 소개되었음을 찾아볼 수 있다.[39] 박걸순은 반봉건을 지상과제로 하였던 한용운이 불교자주화운동을 통해 반제사상이 형성되었고, 3·1운동을 주도하여 반제사상이 더욱 심화되는 과정을 보여 주었다고 이해하였다. 나아가서 그는 일부의 한계에도 불구하고 이 논설은 한용운이 민족적 현실과 제국주의 본질을 깊이 인식하여 반제사상과 투쟁을 종전의 반봉건의 그것보다 우선해야 할 상위 개념으로 인식하는 증좌인 것으로 주장하였다.[40] 최근 고명수는 이 논설에

35 안병직, 「만해 한용운의 독립사상」, 『창작과 비평』 5권 4호, 1970. 12.

36 김상현은 한용운의 이 글이 일본인 검사의 요청에 의해서가 아닌, 즉 한용운의 자청에 의해 집필되었을 가능성을 개진하였다.

37 김상현, 「한용운의 독립사상」, 『한용운사상연구』 2, 1981, 121쪽.

38 전보삼, 「한용운의 3·1 독립정신에 관한 일고찰」, 『한용운사상연구』 3, 1994, 79쪽.

39 박걸순, 「한용운의 '조선독립에 대한 감상' 분석」, 『월간 독립기념관』 42호, 1991.8.

나타난 한용운의 독립사상을 제시한 논문을 집필하였다.[41] 그는 한용운의 이 논설이 『유심』을 발간하면서 세계 정세에 이미 정통했던 한용운의 정확한 상황 인식에 기반하고 있어 논리가 명쾌할 뿐만 아니라, 조선독립선언의 근거를 좀 더 현실적으로 제시하고 있으며 보편적 공감력을 강하게 지니고 있는 글이라고 평하였다.[42]

지금까지 살펴본 바와 같이 한용운의 조선독립에 대한 감상은 그의 독립정신, 독립사상, 민족운동 등의 차원에서 필히 정리, 분석, 연구되어야 할 대상임에도 불구하고 그 연구의 척박성은 납득하기 어려운 것이다. 조속히 이에 대한 연구가 시도되어야 한다는 점을 강조하고자 한다.

## 5. 〈신간회〉 참여

〈신간회〉는 1927년 5월에 출범한 좌우합작, 민족운동의 대동단결, 참다운 민족당, 협동전선의 단일화의 성격의 민족운동체였다. 이 〈신간회〉의 출범, 활동 자체는 1920년대 후반부터 1930년대 초반에 이르기까지 한국민족운동사에서는 간과할 수 없는 위상을 세웠다.

한용운은 바로 이 〈신간회〉의 발기인, 중앙집행위원, 경성지회장을 역임한 주역이었다. 그리고 1929년 11월 광주학생운동이 발발하여 〈신간회〉가 그에 대한 진상조사를 위해 개최하려 한 민중대회사건에 연루되어 일제에 피체되었다. 한편 한용운은 〈신간회〉가 사회주의 계열의 해소 주장으로 좌초됨에 즈음해서는 〈신간회〉 존속을 강력 주장하기도 하였다. 이

40 동시에 그는 이 논설이 1920년대 이후 한용운의 독립운동을 주도할 서곡이자 출사표로도 주장하였다.

41 고명수, 「'조선독립에 대한 감상의 개요'에 나타난 만해의 독립사상」, 『불교평론』 8, 2001.

42 위의 글, 135쪽.

처럼 한용운과 〈신간회〉는 불가분의 관련을 맺고 있었던 것이다. 그럼에도 불구하고 지금껏 한용운과 〈신간회〉에 대해서는 구체적인 연구가 전무한 실정이다. 최근 전보삼과 강미자에 의하여 그 개요가 극히 요약된 형태로 소개되었을 뿐,[43] 이 분야에 대한 한용운 연구자들의 관심은 미약하다고 보지 않을 수 없다.

한용운과 〈신간회〉에 대한 연구는 우선 그가 〈신간회〉에 관여한 동기, 과정, 활동 등에 대한 구체적인 내용을 파악할 필요성에서 나온다. 또한 이 연구는 한용운의 민족운동 전체의 개요, 성격, 노선에 대한 이해도 반드시 거쳐야 할 과제이다.

한용운은 〈신간회〉가 등장하기 이전 《동아일보》에 「혼돈한 사상계의 선후책 – 2천만 민중이 당면한 중대문제」(1925. 1. 1), 「사회운동과 민족운동 – 차이점과 일치점」(1925. 1. 2)을 기고하여 〈신간회〉 등장의 이론적인 타당성을 개진하였다. 그리고 〈신간회〉의 해소를 놓고 논란이 전개될 때에는 〈신간회〉 해소의 불가를 주장하는 글, 「신간회 해소운동」(『삼천리』 2권 2호, 1930. 2)을 기고하였다. 또한 〈신간회〉를 해소하고 별도의 민족운동 조직체를 만들자는 의견에 대하여도 단호히 그를 배척하고 〈신간회〉가 존속, 유지되어야 함을 역설한, 「대협동기관 조직의 필요와 가능성」(『혜성』 창간호, 1931. 3)을 기고하였던 것이다. 한용운의 〈신간회〉 해소에 대한 자신의 극명한 입장은 《조선일보》(1932. 1. 3)에 게재된 「표현단체 건설 여부」에도 여실히 나온다.

이처럼 한용운의 〈신간회〉 관련 내용은 비교적 그 개요는 파악할 수 있을 정도로 남아 있는 형편이다. 더욱이 위에서 언급하였지만 한용운이 〈신간회〉를 발기하고 주요 간부를 역임하였던 사정을 유의하면, 이 분야에 대

43 전보삼, 「만해 한용운과 신간회」, 『유심』 14 · 15, 2003; 강미자, 「한용운의 신간회와 반종교운동 인식에 대한 일고찰」, 『한국불교학』 48, 2007.

한 연구는 한시도 늦출 수 없는 과제라 하겠다.

한편, 한용운과 〈신간회〉 연구에 있어서 한용운의 독립사상, 민족운동의 성격을 심화시킬 수 있는 소재도 있다는 것을 간과해서는 안 될 것이다. 요컨대 한용운은 우파의 민족운동과 좌파의 사회운동에 대하여 균형적인 입장을 갖고 있었던 것으로 보인다. 한용운이 〈신간회〉 경성지회장을 사임한 것도 일제의 비밀문서에 의하면, 한용운이 조선공산당과 연결되어 있었던 사정 때문이었음을 알 수 있다.[44] 이 내용은 더욱 세밀히 검증해야 하겠지만 한용운이 조선공산당을 무조건 배척하지 않았다는 일면을 말해 주는 것이다. 또한 한용운은 불교사회주의라는 이상을 피력하였다. 여기에서 말하는 사회주의와 당시 운동선상의 사회주의는 즉시 등치시킬 수 없는 대상이다. 우리의 관심은 한용운의 사회주의에 대한 인식이거니와, 이에 대한 소재가 〈신간회〉에 있다는 것이다. 그리고 한용운의 〈신간회〉 자료를 일별하면 그는 사회주의를 지나치게 배척하지는 않았지만, 주된 관심은 나라와 겨레의 독립과 해방이 최우선이었음을 파악할 수 있다. 때문에 한용운과 〈신간회〉에 대한 분석은 한용운 연구에 있어서 필수적인 과제라 하겠다.

## 6. 민족불교 지향

한용운의 민족운동에서 간과해서는 안 될 분야는 불교이다. 이는 한용운 자신이 승려였으며, 그가 『조선불교유신론』의 발간에서 불교의 개혁

44 姜德相·梶村秀樹, 『현대사자료』 29, 1972, 95~97쪽. 이 내용은 한용운이 경성지회장이 되자 조선공산당은 〈신간회〉를 장악하기 위해 한용운과 유화적인 연결을 시도한 것을 의미한다. 그런데 이를 파악한 비타협적 중도좌파 계열의 홍명희파에서는 한용운에게 그 연계를 단절할 것을 요청하였으나 한용운이 이를 거절하였다는 것이다.

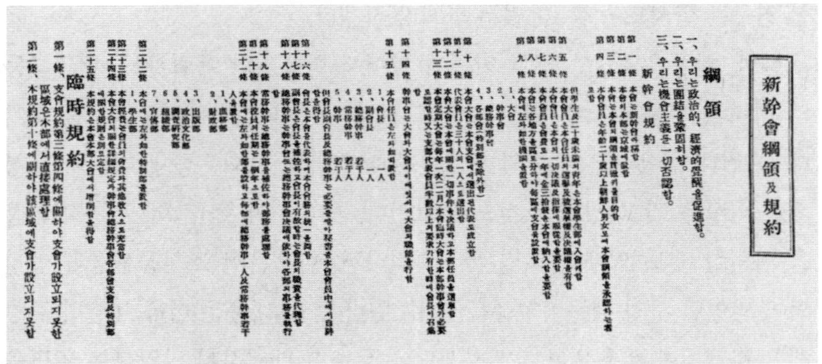
新幹會綱領及規約

綱領

一、우리는政治的、經濟的覺醒을促進함。

二、우리는團結을鞏固히함。

三、우리는機會主義를一切否認함。

新幹會規約

第一條 本會는新幹會라稱함

第二條 本會의本部는京城에置함

第三條 本會는本會의綱領을貫徹키로目的함

第四條 本會員은年齡二十歲以上朝鮮人男女로서本會綱領을承認하는者로함

臨時規約

〈신간회〉의 강령과 규약

을 통한 불교계의 의식과 체질의 개혁을 강력히 주문하였던 것을 상기하면 당연한 이해이다. 더욱이 그는 1919년 3·1운동으로 일제에 피체, 수감을 마친 이후에도 불교개혁에 대한 행보를 결코 늦추지 않았다. 예컨대 불교청년운동, 불교계 통일운동, 불교 자주화 노력, 총본산 건설운동 등에서 한용운의 행적을 다양하게 찾을 수 있는 것이다.

그런데 이와 같은 한용운의 불교개혁 및 유신에 대한 기본 노선과 민족불교 지향은 직결하여 이해할 수 없다. 요컨대 한용운이 주장한 불교개혁을 곧 민족불교 지향이라거나 혹은 민족운동의 범주로 보기에는 일정한 난점이 제기되는 것이다. 그러나 당시 일제의 불교정책을 유의하면 그 연결은 일정한 선에서는 수긍할 수 있다. 일제는 한국 침략 및 통치의 용이성을 기하기 위한 방책의 일환으로 불교를 활용하고, 나아가서는 불교 자체의 관리를 식민지 통치정책의 관점에서 추진하였다. 다시 말하자면 민족불교 지향을 억제시키고, 일본불교화를 유도하였다.

때문에 한용운의 민족불교 지향은 민족운동의 범주에 포함시킬 수 있는 것이다. 이에 여기에서는 한용운의 불교개혁의 관점을 정리하고, 그 후에는 한용운의 민족불교 지향의 노선이 어디에 있었는가를 점검해 보고자 한다. 그 연후 이러한 한용운의 불교 분야의 민족운동에 대한 연구의 성과와 그 내용을 살펴볼 수 있을 것이다.

한용운의 불교개혁 지향점은 단언하여 말하건대 불교의 대중화, 민중화였다. 한용운은 자신이 승려였기에 그러하였겠지만 불교의 이론, 사상, 주의에 대한 애정과 확신이 강렬하였다. 즉 불교적인 가치관이 투철하였다. 그런데 그가 보기에 당시의 불교는 조선 후기 이래의 산중불교, 승려 중심의 불교, 사회 및 현실에 부조화된 불교였다. 그리하여 그는 이러한 기존 불교에서 시대와 현실에 적응하는 불교, 즉 불교 근대화를 강력 주장하였던 것이다. 바로 이 주장과 내용이 한용운이 간행한 『조선불교유신론』의 골자였고, 그가 평생 강조한 불교개혁의 기본 입장이었던 것이다. 그가 〈법보회〉를 조직한 것이나, 역경을 강력히 주장한 것도 여기에서 나왔음을 유의할 필요가 있다.

그리고 한용운은 일제의 식민지정책에 억압된 불교가 본연의 불교로 나아가기 위해서는 불교계 구성원의 자각이 제일 중요함을 지적하였다. 그리고 일제에 협조·타협하지 않고 자주·자율로 운영하야만 민족불교가 달성될 수 있음을 역설하였다. 이러한 한용운의 노선을 이해할 때 그가 왜 그토록 불교청년운동, 종헌의 실행, 총본산건설운동을 후원하고, 격려하고, 지원하였는가를 이해할 수 있는 것이다. 더욱이 불교와 관련된 한용운의 글을 보면 민족불교에 대한 관심을 파악할 수 있다. 기고문을 제시하면 다음과 같다. 「현 제도를 타파하라」(『동명』 2권 2호, 1923. 1), 「민중불교건설은 포교법에 있다」(《매일신보》, 1931. 1. 31), 「조선불교를 통일하라」(『불교』 84·85합호, 1931. 7), 「불교청년총동맹에 대하여」(『불교』 86호, 1931. 8), 「정교를 분립하라」(『불교』 87호, 1931. 9), 「조선불교의 개혁안」(『불교』 88호, 1931. 10), 「사법개정에 대하여」(『불교』 91호, 1932. 1), 「조선불교의 해외 발전을 요망함」(『불교』 98호, 1932. 8), 「교단의 권위를 확립하라」(『불교』 99호, 1932. 9), 「불교청년운동에 대하여」(『불교』 100호, 1932. 10), 「불교사업의 기정방침을

한용운의 불교개혁 정신을 따르던 불교청년들이 청년운동 단일조직체인 〈불교청년총동맹〉의 창립대회를 마친 직후의 기념 촬영(1928. 3)

실행하라」(『불교』 103호, 1933. 1), 「종헌발포 기념식을 보고」(『불교』 104호, 1933. 2), 「교정연구회 창립에 대하여」(『불교』 106호, 1933. 4), 「조선불교의 통제안」(『불교』 신2집, 1937. 4), 「역경의 급무」(『불교』 신3집, 1937. 5), 「주지선거에 대하여」(『불교』 신4집, 1937. 6), 「불교청년운동을 부활하라」(『불교』 신10집, 1938. 2), 「총본산건설에 대한 재인식」(『불교』 신17집, 1938. 11) 등이다.

그런데 지금까지의 한용운 불교와 관련된 연구를 보면 그 양적인 면뿐만 아니라 그 내용의 면에서도 매우 미약함을 인정하지 않을 수 없다. 선학의 연구는 대부분 『조선불교유신론』의 해설, 내용, 의의 등에 치중되었다. 1990년대에 접어들면서, 필자는 한용운이 관여된 민족불교의 기초적인 사실, 전개, 흐름을 정리하여 한용운의 민족불교 연구에 기반을 제공하였다. 그 연구 대상의 주제는 선학원(1994), 〈조선불교청년회〉(1994), 〈조선불교청년총동맹〉과 〈만당〉(1995), 조선불교학인대회(1996), 승려대회(1995), 종헌의 실행(1996), 〈이구오팔회〉(1997), 〈조선불교여자청년회〉 (1997), 총본산건설운동과 조계종(1994), 불교계 통일운동과 조계사(2000), 조계종의 성립(2002), 불교개혁론의 배경(1998), 〈만당〉과 효당 최범술(2006), 대한승려연합회선언서와 민족불교론(2007) 등이었다.[45] 그러나 이 연구도 한용운의 민족불교 지향을 직접적으로 분석하여 연구한 것은 아니었다.

그 밖에 한용운의 정교분리론,[46] 한용운의 개혁론 성격,[47] 한용운의 불교사회사상,[48] 〈신간회〉 참여[49] 등도 한용운이 추구한 민족불교 지향을 살핌에 있어서 참고할 고찰이다. 그럼에도 불구하고 한용운의 불교와 관련된 민족운동 연구는 거의 시행되지 않았다고 보는 것이 타당할 것이다. 우리는 한용운이 〈조선불교청년회〉의 총재로, 항일비밀결사체인 〈만당〉의 영수로 추대되었으며, 한용운은 일제에 기생하고 있었던 친일적인 지주들을 극력 배척하였다는 일반적인 사실을 많이 접하였을 것이다. 바로 이러한 일반적인 내용과 관련된 초보적인 연구가 거의 이루어지지 않았다는 것이다. 추후에는 이 같은 한용운의 불교계 활동과 연관된 기븐적인 연구에서부터 한용운의 민족불교 지향의 노선과 성격이 무엇이었는가를 밝히는 주제까지 연구의 심화가 요망된다고 하겠다.

---

45 이 연구들은 필자의 다음의 저서에 수록되어 있다. 김광식, 『한국근대불교사연구』, 민족사, 1996; 『한국근대불교의 현실인식』, 민족사, 1998; 『근현대불교의 재조명』, 민족사, 2000; 『새불교운동의 전개』, 도피안사, 2002; 『민족불교의 이상과 현실』, 도피안사, 2007.

46 장석만, 「만해 한용운과 정교분리 원칙」, 『불교평론』 8, 2001; 김순석, 「한용운의 정교분리론」, 『한국독립운동사연구』 28, 2007.

47 전보삼, 「불교개혁을 위한 한용운의 화두」, 『회당학보』 2, 1993; 정병조, 「한국 현대불교개혁론의 비교 연구」, 『회당학보』 2, 1993; 양은용, 「근대불교 개혁운동」, 『한국사상사대계』 6, 1993; 고명수, 「만해 불교의 이념과 그 현대적 의미 – 전통불교의 체질을 혁신한 참여불교」, 『만해축전자료집』, 2002.

48 이양순, 「한용운의 사회사상에 관한 일고찰」, 『이대사원』 17, 1980; 김종명, 「한용운의 불교사회사상」, 『현대와 종교』 1995; 강미자, 「한용운의 민족주의와 근대주의에 대한 일고찰」, 『역사와 경계』 58, 2006; 배병삼, 「만해 한용운의 사회사상과 실천에 대한 비판적 고찰」, 『만해학연구』 2, 2007; 구모룡, 「만해사상에서의 자유와 평등」, 『만해학연구』 2, 2007.

49 강미자, 「한용운의 신간회와 반종교운동 인식에 대한 일고찰」, 『한국불교학』 48, 2007.

## 7. 결 어

본장에서는 앞서 살펴본 만해 한용운의 민족운동 연구 성찰의 개요를 정리하고자 한다. 정리를 함에 있어 연구의 개요와 흐름에 나타난 성격을 대별하여 제시하는 방법을 택하겠다. 이러한 제시는 필자를 포함한 추후의 한용운 연구자들에게 일정한 참고를 제공할 수 있을 것이다.

첫째, 한용운 민족운동 연구에 대한 부진을 우선 지적할 수 있다. 한용운 민족운동의 각 분야에 대한 기초적인 연구의 미약, 연구자의 부족 등에서 기인한 것이지만 전체적으로는 연구의 황무지임이 확인되었다.

둘째, 연구의 불균형을 찾을 수 있었다. 한용운 민족운동에서 가장 연구가 많이 된 대상은 3·1 독립선언서의 공약삼장의 작성(기초) 및 추가설의 문제였다. 그에 반하여 한용운의 민족불교 지향에 대한 연구는 단 한 편도 없는 현실을 확인하였다. 물론 이러한 불균형은 당시 현실에서 요청되었던 연구의 촉발성에서 나온 것이다.

셋째, 연구의 이론 및 방법론적인 재검토가 요청된다. 한용운 민족운동 연구는 양적·질적인 측면에서 취약하였음은 제기하였지만 그 연구의 접근 방법에 대한 나약성도 지적하지 않을 수 없다. 이는 한용운의 위대성과 신비성을 추구하려는 접근과 설명을 의미한다. 이는 결코 한용운을 위한 것이 아님을 알아야 한다. 학문은 객관성, 보편성의 바탕에서만 존립이 가능한 것이다.

넷째, 한용운 연구자의 빈약을 지적하지 않을 수 없다. 한용운을 연구하는 다양한 학자, 연구자들의 기반이 전제되어야 한용운 연구가 심화될 것이 상식이지만 현실은 그렇지 못하다. 한용운 민족운동 분야와 직간접적으로 연결되어 있는 대상자들을 일별하면 몇 대상자를 제외하고는 한용운 연구를 하기에는 난점이 있는 경우가 상당하였다고 보인다. 이는 한용운이 갖고 있는 저명도, 위대성에서 나온 것이지만 지적하고자 하는 것은 보다 전문적인 연구, 접근이 요망된다는 것이다.

다섯째, 연구와 교양 및 상식을 구분하는 한용운 연구가 요망된다. 한용운 연구는 우선 자료, 구전, 정황 등 기본에 의거한 연구가 심화되고, 그 전제와 바탕하에서 한용운의 대중화, 교양화가 시도되어야 함에도 불구하고 지금껏 한용운 연구에는 이 양 측면이 혼재된 흐름이 적지 않았다. 이 이질적인 흐름을 정화시킬 때 한용운 연구는 깊어질 것으로 보인다.

이상 필자는 한용운 민족운동 연구의 회고와 전망을 해 보았다. 그 내용 중에서 미흡하고, 지나친 표현이 있다면 전적으로 필자에게 책임이 있을 것이다. 다만 본 고찰에서 제시된 한용운 연구의 현황을 참고하여 다양한 분야, 인물, 관점에서 한용운 연구가 심화되길 기대하는 바이다.

# 한용운의 「조선독립의 서」 연구

제3장

## 1. 서 언

만해 한용운에 대한 연구는 지금껏 다양한 방면에서 진행되어 왔다. 이에 한용운에 대한 연구의 성과는 그 양과 질적인 측면에서 여타 근대기 인물들과 비교할 수 없을 정도이다. 그러나 연구 개요와 내용을 살펴보면 일정한 문제점이 노정된다. 필자가 그동안 꾸준히 지적해 온바, 무엇보다도 문학 중심으로 편중된 연구 경향을 들지 않을 수 없다. 다음으로는 한용운에 대한 지나친 찬양 및 신비적인 접근 태도도 나타났다. 이를 극복하기 위해서는 한용운이 갖고 있는 문학, 독립운동, 불교 등의 분야에서 전개된 활동과 성격을 균형적, 객관적으로 조망해야 한다. 그리고 1970년대의 사회를 풍미하였던 민족주의 관점에서 한용운을 절대화, 신비화시킨 시각도 이제는 보다 냉정히 실사구시적인 자세로 되돌려야 할 것이다.

본 고찰은 바로 위와 같은 배경하에서 한용운의 독립운동 및 사상을 재검토하기 위한 고민의 산물이다. 다시 말하면, 본고는 한용운의 독립운동 및 사상의 분야에서 그동안 소홀하게 인식되어 왔던 「조선독립朝鮮獨立의

서書」를 집중적으로 고찰하기 위한 첫 번째 발걸음이다. 그간 한용운의 독립운동 및 독립사상은 주로 3·1 독립선언서 공약삼장의 집필 문제에 지나치게 매달려 왔다. 물론 독립선언서 공약삼장을 한용운이 직접 쓰고, 그를 첨가하였다는 사실은 대단히 중요한 문제이다. 그렇지만 한용운이 3·1운동으로 일제에 피체되어 수감생활을 할 때 작성한 「조선독립의 서」는 한용운의 사상, 독립정신, 현실인식 등을 종합적으로 보여 주는 대상이다. 그럼에도 불구하고 이 대상에 대한 연구가 소홀하였다는 것은 납득하기 어려운 것이다. 그간 선학의 연구에서 이 「조선독립의 서」에서 한용운의 독립사상을 찾고, 일정한 의미를 부여한 것이 전혀 없었던 것은 아니다.[1] 그러나 종합적, 개별적인 접근은 희박하였다는 것이 솔직한 고백일 것이다.

필자는 한용운의 「조선독립의 서」에는 한용운의 독립정신의 핵심이 오롯이 담겨 있다고 본다. 때문에 이 「조선독립의 서」를 제대로 이해해야만 한용운의 독립정신과 민족운동을 거시적으로 바라볼 수 있는 안목을 찾을 수 있다고 하겠다. 즉 한용운 독립정신의 정수이자, 최고봉이라고 표현하

1 그를 정리하면 다음과 같다. 김광식, 「한용운 민족운동의 연구에 대한 성찰」, 『만해 연구, 그 성찰과 모색』, 민족문학작가회의, 2004, 11~13쪽 참조; 박노준·인권환, 『한용운 연구』, 통문관, 1960. 만해의 민족주의 사상(자유, 평화, 독립)의 근거; 조지훈, 「민족주의자 한용운」, 『사조』, 1958. 10. 육당의 독립선언서에 비해 시문時文으로 한 걸음 더 나감, 조리가 기백하고 기세가 웅건; 홍이섭, 「한용운의 민족정신」, 『한용운사상연구』 1집, 1980. 한용운이 독립선언을 밝힌 유일한 글, 독립의 주장을 현실적으로 민족적으로 피력하여 정신, 논리, 강도에 있어서 다름. 선언서에 비해 공감됨. 일제에 직접 항쟁으로서의 선언서; 안병직, 「만해 한용운의 독립사상」, 『창작과 비평』 5권 4호, 1970.12. 한용운의 독립정신은 자유주의인데, 이 선언서에 나온 논리(민족자존성, 조국사상, 자유주의, 대세계의 의무)를 조선독립선언의 이유로 제시; 김상현, 「한용운의 독립사상」, 『한용운사상연구』 2집, 1981. 젊은 시절의 구도적 자기 수련과 체험에서 나온 것으로 이해, 3·1운동 시작할 때부터 갖고 있던 독립정신의 논리; 전보삼, 「한용운의 3·1정신에 관한 일고찰」, 『한용운사상연구』 3집, 1994. 논설에 나타난 독립정신의 원천을 자유, 평등, 평화로 보고 그를 대강령으로 주장; 고명수, 「'조선독립 감상의 개요'에 나타난 만해의 독립사상」, 『불교평론』 8집, 2001. 『유심』 발간 시절부터의 세계정세에 정통한 한용운의 상황 인식에 근거한 논리, 조선독립선언의 근거를 현실적으로 제시, 보편적 공감력.

고자 한다. 이를 작성하기 이전의 활동, 고뇌는 모두 「조선독립의 서」로 흘러왔으며, 출옥하여 1944년 입적하는 그날까지의 그의 활동과 고뇌는 이 「조선독립의 서」의 구현이 아닌가 하는 것이다. 그리고 「조선독립의 서」에서는 한용운의 현실인식, 사상적 편린 등도 찾아볼 수 있다.

이에 본 고찰에서는 이러한 전제와 배경을 갖고 「조선독립의 서」의 자료적인 고찰과 개괄적인 내용 분석을 시도하고자 한다. 이를 통하여 필자는 한용운의 독립정신, 사상을 재검토함과 동시에 한용운의 생애 전모를 거시적으로 바라볼 수 있는 토대 및 관점을 추출하고자 한다. 이를 통하여 한용운의 독립사상을 포함한 그의 사상적인 전모를 새롭게 정리할 수 있는 여건을 마련할 수 있을 것이다. 필자도 이 고찰을 통하여 「조선독립의 서」가 갖고 있는 모든 측면을 이해할 수는 없는바, 또 다른 기회를 통하여 「조선독립의 서」에 대한 연구를 지속할 것임을 밝힌다. 본 고찰의 미진한 측면은 지속적인 연구를 통하여 보완할 예정이며, 다양한 관점에서 「조선독립의 서」에 대한 새로운 연구가 지속되길 기대한다.

## 2. 「조선독립의 서」의 자료적 검토

「조선독립의 서」는 지금껏 연구 대상으로 큰 주목을 받지도 못하였지만, 그 자료적인 측면에서도 정리, 소개한 글이 부재하였다. 이에 본장에서는 「조선독립의 서」에 대한 자료를 우선하여 살펴보겠다.

「조선독립의 서」는 언제, 어디에서 한용운이 쓴 것인가? 널리 알려지기로는 한용운이 3·1운동의 민족대표 33인으로 활동하다 일제에 피체된 뒤 옥중에서 쓴 것이라고 한다. 그러면 언제 지었으며, 며칠이나 걸렸는가? 이러한 세부 내용은 잘 알 수 없다. 다만 『한용운전집』 2권의 도입부 화보에 전하는 「조선독립의 서」의 사진에는 "己未年 陽曆 七月 十日에 西大門

監獄에서 地方法院 檢事長 囑託에 應하여 作홈"이라는 글을 찾을 수 있다. 즉 1919년 7월 10일, 서대문형무소에서 작성하였다는 것이다. 그런데 이 문맥을 자세히 보면 7월 10일에 쓴 것인지, 아니면 7월 10일에 일본 검사장의 촉탁에 응한 것인지, 혹은 7월 10일의 촉탁에 응해 그날 쓴 것인지가 애매하다. 필자는 7월 10일 이전에 촉탁에 응하여 그 글을 최종적으로 쓴 것이 7월 10일이라고 보고자 한다.

그리고 한용운은 이 글을 쓸 때에 어떠한 참고 서적도 없었다고 한다. 그리하여 이를 갖고 한용운의 비범성, 천재성을 이야기하는 경우도 있다. 이러한 정황은 대체적으로 동의할 수 있다. 옥중에 책이 있다고 볼 수도 없고, 설사 있었다 하여도 일제가 한용운에게 이를 제공할 가능성도 적고, 그리고 「조선독립의 서」를 쓰는 데 필요한 책이었는지도 알 수 없는 것이다. 그런데 앞의 화보에 전하는 「조선독립의 서」의 문장은 한용운의 자필로 전해졌던 것이다. 그러므로 그 글에 전하는 7월 10일에 작성하였다는 한용운의 회고는 신뢰할 수 있는 것이다.

한편 김상현은 "일제 검사의 요청에 의하여 쓰여졌다기보다는 自請에 의하여 쓰여졌을 가능성이 더 짙다"[2]고 하였다. 그러나 이에 대해서는 한용운의 자필로 이해되는 그 사진 속의 「조선독립의 서」의 제목의 괄호에 나오는 '審問的 答案의 順序'라는 글귀를 참조해야 한다. 여기에서 우리가 살필 것은 한용운이 쓴 이 글귀의 이면을 보아야 한다. 당시 한용운은 일제의 재판에 회부되어 3·1운동의 목적, 주도한 배경, 독립운동에 대한 생각 등을 집중적으로 취조받았다. 그리하여 한용운은 자신이 독립운동을 한 배경과 논리 등에 대하여 자세히 개진할 필요성이 있었을 것이다. 이러한 입장에 처하여 있었던 한용운은 마침 일제 검사의 요청에 응하는 형식으로 그를 작성한 것이 아닌가 한다. 이에 대한 정황은 1920년 9월의 고등

2 김상현, 「한용운의 독립사상」, 『한용운사상연구』 제2집, 1981, 122쪽.

법원에서의 한용운의 발언이 참고된다. 당시 한용운은 "조선독립에 대한 감상은 어떠한가?"라는 일본 판사의 질문에 독립의 당위, 자신감을 피력하면서 지방법원의 검사의 부탁으로 지은 것임을 분명하게 밝혔다.

> 그 말을 다하자면 심히 장황하므로 이곳에서 다 말할 수 없으니 그것을 자세히 알려면 내가 지방법원 검사장의 부탁으로 「조선독립에 대한 감상」이라는 것을 감옥에서 지은 것이 있으니 그것을 갖다가 보면 다 알 듯하오.[3]

때문에 우리가, 그 글을 누가 먼저 제안하였는가를 분석하는 것은 닭이 먼저인가, 계란이 먼저인가를 따지는 것과 같지 않은가 한다.[4]

다음으로 우리가 분석할 것은 이 글의 명칭, 제목이다. 필자는 이 고찰에서 「조선독립의 서」라는 이름을 활용하였지만, 지금껏 이 글의 명칭은 다양하게 불렸다. 예컨대 '조선독립의 서', '조선독립 이유서', '독립 이유서', '3·1 독립선언 이유서', '3·1 독립이유 답변서', '독립운동 이유서', '조선독립 감상', '조선독립 감상의 개요', '조선독립 감상의 대요' 등이다. 필자가 이 글의 명칭을 「조선독립의 서」라고 한 것은 『한용운전집』에서 「조선독립의 서」로 명명하였고, 그 명칭이 보편적으르 널리 알려졌다고 보았기 때문이다. 이 글이 한용운에 의해 작성되어 일본 검사에 넘겨졌을 때에는 '조선독립의 감상'이었을 것으로 추측된다.[5]

그런데 이 글이 한용운에 의해 외부로 유출되어 상해임시정부의 기관지인 《독립신문》(1919. 11. 4)에 게재되었을 때에는 '朝鮮獨立 感想의 大要'라

3 《동아일보》, 1920. 9. 25. 『한용운전집』 2, 373쪽.

4 고은은 『한용운평전』, 고려원, 2000, 290쪽에서 이 글은 예심판사 나가시마 유우소우(永島雄藏)의 공판에서 구두 답변을 거부하고 감옥에서 쓴 답변용 논술이라고 하였다.

5 그런데 고은은 「한용운론의 서설」, 『불광』 41호, 1978. 3, 27쪽에서 일본 검사에게 제출할 당시의 표제는 '조선독립에 대한 감상(感想)의 서'였다고 주장하였다.

하였다. 그런데 한용운이 입적한(1944. 6. 29) 직후 유족 및 제자들에 의해 유품이 정리될 적에 발굴된 유고에는 '조선독립의 감상의 개요'라고 명명되었다. 『한용운전집』 2권 화보에 수록된 글이 바로 그 유고로 보인다. 이 글을 「조선독립의 서」라고 처음으로 이름을 붙인 것은 일제하 불교청년으로 한용운을 따르고, 해방 이후 한용운의 제자임을 자임하여 한용운의 행적과 사상을 널리 계몽하는 데 앞장선 김관호가 『신천지』 2권 3호(1947년 3·4월 합호)에 기고한 「한용운 선생의 옥중기, 조선독립의 서」라는 글에서 비롯되었다. 그 이후에는 「조선독립의 서」로 널리 알려졌다고 이해된다.

그러면 옥중에서 쓴 이 글이 어떻게 외부로 유출되고, 상해의 《독립신문》에 게재되었는가에 대하여 살피겠다. 이에 대한 정황은 『나라사랑』 제2집(만해 한용운 선생 특집호)에 게재된 「조선독립의 서」를 설명하는 편집자의 글에 나와 있다. 이 편집자가 누구인지는 알 수 없지만, 편집자는 그 정황을 알고 있는 제자, 후손, 지인, 연구자들을 만나 그를 요약하였을 것으로 보인다.

> 그 당시 선생은 옥중에서 기초한 이 글의 전문을 작은 글씨로 휴지에 적어, 접고 접어서 종이 노끈을 만들어, 형무소로부터 차출하는 의복 갈피에 삽입, 간수의 감시를 피해 형무소 밖으로 유출시킨 것이 원문 그대로 등사되어 만주 방면의 우리 겨레에까지 전해졌었다 한다. 원문이 기재된 원고는 선생이 별세한 해인 1944년에 유씨 부인과 김관호金觀鎬 님이 선생의 문갑을 열고 유고를 정리하다가 찢어진 봉투 속에 26년간 보존된 그대로의 원고가 들어 있는 것이 발견된 것인데, 그 후 다른 종이에 배접해서 현재는 다솔사多率寺의 최범술崔凡述 님이 소장하고 있다.[6]

이 편집자의 글에 그 정황이 비교적 상세히 전한다. 한용운은 일본 검

6 『나라사랑』 2집, 1971, 144쪽.

사에게 제출하기 이전에 휴지에 작은 글씨로 옮겨 적고,[7] 그를 접어 형무소 밖으로 나가는 의복의 갈피에 집어넣었다는 것이다. 이렇듯이 외부로 유출된 것을 등사하여 상해(만주)까지 전하여 《독립신문》에 게재되었던 것이다.

그러면 한용운에게서 그 원고가 들어간 의복을 받아 임시정부로 전달한 인물은 누구인가. 이에 대해서는 우선 당시 한용운의 상좌[8]로서 옥바라지를 한 승려 이춘성을 지목할 수 있다.[9] 『한용운평전』을 집필한 고은은 그 집필 과정에서 이춘성을 만나, 그의 증언을 채록하였다.

> 그때 나는 주로 그분의 사식 따위가 아니라 바깥의 공기라든지 그분이 몰래 써준 글을 밖으로 가져오는 일이 중요했어요. 「조선독립의 서」를 끈을 똘똘 말려서 내 손으로 받아 왔지.[10]

위와 같은 이춘성의 증언에서 우리는 이춘성이 원고를 받아낸 당사자임을 확인할 수 있는 것이다. 이춘성은 원고를 불교청년으로서 한용운을 따르던 김상호에게 넘겼다. 이춘성과 김상호는 3·1운동 직후 항일불교의 성격을 갖고 있었던 〈조선불교청년회〉[11]의 발기인[12]과 회원으로 활동하였던 청년승려였다. 그런데 김상호는 3·1운동 직후 중앙학림의 청년승려들과

---

7 그런데 고은은 그 글은 인찰지에 쓰여서 한 벌은 재판소에 제출되고 한 벌은 끈으로 꼬여져 밖으로 나갔다고 하였다. 고은, 앞의 책, 293쪽.

8 이춘성이 한용운의 제자였음은 이운허에 의해 쓰여 현재 서울 종로의 탑골공원에 서 있는 '용운당만해대선사비'(1967. 10)의 비문에 나와 있다.

9 한용운과 이춘성과의 관계는 필자가 『유심』 18호에 기고한 「성활선의 계승과 구현 – 한용운과 이춘성」과 춘성의 일대기인 『춘성』, 새싹, 2009를 참고할 것.

10 고은, 앞의 책, 301쪽.

11 김광식, 「조선불교청년회연구」, 『한국근대불교사연구』, 민족사, 1996.

12 『한국불교 100년』(민족사, 2000) 90쪽의 사진 157의 '조선불교청년회 취지서와 발기인' 참조.

연합하여 상해임시정부와 국내 불교계의 연결을 하는 통신운동을 전개하였다. 이 통신운동은 단순한 연락이 아니고 그 통신을 통해 독립운동의 정보, 군자금 전달, 불교계 인사들의 임정 망명 등 다양한 활동을 실천하는 일종의 독립운동 루트였다. 그는 국내에 전 불교도 독립운동 참모본부를 두고, 임시정부와의 유대를 갖고 있었던 것이다.[13] 이런 활동을 하였던 김상호였기에, 그는 이춘성에게서 넘겨받은 한용운의 글을 등사하여 상해임시정부에 전달할 수 있었던 것으로 보고자 한다. 이에 관한 정황은 한용운의 제자로 일제하 다솔사 주지를 역임하며, 다솔사에서 한용운의 회갑 잔치를 열고 한용운의 항일비밀결사체인 〈만당卍黨〉[14] 당원의 근거처로 다솔사를 운영하였던 최범술의 회고에서 찾아볼 수 있다.

> 그리고 이 청년운동의 선봉 金尙昊에 대하여 한마디 할 필요를 느낀다. 이분은 기미년을 전후하여 그 당시 청년운동 각 방면에 連繫 연락되어 활동을 전개하였을 뿐만 아니라 韓龍雲 선생이 우리 民族 대표들과 같이 서대문감옥에 갇혀 있을 때 차입하는 의복을 이용 저 유명한 「朝鮮獨立의 書」를 받아내 이를 국내외에 유포하였던 것이다.[15]

이에 관한 더 이상의 내용은 현재로서는 파악하기 어렵다. 여기에서는 그 글을 한용운에게 받아낸 것이 김상호라고 분명하게 나오지 않지만, 국내외에 유포한 것은 김상호임을 알 수 있다. 이춘성과 김상호가 함께 그를 받아낸 것인지는 몰라도, 이춘성이 한용운의 상좌이기에 이춘성이 받아내 그를 김상호에게 전달하고, 김상호는 자신이 관여한 임시정부와의 루트를 이용하여 임시정부의 기관지 《독립신문》에 전달하였다고 보는 것이 타당

13 김상호, 「3·1운동에서 8·15광복까지, 숨어 있던 이야기」, 《대한불교》, 1964. 8. 23.
14 김광식, 「조선불교청년총동맹과 만당」, 『한국근대불교사연구』, 민족사, 1996.
15 최범술, 「청춘은 아름다워라, 148」, 《국제신문》, 1975. 3. 24.

할 것이다.

마침내 등사된 그 원고는 상해에 도착되었고, 《독립신문》 25호(1919. 11. 4)의 3, 4면(부록)에 그 전문이 게재되었던 것이다. 이 신문에서는 '朝鮮獨立에 對한 感想의 大要'라는 제목하에[16] 그 글이 전달된 사정을 요약하고 있다.

> 此書는 獄中에 계신 我代表者가 日人 檢事總長의 要求에 應하여 著述한 者 中의 一인데 秘密裏에 獄外로 送出한 斷片을 集合한 者라

한용운이 쓴 그 글이 비밀리에 옥 밖으로 유출되었으며, 임시정부의 《독립신문》에서 기술한 "단편으로 송출된 것을 집합하여 게재하였다."는 것에서는 한용운이 그 글을 몇 개의 종이 끈으로 나누어 옷 갈피에 넣었음도 알 수 있는 것이다. 그런데 필자는 여기에서 새로운 주장을 하려고 한다. 그것은 상해로 전해진 원고는 한용운의 친필로 작성된 1차 원고가 아니라, 한용운의 원고를 옮겨 적은, 등사된 원고가 아닌가 한다. 물론 등사 원고를 작성한 인물은 김상호일 것으로 추정된다.[17]

한편 위에서 살핀 한용운의 입적 직후 유족과 제자들이 심우장의 문갑에서 찾았다는 「조선독립의 서」와 한용운이 옥중에서 쓴 것과는 어떤 관련을 갖고 있는가? 한용운이 옥중에서 쓴 문건인 1차 원본은 상해로 건너가지 않고, 한용운이 출옥한 후 그에게 전달되어 입적 전까지는 보관한 것으로 보인다. 김상호는 옮겨 적은 것을 자신의 비밀 루트를 이용하여 《독립

16 그 제목에는 '부록, 7월 10일'이라는 문구가 붙어 있다.

17 그가 국내외에 유포하였다는 것에서 해석하였다. 필자는 이 글을 처음으로 기고한 『만해학연구』 창간호에서는 한용운이 쓴 1차 원고가 상해임시정부로 건너갔을 것으로 보았다. 그러나 최근에는 필자의 생각을 수정하여 1차 원고는 상해로 건너가지 않은 것으로 본다. 이런 점에 대해서 연구자들은 큰 주목을 하지 않았다. 그러나 이런 내용도 중요하다고 필자는 본다.

신문》에 게재되도록 제공하였다. 때문에 제반 여건을 고려하면 한용운의 문갑에서 나왔다는 그 글은 조심스럽게 옥중에서 쓴 최초의 원본(1차 원본)이라고 볼 수는 있다.[18] 그러면서도 한용운이 출옥 후 언제인가 다시 정서하여 보관한 것(2차 원본)이라는 가정도 배제할 수 없다. 만약 심우장 보관본을 2차 원본으로 본다면 한용운의 2차 원본은 상해 《독립신문》이나 여타 다른 저본을 보고 정서한 것, 혹은 기억에 의해서 쓴 것으로 보는 것이 타당할 것이다.

여기에서 한용운 연구의 초기 활동에 참여한 박노준의 회고를 참고할 수 있다. 박노준은 1950년대 후반 조지훈으로부터 『한용운전집』을 출간하는 기초 작업에 참여한 당사자로 그의 회고는 역사적 가치가 있다. 요컨대 그는 그 작업 과정에서 최범술을 만났는데 그 무렵에 효당이 보관하고 있는, 즉 한용운이 심우장에서 보관하였던 「조선독립의 서」를 보았다는 것이다. 박노준은, 최범술이 보관하였던 자료 뭉치를 다솔사에서 처음 보던 1958년 8월 초의 순간을 다음과 같이 기록하였다.

> 도착한 즉시로 그곳 강당(필자 주, 다솔사)에서 효당과 우리 세 사람은 마주 앉았다. 차에 싣고 온 자료 보따리 여러 개가 효당에 의해서 마침내 개봉되었다.
>
> 순간, 인권환·이화형 형과 나는 실로 경탄·경악하지 않을 수 없었다. 책 몇 권과 스크랩 얼마 정도쯤으로 예상했는데 그게 아니었다. '더미'로 쏟아져 나오는데 '보물'이 따로 없었다. 그곳에 오기 전 고려대 중앙도서관에서 두 달 남짓 여유 시간을 내어 잠시 검색한 우리의 초기 작업은 요컨대 '아이들 장난'에도 못 미치는

---

18 정광호는 한용운의 문갑에서 나온 것을 서대문형무소에서 쓴 1차 원본일 것으로 보았다. 정광호, 「민족적 애국지사로서의 만해」, 『한용운전집』 2, 1973, 34~35쪽 참조. 그런데 최근 필자가 정광호에게 문의한 결과, 정광호는 그 글을 쓰기 이전, 그리고 최근까지도 그는 심우장에 보관되었다는 원본을 보지는 못하였다고 한다. 즉 그의 입장은 하나의 추측적인 설명이었던 것이다.

수준이었다.

발표된 글 거의 모두와 미발표 유고가 그 모습을 드러내는데 『님의 침묵』은 당연한 것이고 친교가 두터웠던 啓礎 方應模《조선일보》 사장의 권유로 쓰기 시작했다는, 우리로서는 그때까지 존재조차 몰랐던 신문 연재 장편소설 몇 편, 유고로 남아 있는 소설, 미발표 시와 한시 『채근담』 및 『삼국지』 일부의 번역물, 불교 관계 논설과 단행본, 수필류·감상류……. 한동안 벌어진 입을 다물 수 없었다.

저 유명한 「조선독립朝鮮獨立 선언이유서宣言理由書」(후에 각종 서적에는 「조선독립의 書」로 실려 있으나 원래 제목은 그런 것이 아니었다)의 친필 원고(두 편이었다. 한 편은 초고인 듯하고 다른 한편은 삼일운동 당시 옥중에서 일인 검사에게 정식으로 제출하기 전의 원본인 듯하다)도 나왔다. 옥중에서 삼십삼인 중 몇 분과 함께 지은 친필 한시 유고집도 자료 속에 있었다. 놀라지 않을 수 있었겠는가. 이러므로 지훈께서 우리에게 전집 출판을 하자고 독려한 숨은 뜻을 그제서야 확실히 깨달을 수 있었다.[19]

이와 같은 박노준의 회고에 의하면 효당은 두 편의 「조선독립의 서」의 원고를 보관하고 있었다. 이 원고는 한용운이 보관하던 것이었음은 물론이었다. 필자는 일단 여기에서 한용운이 감옥에서 쓴 1차 원고를 갖고 있었다고 보고자 한다.[20]

여기에서 혹자는 한용운의 문갑에 있었다는 것이 그의 자필로 볼 수 있다는 근거에 대하여 의아심을 가질 수 있다. 그러나 필자가 보기에 위에서 살핀 『나라사랑』 특집호에 나오는 편집자의 글은 그 당시 한용운의 유족, 제자들에게 확인하고 쓴 글이었을 것이라는 점을 동의한다면 신뢰할 수

19 박노준, 「한용운전집과 고대문학회」, 『고대교우회보』 426호, 2006. 1, 21쪽.

20 다만 여기에서 그 두 편에서 어느 한편이 이춘성이 받아낸 것인지, 아니면 두 편이 다 이춘성이 받아낸 것인지는 단언키 어렵다. 초고라는 한 편이 이춘성이 받아낸 것이고, 다른 한 편은 출옥 후 한용운이 정서한 것이라고 추정할 수는 있다. 이 두 편을 필자는 1차 원본, 2차 원본으로 표현하였다.

있을 것이다.

그런데 이와 관련해서 최범술은 해방 직후 불교계 잡지인 『신생』 창간호(1946. 3) 「기미운동己未運動과 독립선언서獨立宣言書」라는 글의 후기後記에서 한용운 입적 직후, 한용운의 서가를 정리하였음을 밝히면서 그 당시 한용운이 자필로 쓴 「3·1 독립선언서」를 보고, 그를 입수하여 해방 직후까지 보관하였음을 회고하였다.[21]

> 이에 記載케 된 己未獨立宣言書는 故 韓龍雲先生께서 그 一生을 敵의게 國權을 不自然스럽게도 蹂躪當한 以來 寤寐不忘코 渾身의 情熱과 忠誠을 다하야 끝까지 碎身盡力하시다가 우리 民族 解放된 光復의 오늘을 보시지도 못하고 不幸히 去年 六月 二十九日 서울 城北洞 自宅에서 別世하신 後에 그 先生의 書架를 整理한 바 그 中에서 先生 自書로서 起草된 참으로 허무러진 文件을 土臺로 하고 또한 開運寺 洪泰旭氏 許에 맞이 印刊된 것을 보게된 바 이것도 誤植이 多少 있음으로서 이 두 가지 것을 對照하야 이에 서심없이 轉載하기로 합니다.
>
> 曉堂 謹記

이러한 최범술의 회고에서 우리는 한용운이 '기미독립선언서'를 자필로 작성하여 보관하였다는 사실을 긍정할 수 있는 것이다. 그런데 여기에서 최범술은 최남선이 지은 이른바 「3·1 독립선언서」를 제시하고, 그 후기로 위의 인용문을 작성한 것이다. 그러나 우리는 위의 인용문의 선언서는 「3·1 독립선언서」이지, 본 고찰의 초점인 「조선독립의 서」는 아니라고 볼 수 있다. 그러나 위에서 살핀 박노준, 최범술의 회고를 주의 깊게 보면, 일단은 여기에서 필자는 심우장의 문갑에는 두 종류의 선언서(「3·1 독립선언서」, 「조선독립의 서」)가 보관되었을 것으로 추정한다.

21 그런데 현재 이 「3·1 독립선언서」의 행방은 알 수 없다.

그러면 위에서 제기한 한용운의 심우장 문갑을 정리하고 그 자료를 인수, 보관한 사람은 누구인가? 필자는 우선 그 대상자로 김관호를 지목한다. 즉, 한용운의 재가제자로 생전에 한용운을 추종하였으며, 한용운 사후에는 만해정신의 선양을 위해 진력한[22] 김관호[23]가 그 원본을 입수하였다고 보는 것이다. 그러나 이 자료를 포함한 한용운의 유고 대부분은 그의 친구이자 동지인 화가 박광이 보관하다, 1957년 봄 그 일체 자료를 한용운의 제자인 효당 최범술에게로 전달하였다.[24] 1957년 이후 그 자료를 인수한 것은 한용운 제자로 항일비밀결사단체인 〈만당〉의 당원이었으며 다솔사에서 한용운 및 〈만당〉의 당원들을 보살핀 최범술이었는데,[25] 그는 그 원본을 배접하여 자신이 머물던 다솔사에 보관하였던 것이다. 그 2차 원본은 1970년대 중반까지는 다솔사에 보관되어 있었다. 대문에 『한용운전집』이 발간된 1973년에는 『전집』에 사진 화보로 수록할 수 있었다.[26] 이런 연유로 당시 『전집』 작업에 참여한 연구자나, 한용운 연구에 관심이 있었던 연구자들은 다솔사에서 한용운의 혼이 담겨 있었던 원본을 열람할 수 있었다.[27] 그런데 1977년경 최범술이 다솔사를 떠나게 되고, 다솔사를 떠나

---

22 한용운과 김관호와의 제반 관계는 필자가 『유심』 17호(여름, 2004)에 기고한 「만해, 암흑기 청년의 삶의 나침반」을 참고할 수 있다.

23 임중빈은 그 문갑 열람자를 부인인 한영숙과 재가제자인 김관호라 하였다. 『만해 한용운』, 태극당, 1972, 278쪽.

24 박광, 「서문」, 『한용운연구』, 통문관, 1960, 3쪽.

25 만해와 최범술과의 상호 관계에 대해서는 필자가 『유심』 6호(가을, 2001)에 기고한 「만해와 효당, 그리고 다솔사」를 참고할 수 있다.

26 최범술은 만해 한용운 선생 전집간행위원회의 대표로 신구문화사에서 나온 『한용운전집』(1973. 7)의 발간을 주도적으로 진행하였다. 『한용운전집』의 간행사 참조.

27 전보삼, 김재홍은 다솔사에서 그를 보았다고 필자에게 증언하였다. 전보삼은 「한용운의 3·1 독립정신에 관한 일고찰」, 『한용운사상연구』 3집, 1994, 74쪽에서 그 글이 53장에 달한다고 언급하였다. 그런데 최근(2010. 8. 12, 만해마을) 필자는 전보삼에게서 당신이 다솔사 시절에 본 것은 한지로 된 10여 매라는 말을 들었다. 그러면서 그것은 한용운이 감옥에서 썼다가 김상호에 의하여 임시정부에 가서 게재되고, 이후에는 국내로 유입되어 한용운이 입적 직전까지 보관하였던 것이라고 했다. 그러나 필자는 국내로 다시 유입된 것이 아니

기 이전부터 개인적인 가정의 우환이 일어나면서 그가 소장하고 있던 한용운의 유품 일부가 유실되었는데,[28] 그 과정에서 「조선독립의 서」의 행방은 알 수 없는 형편이 되었다.[29]

원래 「조선독립의 서」는 다섯 개의 장으로 구성되어 있으며 제2장과 제3장은 각기 3항목과 4항목으로 나누어 기술되어 있다. 그런데 그 내용의 서술은 국한 혼용문으로, 한문투가 많아 일반인은 이해하기가 어렵다. 이에 『한용운전집』에서도 원문을 수록하면서도 이길종李吉鎭의 번역을 함께 실었다. 따라서 대부분의 일반인은 국문으로 번역된 것을 주로 보았고, 연구자들도 연구에 임하거나 그 관련 글을 쓸 경우에도 번역된 문장을 활용하였던 것이다. 그러다 보니 간혹 문장이 약간은 다른 것도 있고, 국문의 윤색·윤문이 사람마다 달라 혼선을 빚기도 하였음은 사실이었다.[30] 언제

---

고, 한용운이 쓴 1차 원본은 국외로 가지 않은 것으로 본다.

28 이때 한용운전집간행위원회에서 준비한 전집을 위한 원고도 행방불명, 유실되었다. 이에 최범술은 그 유실 원고의 보완과 재정리에 노력하였다고 한다. 인권환, 「만해학의 전개와 그 전망적 과제」, 『만해축전자료집』, 1999, 116쪽.

29 필자는 「조선독립의 서」의 소재와 관련하여 최범술의 두 번째 부인으로서, 최범술의 차 문화 보급에 매진하고 있는 채원화(서울 인사동, 반야로 차도문화원 원장)를 만나 그 행방을 탐문한 바 있다. 채원화는 그가 머물던 다솔사 시절에는 그 원본을 보지는 못하였고, 효당 최범술이 한용운의 고향인 홍성에 있는 비석에 「조선독립의 서」를 새기기 위한 저본용 글씨를 김상현(동국대 교수)과 함께 교정을 보았다고 회고하였다. 때문에 최범술은 그 저본용 글씨를 쓰기 위한 원본(1, 2차)과 함께, 혹은 또 다른 원고를 갖고 있었을 것으로 보았다. 채원화도 최범술의 개인적인 우환의 과정에서 유실된 것으로 필자에게 회고하였다. 최범술과 채원화의 관계는 『화두와 실천』 3호(1996, 가을)에 게재된 「차와 다솔사, 그리고 효당 스님」을 참고할 수 있다.

30 지금껏 대중에게 알려진 다양한 번역, 게재지는 다음과 같다. 김관호, 「조선독립의 서」, 『신천지』 2권 4호, 1947. 4; 「조선독립의 서」, 《대한불교》 1969. 3. 2~3, 23(4회 연재); 이길진, 「조선독립 이유서」, 『창작과 비평』 5권 3호, 1970. 9; 임중빈, 「조선독립 이유서」, 『만해 한용운』, 태극출판사, 1972; 조종현, 「조선독립의 서」, 『법륜』 102호, 1977. 8; 「조선독립의 서」, 『나라사랑』 2호, 외솔회, 1971. 4; 김교식, 「조선독립에 대한 감상의 개요」, 『한용운』, 계성출판사, 1984; 정해렴, 「조선독립에 대한 감상의 개요」, 『한용운 산문 선집』, 현대실학사, 1991; 만해사상연구회, 「조선독립에 대한 감상의 개요」, 『한용운사상연구』 제3집, 1994; 고명수, 「조선독립에 대한 감상의 개요」, 『나의 꽃밭에 님의 꽃이 피었습니다, 민족

인가는 관련 기관, 단체, 연구자들이 공동의 작업을 하여 통일된 문장으로 펴낼 필요성이 제기되는 것이다.

한편 한용운의 이 「조선독립의 서」에 대한 일제 측의 반응은 구체적으로 전하지 않는다. 한용운이 자신의 독립에 대한 입장을 정리한 이 글이 당초 일본인 검사에게 제출하기 위한 목적에서 나왔다면, 그 담당 검사는 어떠한 형태로나마 자신의 소감을 밝혔을 것이다. 이에 대해서는 《대한불교》에 그 관련 소감이 나온다.

> 이 글월은 고 한용운 선사가 기미년 3·1운동 사건으로 투옥되어 옥중에서 일인 검사의 심문에 말로는 다 대답할 수 없다고 옥중에서 글로 대답한 獄中答書로서 일인 검사에게 手交하였던 글입니다. 일인 검사는 선사의 답변서를 보고 탁월한 인격과 고매한 사상에 감복하고 경의를 표하면서 답변은 정당하나 일본 제국주의 방침이니 어찌할 수가 없다고 밝힌 유명한 이야기가 轉聞되고 있습니다. 이 「조선독립의 서」는 독립선언문보다 그 내용이 더욱 심각하고 일본제국주의 침략 근성을 정곡으로 찔러 주는 글월입니다.[31]

여기에서, 일본 검사는 한용운의 인격과 사상에 감복되어 경의를 표하였다는 내용이 전한다. 당시 그 검사는 일제의 방침에 따라야 하기에 한용운의 지적을 받아들일 수 없었다는 전문이 있다는 것이다. 이처럼 이 「조선독립의 서」는 한국인, 일본인을 뛰어넘는 보편성을 갖는 선언서로서의 역사적인 의미를 내재한 것이라 하겠다.

---

의 청년 한용운』, 한길사, 2000. 9, 부록.

31 「한용운선사의 옥중기, 조선독립의 서」, 《대한불교》, 1969. 3. 2.

## 3. 「조선독립의 서」의 개요 및 내용

본장에서는 「조선독립의 서」의 개요, 즉 그 내용을 서술된 순서에 의해서 요약하여 제시하고자 한다.[32] 우선 「조선독립의 서」의 목차를 제시한다.

1. 槪論
2. 朝鮮獨立宣言 動機
   (1) 朝鮮民族의 實力
   (2) 世界大勢의 變遷
   (3) 民族自決 條件
3. 朝鮮獨立宣言 理由
   (1) 民族自存性
   (2) 祖國思想
   (3) 自由主義(自存主義와 迴別)
   (4) 對世界의 義務
4. 朝鮮 總督政策에 對하야
5. 朝鮮獨立의 自信

이제부터는 위의 순서에 의거하여 그 내용을 요약하겠다.[33] 1장인 '개

32 필자는 「조선독립의 서」의 내용 분석의 대본은 『한용운전집』에 게재된 원문을 활용하였다. 필자는 원문을 분석할 것인가, 번역본을 분석할 것인가를 고민하였는데 대중적인 이해도 중요하지만 학술적인 글이라는 점에서 이러한 결정을 하였다.

33 「조선독립의 서」에 대한 개괄적인 소개는 박걸순이 『월간 독립기념관』 42호(1991. 8)에 기고한 「한용운의 '조선독립에 대한 감상' 분석」이 유일하다. 그러나 이 글은 대중적인 차원에서의 소개였기에 매우 소략하였다. 그리고 전보삼은 『한용운사상연구』 3집(1994)에 기고한 「한용운의 3·1정신에 관한 일고찰」에서 '조선독립에 대한 감상의 개요에 나타난 독립

론'에서는 한국이 독립선언을 한 당위성을 명쾌히 개진하고, 자신이 왜 독립선언에 임하였는가를 밝히고 있다. 한용운은 우선 자유와 평화가 인류의 고귀한 생명이자 지향할 가치임을 전제하였다.

> 自由는 萬有의 生命이요 平和는 人生의 幸福이라 故로 自由가 無한 人은 死骸와 同하고 平和가 無한 者는 最苦痛의 者라. 壓迫을 被하는 者의 周圍의 空氣는 墳墓로 化하고 爭奪을 事하는 者의 境涯는 地獄이 되나니, 宇宙萬有의 理想的 最幸福의 實在는 곧 自由와 平和라.

이처럼 한용운은 자유, 평화가 생명이요 행복이라 단언하였다. 이에 그는 자유를 얻기 위해서는 생명을 터럭처럼 여기고, 평화를 지키기 위해서는 희생을 감수해야 한다고 하면서 이것이 인생의 권리면서 의무라고 보았다. 나아가 한용운은 자유와 평화는 동반되는 것임을 지적하면서 참된 자유는 남의 자유를 침해하지 말아야 하고, 참된 평화는 평등을 수반하는 것으로 이해하였던 것이다.

이런 입장을 개진한 한용운은 당시 인류사회가 문명사회로, 평화로 나아가고 있는 단계로 보았다. 이는 인류 진화의 구도에서 살핀 것이었다. 그러나 18세기 이후 전 세계는 국가주의, 제국주의가 등장하면서 약육강식의 논리하에 국가와 국가, 민족과 민족 사이에서 약탈 전쟁이 벌어져 무력에 의한 침략전쟁이 전개됨을 지적하였다. 이 같은 강대국들의 침략전쟁은 명분상으로는 평화를 내세우고 있지만 실제는 인류의 행복을 희생시키는 흉악한 마술에 지나지 않음을 지적하였다. 더욱이 모든 민족은 문명의 차이는 있지만 피를 가진 민족으로서 민족 자존을 도모하지 않는 민족이 없기에 필연적으로 침략은 전쟁을 유발한다고 보았던 것이다. 이러한

---

정신'이라고 장을 설정하여 설명하였다.

[illegible]에付하야國際的問題를裁決하야戰爭을未然에防하자는[illegible]案이有하고其外世界的聯邦說과世界的共和說等은實로蛙噪蟬聲과如히多하나果난다世界的平和를促進하는先聲이라所謂帝國主義的政治家의眼으로見하면一笑에付할지나事實의實現은時의問題뿐이오最近에世界思想界에痛切한實物敎訓을下한것은곳歐洲戰爭과俄國革命과獨逸革命이是라世界大勢에對하야난上述한바가有한즉重複을避하나一言으로蔽하면現在로브터未來의大勢난侵掠主義의滅亡自存的平和主義의勝利가될이라

## 三、民族自決條件

美國大統領위른손氏난對獨講和基礎條件卽十四個條件을提出하난中에國際聯盟民族自決의條件이有한대英佛日과其他各國이內容으로나「이미國際聯盟에贊同하엿슨즉國際聯盟의本領卽平和의根本解決인民族自決에對하야는勿論贊同할지니今回이贊同의意를表한以上에는國際聯盟과民族自決은위른손一人의私言이아니라世界의公言이며希望의條件이아니라旣成의條件이며且聯合國側에서波蘭의獨立을贊成하고크채의獨立을爲하야난巨額의軍費와幾多의犧牲을不顧하고零下三十度內外의寒烈을排하야兵馬를西伯利亞에出함에는美日의行動이最히顯著하엿슨즉此는民族自決을專혀實上으로援助함이라民族自決主義完成의表象이니엇지可賀할바가아니리오

# 三、朝鮮獨立宣言理由

嗚呼라國을失한지十個星霜을經하고獨立을宣言한民族이獨立宣言의理由를說明함에至하야는實로沈痛과自愧를禁치못하리로다獨立의理由는此를四種에分하리라

## 一。民族自存性

走獸는飛禽과同羣치못하고飛禽은昆蟲과同羣치못하며同一한走獸로되麒麟과狐狸난其居가異하고同一한飛禽이로되鴻鵠과燕雀은其志가逈別하고同一한昆蟲이로되龍蛟와蚯蚓은所好가各存하며同種物의中에도蜂蟻는自羣이아니면絶對로排斥하야一處에同居치아니하나니此는有情物의自存性에서出함이니是는반다시利害得失을較計하야他의侵掠을排斥할뿐만아니라他羣이自羣에對하야福利를加한다하야도또한此를排斥하나니此는排他性이主體가되야그러한것이니라自羣自愛하야自存을營하난故로自存의反面에는自然히排他가有하니此의排他라함은自存의範圍內에入하는他의干涉을防禦함이오自存의範圍를超過하야他를排함은안이니自存의範圍를超越하야他를排함은排他가아니오侵掠인故라人類도是와如하야民族自存性이有한故로有色種無色種의間에各各自存性이有하고同種의中에도各民族의自存性이有하야到底히同化되지못하나니例하면支那全幅은一國을形成하엿스나民族的競爭은實로劇烈하도다最近의事實으로만言하야도淸朝의滅亡은政治的革命의皮相이有하나實은漢滿兩族의爭이며西藏族이나蒙古族이나各各自存을夢想하야機會만有하면關端을惹起하며其外英國의愛蘭印度에對한同化政策이나俄國의波蘭에對한同化政策이나其他各國의領土에對한同化政策은一도水泡에歸치아니함이無하도다彼族한즉自族이他族의干涉을受치아니하랴함은人類通有의本性이나此에對하야난他物이此를防遏치못할뿐아니라自族이스사로自族의自存性을抑制코자하야도不可得이라此性은恒常彈力性을有하야澎湃의限度와獨立自存의完善에至치아니하면止치아니하나니朝鮮의獨立을可히緩치못하리로다

## 二、祖國思想

越鳥난南枝를巢하고胡馬는北風을嘶하나니此난其本을忘치아니함이라動物도猶然하거든況萬物의靈長인人이엇지其本을忘하리오其本을忘치못함은人爲가아니오天性인同時에또한萬有의美德이라故로人類는[illegible]을忘치아니할뿐아니라忘코자하야도得치못하나니半萬年의歷史國이다만寬饒과饑饉의數가少함으로써他人의蹂躪을[illegible]하니誰가此를烈하며誰가此를忘하[illegible]의[illegible]에[illegible]祖先의[illegible]을[illegible]하고央夜淸[illegible]의[illegible]宇宙神明의[illegible]을[illegible]하나此를可히忍하면何를可히忍치못하리오朝鮮의獨立을可히緩치못하리로다

## 三、自由主義(自存主義와의區別)

人生의目的을哲學的으로解釋하라면各說이不一하야一定한定義를下하기難하다人生活의目的은自由에在하니此[illegible]가無한生活이何의意味가有하며何의快樂이有하리오自由를[illegible]하야난[illegible]代價도不惜하나니[illegible]한后로[illegible]一[illegible]이[illegible]하야도天[illegible]의自由를[illegible]할이오朝[illegible]

## 四、對世界의義務

民族의自決은世界平和의根本解決이라民族自決을[illegible]하야平和를保持하면[illegible]何故오民族自決이成立되지못하면[illegible]이[illegible]한지니朝鮮民族自決이엇지[illegible]에[illegible]하리오[illegible]朝鮮의獨立이되나니日本이朝[illegible]을合倂함이오日本의[illegible]民族을移殖코자[illegible]하고[illegible]支那大陸을[illegible]함이니[illegible]에[illegible]를[illegible]하야[illegible]을[illegible]하나니[illegible]은[illegible]야자[illegible]故로侵掠[illegible]이[illegible]의[illegible]을可히緩치못하리로다東洋平和가될지라朝鮮의獨立을可히緩치못하리로다

## 四、朝鮮總督政治에對하야

日本이朝鮮을合倂한後朝鮮에對한政治方針은武力壓迫四字로一言[illegible]寺內一是谷川으로言하면政治的[illegible]이니政治上一括하야言하면憲兵政治를行하야도[illegible]政治의特徵을發하야軍刀政治[illegible]이라[illegible]에[illegible]會[illegible]一介의軍人이라[illegible]한政治[illegible]子의影響만[illegible]하야도하기足하도다[illegible]을[illegible]하는者에는[illegible]督政治에[illegible]하면다[illegible]자못遺[illegible]의[illegible]하야도[illegible]로朝鮮人은[illegible]虎를[illegible]하며[illegible]하고[illegible]에는[illegible]督政治에[illegible]히[illegible]千[illegible]의[illegible]避하고[illegible]하면民族의自由를[illegible]하나니[illegible]치못하는[illegible]에서[illegible]이[illegible]하야[illegible]하나니[illegible]이[illegible]하다[illegible]은[illegible]치아니하[illegible]에[illegible]를[illegible]行하고도北[illegible]이安[illegible]가[illegible]이[illegible]은[illegible]의[illegible]하고[illegible]에[illegible]한東[illegible]에[illegible]을[illegible]하면[illegible]의[illegible]이[illegible]하나니[illegible]族의[illegible]을[illegible]하야[illegible]의[illegible]은[illegible]에[illegible]한政은[illegible]이不治한[illegible]不[illegible]하니라牧[illegible]의[illegible]에不[illegible]하며[illegible]치못한[illegible]에서奴[illegible]되고牛馬되면서力[illegible]이니此는[illegible]의[illegible]하야[illegible]에反하야도[illegible]치아니하나니[illegible]安[illegible]하야[illegible]것은[illegible]者[illegible]總督政治를[illegible]要視하야反[illegible]을[illegible]코자[illegible]하는思想도無하며도다何故오總督政治以上의根本問題가有함이니[illegible]하면同時라도合倂을破하고自存을保하라함이니二千萬民의腦裏에常住不滅하는精神이[illegible]도[illegible]에는[illegible]의網羅을加할理가無하니[illegible]도또한[illegible]의[illegible]을來할理가無하니總督政治는枝葉의問題로認하는故니라

## 五、朝鮮獨立의自信

今番朝鮮獨立은[illegible]家를創設함이아[illegible]經하고[illegible]하난獨立인[illegible]家의要素[illegible]이난[illegible]가具備하야綽綽有餘하니[illegible]對하야난元來로朝[illegible]國際的[illegible]時할뿐아니라加之「槪論」에姚陳한바[illegible]新時代인즉朝[illegible]獨立을從할뿐아니[illegible]承諾與否에在하도다日本[illegible]大蓋[illegible]의思想은時代를隨하야[illegible]道[illegible]이[illegible]은勿論이라人은實[illegible]하나니[illegible]掠主義[illegible]即[illegible]發揚[illegible]나平和卽道德主義時代에[illegible]助함이光을發하난名[illegible]지라一日[illegible]이[illegible]依然히侵掠主義[illegible]洋的[illegible]界를[illegible]平和를提[illegible]界的[illegible]戰爭을再演할[illegible]하면일지나失敗를免하리오英日同盟[illegible]「劍」을[illegible]에比하면孰[illegible]의[illegible]의久[illegible]에逆行치못할것[illegible]鮮民[illegible]하고自[illegible]의[illegible]民族을[illegible]支政[illegible]의[illegible]反動을[illegible]殖民으로[illegible]朝鮮의[illegible]治에[illegible]지니何를客하야[illegible]立을[illegible]하고日本人의[illegible]하면東洋平和의盟主로日本은本을捨[illegible]紀初頭에世界的으로百千年未來의[illegible]오[illegible]西半球에美[illegible]이[illegible]하고東半[illegible]日本이[illegible]朝鮮의獨立을[illegible]한後에[illegible]文을[illegible]하면[illegible]直[illegible]言文字上[illegible]이[illegible]文明[illegible]過[illegible]十餘[illegible]이[illegible]은[illegible]大勢[illegible]本[illegible]이오[illegible]便[illegible]發[illegible]山[illegible]峽[illegible]朝鮮人은[illegible]決코膝[illegible]世界大勢[illegible]하고[illegible]東洋[illegible]라[illegible]나日本人[illegible]出하야[illegible]치[illegible]하니[illegible]오[illegible]니[illegible]라[illegible]하나[illegible]하면[illegible]리[illegible]되[illegible]이[illegible]하[illegible]首[illegible]先[illegible]가[illegible]하[illegible]이[illegible]維[illegible]立[illegible]한[illegible]은[illegible]圖石[illegible]과如[illegible]한人[illegible]心은[illegible]目[illegible]의水[illegible]地[illegible]와[illegible]如[illegible]山[illegible]上[illegible]鮮을獨立한[illegible]은[illegible]問[illegible]이[illegible]所得[illegible]其本[illegible]朝鮮의[illegible]他國[illegible]補用[illegible]의[illegible]生[illegible]하야[illegible]及其[illegible]民으로他[illegible]로少[illegible]給[illegible]生[illegible]活[illegible]朝鮮[illegible]利[illegible]益[illegible]貧[illegible]家[illegible]의[illegible]純[illegible]移[illegible]하야[illegible]的化[illegible]平和[illegible]可[illegible]少[illegible]함이[illegible]本人[illegible]民은[illegible]家[illegible]의[illegible]幸[illegible]이라[illegible]日[illegible]加[illegible]에[illegible]約[illegible]中[illegible]朝鮮[illegible]紀[illegible]體[illegible]이[illegible]하니[illegible]鳴呼라[illegible]獨立을[illegible]하야[illegible]朝鮮[illegible]獨立[illegible]節[illegible]을[illegible]障[illegible]約[illegible]足[illegible]하며[illegible]乾[illegible]坤[illegible]하야[illegible]一念[illegible]이[illegible]天地[illegible]의[illegible]神[illegible]祥[illegible]信[illegible]을[illegible]하나니[illegible]日本人[illegible]勉[illegible]平和[illegible]

# 朝鮮獨立에對한感想의大要 (附錄)

七月十日

此書는獄中에게신我代表者가日人檢事總長의要求에應하야著述한者中의一인대祕密裏에獄外로送出한斷片을集合한者라

## 一、槪論

自由는萬有의生命이요平和는人生의幸福이니故로自由가無한人은死骸와同하고平和가無한者는最苦痛의者라壓迫을被하는者의周圍의空氣는墳墓로化하고爭奪을事하는者의境涯는地獄이되나니宇宙萬有의理想的最幸福의實在는곳自由와平和라故로自由를得하기爲하야는生命을鴻毛視하고平和를保하기爲하야는犧牲을甘飴視하나니此는人生의權利인同時에또한義務일지로다그러나自由의公例는人의自由를侵치안이함으로界限을삼나니侵掠的自由는沒平和의野蠻自由가되며平和의精神은平等에在하니平等은自由의相敵을謂함이라故로威壓的平和는屈辱이될뿐이니眞自由는반다시平和를保하고眞平和는반다시自由를伴할지라自由여平和여全人類의要求일지로다

그러나人類의知識은漸進的임으로草昧로봇허文明에爭奪로봇허平和에至함은歷史的事實로證明하기足하도다人類進化의範圍는個人的으로家族家族的으로부터部落部落的으로봇허國家國家的으로봇허世界世界的으로봇허宇宙的主義에至하도록順次로進步함이니部落主義以上은草昧時代의落謝塵에附한지라回首의感懷를資하난外에論述할必要가無하도다

幸인지不幸인지十八世紀以後의國家主義난實로全世界를風靡하야勝弁의絕頂에帝國主義와그實行의手端卽軍國主義를產出함에至하야所謂優勝劣敗弱肉强食의學說은最眞不變의金科玉條로認識되야殺伐强奪의國家或民族的戰爭은자못止息될날이無하야或幾千年의歷史國을丘墟하며或幾十百萬의生命을犧牲하난事가地球를環하야無한處가無하니全世界를代表할만한軍國主義난西洋에獨逸이有하고東洋에日本이有하엿도다그러나所謂强者卽侵掠國은軍艦과鐵砲만多하면自國의野心慾欲을充하기爲하야不人道蔑正義의爭奪을行하면서도그理由를說明함에는世界或局部의平和를爲한다던지爭奪의目的物卽被侵掠者의幸福을爲한다던지하난等自欺欺人의妄語를弄하야儼然히正義의天使國으로自居하나니例하면日本이暴力으로朝鮮을合倂하고二千萬民族을奴隷待하면서도朝鮮을合倂함은東洋平和를爲함이며朝鮮民族의安寧幸福을爲함이라云云함이是라

嗚呼라弱者에終古의弱者가無하고强者에不盡의强者가無하니大運이其輪을轉하난時난復讐的戰爭은반다시侵掠的戰爭의踵을隨하야起할지니侵掠은戰爭을誘致하난者라엇지平和를爲하난侵掠이有하며또한엇지自國幾千年의歷史난他國侵掠의劍에斷絕되고幾百千萬의民族은外人의虐待下에奴隸가되고牛馬가되면서此를幸福으로認할者가有하리오何民族을勿論하고文明程度의差異는有할지나血性이無한民族은無하니血性을具한民族이엇지永久히人의奴隸를甘作하야獨立自存을圖치아니하리오故로軍國主義卽侵掠主義는人類의幸福을犧牲하는惡魔일뿐어이니지是와如한軍國主義가天壤無窮의運命을保하리오理論보다事實(以下不明)=

嗚呼라「劍」이엇지萬能이며「力」이엇지勝利리오正義가有하고人道가有하도다侵掠又侵掠惡極慘極의軍國主義는獨逸로써最終幕을演치아니하엿는가血耶肉耶鬼哭神愁의歐洲大戰爭은大略一千萬의死傷者를出하고幾多億의金錢을糜費한後에正義人道를標榜하는旗幟下에셔講和條約을成立하게되엿도다그러나軍國主義의終極도實로色彩를莊嚴히함에遺憾이無하엿도다全世界를蹂躪하라는私欲을充하기爲하야苦心焦思三十年의準備로幾百萬의健兒를敎育하야戰線에立하고鐵騎飛船을驅馳하야左衝右突東奔西擊開戰三個月內에巴黎를陷落한다自期하던가이제르의聲言은一時의壯絕을極하엿도다그러나그것도軍國主義的訣別의終曲일뿐이며理想과聲言뿐아니라作戰計劃의事實도卓越하야休戰을開議하던日까지聯合國側兵馬의足跡은獨逸國境의一步地를踰越치못하엿스니航空機난空에서潛航艇은海에서自動砲난陸에셔各各其妙를極하야實戰의作略에絢爛한色彩를發하엿도다그러나그것도軍國主義的落照의反射일뿐이라噫라 億萬人民의上에君臨하고世界一括의雄圖를目期하야對世界의宣戰을布告하고百戰百勝의槪를有하야神耶人耶의間에서縱橫自在하던獨逸皇帝가一旦에自己生命의呷으로認하난「劍」을解하고蹄涼落拓大淮淪落의和蘭弊隊에殘喘을保함은何等의突變이냐此는곳카이제르의失敗뿐아니라軍國主義의失敗니一世의快事를賦하는同時에其人을爲하야는一線의同情을禁치못하리로다

그러나聯合國側도獨逸의軍國主義를打破한다聲言하엿스나그手端方法의實用은亦是軍國主義의遺物인軍艦鐵砲等의殺人具이니是는彼夷로彼夷를攻함이니何의別이有하리오獨逸의失敗가聯合國의戰勝이한인즉數多한强弱國의合致한兵力으로五年間의持久戰에獨逸을制勝치못함은此는또한聯合國側軍國主義의失敗가아닌가그러면聯合國側의砲가强함이안이요獨逸의劍이短함이아니어늘戰爭의終極을告함은何故오曰正義人道의勝利오軍國主義의失敗니라然하면正義人道卽平和의神은聯合國의手를借하야獨逸의軍國主義를打破함인가曰否라正義人道卽平和의神은獨逸人民의手를假하야世界의軍國主義를打破함이니곳戰爭中獨逸革命이是라獨逸革命은社會黨의手에起하엿슨즉그由來가久하고또한露國革命의刺戟을受한바가有하나統括的으로하면戰爭의苦를厭하야軍國主義의非를痛切히覺悟한故로談笑從容의間에서戰爭을自破하고怒濤驚浪의軍國主義를發揮하라던劍을倒하야軍國主義의自殺을遂하고共和革命의成功을博하야平和的新運命을開拓함인즉聯合國은其隙을乘하야漁父의利를得함이라今番戰爭의終極에對하야난聯合國의勝利뿐아니라또한獨逸의勝利라하리로다何故오今番戰爭에獨逸이孤注一擲의最後一戰을決할지라도勝負를可히知치못할지오假使獨逸이一時의勝利를得한다할지라도聯合國의復讐戰爭이一起再起하야獨逸의滅亡을見치아니하면兵을解할날이無할지라故로獨逸이戰敗치아늘뿐아니라戰勝이라도할만한境遇에在하야斷然히屈辱的休戰條約을承諾하고講和를請함은곳機를見하야勝을制함이니講和會議에對하야도미及의屈辱的條에난無條件으로承諾함을推知하기不難하도다(三月一日以後의外界消息은不知)그러하면現今主義로見하면獨逸의失敗라할지나遠視的으로見하면獨逸의勝利라할지로다

噫라曠古未曾有의歐洲의大戰爭과奇怪不思議의獨逸의革命은十九世紀以前의軍國主義侵掠主義의餞別會가되난同時에二十世紀以后의正義人道的平和主義의開幕이되어가이제르의失敗가軍國主義的各國의頭上에痛棒을下하고위일손의講和基礎條件이各僻土의古査에春氣를傳함에侵掠國의壓迫下에서呻吟하던民族은騰空의氣와決河의勢로獨立自決을爲하야奮鬪하게되엿스니波蘭의獨立이是며채크의獨立이是며愛蘭의獨立宣言이是며印度의獨立運動이是며比律賓의獨立經營이是며朝鮮의獨立宣言이是며(三月一日까지狀態)各民族의獨立自決은自存性의本能이며世界의大勢며宇宙의神明의贊同이며全人類未來幸運의源泉이라誰가此를防하리오

## 二。朝鮮獨立宣言動機

日本이朝鮮을倂合한後로自存性이富한朝鮮人의四圍에接觸되난事난一도獨立을想起케아니하난事가無하엿도다그러나最近의動機로言하면略三種에分하리라

### 一、朝鮮民族의實力

日本이朝鮮의民意를無視하고闇弱한主權者를欺凌하며幾個小黨의當局者를慫慂하야合倂의暴擧를强行한後로부터朝鮮民族은羞를抱하고恥를忍하난同時에또한慾을發하고志를勵하야精神을刷新하고氣運을涵養하며昨非를改하고新善을圖하며日本의忌厭을不拘하고外國에遊學한者도實로數萬에達한즉上에獨立政府가有하야各方面으로獎勵援助하면萬事의文明에遺憾이업시日을計하야進步할지라國家는반다시物質上의文明이一一히完備한後에비로소獨立함이아니라獨立할만한自存의氣運과精神上의準備만有하면足하니文明의形式을物質上에發揮함은刀를迎하야竹을破함과如한지니何의難事가有하리오日本人은每每朝鮮의物質文明이不足함으로話柄을作하나朝鮮人을愚昧케하고野鄙케하고자하는虐政과劣等教育을廢치아니하면文明의實現은日이無할지니此가엇지朝鮮人의素質이不足함이리오朝鮮人은堂堂한獨立國民의歷史와傳統이有할뿐아니라現世文明에幷驅할만한資力이有하니라

### 二、世界大勢의變遷

二十世紀初頭로봇허全人類의思想界난稍稍向新의色彩를帶하야戰爭의慘禍를厭하고平和의幸福을樂하야各國軍備의制限或全廢의說도有하며萬國聯合의最高裁判所를設하고

「조선독립에 대한 감상」. 한용운의 독립정신을 집약하여 보여 주는 이 논설은 당시 상해임시정부의 기관지인《독립신문》(1919. 11. 4)에 게재되었다.

기본 입론하에서 한용운은 독일이 군국주의의 발현으로서 세계대전을 일으킨 이후, 독일 내부의 반발로 인해 항복하였던 과정을 상세히 설명하였다. 그리고 이 같은 독일의 진로와 연결되어 나온 1차 세계대전, 연합국의 대응, 파리 강화조약 등에 나타난 군국주의 퇴보를 또한 부연하여 설명하였던 것이다. 나아가서 한용운은 이 같은 세계적인 정세에 비추어 보아 조선의 독립은 마땅한 것으로 보았다.

> 曦라, 曠古 未曾有의 歐洲 戰爭과 怪奇 不思議의 獨逸의 革命은 十九世紀 以前의 軍國主義 侵掠主義의 餞別會가 되는 同時에 二十世紀 以後의 正義 人道的 平和主義의 開幕이 되어 카이제르의 失敗가 軍國主義的 各國의 頭上에 痛棒을 下하고 위일논의 講和基礎 條件이 各 領土의 古査에 春氣를 傳함에 侵掠國의 壓迫下에서 呻吟하던 民族은 騰空의 氣와 決河의 勢로 獨立 自決을 爲하여 奮鬪하게 되었으니 波蘭의 獨立이 是며 체코의 獨立이 是며 愛蘭의 獨立宣言이 是며 印度의 獨立運動이 是며 比律賓의 獨立經營이 是며 朝鮮의 獨立宣言이 是라(三月 一日까지의 狀態) 各 民族의 獨立 自決은 自存性의 本能이며 世界의 大勢며 神明의 贊同이며 全人類의 未來 幸運의 源泉이라. 誰가 此를 制하며 誰가 此를 防하리오.

즉 군국주의가 퇴진하고 평화주의가 도래하고 있다고 보면서, 더욱이 미국의 윌슨 대통령의 민족자결주의가 강대국의 침략에 고통을 받던 폴란드, 체코, 아일랜드, 조선 등의 국가의 독립선언을 촉발케 하였다는 것이다. 이에 그는 민족의 독립 자결은 민족 자존성의 본능이고, 세계의 대세이며 나아가서는 인류 행복의 근원이기에 그 누구도 막을 수 없는 도도한 역사의 흐름으로 인식하였다. 요컨대 한용운은 「조선독립의 서」의 '개론'에서 조선의 독립은 마땅하고, 당연한 것으로 자신 있게 피력하였다.

이 같은 전제하에 한용운은 2장인 '조선독립선언 동기'에서 앞서 소개한 '개론'에서 천명한 자존성의 입장에서 구현되었다는 독립선언의 배경과 원인을 더욱 상세히 개진하였다. 한용운은 국권 상실 이후 조선인은 자존성이 많아 조선인의 주위에 접촉되는 모든 일이 독립을 생각하게 하지 않는 것이 없었다고 전제하고 독립선언의 동기를 나누어 설명하였다. 첫 번째로 제시한 것은 '조선민족의 실력'이었다. 한용운은 일본이 조선의 민의를 무시하고 조선 주권자를 속여 나라를 강탈하였음을 우선 지적하였다. 조선은 비록 나라는 빼앗겼지만, 국권 상실 이후 조선 민족은 부끄러움과 수치를 이겨 가면서 정신을 쇄신하고 기운을 함양하여 과거의 잘못을 고치고 새로운 길을 모색하였다고 보았다. 그리고 당시 일본 및 매국노들이 조선의 문명이 후진적이어서 독립할 수 없다는 망언에 대해서는 독립할 만한 자존의 기운과 정신적인 준비만 있으면 충분하다고 반박하였다.

> 國家는 반다시 物質上의 文明이 一一이 完備한 後에 비로소 獨立함이 아니라 獨立할 만한 自存의 氣運과 精神上의 準備만 有하면 足하니 文明의 形式을 物質上에 發揮함은 刀를 迎하여 竹을 破함과 如할지니 何의 難事가 有하리오.

그런 연후에 물질적인 문명을 갖추는 것은 매우 쉽다고 단언하였다. 이에 한용운은 조선인은 당당한 독립 국민의 역사와 전통이 있을 뿐만 아니라 현대 문명을 구사할 수 있는 실력이 있다고 확신하였던 것이다.

다음으로는 한용운은 조선이 독립선언을 한 동기를 '세계대세의 변천'에서 찾았다. 한용운은 당시 20세기 초두를 침략주의 멸망, 자존적 평화주의 승리가 되는 시점으로 보았다. 구체적으로는 전쟁을 기피하고, 군비의 제한 및 폐지, 국제 문제를 해결하는 재판소의 설립을 주장, 다양한 평화안의 등장 등이 세계 평화를 촉진하는 흐름이라는 것이다.

> 世界 大勢에 對하야난 上述한 바가 有한즉 重複을 避하나 一言으로 蔽하면 現在

로부터 未來의 大勢난 侵掠主義의 滅亡, 自存的 平和主義의 勝利가 됨이라.

때문에 조선의 독립은 이러한 추세의 구도에서 자연스럽게 나온 것임을 강조하였다. 독립선언의 또 다른 동기로는 미국 대통령인 윌슨이 제시한 '민족자결 조건'으로 보았다. 한용운은 윌슨이 독일과 강화하는 기초 조건 14개조 가운데 국제연맹과 민족자결을 제창하였다는 것을 전제하였다. 그 연후에는 미국, 프랑스, 일본 등이 이미 국제연맹에 대해서는 찬동하였으므로 그 근본 바탕인 민족자결에 대해서도 찬성한 것으로 보았다.

各國이 贊同의 意를 表한 以上에는 國際聯盟과 民族自決은 위일손 一人의 私言이 아니라 世界의 公言이며 希望의 條件이 아니라 旣成의 條件이며 且 聯合國側에서 波蘭의 獨立을 贊成하고 체코의 獨立을 爲하야 巨額의 軍備와 幾多의 犧牲을 不顧하고 零下 三十度 內外의 寒熱을 排하여 兵馬를 西伯利亞에 出함에는 美·日의 行動이 最히 顯著하였은즉 此는 民族自決을 事實上으로 援助함이라. 民族 自決主義 完成의 表象이니 어찌 加賀할 바가 아니리오.

즉 민족자결은 세계의 공언이며, 희망의 조건이 되었다고 보았다. 그리고 당시의 폴란드, 체코 독립은 바로 그러한 민족자결의 대세하에서 나온 산물로 보았기에 조선독립선언도 민족자결주의의 영향하에 나왔음을 강조하였다. 나아가 한용운은 폴란드, 체코, 조선의 독립선언은 민족자결주의 완성의 표상으로까지 표현하였다.

이러한 '조선독립선언 동기'를 언급한 다음 한용운은 제3장인 '조선독립선언 이유'를 민족자존성, 조국사상, 자유주의, 세계에 대한 의무로 대별하여 상세히 개진하였다. 그런데 한용운은 무엇보다도 나라를 잃은 지 10년이 지나서야 독립선언을 한 민족이 독립선언의 이유를 설명하는 것 자체에 침통함과 부끄러움을 금할 수 없다는 자괴심을 표출하면서 그 이유를 네 가지로 대별하였다. 우선 '민족자존성'에서, 한용운은 들짐승과 날짐승들도 같은 무리는 저희끼리 사랑하여 자존을 누리는 까닭에 자존의 배후에는 자연히 배타가 있다고 전제하였다. 여기에서 말하는 배타는 자존의 범위 안에 드는 남의 간섭을 방어하는 것을 의미하며, 자존의 범위를 넘어서까지 배척함을 뜻하는 것은 침략으로 단언하였다. 한용운은 이런 성향은 인류, 민족 간에도 적용된다고 하였다. 유색인종과 무색인종 간에도 자존성이 있고, 같은 종족 간에서도 민족의 자존성은 있어 서로 동화될 수 없는 사례가 적지 않다고 하였다.

> 然한즉 自族이 他族의 干涉을 受치 아니하려 함은 人類 通有의 本性이니 此에 對하야난 他物이 此를 防遏치 못할 뿐 아니라 自族이 스사로 自族의 自存性을 抑制코자 하야도 不可能이라. 此性은 恒常 彈力性을 有하야 膨脹의 限度와 獨立 自存의 完善에 至치 아니하면 止치 아니하느니 朝鮮의 獨立을 可히 侵치 못하리로다.

그리하여 한용운은 인류가 갖고 있는 본성, 자기 민족의 자존성은 억제되지 않는다는 원칙하에서 조선독립은 결코 침해될 수 없음을 힘주어 강조하였던 것이다.

한용운은 민족의 자존성의 대의하에서 독립선언의 당위성을 지적한 연후에는 '조국사상'의 차원에서도 조선독립이 마땅함을 지적하였다. 한용운은 동물에게도 그 근본을 잊지 못하는 바탕이 있다고 보면서, 이는 사람에게도 당연히 적용된다고 보았다. 동물, 사람이 그 근본을 잊지 못하는 것은 천성이요, 만물의 미덕인데 하물며 반만년의 역사를 갖고 있는 조선이 조선의 근본을 잊는다는 것은 절대 있을 수 없는 것이라고 하였다.

> 半萬年의 歷史國이 다만 軍艦과 鐵砲의 數가 少함으로써 他人의 蹂躪을 被하야 歷史가 斷絶됨에 至하니 誰가 此를 忍하며 誰가 此를 忘하리오. 國을 失한 後 往往

愁雲 悽雨의 中에 歷代 祖先의 號泣을 見하고 央夜 淸晨의 間에 宇宙 神明의 呵責을 聞하거니 此를 可히 忍하면 何를 可히 忍치 못하리요. 朝鮮의 獨立을 緩치 못하리로다.

조선이 망한 것은 단지 군함과 총포라는 무력의 열세에서 나온 것이고, 그 결과로 나온 역사의 단절은 결코 받아들일 수 없다고 하였다. 더욱이 나라가 망한 이후의 조상의 통곡과 천지신명의 질책은 결코 참을 수 없는 것이기에 조선의 독립은 침해받을 수 없다고 단언했다.

다음으로는 '자유주의' 차원에서의 독립선언의 이유를 제시하였다. 만해는 이를 앞서 제시한 자존주의와는 크게 다르다고 전제하고, 인생의 목적이 참된 자유에 있다는 것에서 이를 풀이하였다. 인생의 생활은 참된 자유에 있고, 그러하기에 자유를 얻기 위해서는 어떠한 대가도 아까워할 것이 없어 생명을 바쳐도 좋다고 언급했다. 그런데 일본은 나라를 빼앗은 이후에는 말 한마디, 발걸음 하나에까지 압박을 가하여 자유의 생기는 터럭만큼도 없게 되었다고 하였다. 한 사람이 자유를 빼앗겨도 하늘과 땅의 화기가 상처를 입는 법인데 일제가 2천만의 자유를 말살함에 이르렀기에 그를 좌시할 수 없음을 밝혔다. 이에 조선의 독립선언을 감히 침해할 수 없다고 통고했다. 이어서 '세계에 대한 의무'라는 측면에서도 조선의 독립은 마땅함을 지적하였다. 민족자결을 세계 평화의 근본적인 해결책으로 보았다. 즉 민족자결주의가 성립되지 못하면 국제연맹이 성립하여도 활동을 할 수 없고, 국가 간의 전쟁이 지속된다고 설명하였다.

朝鮮 民族이 엇지 世界의 責任을 免하리요. 故로 朝鮮 民族의 獨立 自決은 世界 平和를 爲함이오, 且 東洋 平和에 對하여난 實로 重要한 關鍵이 되나니

즉 조선민족의 자결은 세계 평화, 동양 평화를 위한 것이면서 그 해결을

위한 열쇠로 볼 수 있다는 것이다. 일본이 조선을 침략한 것은 나아가서 중국대륙의 침략을 의도한 것이기에 조선의 독립은 저절로 동양 평화를 유지케 할 것이라는 논조였다. 이에 한용운은 조선의 독립은 곧 동양의 평화이기에 그 누구도 조선의 독립을 감히 침해하지 못할 것이라 하였다.

제4장인 '조선 총독정책에 대하야'에서 한용운은 일제의 시정 방침은 무력 압박이라고 단정하였다. 즉 군인에 의한 정치로 그는 헌병정치였기에, 달리 말하자면 군력정치, 총포정치였다고 하였다. 이러한 군력정치하에서 조선민족은 민족의 자유를 기원하면서 피눈물을 흘렸다고 보았다. 일제의 군력정치는 종교와 교육 방면, 그리고 모든 방면에서도 일제의 학정은 이루 헤아릴 수 없을 정도였다고 폭로하였다. 그러나 이러한 학정을 겪으면서도 조선민족은 10년간 반발하지 않고 순종하였는바, 이는 총독정치를 중요시하여 반항을 일으키려는 생각이 없었던 데에서 나온 것이라 하였다. 이렇게 총독정치 자체에 반항을 안 한 것은 총독정치보다는 그를 야기한 국권 상실의 문제를 우선시하고 그를 깨트릴 문제에 고심한 결과로 보았다.

> 何故오. 總督政治 以上의 合倂의 根本 問題가 有함이니 換言하면 何時라도 合倂을 破하고 獨立 自存을 保하리라 함이 二千萬 民族의 腦裏에 常主 不滅하는 精神인 故로 總督政治는 如何히 惡極하여도 此에 報復을 加할 理가 無하고 如何히 完善한 政治를 行할지라도 또한 感謝의 意를 表할 理가 無하니 總督政治는 枝葉的의 問題로 認하는 故니라.

요컨대 한용운은 일제의 총독정치보다는 그를 만들게 한 합방, 즉 국권 강탈을 완전 거부하는 독립자존을 하겠다는 정신이 2천만 민족의 머리에 강하게 들어 있다고 보았다. 때문에 총독정치는 부차적인 것이기에 근원적인 독립자존, 독립선언을 할 수밖에 없었음을 피력하였던 것이다.

제5장인 '조선독립의 자신'에서는 무엇보다도 조선의 독립은 국가를 새롭게 창설하는 것이 아니고, 기존 고유의 국가를 복구하는 성격임을 전제하였다. 즉 독립의 요소인 토지, 국민, 정치와 조선 자체는 이미 구비되어 있고 각국의 승인도 이전 조선이 행하였던 국제적인 교류의 전통에서 상호 간에 호감을 갖고 있었기에 전혀 문제될 것이 없다고 보았다. 더욱이 정의, 평화, 민족자결의 시대이기에 각국은 당연히 조선의 독립을 바라고 도와줄 것이라는 확신을 갖고 있다고 하였다. 문제는 일본의 승인 여부이지만, 일본이 조선의 독립을 부인하고 침략주의를 지속하여 유지한다면 일본의 노선은 국가 간의 전쟁을 유발하고, 나아가서는 독일의 전철을 밟게 될 것을 경고하였다. 그리고 중국을 침략하려는 의도를 지적하면서 그 정책도 결국에 가서는 수포로 돌아갈 것을 통고하였다.

이에 한용운은 일본이 조선의 독립을 승인하고, 중국과 친선 관계를 유지하여 진정한 동양평화의 주역으로 나설 것을 요청하였다. 일본이 그런 정책으로 나아간다면 조선인은 일본과의 선린우호 관계를 갖게 될 것으로 예견하였다.

> 日本人은 決코 世界 大勢에 反하야 自損을 招하는 侵掠主義를 繼續하는 愚擧에 出치 아니하고 東洋平和의 牛耳를 執하기 爲하여 朝鮮 獨立을 首先 承認하리라 하노라.

그리하여 한용운은 일본이 조선의 독립을 승인할 것을 믿는다고 의연하게 피력하였다. 그러나 한용운은 만일 일본이 조선의 독립을 부인한다고 하더라도 조선의 독립운동이 결코 중단되지 않을 것을 지적하였다.

> 假令 今番에 日本이 朝鮮 獨立을 否認하고 現狀 維持가 된다 하야도 人心은 水와 如하야 愈防愈決하나니 朝鮮의 獨立은 山上을 離한 圓石과 如하야 目的地에 至

치 아니하면 其 勢가 止치 아니할지니 朝鮮獨立은 時의 問題뿐이라.

나아가서 한용운은 일본이 조선의 독립을 부인하고, 조선의 통치를 지속한다 하여도 그를 통하여 얻어질 것은 결코 많을 수가 없다고 단정하였다. 그리하여 그 같은 일본의 행로는 일본의 불행으로 귀결될 것임을 경고하였다. 이러한 입론하에서 한용운은 조선은 독립할 자신이 있음을 의연히 밝히면서 일본에게는 조선을 강탈하기 이전의 조약에서의 약속 불이행, 그리고 궤변과 폭력으로 조선의 독립을 유린한 것에 대하여 강한 질책을 하였던 것이다.

嗚呼라 日本人은 記憶할지라. 淸日戰爭 後의 馬關條約과 露日戰爭 後의 포오츠머드 條約 中에 朝鮮 獨立의 保障을 主張함은 何等의 義俠이며 그 兩條約의 墨痕이 未乾하야 곳 節을 緩하고 操를 改하여 詭計와 暴力으로 朝鮮의 獨立을 蹂躪함은 何等의 背信인가. 往事는 已矣나 來者를 可諫이라, 平和의 一念이 足히 天地의 禎祥을 釀하느니 日本은 勉之어다.

그러나 한용운은 과거의 일에 얽매이지 않겠다는 취지하에서 일본도 평화의 대세로 들어오길 촉구하였다.

지금까지 「조선독립의 서」의 내용을 그 장별 순서에 의거, 그 개략적인 뜻을 살펴보았다. 만해 한용운은 자유, 평화가 인류 및 조선민족이 지향할 근본적인 가치임을 천명한 이후, 조선독립선언의 동기를 조선민족의 실력, 세계대세의 변천, 민족자결이라는 측면에서 제시하였다. 그 후에는 조선독립선언의 이유를 민족자존성, 조국사상, 세계에 대한 의무로 나누어 살펴보았다. 이에 한용운은 당시 일제의 총독정치를 근원적으로 거부하고, 극복하기 위해 조선민족이 독립선언에 나선 것과 아울러 조선이 독립될 수밖에 없음을 강력히 천명하였다. 본 고찰에서는 「조선독립의 서」에 담긴 대강의 내용만 살펴보았는데, 여기에 담긴 한용운의 독립정신, 사상, 현실인식 등에 관한 분석은 추후의 연구 주제로 남기고자 한다.

## 4. 결 어

지금껏 만해 한용운이 3·1운동 민족대표로 일제에 피체되어 조선의 독립선언의 명분과 당위성을 개진한 「조선독립의 서」의 자료 및 내용적 측면의 분석을 시도하였다. 이제 맺는말은 앞서 살핀 내용에서 추출된 것이지만, 필자가 생각하여 추후에 연구되었으면 하는 방향을 제시하는 것으로 대신하고자 한다.

첫째, 「조선독립의 서」에 대한 자료적, 서지학적인 측면의 분석이 우선되어야 한다. 지금껏 이 자료를 작성한 일자, 유출 및 이동의 문제, 제원, 재질 등에 대한 문제는 전혀 검토되지 않았다. 본 고찰에서 그 대강의 일단을 정리한 셈이지만 이에 대한 세부적인 정리가 요망된다. 그리고 동시에 이 자료가 현재 어디에 있는지도 파악되어야 연구 촉발에 도움이 될 것이다.

둘째, 이 자료의 명칭과 번역본에 대한 통일성을 유의해야 한다. 이 자료의 명칭은 이제까지 다양하게 불렸지만 관련 학자, 기관 및 단체, 유족 등의 종합적인 논의하에 적절한 명칭이 부여되는 것이 좋을 것이다. 교육적인 자료와 만해 한용운 관련 전시관, 박물관, 기념관 등지에서 통일적으로 기재하는 것이 온당할 것이다. 그리고 연구자마다 다양한 명칭에 의해서 연구되는 것도 지양하는 것이 옳다고 본다. 또한 이 자료는 국한문 혼용의 난해한 문장이 상당하여 이를 현대문에 맞는 표기로 표준 번역해야 하는 문제도 검토되어야 한다. 필자도 이 글을 쓸 때에 원문을 분석해야 하는가 아니면 번역본을 분석해야 하는가, 번역본을 이용한다면 어떤 번역본을 이용할 것인가, 활용할 번역본의 문장을 윤문할 것인가 말 것인가에 대하여 약간의 고민을 하였다. 이 문제도 관련 전문가들이 모여 심도 있는 방안을 강구함이 좋을 것으로 이해된다.

셋째, 이 자료를 통한 만해 한용운의 독립정신, 사상 등에 대한 종합적인 검토가 요망된다. 지금껏 간헐적으로 이 자료의 내용을 통해 한용운의 독립정신을 분석한 경우가 있었지만 종합적, 체계적인 연구는 부진하였음이 사실이었다. 이 자료에 담긴 내용, 사상, 현실인식 등에 대한 종합적인 연구를 통하여 만해 한용운 연구의 심화를 기해야 할 것이다.

넷째, 앞서 제시한 내용과 유관한 것이지만 이 자료의 분석을 통해 만해 한용운 일생 전체의 재평가 혹은 한용운의 민족의식의 변천 등을 재검토해야 한다. 지금껏 한용운에 대한 이해는 비판적으로 보건대 단편적, 개별적인 연구 경향이 적지 않았다. 이를 극복하기 위한 종합적, 다양성의 시각의 접근이 한용운 연구의 심화에 도움을 줄 것이다.

다섯째, 이 자료의 성격과 위상을 살피고, 나아가서는 3·1운동사, 민족운동사상에서의 적절한 평가가 수반되어야 한다. 최남선의 「3·1 독립선언서」와 비교, 기타 다양한 선언서와의 비교 등은 지금껏 미약하였다. 이러한 과정을 거치면서 이 자료가 지니는 의미를 찾아내고 한국민족운동사에 걸맞은 자리매김을 해야 한다고 본다.

지금껏 필자가 생각하고 있는 이 자료에 대한 추후 연구 방향 및 관점을 제시하여 보았다. 필자의 관점 이외에도 더욱 다양한 측면에서 「조선독립의 서」에 대한 접근이 가능할 것이다. 필자의 접근과 관점이 추후 이 분야 연구에 도움이 된다면 다행이라 하겠다.

# 한용운의 항일투쟁과 서대문형무소

제4장

## 1. 서 언

만해 한용운은 3·1운동 당시 민족대표인 33인의 일원으로 활동한 독립운동가이다. 주지하는 바와 같이 한용운은 승려 출신으로 3·1운동에 참가하였기에 불교계를 대표하고 있었다. 그리고 그는 3·1운동에만 참가한 독립운동가가 아니었다. 3·1운동 이전에는 항일불교를 지향한 임제종운동,[1] 『조선불교유신론』을 통한 불교개혁을 주도하였고, 3·1운동 이후에도 〈조선불교청년회〉 및 〈신간회〉 참여, 민립대학 설립 운동, 비밀결사단체인 〈만당卍黨〉에 관여,[2] 불교 자주화운동 등 다양한 민족운동의 일선에 서 있었다. 나아가서 그는 가혹한 일제의 탄압을 이겨내고, 갖은 회유를 물리치면서 식민통치에 일체 협조하지 않았다.

이러한 배경하에서 한용운은 독립운동가로서의 길을 한시도 저버리지

1 김광식, 「1910년대 불교계의 조동종맹약과 임제종운동」, 『한국근대불교사연구』, 민족사, 1996.

2 김광식, 「조선불교청년총동맹과 만당」, 『한국근대불교사연구』, 민족사, 1996.

않았다. 그리고 교묘하고 끈질긴 일제의 회유, 협조 요청 등을 철저하게 물리쳤던 것이다. 일제 말기 수많은 지성인, 애국지사, 문화계 인사, 교육자, 여론 형성층 등의 상당수가 친일, 변절, 굴절, 좌절의 길을 걸을 때에도 한용운이 지조의 길을 외롭게 갔던 사실은 널리 알려진 바와 같다. 여기에서 우리는 만해 한용운의 처절한 저항정신, 항일정신, 지조를 만날 수 있는 것이다.

그런데 그러한 한용운의 항일정신은 이미 3·1운동의 주역으로 인해 일제에 피체된 옥중에서도 거침없이 나타났다. 3년간의 옥중에서 만해 한용운은 옹골찬 자신의 소신과 기개를 구현하였다. 이에 본 고찰에서는 바로 그러한 한용운이 옥중에서 전개한 활동을 항일투쟁의 관점에서 살펴보려고 한다.

한용운이 수감되었던 서대문형무소는 3·1운동을 주도한 민족대표뿐만 아니라 일제하 독립운동가들이 대거 수용되었던 대표적인 정치 형무소였다.[3] 따라서 본 고찰은 한용운이 서대문형무소에 구금되었던[4] 3년[5] 기간에

---

3 서대문형무소는 1908년 10월 21일에 신축된 경성감옥에서 유래되었다. 일제가 의병을 체포, 구금하기 위한 목적에서 급조하여 신축(480평 규모, 80평 부속시설, 수용인원 500명)한 경성감옥은 1912년 9월 3일 서대문감옥으로 명칭이 변경되었고, 1923년에는 서대문형무소로 다시 명칭이 변경되었다. 1912년 마포형무소가 경성감옥이라는 이름으로 설립되었기에, 즉 차별성을 갖기 위해 서대문감옥(형무소)이라고 하였던 것이다.

4 한용운이 서대문형무소에 구금되었음은 한용운 수형 기록카드(국사편찬위원회 소장), 「조선독립의 서」(『한용운전집』 2, 도입부 화보)를 설명하였던 자신의 글에서 "서대문감옥에셔 지방법원 검사장 촉탁에 응하여 作"하였다는 문장, 기타 한용운의 제자인 최범술의 회고(「청춘은 아름다워라, 148」, 《국제신문》, 1975. 3. 24) 등에서 확인된다.
한편 김상웅은 민족대표가 서대문형무소로 옮겨지고 각기 독방에 수감된 것은 1919년 5월 6일부터라고 한다. 『서대문형무소 근현대사』, 나남출판, 2000, 105쪽. 그런데 한용운은 경성감옥으로 불린 마포형무소에서 출옥하였거니와, 필자는 현재 한용운이 서대문형무소에서 마포형무소로 이송된 시점은 구체적으로 파악하지 못하였다.

5 한용운이 피체, 구금된 기간은 1919년 3월 1일부터 그가 풀려난 1921년 12월 22일까지이다. 햇수로는 3년이고, 만 3년이 안 되었지만 한용운은 자신의 옥중생활을 3년으로 인식하였다. 한용운은 「在獄中 性慾 問題」(『삼천리』 13호, 1931. 3)라는 기고문에서 "나는 己未 當

전개한 항일투쟁의 내용을 요약하여 소개하고자 한다.[6] 미진한 점은 지속적인 자료 수집 및 분석을 통하여 보완하고자 한다.

## 2. 옥중, 재판정에서의 투쟁

3·1운동의 민족대표 33인, 대부분은 일제에 피체되었으며 민족대표라는 활동 및 상징성으로 인하여 수감되었다.[7] 때문에 민족대표들의 3·1운동 주역으로서의 활동 및 옥중 체험은 자신의 삶의 추억에 강렬하게 각인되었을 것이다. 이런 전제하에서 만해 한용운의 경험과 생각을 우선 살펴보겠다.

> 지금은 벌써 옛날이야기로 돌아갔습니다마는 기미운동이 폭발할 때에 장안은 대한독립만세 소리로 요란하고 인심은 물끓듯 할 때에 우리는 지금의 태화관, 당시 명월관 지점에서 독립선언 연설을 하다가 경찰부에 포위되어 한쪽에서는 연설을 계속하고 한쪽에서는 체포되어 자동차로 호송되어 가게 되었습니다. 나도 신체의 자유를 잃어버리고 마포 경찰부로 가게 되었습니다.
>
> 그때입니다. 열두서넛 되어 보이는 소학생 두 명이 내가 탄 차를 향하여 만세를 부르고 또 손을 들어 또 부르다가 일경의 제지로 개천에 떨어지면서도 부르다가 마침내는 잡히게 되는데, 한 학생이 잡히는 것을 보고는 옆의 학생은 그래도 또 부

---

時에 三年 동안 監獄에 잇섯다."라고 표현한 바 있다.

6 그런데 본문에서 한용운의 활동을 분석함에 있어서는 단순히 서대문형무소에 구금되었던 기간뿐만 아니라 경찰서, 마포형무소 등 일제의 기관에 강제로 체포·구금된 전 기간을 포함하고자 한다. 이는 각 기관에 구금된 일정이 정확하지 않은 것과 서대문형무소가 일제의 대표적인 형무소라는 것을 인정한 것에서 나온 것이다.

7 국사편찬위원회에서 펴낸『한민족독립운동사 자료집』별집에는 서대문형무소 수형자 카드가 영인, 수록되어 있는데, 그중에는 한용운의 수형자 카드도 포함되어 있다.

르는 것을 차창으로 보았습니다. 그때 그 학생들이 누구이며, 왜 그같이 지극히 불렀는지는 알 수 없으나, 그것을 보고 그 소리를 듣던 나의 눈에는 알지 못하는 사이에 눈물이 비 오듯 하였습니다. 나는 그때 그 소년들의 그림자와 소리로 맺힌 나의 눈물이 일생에 잊지 못하는 상처입니다.

이 문장은 한용운이 《조선일보》(1932. 1. 8)에 기고한 「평생 못 잊을 상처」라는 글의 일부이다.[8] 여기에서 보이듯 한용운은 3·1운동 당시 서울의 시위 현장에서 전개된 만세운동의 추억을 가슴 깊이 간직하고 있었다. 이에 그는 그 기억을 평생 잊지 못할 상처로 표현하고, 그 기억을 되살리면 눈물이 저절로 남을 고백하였던 것이다.

더욱이 한용운은 민족대표가 모여 독립선언을 하였던 명월관에서 만세삼창을 선도하였을 뿐만 아니라 기념 연설을 하였기에 자신의 추억은 다른 민족대표보다도 더욱 강하게 뇌리에 새겨져 있었을 것이다. 한용운은 명월관에서의 연설을 다음과 같이 회고하였다.

오늘 우리가 집합한 것은 조선의 독립을 선언하기 위하여 자못 영광스러운 날이며, 우리는 민족대표로서 이와 같은 선언을 하게 되어 그 책임이 중하니 금후 공동협심하여 조선독립을 기도하지 않으면 안 된다.[9]

그리고 한용운은 이러한 독립연설을 일생에서의 가장 통쾌한 일로 생각하였다.[10]

---

8 이 글을 게재한 《조선일보》는 검열로 인해 일부의 단어가 삭제되었으나, 필자가 당시 상황을 고려하여 재구성하였다.

9 「한용운취조서 및 공소공판기」, 『한용운전집』 1, 365쪽.

10 한용운의 기고문인 「내가 생각하는 痛快 二三」(『별건곤』 8호, 1927. 8)에서 이를 "'내가 平生에 좀 痛快한 일로는 年前 ○○館에서 演說하든 때 일이나 그것은 말할 것이 못 되오!' 하고 陽明한 그의 얼골에 一片愁雲이 덥는다.(記者)"라는 문귀에 극명하게 나온다.

그러나 한용운에게서도 일제에 의해 옥에 구금됨은 간단한 문제는 아니었다. 많은 육체적 고통과 말 못할 정신적인 쓰라림이 있었을 것이다. 더욱이 3·1운동에 대한 일제의 취조, 회유, 협박 등을 받으면서 재판을 받은 것과 일제의 구형에 의한 옥중생활은 견디기 어려운 삶의 어두운 단면이었다. 이에 관련된 한용운의 회고를 보면 그를 더욱 명쾌하게 파악할 수 있다.

> 벌써 十年이로구만,
>
> 우리들 삼십삼인이 긔미년 사건으로 서대문감옥에 갓치어 잇든 것이,
>
> 나는 그때 수년 옥중생활을 하는 사이에 情緖的으로 衝動을 밧어 본 적이 한두 번이 아니엇다.
>
> 그러나 모든 것이 맘대로 못 되는 生活임으로 말하자면 이 情緖조차 쪼각쪼각 바서 버리는 때가 엇더케 만엇는지 모른다.[11]

이처럼 한용운은 정서적인 충동을 받은 것이 한두 번이 아니었다고 고백할 정도로 옥중생활은 괴로움 그 자체였다. 심지어는 정서가 '쪼각쪼각' 부서질 때가 많았다는 표현에서 그를 더욱 극명하게 이해할 수 있는 것이다. 그러나 한용운은 인간이면 누구나 느낄 수 있는 처절한 고통을 겪으면서도 결코 좌절, 타협하지 않고 자신의 소신을 굽히지 않았다. 당시 한용운도 여타 민족대표들과 같이 독방에 수감되었고, 마룻바닥에서 추위와 더위에 시달리고, 콩과 보리로 뭉친 덩어리 밥과 소금 국물을 먹어야만 하였다.[12]

그러나 한용운은 이런 역경을 이겨내면서 오히려 자신의 독립정신을 과

---

11 한용운, 「月明夜에 一首詩」, 『삼천리』 32호, 1932. 10, 40쪽.

12 김상웅, 앞의 책 , 109~110쪽.

감하게 펼쳤다고 보인다. 우선 한용운은 옥중에 들어오기 전 민족대표들과 함께 한 약속을 고집스럽게 지켰다. 그것은 독립선언 후에 일제에 피체될 경우를 대비하여 사전에 정한 아래의 옥중투쟁 3대원칙이었다.

1. 변호사를 대지 말 것.
2. 私食을 취하지 말 것.
3. 保釋을 요구하지 말 것.

그런데 시간이 지나자 일부 민족대표들은 이 약속을 잘 지키지 못하였다. 그리하여 어떤 민족대표는 일제의 회유에 넘어가고, 어떤 민족대표는 극형에 처한다는 소문을 듣고 대성통곡하기도 했다. 한용운은 이렇게 나약하고, 좌절하는 민족대표들을 보고 그에 강렬한 질책을 가하였던 것이다. 한용운의 그 행동은 민족대표로서 함께 수감된 이종일의 회고록에서 찾아볼 수 있다.

> 우리 대표들을 다루는 것이 점점 포악해짐을 느낄 수 있다. 이제야말로 올 것이 온 것이 아닐까. 마음의 결심이 서지 않고서는 그들을 극복할 수 없을 것이다. 듣건대 고문이 점차 극심해져서 그 정도가 이를 데 없이 가혹하다. 이 같은 일 때문에 변절자가 계속해서 나온다고 한다. 한심스러운 일이다. 만약 고문이 무서워 변절하거나 투항한다면 민족대표자 명단에 끼어들 필요가 없는 것이다. 어떤 대표는 벌벌 떨면서 방성대곡하고 있으니 이게 도대체 될 법한 일인가. 그럴 바에야 차라리 김○○같이 상해로 피신하는 것이 상책이겠지. 그래서 한용운이 공포에 떨고 있는 몇몇 사람에게 인분세례를 퍼부은 게 아닐까. 통곡하는 자 머리에 인분을 쏟아부었던 사실은 너무나 유명한 일이다. 그것은 아무리 생각해 보아도 통쾌무비한 일이다. 우리 민족대표가 공포에 떨거나 비열한 행동을 자행한다면 그를 따르는 우리의 민중은 장차 어디로 간다는 말인가. 내가 그 같은 어리석은 자의 행동을 목

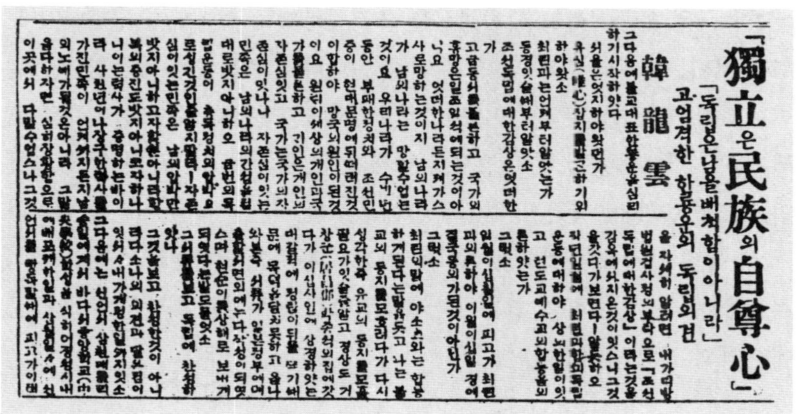

「獨立은 民族의 自尊心」

「독립운 남을 배척함이 아니라」

과격한 한룡운의 독립의견

韓龍雲

한용운의 재판 시의 어록을 보도한 기사(《동아일보》, 1920. 9. 25)

격했다 해도 인분세례를 퍼붓지 않고는 못 견딜 것 같다. 역시 한용운은 과격하고 선사다운 풍모가 잘 나타나는 젊은이다.[13]

이종일의 회고에 나오는 바와 같이 한용운은 일제의 고문 및 위협에 벌벌 떠는 민족대표들에게 인분을 머리에 퍼부었던 것이다.[14] 이 같은 한용운의 행위를 이종일은 과격하고 선사다운 풍모라고 표현하였지만 그것은 독립정신의 다름이 아니었다.[15]

---

13 이종일의 「묵암비망록」 중 1919년 3월 5일. 이 「비망록」은 박걸순이 자신의 저술인 『이종일의 생애와 민족운동』(독립기념관 한국독립운동사연구소, 1997)에 부록으로 게재한 자료를 이용하였다.

14 이 일화는 『한용운전집』 6, 361쪽에서 「감방의 오물」이라는 제목으로 소개되고 있다. 그 글에서는 한용운이 "이 비겁한 인간들아, 울기는 왜 우느냐? 이것이 소위 독립선언서에 서명을 했다는 민족대표의 모습이냐? 그 따위 추태를 부리려거든 당장에 취소해 버려라!"라고 호통을 쳤다고 한다.

15 권영준의 『형정반세기』에서는 한용운의 행적을 "아침저녁 점검 때에는 무릎을 꿇고 인사를 하는 것이 감방 규칙인데 어느 누구 한 사람 인사는커녕 무릎조차 꿇지 않았다. 불교대표로 승려학교장이었던 한용운은 평소 정좌를 하고 참선을 하다가도 점검 때면 평좌로 간수부장

한용운은 옥중에서도 독립정신을 초지일관으로 철저하게 구현하였다. 이제부터는 일제의 취조 및 공판 과정에 나타난 한용운의 독립정신을 살펴보고자 한다. 한용운은 1919년 3월 1일의 3·1운동을 주동한 이유로 만세운동이 전개되던 초기에 일제에 피체되어 3월 1일 그날부터 일제 경찰의 취조를 받았다. 당시 일제가 독립선언을 한 이유를 묻는 질문에 즉각적으로 "독립 목적을 관철하기 위하여"라고 한용운은 답하였다.[16] 3월 2일의 취조에서도 일본 정부와 일본제국의회에 제출한 문건의 취지를 묻는 질문에 아래와 같이 답하였다.

> 동양 평화는 조선독립이 되고 안 되는 데 관계가 크기 때문에 조선이 독립해야 좋겠다고 하였다. 만일 독립이 안 되면 도리어 일본이 해를 받을 것인바 五천년을 유지하여 온 조선 민족은 일본과 영원히 동화할 수 없으니 속히 독립을 하는 것이 평화의 제일 조건으로 생각한다고 하였다.[17]

그리고 일제 검사가 "피고는 금번의 운동으로 독립이 될 줄로 아는가?" 라는 질문에 대하여 독립의 당위성을 명쾌하게 개진하였다.

> 그렇다. 독립이 될 줄로 안다. 그 이유는 목하 세계 평화회의가 개최되고 있는데, 장래에 영원한 평화가 유지되려면 각 민족이 자결하여 독립하지 않으면 안 된다. 그래서 민족자결이란 것이 강화 회의의 조건으로서 윌슨 대통령에 의하여 제창되고 있는 것이다. 오늘날의 상태로 보면 제국주의나 침략주의는 각국에서 배격하여 약소민족의 독립이 진행되고 있다. 조선의 독립에 대하여서도 물론 각국에서 승인할 것이고 일본서도 허용할 의무가 있다. 그 이유는 이곳에서 압수하고 있는

---

을 빤히 쳐올려다 보곤 했다."고 전한다. 김상웅, 앞의 책, 107쪽에서 재인용.

16 『한용운전집』 1, 362쪽.

17 위의 책, 363쪽.

서면에 기재된 바와 같다.[18]

즉 독립선언, 만세운동을 추진한 명분을 분명하게 밝혔던 것이다. 만세운동으로 조선이 독립된다는 확신, 민족자결주의 등장 및 침략주의 퇴조라는 세계정세의 관점에서 독립될 수 있다는 자신감을 피력하였거니와 나아가서는 추후에도 독립운동을 할 것인가를 묻는 질문에도 독립은 성취된다고 확언하였다.

그렇다. 계속하여 어디까지든지 할 것이다. 반드시 독립은 성취될 것이며, 일본에는 중(僧)에 월조(月照)가 있고, 조선에는 중에 한용운이가 있을 것이다.[19]

그리고 한용운은 조선의 중, 즉 승려를 대표하는 인물은 자신임을 부연까지 하였다. 이러한 한용운의 독립에 대한 자부심, 확신이 곧 옥중에서의 항일투쟁이었다. 다른 민족대표들은 타협, 변절되어 가는 현실하에서 이러한 옹골찬 기개의 과시 자체가 저항이면서 동시에 항일활동이라 하겠다.

한용운이 3월 1, 2일 일제 경무총감부에서의 심문에서 개진한 민족정신, 독립선언의 자부심, 독립할 수 있다는 자존심은 1919년 5월 8일의 경성 지방법원 예심의 답변에서도 지속되었다. 그 문답에서 우리가 관심을 기울일 수 있는 대목을 발췌하여 제시하겠다.[20]

문: 이 선언서에는 최후의 一인, 최후의 一각까지라는 것이 있는데, 그것은 폭동을 선동한 것이 아닌가?

---

18 앞의 책, 367쪽.

19 위의 책. 같은 쪽.

20 위의 책, 372쪽.

답: 그런 것이 아니다. 그것은 조선 사람은 한 사람이 남더라도 독립을 하라는 것이다.

문: 피고는 금번 계획으로 처벌될 줄 알았는가?
답: 나는 내 나라를 세우는 데 힘을 다한 것이니 벌을 받을 리 없을 줄 안다.

문: 피고는 금후도 조선독립을 할 것인가?
답: 그렇다. 언제든지 그 마음을 고치지 않을 것이다. 만일 몸이 없어진다면 정신만이라도 영세토록 가지고 있을 것이다.

위와 같은 문답에 극명하게 나오듯 우선 만해 한용운은 조선 사람 한 사람이 남을 때까지 독립운동을 해야 한다는 취지를 밝혔다. 그리고 자신은 나라를 세우는 데 힘을 썼기에 처벌받지 않으리라는 의견을 피력하였다. 마지막으로는 독립운동을 지속하여 하겠다는 항일투쟁의 의지를 전혀 늦추지 않았다. 몸이 없어지면 정신만이라도 독립의 의지를 영세토록 갖고 있겠다는 발언에서는 무서우리만치 강한 지조를 느낄 수 있다. 이런 문답에서 나온 발언이 한용운의 독립정신이거니와 우리는 여기에서 일제의 회유, 탄압이 기승을 부리는 그때에 이런 발언을 개진하는 그 자체가 항일투쟁임을 거듭 확인할 수 있는 것이다.

한용운의 이 같은 의지는 1920년 9월의 고등법원 공판에서도 지속되었다. 당시 그를 보도한 《동아일보》에는 일제가 한용운에게 조선독립에 대한 감상을 묻는 질문에 답한 한용운의 발언이 전한다.

고금동서를 막론하고 국가의 흥망은 일조일석에 되는 것이 아니오, 어떠한 나라든지 제가 스스로 망하는 것이지 남의 나라가 남의 나라를 망하게 할 수는 없는 것이요. 우리나라가 수백 년 동안 부패한 정치와 조선 민중이 현대 문명에 뒤떨어진 것이 합하여 망국의 원인이 된 것이다. 원래 이 세상의 개인과 국가를 물론하고 개인은 개인의 자존심이 있고 국가는 국가의 자존심이 있나니 자존심이 있는 민족은 남의 나라의 간섭을 절대 받지 아니하오. 금번의 독립운동이 총독정치의 압박으로 생긴 줄 알지 말라. 자존심이 있는 민족은 남의 압박만 받지 아니하고자 할 뿐 아니라 행복의 증진도 받지 않고자 하느니 이는 역사가 증명하는 바이라, 사천 년이나 장구한 역사를 가진 민족이 언제까지든지 남의 노예가 될 것은 아니다.[21]

즉 한용운은 개인, 국가에는 자존심이 있다고 보면서 자존심이 있는 민족은 절대 다른 나라의 간섭을 받지 않는다고 단언하였다. 때문에 3·1 만세운동은 조선민족이 단순히 일본의 총독정치의 압박이라는 피상적인 요인에서 나온 것이 아니라 하였다. 다시 말하자면 4천 년이라는 역사를 갖고 있는 조선민족의 자존심 차원, 절대 다른 민족의 노예가 될 수 없다는 민족적 자존을 되찾기 위한 것에서 나왔음을 강조하였다.

이렇듯 한용운은 옥중에 있으면서 받은 재판에서 자신의 독립의 의지를 적극적으로 피력하였다. 이러한 피력 자체가 치열한 독립운동임은 두말할 나위가 없는 것이다. 이에 당시 그를 보도한 《동아일보》에서도 그 제목을 아래와 같이 달았다.

「獨立은 民族의 自尊心」 - "독립은 남을 배척함이 아니라"고, 엄격한 한룡운의 독립의견.

「獨立宣言 事件의 控訴 公判」 - '韓龍雲의 猛烈한 獨立論'

「國家의 興亡」은 全혀 民族의 責任, "조선 독립운동은 일본의 압박을 피함이 안

21 앞의 책, 373쪽. 「독립은 민족의 자존심」, 《동아일보》, 1920. 9. 25.

이오 조선민족 자신이 스사로 살고 스사로 놉힘"이라?

위와 같은 《동아일보》의 제목들이 바로 한용운의 독립정신의 요체였다. 한용운은 일제로부터 징역 3년형을 언도받았지만,[22] 그는 차디찬 옥중에서 항일투쟁을 지속하여 전개하였다. 이러한 항일투쟁은 민족대표로서의 자존심이면서 동시에 자신의 항일운동이었다.

## 3. 「조선독립의 서」의 집필

만해 한용운이 옥중에서 전개한 또 다른 항일활동은 「조선독립의 서」라는 독립선언서를 작성한 것이다. 지금껏 이 선언서[23]는 일반 대중에게 널리 알려지지는 않았지만 한용운의 독립운동선상에서는 간과치 못할 대상이다. 그런데 현재 한용운이 옥중에서 쓴 이 선언서의 1차 원본과 그리고 그가 출옥 후 썼다는 2차 원본이 행방불명 상태이다. 즉 한용운이 옥중에서 쓴 원본은 일본 검사에게 제출되었으며, 일제 말기(추정)에 심우장에서 쓴 2차 원본의 소재도 알 수 없다. 그러나 이 선언서는 일제하 상해의 대한민국임시정부의 기관지인 《독립신문》(1919. 11. 4)에 수록되었다.[24] 이에 이 선언서는 독립운동계에서는 알려졌지만, 국내에는 보급되지 못

---

22 그는 1920년 10월 30일, 경성복심법원 정동분실에서 있었다. 당시 일제의 한용운에 대한 판결문에 다음과 같은 내용이 나온다. 즉 "한용운, 불교 측의 유력한 자로서 독립선언서의 분포를 담당하여 경성 시내에 약 3천 매를 배포하였으며 3월 1일 명월관에서 독립선언식을 할 때 우리가 무사히 독립선언을 발표함은 지극히 경하하는 바이며 또는 독립을 위하여 더욱 노력함을 바란다는 연설을 하고 조선독립만세를 선창하였다."이다.

23 문장의 제목에는 선언서라는 표현이 없지만 지금껏 이 글을 논한 선학 연구자들이 선언서의 범주로 논하였기에 이를 따른다.

24 여기에서는 「조선독립 감상의 대요」라고 그 제목을 달았다.

하였다.

이 선언서는 한용운이 언제, 어디에서 작성한 것일까? 이에 대해서는 『한용운전집』 2권[25]의 도입부 화보에 수록된 「조선독립의 서」 사진 속에 보이는 글귀가 그를 말해 준다.

己未年 陽曆 七月 十日에 西大門 監獄에서 地方法院 檢事長 囑託에 應하여 作홈

여기에 의하면 1919년 7월 10일, 서대문감옥에서 작성하였음이 분명하다. 이 선언서는 당시 한용운이 일제의 재판에 회부되어 3·1운동의 주도 목적, 배경, 독립운동에 대한 생각 등을 집중적으로 취조받을 무렵의 소신, 판단을 정리한 글로 보인다. 그리하여 한용운은 자신이 만세운동에 참가한 차원이 아니라 조선민족이 3·1 독립운동을 일으킨 차원에서의 당위성을 개진할 필요성에서 이 선언서를 기술하였다고 하겠다.

이 같은 목적에서 기술된 이 선언서에서 한용운은 자유, 평화가 인류 및 조선민족이 지향할 근본 가치임을 천명한 이후 조선독립선언의 동기를 조선민족의 실력, 세계대세의 변천, 민족자결이라는 측면에서 제시하였다. 그 후에는 조선독립선언의 이유를 민족자존성, 조국사상, 세계에 대한 의무로 구분하여 설명하였다. 이에 한용운은 당시 일제의 총독정치를 근원적으로 거부하고, 극복하기 위해 조선민족이 독립선언에 나선 것과 아울러 조선이 독립될 수밖에 없음을 강력히 천명하였다.

그러면 이 선언서가 어떻게 일제의 삼엄한 감시가 있었음에도 불구하고 상해임시정부의 기관지인 《독립신문》에까지 게재되었는가? 《독립신문》에는 이에 대하여 이렇게 적혀 있다.

---

25 『전집』은 신구문화사에서 1973년에 초판, 1979년에 증보판이 나왔다.

此書는 獄中에 계신 我代表者가 日人 檢事總長의 要求에 應하여 著述한 者 中의 一인데 秘密裏에 屋外로 送出한 斷片을 集合한 者라[26]

즉 옥중에 있는 조선민족 대표자(한용운)가 저술한 것인데, 그를 비밀리에 옥 밖으로 내보낸 조각(문장)을 모아 게재하였음을 알 수 있다. 여기에 관련된 사정은 1971년에 간행된 『나라사랑』 2집(만해 한용운선생 특집호)에서 편집자가 「조선독립의 서」를 설명한 내용에서도 찾을 수 있다.

이 내용을 주의 깊게 보면, 한용운은 「조선독립의 서」를 일본 검사에게 제출하기 이전에 휴지에 작은 글씨로 옮겨 적었다. 그리고 그것을 접어 형무소 밖으로 나가는 의복의 갈피에 집어넣었다. 이렇게 외부로 나온 그 선언서는 상해까지 전달되었다. 그러면 이 원고를 받아낸 인물은 누구인가? 이 인물에 대해서는 『한용운평전』을 쓴 고은이 취재 과정에서 만난 한용운의 제자, 승려 이춘성의 회고가 주목된다.[27] 춘성의 회고에 의하면 「조선독립의 서」의 초고를 자신이 한용운에게서 직접 받아 외부로 유출하였다고 한다.

그러면 그 원고가 이춘성에 의하여 상해임시정부로 전하여진 것일까? 그 전달의 몫은 만해 한용운을 따르던 항일 불교청년이었던 김상호가 수행하였다. 김상호는 3·1운동 직후 학승을 규합하여 독립운동의 지속, 임시정부와의 연계하에 군자금 전달, 불교계와 임시정부의 연결 등을 통한 민족운동을 수행한 승려이다.[28] 이 김상호가 그 원고 전달에 관여되었다는 회고는 역시 만해의 제자로 다솔사 주지를 역임한 항일 승려였던 최범술에 의해 확인되었던 것이다.

---

26 《독립신문》, 1919. 11. 4.

27 고은, 『한용운평전』, 고려원, 2000, 301쪽.

28 「3·1운동에서 8·15광복까지, 숨어 있던 이야기」, 《대한불교》, 1964. 8. 23.

韓龍雲 선생이 우리 民族대표들과 같이 서대문감옥에 갇혀 있을 때 차입하는 의복을 이용 저 유명한 「조선독립의 서」를 받아내 이를 국내외에 유포하였던 것이다.[29]

위의 내용에 의하면 김상호가 「조선독립의 서」를 국내외에 유포하였음이 분명하다.[30] 이에 상해에 전달한 주역은 김상호의 이력을 고려할 경우 김상호가 그 당사자임을 신뢰할 수 있다.

이런 배경에서 나온 「조선독립의 서」는 그를 받아 본 일본인 검사도 경의를 표하였다고 한다. 이에 대한 구전은 다양하게 전하여 오지만 그 내용을 정리한 《대한불교》 기사는 우리의 흥미를 유발하고 있다. 그 기사의 내용[31]에 의하면, 일본 검사도 한용운의 논리와 내용에 감복하고, 경의를 표하였다는 것이다. 그래서 해방 이후, 한용운의 독립운동 및 독립사상을 언급할 경우에는 필히 이 글을 주목하였음은 당연한 행보였다. 조지훈은 최남선의 「독립선언서」에 비해 시문時文으로 한 걸음 더 나갔고, 조리가 기백하고 기세가 웅건하다고 평하였다.[32] 조지훈이 이 같은 연구의 지평을 열어 놓았지만 「조선독립의 서」에 대한 관련 연구자들의 전문 연구는 매우 미흡한 편이었다. 한용운의 생애와 사상을 언급할 경우에는 필히 그 개요를 요약하였지만 이 「조선독립의 서」의 전체적인 연구는 황무지였다. 다만 최근에 접어들면서 연구의 첫 걸음이 시작되었다 하겠다.[33]

---

29 최범술, 「청춘은 아름다워라, 148」, 《국제신문》, 1975. 3. 24.

30 옥에서 받아낸 당사자는 이춘성을 우선 고려하는 것이고, 그를 김상호에게 전달하였다고 보는 것이 순리이다.

31 「한용운선사의 옥중기, '조선독립의 서'」, 《대한불교》, 1969. 3. 2.

32 조지훈, 「민족주의자 한용운」, 『사조』, 1958. 10.

33 고명수는 『불교평론』 8집(2001)에 「'조선독립 감상의 개요'에 나타난 만해의 독립사상」을 기고하였다. 필자는 최근 『만해학연구』 창간호(만해학술원)에 「한용운의 '조선독립의 서' 연구」를 게재하였는바, 추후 이에 대한 종합적인 연구를 계획하고 있다.

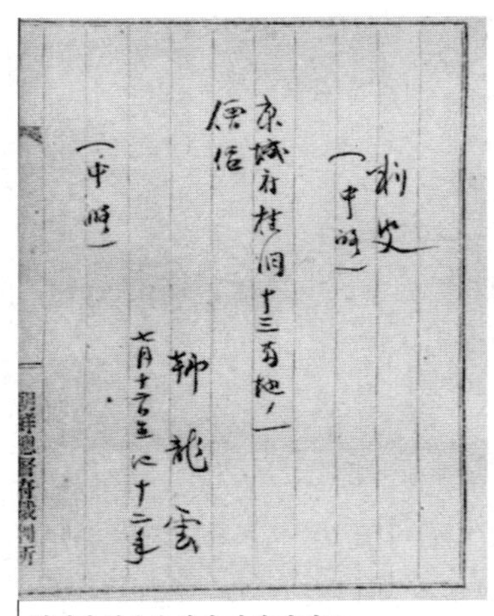

일제가 한용운에게 내린 판결문

그럼에도 불구하고 한용운이 옥중에서 작성한 선언서인 「조선독립의 서」는 그의 독립사상의 정수를 보여 주는 것임은 분명하다. 여기에서 우리는 한용운의 옥중투쟁의 치열성과 함께 그가 독립운동에 나선 것은 우연이 아닌 자신이 갖고 있었던 독립사상에서 배태되었음을 거듭하여 인정할 수 있는 것이다.

## 4. 옥중 시에 나타난 민족의식

한용운은 옥중에 갇혀 있으면서도 자신의 지조, 독립정신을 결코 저버리지 않았다. 이러한 그의 태도는 여타 민족대표와는 큰 차별성을 가졌음은 널리 알려진 바와 같다. 이에 대해서는 그의 상좌인 이춘성의 회고가 참고된다.

> 말 말게. 스님의 고집 때문에 더 고생이었지. 절에서 무엇을 만들어 가지고 면회에 나서면 「이건 뭣하러 가지고 왔는냐. 내가 아홉 귀신 먹다 남은 것을 먹을 줄 알았느냐」라고 내던지기가 일쑤였지. 감옥의 간수들도 「저 중놈이 제일 간이 큰 놈이지」 「저 놈한테는 당해낼 수가 없어」라고 저희들끼리 중얼거렸지. 옆방의 동지와 몰래 통화하다가 들킨 것 밖에는 아무런 사고도 없으니 간수들도 결국은 내버려 두었지.[34]

---

34 고은, 『한용운평전』, 앞의 책, 301쪽.

즉 한용운은 옥중에서 사식을 거부하고, 일제의 유혹을 이겨내며 쓰라린 고통을 이겨내고 있었다. 그러나 그도 인간이었기에 옥중의 고통으로 인해 정서가 '쪼각쪼각'나고 있었다고 회고할 정도로 엄혹한 시련의 시절을 겪어야만 되었다. 그럼에도 불구하고 옥중에서 한용운의 민족의식은 조금도 변함이 없었다. 이에 관한 일화는 다양하게 전하여 오지만, 그에 관해서는 현전하고 있는 그의 옥중 시를 살펴보면 더욱 명백하게 느낄 수 있다.

그의 옥중 시[35]로 널리 알려진 것은 그가 출옥 후 1922년 9월 『개벽』에 기고한 「무궁화 심으과저」이다.

달아 달아 밝은 달아
옛 나라에 비춘 달아
쇠창을 넘어와서
나의 마음 비춘 달아
계수나무 베어내고
무궁화를 심으과저.

달아 달아 밝은 달아
님의 거울 비춘 달아
쇠창을 넘어와서
나의 품에 안긴 달아
사랑으로 도우고자.

달아 달아 밝은 달아

35 시조라고 볼 수 있다.

가이 없이 비친 달아
쇠창을 넘어와서
나의 넋을 쏘는 달아
구름재를 넘어와서
너의 빛을 따르고자.

쓰라린 감옥생활을 기꺼이 받아들인 한용운은 감옥 주위에 있는 모든 것을 따듯한 시선으로 바라보았던 것이다. 어느 가을 밤, 철창 밖에서 들어오는 달빛에 취하여 한용운은 주체할 수 없는 마음의 충동을 이기지 못하여 자신의 심중의 일단을 드러냈거니와 그 심상이 바로 위의 시라 하겠다. 그런데 바로 그 심성의 중심에 겨레의 상징인 무궁화가 자리 잡고 있었다. 여기에서 필자는 한용운의 심성에 겨레 사랑이 분명하게 있음을 파악한다.

한용운이 옥중에서 쓴 시는 위의 시 이외에도 한시가 다수 있다. 한용운은 독립운동가로서 명망이 적지 않지만 그의 문학적인 성과와 명망도 결코 뒤지지 않는다. 시집 『님의 침묵』 발간을 필두로 한 그의 문학은 본 고찰에서 논할 여가도 없고, 필자의 연구 밖의 대상이다. 다만 본 고찰에서는 옥중에서의 저항, 민족의식이라는 측면에서 그 대강만을 제시한다. 한용운이 남긴 한시는 165수로 알려지고 있다.[36] 이는 그가 남긴 시조 32수, 신시 108편보다도 많은 수치이다.[37] 한용운의 한시 165수 중에서 옥중에서

---

36 『한용운전집』에 163수가 수록되었으며, 최동호 편, 『해설 한용운시전집』의 제2부에 2수가 추가되어 있다. 이 시는 송광사 박물관에 족자로 된 시(무제)를 추가한 것이다. 연구자에 따라서는 한용운의 한시를 176수로 주장한 경우도 있다. 이는 만해의 친필 유고집 『잡저』의 147수, 최범술이 『잡저』를 영인하여 펴낸 『만해선생시집』에 보탠 3수, 이원섭이 『한용운전집』에 추가한 13수, 『선원』 창간호의 1수, 송광사 박물관의 소장 족자 2수, 곽암의 「십우동송」에 차운한 시 10수 등을 합한 것을 종합한 것이다. 김광원, 『만해의 시와 십현담주해』, 바보새, 2005, 86쪽.

37 이에 대해서는 다음의 논고가 참고된다. 김종균, 「한용운의 한시와 시조」, 『어문연구』 21호, 1979; 이병주, 「만해 한시와 그 특성」, 『동국대 한국문학 학술회의 자료집』 1980; 송명

쓰인 것으로 보이는 시는 10여 수에 달한다.[38] 이런 시를 살펴보면 애국정신, 저항정신, 인간적인 정서 등이 담겨 있다고 볼 수 있다.[39]

그러면 이제부터는 그 옥중 시를 저항정신 및 민족의식, 인간적인 괴로움 등으로 대별하여 그 단면을 엿보자.

| 옥중에서 읊다 | 獄中吟 |
|---|---|
| 농산의 앵무새는 언변도 좋네 그려 | 隴山鸚鵡能言語 |
| 내 그 새에 못 미치는 걸 많이 부끄러워했지 | 愧我不及彼鳥多 |
| 웅변은 은이요 침묵이 금일 바엔 | 雄辯銀兮沈默金 |
| 이 금으로 자유의 꽃을 몽땅 사고자 | 此金賣盡自由花 |

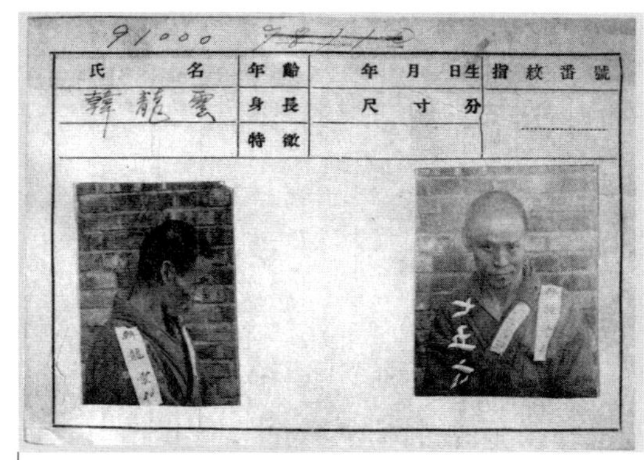

한용운의 수형기록부. 한용운이 3·1운동으로 형무소에 수감되었음을 보여 주는 문건

이 한시는 한용운이 옥중에서 옆방의 동료와 이야기를 하다 간수에게 2분간 손이 묶이게 된 직후 읊은 것이라고 한다. 여기에서 한용운은 말 잘하는 앵무새, 웅변으로 상징되는 일제의 회유, 간섭을 거부하는 심정을 내비치고 있다. 즉 저항의식을 보여

---

희, 「한용운의 한시론」, 『한용운연구』, 새문사, 1982.

38 이승하는 위의 논고에서 한용운의 옥중 시를 9수라고 하였다. 그러나 『한용운전집』에는 옥중 시로 분류한 대상이 13수로 전한다.

39 한용운의 한시에 대해서는 이승하의 논문 「한용운의 옥중 한시 연구」, 『유심』 7, 2001, 겨울이 참고된다.

준 것이다. 이러한 저항의식은 곧 독립을 갈망하는 의지의 지속을 말하는 것이다.

| 학생에게 주는 글 | 寄學生 - 獄中作 |
|---|---|
| 헛된 삶 이어가며 부끄러워 하느니 | 瓦全生爲恥 |
| 충절 위해 깨끗이 죽는 것이 아름답지 않은가 | 玉碎死亦佳 |
| 칼 들어 하늘가린 가시나무를 베고 | 滿天斬荊棘 |
| 길게 휘파람 부니 달빛이 무척이나 밝구나 | 長嘯月明多 |

면회 온 어느 학생에 준 것으로 보이는 이 시에는 와전瓦全과 옥쇄玉碎라는 대비를 통하여 자존, 명예, 저항을 은근히 강조함이 나온다. 다시 말하면 일제에 결코 타협하지 않는 정신의 고결함이 표출되었던 것이다.[40] 이러한 정신의 표출은 먼저 출옥하는 사람에게 정표로 주었던 것으로 보인 아래의 시에도 나온다.

| 이별 | 贈別 |
|---|---|
| 하늘 아래 만나기도 쉽지 않은데 | 天下逢未易 |
| 옥중에서 하는 이별 기이할 수밖에 | 獄中別亦奇 |
| 옛 맹세 아직도 식지 않았거든 | 舊盟猶未冷 |
| 국화와의 기약을 저버리지 말게 | 莫負黃花期 |

40 당시 감옥에 있었던 김은호 화백은 "하늘 가득 찬 번뇌를 베어내고 긴 휘파람 소리 달빛에 넘쳐"라는 한용운의 시 구절을 기억하였다고 한다. 임중빈, 『만해 한용운』, 범우사, 1995, 82쪽.

감옥에 들어오기 전에 하였던 맹세를 되새기면서 출옥하더라도 그 맹세를 간직하자는 은근한 권유가 엿보인다. 은근한 권유, 맹세의 되새김이 민족의식의 범주에 들어 있었음을 확연히 느낄 수 있다. 지금껏 살핀 한시에서 우리는 한용운의 민족의식의 생생함을 알 수 있었다. 이러한 민족의식은 앞서 살핀 옥중에서의 재판, 「조선독립의 서」 집필과 불가분의 연결고리로 작용하였던 것이다.

한편 우리는 여타의 한용운 한시에서 그의 인간적 고통, 괴로움을 찾아볼 수 있다. 이러한 인간적 연민을 보여 주는 한시에서도 그의 저항, 민족의식의 지속은 간단한 것이 아님을 새삼 느끼게 해 준다.

| 눈오는 밤 | 雪夜 |
|---|---|
| 감옥 둘레 사방으로 눈이 펑펑 내리는 밤 | 四山圍獄雪如海 |
| 무쇠처럼 찬 이불 속에서 재와 같은 꿈을 꾸네 | 衾寒如鐵夢如灰 |
| 철창의 쇠사슬 풀릴 기미 보이지 않네 | 鐵檜猶有鎖不得 |
| 심야에 어디에서 쇳소리는 자꾸 들려오는지 | 夜聞鐵聲何處來 |

무쇠처럼 찬 이불 속에서 꾸는 꿈도 역시 차가울 정도였으니 한용운의 고통은 쉽사리 이해될 것은 아니었다. 여기에서 우리는 한용운의 비통스러운 감회를 확인한다. 더욱이 다음 시에 나오는 지난 10년간의 노력도 헛된 것이 아닐까 하는 노파심에서는 인간적인 좌절도 엿볼 수 있다.

| 가을 감회 | 秋懷 |
|---|---|
| 나라 위한 십 년 세월이 허사가 되고 | 十年報國劍全空 |
| 겨우 한 몸 옥중에 눕게 되었네 | 只許一身在獄中 |

| | |
|---|---|
| 기쁜 소식은 오지 않고 벌레 울음만 요란한데 | 捷使不來虫語急 |
| 몇 오리 흰머리칼에 가을바람이 분다 | 數莖白髮又秋風 |

나라 위한 10년의 세월이 허사가 아닐까 하는 자괴감이 짙게 배어 나온다. 나라를 위해 노력하다 감방에 갇힌 신세도 처량한데, 기쁜 소식은 오지도 않고, 늘어나는 흰 머리칼과 스산한 가을바람은 한용운의 가라앉은 심성을 대변하였던 것이다. 그리하여 한용운은 인간적인 좌절감을 맛보며, 자신이 무엇을 하고 있나 하는 강한 의아심을 표출하였던 것이다.

| | |
|---|---|
| 다듬이 소리 | 砧聲 |
| | |
| 그 어디서 들리는지 다듬이 소리 | 何處砧聲至 |
| 옥에 가득 추위를 몰고 오는 밤 | 滿獄自生寒 |
| 하늘 옷이 따듯하다고 이르지 마라 | 莫道天衣煖 |
| 뼛속까지 스미는 이 추위와 어떻다 하리 | 熟如徹骨寒 |

| | |
|---|---|
| 등 그림자를 읊다 | 咏燈影 |
| | |
| 밤은 차서 창문도 물과 같은 밤 | 夜冷窓如水 |
| 두 개의 등 그림자 바라보며 누워 있으니 | 臥看第二燈 |
| 두 눈으론 애무래도 희미한 그것 | 雙光不到處 |
| 선승입네 하는 내가 부끄럽기만 하다 | 依舊愧禪僧 |

| | |
|---|---|
| 병감의 후원 | 病監後園 |

선을 말하는 것은 속된 짓이요　　談禪人亦欲
인연 만드는 이 몸이 어찌 중이리　　結網我何僧
훌훌 낙엽짐이 가장 슬프거니　　最憐黃燁落
가을 매는 노가 없어 안타까워라　　繫秋原無繩

차디찬 감옥에서 들려오는 다듬이 소리를 들을 때, 느껴지는 뼛속까지 스며드는 냉기를 맞이할 수밖에 없는 자신의 처지를 슬퍼하는 한용운의 심정이 다가온다. 그리고 추운 밤 창가에서 불빛도 미치지 못하는 자리에 앉아 있을 수밖에 없으면서도 자신이 선승임을 내세우는 것에 한없이 슬퍼하였던 것이다. 자신을 승려로도 자신있게 내세울 수 없다는 자괴감을 가졌던 한용운은 가을이 지나가는 것을 아쉬워하는 단순한 인간이기도 하였다.

이러한 한시의 이면에서 우리는 인간 한용운의 정서를 느낀다. 그도 정녕 인간이었기에 차디찬 감옥에서, 일제의 눈초리가 사나운, 회유와 협박이 소리 없이 스며들고, 동지들이 하나둘 배반하는 현실에서 자신이 앉아 있었던 그 감옥은 정녕 쓰라린 장소였을 것이다. 그럼에도 불구하고 그는 자기가 처한 현실, 자신의 인간적인 고통을 이겨내고 민족의식을 결코 버리지 않았다. 그렇기에 한용운의 민족정신은 더욱 값진 것이었다. 진흙 속에서 나온 연꽃과 같은 것이었기에 필자는 한용운의 정신, 독립사상, 지조와 절개에 매혹을 받는 것이다.

## 5. 결 어

3·1운동의 민족대표였던 만해 한용운은 서대문형무소에서 치열한 항일투쟁을 전개하였다. 위에서 살펴본 바와 같이 그의 투쟁은 처절한 인간적 고통을 이겨낸 산물이었다. 그는 자신이 추구한 독립운동에 대한 확

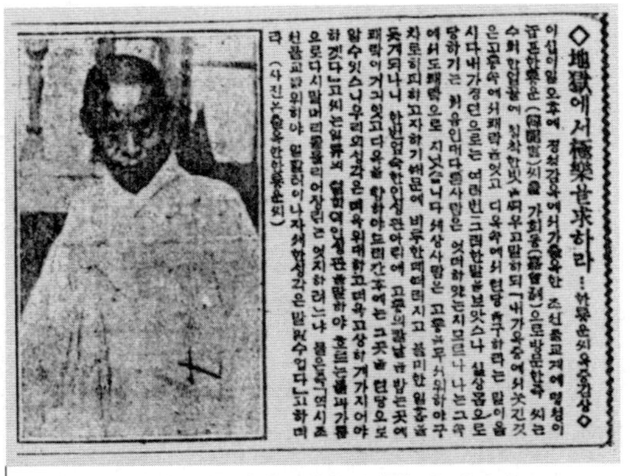

만해의 출옥 일성. 「지옥에서 극락을 구하라」(《동아일보》, 1921. 12. 24)

신을 갖고, 한편으로는 자괴심과 쓰라림을 이겨내면서 얻은 인간 한용운의 족적이었다. 출옥하는 그날, 한용운은 자신을 마중하러 나온 인사들에게 "너희들은 이런 출옥의 인사를 할 줄은 알고, 인사를 받을 줄은 몰랐더냐?" 하고 대성질타하였다는 일화도 한용운의 민족의식의 표출이라 하겠다.[41]

이러한 만해 한용운의 항일정신은 그가 옥중에서 풀려 나온 일에 대한 《동아일보》 보도기사(1921. 12. 24)에서 여실히 찾을 수 있다.

> 地獄에서 極樂을 구하라 … 한용운 씨 옥중 감상
>
> 이십이일 오후에 경성감옥에서 가출옥한 조선불교계에 명성이 높은 한용운(韓龍雲) 씨를 가회동으로 방문한즉 씨는 수척한 얼굴에 침착한 빛을 띠우고 말하되 「내가 옥중에서 느낀 것은 고통 속에 쾌락을 얻고 지옥 속에서 천당을 구하라는 말이올시다. 내가 경전으로는 여러 번 그러한 말을 보았으나 실상 몸으로 당하기는 처음인데 다른 사람은 어떠하였는지는 모르나 나는 그 속에서 쾌락을 지냈습니다. 세상 사람들은 고통을 무서워하야 구차로히 피하고자 하기 때문에 비루한 데에 떨어지고 불미한 이름을 듣게 되나니 한번 엄숙한 인생관 아래에 고통의 칼날을 받

41 김관호, 「3·1운동과 卍海선생」, 『불교』 3호, 1970. 8 참조. 김관호는 이 글에서 한용운이 그 인사들의 얼굴에 하나하나 침을 뱉었다고 하였으나, 확인하기는 어렵다.

는 곳에 쾌락이 거기 있고 지옥을 향하여 들어간 이후에는 그곳을 천당으로 알 수 있으니 우리의 생각은 더욱 위대하고 더욱 고상하게 가지어야 하겠다」고 씨는 일류의 철학적 인생관을 말하야 흐르는 물과 같음으로 다시 말머리를 돌리어 장래는 어찌 하려는냐 물은즉「역시 조선불교를 위하여 일할 터이나 자세한 생각은 말할 수 없다」고 하더라.

즉 한용운의 옥중투쟁은 고통 속에서 쾌락을 얻은 결과였다. 그는 옥중에서, 지옥에서 천당을 구하라는 말을 체감하였다는 것이다. 고통의 칼날을 기꺼이 수용하고, 지옥을 향하여 걸어간 행보였다. 이러한 담대한 정신과 행적에서 한용운의 옥중 독립운동은 살아날 수 있었다. 한용운의 서대문형무소에서의 항일투쟁은 철창 체험으로 승화되어 출옥 후의 지속적인 항일투쟁의 원동력으로 전개되었다.[42]

그리하여 한용운은 옥중에서 자신의 지조를 지키고, 옥중에서 진행된 재판에서 의연히 자신의 독립사상을 마음껏 개진하고, 3·1운동의 정당성과 명분을 분명하게 언명할 수 있었던 것이다. 이로써 한용운의 옥중투쟁은 자신의 독립운동의 지속이라는 결과를 얻었을 뿐만 아니라 3·1운동사, 민족운동사에서도 민족대표로서의 위상과 절개를 유지하였다. 이에 필자는 이 같은 한용운의 옥중투쟁이 출옥 후에는 어떠한 내용과 전개를 갖게 되었는지에 관심을 갖게 되었음을 고백한다.

42 한용운은 출옥 직후 〈조선불교청년회〉 주최의 강연(종로, 중앙기독교청년회관)에서「철창철학」으로 대중강연을 하였다. 바로 이것이 그의 옥중 체험의 승화, 전개였다. 최범술,「철창철학 – 만해선생으로부터 듣고 본 것 중에서」,『나라사랑』 2집(만해 한용운선생 특집호), 1971, 88쪽 참조.

제3부

# 한용운의 후계자들

# 한용운의 아들, 한보국의 삶 | 제 1 장

## 1. 서 언

한용운은 그의 불교개혁론을 상징하는 『조선불교유신론』에서 승려의 결혼을 강력히 주장하였다. 그리고 『조선불교유신론』 발간 이전인 1910년 5월에 이미 구한국 정부의 중추원 의장인 김윤식에게 승려의 결혼 허가를 주장하는 헌의서를 제출한 바 있다.[1] 그리고 그는 1910년 9월, 일제에게 국권을 상실한 경술국치가 단행된 직후에도 통감부 총독에게 승려 결혼을 주장하는 건백서를 제출하였다. 이처럼 한용운은 1910년대에 한국불교의 개혁을 위한 구도에서 승려의 결혼을 주장하였다.[2] 한용운의 이 같은 주장은 결과적으로 일제하 한국불교에서 수용되었다. 이런 정황으로 승려의 결혼과 대처승이 한국 근대불교에 보편화되었다. 때문에 일제하 한국불교에서 한용운의 상징은 승려의 결혼이었다.

---

1 「中樞院 再建議」, 《대한매일신보》, 1910. 5. 11.

2 김광식, 「한용운의 불교 근대화 기획과 승려 결혼 자유론」, 『대각사상』 11, 2009.

이와 같은 한용운은 입산, 출가를 하기 이전에 결혼을 하여 1904년에 아들 하나를 두었다. 그리고 한용운은 1933년에 재혼하여 1934년에 딸 하나를 두었다. 입산 이전에 낳은 아들은 한보국韓保國이고, 입산 후에 낳은 딸은 한영숙韓英淑이다. 그런데 한보국은 6·25전쟁 당시에월 월북하였고, 한영숙은 남한에서 살고 있다.

이와 같은 한용운의 결혼과 관련된 내용은 지금껏 그 대강은 밝혀졌다. 그렇지만 한용운의 아들인 한보국에 대해서는 탐구할 내용이 여전히 적지 않다. 한보국은 그의 생부인 한용운이 출가한 승려였기에 일제시대 당시에는 한용운과 동거할 수 없는 처지였다. 그래서 그는 한용운의 초처, 즉 자신의 모친과 함께 한용운의 고향인 충남 홍성에서 거주하면서 생활하였다. 홍성에 거주하던 그는 〈신간회〉 활동을 하였고, 서울에 가서는 사회주의 활동을 하였다. 사회주의 활동을 하던 그는 일제에 피체되어 수감되었다. 출옥한 그는 홍성에서 토착적 사회주의 세력을 주도하면서 진보적 민족운동을 전개하였다. 8·15 해방공간에서는 홍성 지역의 건국준비위원회에서 국가재건 활동에 매진했고, 6·25전쟁 당시에는 홍성의 인민위원장을 맡았다. 9·28 수복 무렵, 그는 북한으로 올라가서 생활을 하다가 1976년 북한에서 사망하였다. 현재 북한에는 그의 딸 다섯 명이 생존하고 있다.

이러한 한용운과 한보국의 관계, 한보국의 일생, 한보국의 후손 등을 포함한 한보국의 삶에 대해서는 지금껏 구체적으로 연구되지 못하였다. 『한용운전집』이 처음으로 간행되던 1973년에는 한보국이 6·25전쟁 중에 행방불명된 것으로 기술되었다. 이는 추측하건대 당시 사회의 이념적인 문제, 사회주의 운동을 인정할 수 없었던 정치, 사회의 분위기에서 나온 자의적·타의적 검열에 기인한 것으로 보인다.

그러나 1990년대에 접어들면서 한보국에 대한 이야기, 증언, 글 등이 간헐적으로 나오기 시작하였다.[3] 한보국의 조명은 재미교포인 홍정자가 북한에서 한보국의 딸을 만난 일을 월간 『말』(1996. 1)에 기고한 것이 기폭제가 되었다.[4] 그렇지만 한보국에 대한 종합적, 객관적, 학문적인 접근은 부재하였다. 이에 필자는 수년 전부터 한보국 연구를 위해 그 관련 자료를 수집해 왔다. 이제 수집한 자료를 통해 한보국의 삶을 복원시키고자 한다. 한용운의 아들을 조명, 분석하는 것도 한용운을 이해하는 데 도움을 준다고 판단하였던 것이 필자가 이 글을 집필하게 된 동기이다. 미흡한 점은

3 한보국에 대한 최초의 글은 《주간홍성》이 1990년 8월 13일 자(제85호)로 홍성의 해방 전후사를 기획 취재의 차원에서 다룬 「인물로 본 한보국: 해방 직후 홍성 지역 사회운동의 거목」의 기사이다. 한보국의 존재, 활동을 학문적으로 다룬 연구자는 장규식(현재 중앙대 사학과 교수)이다. 그는 1994년, 연세대 사학과 학회지인 『學林』 16집에 「해방후 국가건설운동과 지역사회의 동향 – 충청남도 홍성군 사례」라는 논문을 기고하였다. 이 고찰에서 장규식은 일제시대, 해방공간의 홍성 지역사회를 조명하면서 한보국의 존재와 활동에 복권을 부여했다. 그 이후 재미교포인 홍정자(조국통일북미주협회 민족문화위원장)가 1994년 10월에 북한을 방문하여 쓴 글, 「'만해' 한용운의 자손들」이 『말』 1996년 1월호에 게재되었다. 그리고 한용운, 한보국의 고향 신문인 《홍성신문》은 홍정자로부터 그 원고를 입수하고 요약하여 《홍성신문》 1996년 8월 12일 자(제399호)에 「재미교포 화가 홍정자씨 특별기고, 평양서 만난 만해 자손들」이라는 제목으로 보도하였다. 이런 글들에 의거하여 손홍규(소설가)는 『민족 21』 34호(2004. 1)에 「만해 한용운과 아들 한브국」이라는 대중적인 글을 기고했다. 그리고 홍성 지역에서 사회운동, 언론 활동을 하고 있는 이번영은 그의 저서 『용감했던 홍성 사람들』(글을 읽다, 2006)에서 홍성을 빛낸 인물들의 한 명으로 한보국을 자리매김하였다.

4 홍정자는 국내에서 미술을 공부하고 미국으로 건너가 진보적 통일주의자인 홍동건 목사와 1979년에 결혼을 하였다. 그는 홍동건과 함께 북한을 수십여 차례 왕래하면서 보고 들은 내용을 정리하여 북한을 소개하는 책을 세 권으로 펴냈다. 그는 한보국의 딸을 만난 내용을 2002년 미국 LA에서 펴낸 『하나는 전체를 위하여 전체는 하나를 위하여』에 포함시켰다. 그는 그 책을 2004년에는 북한의 평양출판사에서도 펴냈다. 홍정자는 피아니스트 백건우의 누이이다. 그의 약력은 서울예고 졸, 이대 조소과 졸, 외국어대 불어과 졸, 부산 한성대 미술과 강사, 조국통일북미주협회 이산가족위원회 총무, 미주통일여성회 부회장 등이다. 한편 법타 스님(현재 동국대 정각원장)은 2010년 5월 18일, 필자에게 홍정자가 한보국의 후손을 만난 것은 자신의 부탁, 후원으로 가능하였다고 증언했다. 즉 기독교 신자인 홍정자에게 불교개론 책, 『한용운 전집』 등 10여 권을 주어서 불교를 공부하도록 하였다고 한다. 그래서 홍정자는 그 책을 읽고 법타 스님에게 수시로 전화를 해서 의문점을 해소한 연후에 한보국의 후손을 만났다고 한다. 이 내용은 신법타, 「북한 불교와 평화통일」, 『만해학보』 7, 2004, 70쪽 참조.

지속적인 자료 수집을 통하여 보완해 나갈 예정이거니와 제방의 눈 밝은 님들의 질정을 바란다.

## 2. 한용운의 결혼, 한보국의 출생

한용운은 충남 홍성군 결성면 성곡리 491번지에서 몰락한 양반의 후예로 1879년에 태어났다. 부친 한응준과 모친 온양 방씨 사이에서 나온 둘째 아들이었다.[5] 유년 시절을 홍성의 궁벽한 촌락에서 보낸 그는 나이 7세 무렵에는 홍성군 홍주면 오관리로 나왔다. 홍성에서는 서당을 다니면서 한학과 동양고전을 배웠다. 그러다가 그의 나이 18세[6]이던 1896년 2월 10일 전통적인 관행에 의해 결혼을 하였다. 그의 처는 홍성군 홍주면 학계리 출신이었던 당시 나이 17세, 천안 전씨인 전정숙全貞淑이었다. 이 같은 사실은 한용운의 아들, 한보국의 제적등본에 의거한 것이다.

한용운은 홍성에서 한문서당의 선생으로 있다가 입산, 출가하였다. 그

5 그런데 현재 홍성 지역에서 다양한 문화 활동을 하고 있는 황성창(결성농사박물관 문화유산해설사, 홍주향토문화연구회 부회장)은 필자에게 한용운의 형에 대한 새로운 내용을 증언하였다. 그는 그 지역에 살던 촌로村老들에게서 들은 것인데, 한용운은 본래에는 3형제의 막내인데 바로 위의 중형仲兄이 어려서 사망하였다고 한다. 이는 기존의 2형제설에서 3형제설을 주장하는 것이다. 그러나 필자는 한용운의 바로 위의 형은 일찍 사망하였기에 호적에도 오르지 못하였다고 본다. 요컨대 이는 하나의 참고적인 사실이다.

6 구舊 제적등본, 즉 1940년에 제작된 등본의 전정숙 난에는 그의 결혼이 광무 1년(1897년)으로 나온다. 그런데 필자가 발굴한 1965년에 제작된 한보국의 제적등본에도 전정숙의 생몰이 나온다. 그에 의하면 전정숙은 1880년 생으로, 그리고 1888년에 한정옥(한용운)과 결혼하였다고 나온다. 이를 신뢰한다면 한용운이 열 살에 장가를 갔다는 내용이 된다. 홍성읍에서 공적으로 발급하는 한보국의 제적등본은 2종이다. 1940년에 제작된 것과 1965년에 제작된 것이다. 지금껏 한용운의 결혼은 『나라사랑』 2집(1971)의 「한용운 해적이」와 『한용운전집』 6권의 「한용운연보」에 의거, 14세로 파악되어 왔다. 그런데 이렇게 한용운이 결혼을 한 시점이 자료마다 차이가 나는 원인은 알 수 없다. 필자는 본 고찰에서 한용운의 18세 결혼설을 제기한다.

의 출가 동기에 대해서는 별도로 고찰할 필요성이 있어 여기에서는 생략한다. 그의 출가의 시점, 연유 등에 대해서는 논란이 적지 않다. 그리고 그의 출가 시점도, 19세설과 25세설(27세설)이 있다. 그래서 이를 1차 출가, 2차 출가로 구분하여 설명을 하고 있다. 하여간 한용운이 입산, 출가를 하기 이전에 결혼을 하고 아들 하나를 둔 것은 분명하다. 한용운은 1930년에 처음으로 아들이 있음을 자신의 글에서 밝혔다. 이제 그 전문을 살펴보자.

> 나는 원래 구식 시대 – 승려의 육식, 대처를 절대로 금하던 시대부터 승려의 신분으로 있는 사람이니까 누가 나더러 처자가 있느냐고 묻지도 않았고, 나도 구태여 처자가 있다고 누구에게 대하여 말한 일도 없었다. 그런데 내가 지금 별안간에 아들이 있는 이야기를 하면 혹은 그 동안에 무슨 파계를 한 일이 있었는가 하고 오해하는 이도 있을 것 같다. 그러나 그런 것이 아니오, 실상은 내가 승려되기 이전, 즉 속인 시대에 낳은 아들이 하나 있었다. 나는 원래 충남 洪城 사람으로 구식 조혼 시대에 일찍이 장가를 들고 19세 때에 어떤 사정으로 출가를 하여 중이 되었는데, 한번 집을 떠난 뒤로는 그야말로 僧俗이 隔遠하여 집의 소식까지도 자세히 알지 못하고, 다만 傳便으로 내가 출가할 때에 懷妊 중이던 아내가 生男하였다는 말만 들었을 뿐이다.
>
> 그러다가 연전 기미 시대에 나의 이름을 세상에서 많이 알게 되니까 시골에 있던 아들 아이도 내가 저의 親父인 것을 알게 되어 서울로 찾아와 소위 부자가 초면상봉을 하게 되었다. 그러나 그 뒤에 여러 가지 사정으로 한 집에 데리고 있게는 못 되고 京鄕이 落落하게 피차 各居하니 남들이 나의 아들이 있는 것도 알지 못하게 되었다. 나도 또한 누구에게나 그런 이야기를 별로 한 적이 없었다. 사회적으로 공개하기는 이번이 처음이다.[7]

---

7 「남 모르는 나의 아들」, 『별건곤』 5권 6호, 1930.

한용운이 고백한 위의 글에 의하면 한용운은 정식으로 출가하기 직전에 그의 부인이 잉태를 하였는데, 그로부터 아들이 태어났다. 그렇지만 한용운은 출가 이후에는 집에 들르지 않아서 아들과는 3·1운동으로 옥고를 치르고 나온 직후 무렵에 초면으로 상봉하였다. 한용운은 승려의 결혼이 사회적으로, 불교 내부에서 허용되지 않던 시절, 즉 입산, 출가를 하기 이전에 결혼하였다. 그래서 한용운은 자신은 파계를 하지 않은 것으로 보았다. 바로 이런 배경에서 나온 아들이 한보국韓保國이었다. 이렇게 한용운이 1930년에 아들이 있음을 공개한 이후에는 이 사실이 자연스럽게 사회에 퍼져 나갔던 것으로 보인다.

또한 1931년 8월호인 『혜성』 지면과 1932년 1월호의 『별건곤』 지면에서는 한용운에게 아들이 있었고, 그의 부인이 잉태 중에 출가하였다고 소개한 바 있다. 여기에서도 그 내용을 제시한다.

> 그가 妻가 있고 아들이 있다면 모르는 사람은 다른 승려와 같이 근래에 승려의 娶妻를 許한 이후에 있는 일로 알기 쉽지마는 사실은 위에서 말한 바와 같이 그의 妻子는 그가 俗界에 있을 때에 있던 前緣이다. 그러나 지금에 그가 그 처자를 한집에 데리고 있는 것이 아니요 몇 해 전까지 彼此에 生死도 알지 못하다가 年前 己未當年에 그가 33인의 1인으로 이름이 세상에 드러나기 시작 뒤에 그의 처자도 비로소 그를 찾게 되었는데 그중에 일화라 할 것은 그의 아들은 그가 出家時 遺腹으로 낳은 아들로서 年前에 비로소 父子가 서로 보게 된 것이다.[8]

> 한용운씨는 왜 중이 되었나? 씨는 남처럼 조실부모하야 의탁할 곳이 없어서 중이 되었는가? 그도 아니다. 그러면 가정불화로 집을 떠나 중이 되었는가? 그러면 왜 중이 되었나?

---

8 「萬海 韓龍雲氏 面影」, 『한용운사상연구』, 민족사, 1980, 20쪽.

씨는 원래 충청도 洪城에서 그 시절로 상당한 가정에서 태어났었다. 그리하여 아내가 있고 자식이 있는 몸으로 27세까지 한문공부를 하였었다. 그의 웅대한 붓대라든지 풍부한 한학은 다 속계 유생시대에 배운 것이였다. 그러다가 27세 되던 해에 홍주의 어떤 절에 가서 周易 공부를 하는데 우연히 그 절에 있는 佛書 가운데 禪妻(禪要 필자주)라는 책을 읽다가 그 서문 가운데 『但看標月之指, 未見當天之月』(이 말의 뜻은 단지 달을 가르치는 손가락만 보고 하늘의 정말 달은 보지 못한다.)이란 글귀를 보고 크게 깨다른 바가 있는 데다가 또 華嚴經行願品 중에 보현보살의 행원 무궁한 것을 감탄하여 드디어 儒書를 불지르고 불법에 귀의하기로 결심하였다. 그리하여 집안사람들에게는 아무 말없이 그야말로 雲心水性으로 가진 명산을 찾아다니다가 강원도 麟蹄郡 雪嶽山 雪嶽寺에 가서 머리를 깍고 중이 되었다. 씨에게 아내가 있고 아들이 있다면 모르는 사람은 요새 중에 장가가는 것을 허한 후의 일로 알겠지만은 기실은 우에 말한 것과 같이 그가 속계에 있을 때에 있던 처자이다. 중이 되려 집을 떠났을 때에는 아드님은 잉태 중이었다. 여러 十년을 두고 만나지 못했다가 년 전에야 겨우 상면하게 되었다.[9]

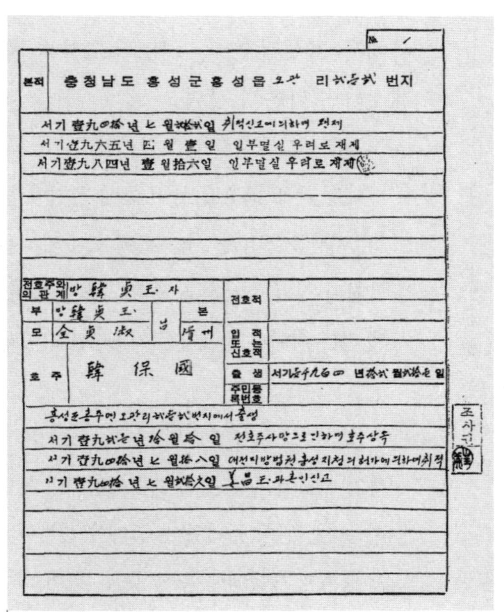
No. 1

본적 충청남도 홍성군 홍성읍 오관 리 번지

서기 一九六五년 四월 一일 일부멸실 우려로 재제
서기 一九八四년 一월 拾六일 일부멸실 우려로 재제

| 전호주와의 관계 | 방 韓貞玉 자 | | 전호적 | |
|---|---|---|---|---|
| 부 | 망 韓貞玉 | 본 | | |
| 모 | 金貞淑 | 청주 | 입적 또는 신호적 | |
| 호주 | 韓保國 | | 출생 | |
| | | | 주민등록번호 | |

전호주사망으로 인하여 호주상속

한보국의 제적등본

이렇게 1932년에는 한용운에

9 「나는 왜 이러케 됏나, 그는 왜 중이 되엿나」, 『별건곤』 47호(1932. 1), 19~20쪽.

게 아들이 있음이 보편적인 사실로 굳어졌다.[10] 그런데 여기에서는 앞서 나온 고백의 글과는 약간의 차이가 있다. 앞에서는 19세에 어떤 사정으로 입산하였다고 하였으나, 여기에서는 그의 출가 시점을 27세가 되던 해라고 하였다. 다만 전자는 한용운이 직접 회고한 것이고, 후자는 잡지사 기자의 취재 기사였다. 27세에 입산하였다는 것은 곧 그가 1904년인 26세에 집을 떠나서 입산하여 1905년인 27세에 정식으로 백담사에서 수계한 내용을 지칭하는 것이다. 그래서 필자는 27세설은 곧 26세 입산설을 말하는 것으로 본다. 한용운은 자신을 회고하는 글에서 1904년에 입산하였음을 암시하였다. 필자는 19세 당시에는 홍성의 어느 절에 입산하였지만(1차 출가), 2차 입산으로 말할 수 있는 1904년에 재입산하여 1905년 1월에 백담사에서 공식적으로 수계, 득도하여 출가한 것으로 본다. 그 관련 기술을 제시하면 다음과 같다.

> 나는 본래 蕩子였다. 中歲에 선친이 돌아가시고 偏母를 섬겨 不孝에 이르렀더니, 지난 乙巳(1905, 필자주)에 入山해서는 더욱 국내, 외국을 떠돌았다. 그리하여 마침내 집에 소식을 끊고 편지조차 하지 않았는데, 지난해에 노상에서 고향 사람을 만나 어머니 돌아가신 지가 3년이나 지났음을 전해 들었다.[11]

> 그러자 그해가 갑진년 전해(1903, 필자주)로 大勢의 초석이 처음으로 기울기 시작하여 서울서는 무슨 조약이 체결되어 뜻있는 사람들이 구름같이 경성을 향하여 모여든다는 말이 들리었다. 그때에 신문이나 우편이 있어서 알았으리만은 너무도 크게 국가의 대동맥이 움직여지는 판이 되어 소문은 바람을 타고 아침저녁으로 八道

10 『동광』 38호(1932. 10)의 「소식」에도 한용운을 소개하는 내용이 나온다. 여기에서는 한용운의 아호는 만해, 17세에 결혼, 27세에 입산, 장남은 보국인데 공작회工作會 사건으로 입감-중이라고 서술하였다.

11 『조선불교유신론』, 불교서관, 1913, 74쪽.

에 흩어지었다. 우리 홍주서도 政事에 분주하는 여러 先進者들은 이곳저곳에 모여서 수근수근하는 법이 심상한 기세가 아니었다.

그래서 좌우간 이 모양으로 산속에 파묻힐 때가 아니라는 생각으로 하루는 담뱃대 하나만 들고 그야말로 弊袍破笠으로 나는 漂然히 집을 나와 서울이 있다는 서북 방면을 향하여 도보하기 시작하였으니 부모에게 알린 바도 아니요, 路資도 一分 지닌 것이 없는 몸이매 한양을 가고나 말는지 심히 당황한 걸음이었으나 그때는 어쩐지 태연하였다. 그래서 좌우간 길을 떠난 몸이매 해지기까지 자꾸 남들이 가르쳐 주는 서울 길을 향하여 걸음을 재촉하였다.[12]

「에라 인생이란 무엇인지 그것부터 알고 일하자」 하는 결론을 얻고 나는 그제는 서울 가던 길을 버리고 강원도 오대산의 백담사에 이름 높은 道士가 있다는 말을 듣고 산골길을 여러 날 패이어 그곳으로 갔었다.[13]

이상의 글들에서 필자는 한용운이 1904년 5~6월경[14]에 홍성을 떠나 여러 우여곡절을 거쳐 1905년 1월에 백담사에서 정식으로 출가, 수계까지 이르렀다고 본다. 한용운은 1903년부터 나라의 대세가 기울기 시작하여 각처의 사람들이 서울로 올라가고, 그의 고향인 홍성에서도 선각자들이 수군수군대는 현실을 직시하였다. 이에 그는 여러 날을 두고 생각하고 서울로 향하였지만, 서울로 가는 도중에 인생부터 알아야겠다고 결단하여 가는 길을 전환하여 속리산을 거쳐 백담사로 갔다. 이런 것을 장황하게 제시한 이유는 이것이 곧 한보국의 출생 시점과 관련이 있기 때문이다. 요컨

12 한용운, 「나는 왜 중이 되었나」, 『삼천리』 6호, 1930. 5, 44~45쪽.

13 한용운, 「西伯利亞 거처 서울로」, 『삼천리』 42호, 1933. 9, 93쪽.

14 이는 한보국의 생일이 제적등본에 나온 것이 맞다는 가정에서 나온 추정이다. 『한용운전집』 6의 「한용운연보」에서 5, 6월경에 집을 떠난 것으로 제시하였다. 그러나 한용운이 2차로 출가를 단행한 시점은 1904년도 몇 월 며칠이라고 구체적으로는 알 수 없다.

대 한보국은 1904년 12월 21일에 출생하였다.

## 3. 한보국의 삶, 일제하의 민족운동

한보국의 삶에 대한 단서는 그의 호적에서 찾을 수 있다. 필자는 홍성군 홍성읍에서 발급한 한보국의 제적등본을 확인하여 한보국의 출생, 결혼, 자식 등에 대한 기본 정보를 파악하였다. 이제 제적등본에 근거하여 한보국의 삶의 속으로 들어가 보자. 한보국의 본적은 충청남도 홍성군 홍성읍 오관리 212번지이다. 그러나 당시 주소는 홍성군 홍주면 오관리 212번지이다. 그러면 한보국은 언제 태어났는가? 제적등본에 의하면 그의 출생은 1904년 12월 21일로 나온다.[15] 그런데 한보국의 호적은 1940년 7월 22일의 취적就籍 신고에 의하여 편제된 것이다.[16]

한보국의 유년 시절에 대해서는 전하는 것이 없다. 그러나 그는 태어난 오관리 212번지에 위치한 집에서 그의 모친(한용운의 초처, 전정숙)과 함께 살면서 홍성에서 유년 시절을 보낸 것으로 볼 수 있다.[17] 한보국은 집의 인근에 있는 홍성공립보통학교를 17회로 1927년에 졸업하였다.[18] 이는 한보

15 그렇지만 이 출생이 정확한 것인지는 단정하지 못한다. 과거에는 출생신고를 정확하게 한 경우가 드물기 때문이다.

16 이에 대해서는 후술하겠지만 그 무렵에 한보국이 결혼을 하고 자식이 생기자 그를 호적에 넣으려고 하였다. 그러나 자신의 호적에 문제가 있음을 알고, 그 무렵에 호적을 다시 만들었다고 보인다.

17 그러나 외갓집에서 성장하였다고 앞의 《주간홍성》은 쓰고 있다.

18 《주간홍성》도 17회(1927년 졸업)로 추정하였다. 그러나 필자는 재학 및 졸업에 대한 문건기록은 확인하지 못하였다. 2007년에 발간된 『홍성초등학교 100년사』에는 17회 졸업생에 한보국이 없다. 이 책의 간행을 총괄한 당시 총동창회장이었던 이익로(현재, 금마초등학교 교장)는 필자에게 그런 문건 기록을 찾지 못하였다고 증언했다. 그런데 17회 졸업생인 신봉철의 아들인 신동석(1929년생, 전 홍성여고 교장)은 자기의 아버지와 한보국은 동창생이었다

국의 고향신문인 《홍성신문》에 보도[19]되었기에 신뢰할 수 있다. 그런데 1920년대 중반 이후 홍성에서 사회운동을 하면서 〈신간회〉 지회의 간부로 있었으며, 제헌 국회의원을 역임한 손재학은 1920년대 중반 무렵의 한보국의 동정을 다음과 같이 고은에게 털어놓았다.

유년 시절의 한보국(둘째 줄의 왼쪽)

내 평생에 한번 한용운 선생을 고향에 모시고자 한 일은 실패였습니다. 그 대신 그분의 향리혈육 한점인 한보국을 신간회 홍성지회 사무실 사동으로 채용해서 식음食飮이나 거르지 않도록 주선했어요. 보국이는 그의 아버지가 조선 천하의 명사인 줄도 모르고 홍성 거리에서 엿장수, 거지노릇으로 지내다가 일약 사무실의 사환이 된 셈이지요.[20]

---

고 회고하면서, 한보국은 17회가 맞다고 필자에게 증언했다(2010년 5월 13일).

19 「특별기획 홍성근대교육 100년사」, 《홍성신문》 2007. 4. 27. 이 보도에는 1927년 홍성초등학교 17기 동기생(김영환, 한보국, 이강세 등 여섯 명)들이 홍성의 남산공원 소나무 밑에서 촬영한 사진을 게재하였다. 그리고 이 사진의 중간에 좌측에 앉아 있는 인물이 한보국이라고 보도하였다. 그 설명에서도 한보국을 한용운의 외아들로 노동당 홍성군당위원장, 건국준비위원회 부위원장으로 소개하였다. 그런데 이 사진을 제공한 이종민(홍성닷컴 대표)은 해방공간에서 자생적으로 조직된 홍성 농민조합장이었던 이강세의 아들이다. 이강세는 홍성초등학교 17회이기에, 그의 아들인 이종민은 이강세와 한보국과는 동창생이라는 말을 들었을 가능성이 농후하다.

20 고은, 『한용운 평전』, 향연, 2004, 311~312쪽.

이런 전후 사정에 의해 필자는 한보국은 그의 나이 24세가 되던 1927년 2월에 홍성공립보통학교를 졸업하고, 그해 후반부터는 〈신간회〉의 홍성지회에서 사무 보조로 활동한 것으로 본다. 홍성지회는 1927년 8월 25일에 설립되었는데,[21] 한보국은 홍성지회 설립 초기인 1928년부터는 간사로 활동을 하였다. 1928년에는 재정부에서 일을 하다가 1929년에는 집행위원[22]을 역임하였다. 한보국은 이처럼 홍성 지역의 〈신간회〉에 관여하면서 홍성 사회운동의 인물로 성장하였다고 보인다. 그리고 한보국이 1930년 1월부터는 《중외일보》의 홍성 주재기자였다는 내용이 나온다.[23] 이 같은 내용에서도 홍성에서 그의 역할을 짐작하게 한다.

그런데 한보국은 서울의 중동학교에 1930년에 입학하였다고 전한다. 홍성 지역에서 한보국과 같이 사회운동을 하였던 인사들의 구전과 홍성 지역의 사회운동을 연구한 장규식에 의하면[24] 서울로 가서 중동학교를 다니다가 독서회 사건으로 고초를 겪었다고 한다.[25] 그렇다면 《중외일보》 기자를 잠시 하다가, 서울로 올라가서 중동학교(속성과)에 입학한 것이 아닌가 한다.[26] 1930년대 초반에 한보국이 서울 서대문으로 이사를 와서 그의 모

---

21 「홍성지회 설립」, 《동아일보》, 1927. 9. 1.

22 「신간회 지회활동」, 《조선일보》, 1929. 8. 4, 12, 19면 참조. 이균영의 『신간회연구』, 역사비평사, 1993, 628쪽.

23 《중외일보》 1930년 1월 20일 자의 4면에 보도된 《중외일보》 홍성지국의 광고에 나온다. 그러나 실제 활동하였는지, 어느 기간까지 하였는지는 알 수 없다.

24 한용운의 조카인 한수만(충남, 광천읍 거주, 79세) 씨의 증언이다. 장규식은 한보국의 지인이었던 다수의 홍성 인사들을 면담하여 1930년 중동학교에 입학하여 독서회 사건에 연루되어 투옥되었다고 기술하였다. 앞의 장규식 논고, 95쪽.

25 위의 《주간홍성》에서는 이를 "중동학교 2학년 때 창덕궁 근처에 있는 민중서원이란 책방에서 『우리는 무엇을 할 것인가?』, 『제2의 가난에 대한 이야기』 등 판매금지된 책을 구입, 친구들과 함께 독서회를 하다가 치안유지법 위반 혐의로 구속돼 서대문형무소에서 3년간 옥살이를 한다."고 기술하였다. 그러나 근거는 제시하지 않았다. 필자는 이 기사를 쓴 이경현(이완구 충남도지사 비서실장 역임) 기자에게 어떤 근거로 이런 기사를 썼느냐고 문의하였더니, 그는 홍성 지역에서 한보국을 알던 인사들을 취재하여 쓴 것이라고 답변하였다. 그러나 필자는 아직까지 한보국의 중동학교 재학에 관한 문건 기록은 확보하지 못했다.

친과 생활하였다고 전하는[27] 것도 이를 보완한다.

한보국의 중동학교 재학은 그의 활동 무대를 중앙 차원의 사회운동으로 영역을 넓히게 한 계기였다. 그를 예증하는 것이 1930년 9월 22일, 서울 종로구 공평동에 소재한 중앙청년동맹회관에서 개최된 제7회 중앙집행위원회의 회의이다. 그 회의 기록에 의하면[28] 한보국은 동맹에 가입하기를 요청하여 동맹원으로 수리된 7인의 일원으로 나온다. 그 직후 한보국은 서울파, 공산당 재건 핵심 주역으로 활동하였다. 이를 전하는 문건[29]에 의하면 그

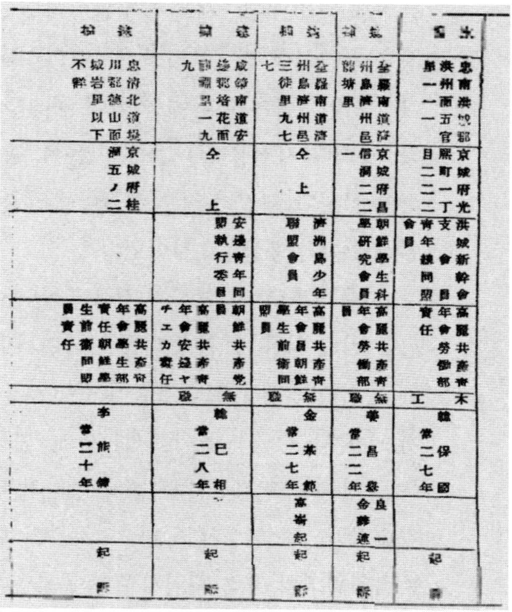

일제의 사상범에 관한 정보철. 서울계 공산당 재건설계획 검거의 건에 나오는 한보국(1931. 9)

26 필자가 『중동 100년사』(2007)를 조사하여도 한보국에 대한 정보는 찾을 수 없었다. 그런데 『중동 100년사』 중에서 중동인의 진보운동 부문을 집필한 한등민은 한보국은 정규 과정을 다니지 않고, 1년의 속성 과정에 재학하였을 가능성을 추론하였다. 필자도 한보국이 일제에 체포되었을 당시의 인적 사항에도 중동학교 부문이 드러나지 않는 것을 보면, 속성 과정을 수료하였거나 아니면 중퇴하였던 것이 아닌가 한다. 한편, 임중빈은 한보국이 공부를 하고 싶다고 한용운에게 사정을 하고, 이를 한용운이 받아들여 중동학교에 입학시켰다고 서술했다. 그래서 한용운은 일시 학비를 주선하였으나 한보국은 학업을 중단하였다고 한다. 이상의 내용은 임중빈, 『만해 한용운』, 태극출판사, 1972, 424~425쪽 참조.

27 『한용운사상연구』, 민족사, 1980, 20쪽.

28 국사편찬위원회(한국사데이터베이스), 「중앙청년동맹 집회취체 상황보고(通報)」, 『사상에 관한 정보철』(10), 京鍾警高秘 제13926호, 1930. 9. 23.

29 위와 같음, 「서울계 공산당 재건설계획 검거의 건」, 『사상에 관한 정보철』(1), 警高秘 제8094호, 1931. 9. 7.

는 1930년 10월경, 서울에서 활동하던 조선공산당원인 이윤혁, 송도호, 허정숙의 공산당 및 〈고려공산청년회〉 재건설 준비위원회의 활동에 연결된다. 즉 한보국은 이들에 의하여 공산당 및 〈고려공산청년회〉에 입회하였다. 그러나 자신을 끌어들인 이운혁, 송도호는 일제에 검거되었다.[30] 한보국을 공산당 재건 조직으로 끌어들인 이운혁과 송도호는 〈서울청년회〉 계열(서울파)의 공산주의자이었다.[31]

〈서울청년회〉의 핵심 인사들은 일제에 체포되었지만 한보국은 동지 규합을 위해 원산, 안변 등지를 다니면서도 체포되지 않았다. 이후 그는 김포에 은거하다가, 1931년 3월에는 비밀리에 서울을 거쳐 홍성으로 내려왔다가 4월에는 서울로 올라와서는 노동 현장의 조직 책임을 맡았다. 그래서 그는 공장에 들어가서 동지를 규합하기 위해 일급 20전을 받으면서 목공장 견습직공으로 일을 하였다. 이로부터 한보국은 〈고려공산청년회〉 재건설 준비위원회의 조직 책임자로 활동하였다. 그는 노동자를 유력한 당원으로 확보하기 위하여 삼성당 인쇄소, 전매공장, 경성방직회사 등에 잠깐씩 들어가기도 하였다. 한보국은 공산당 재건과 연결된 하부 조직체인 〈고려공산청년회〉 노동부 책임을 맡으면서 동시에 농민, 노동, 여자, 학생 등 4부의 연락책임자[32]로 정력적인 활동[33]을 하다가 1931년 7월경 일제에 체포되었다. 당시 그를 체포한 일제의 경기도 경찰부장은 한보국에 대한 신상을 다음과 같이 기재하여 경성 지방법원 검사에게 제출하였다.

---

30 강덕상, 「공산당 조선국내공작위원회 사건 검거에 관한 건」, 가지무라 히데키(梶村秀樹) 편, 『현대사자료』 29, 325쪽.

31 서울청년회는 공산당 재건을 위해 1929년 2월 중국 길림성 돈화현에서 조선공산당 재건설 준비위원회를 조직하고, 그 간부진을 국내로 밀파하여 활동에 나섰다. 그래서 이운혁과 송도호가 그해 11월에 입국하였다. 이균영, 「신간회의 복대표대회와 민중대회사건」, 『한국독립운동사연구』 4, 1990, 287쪽.

32 「공산청년회 4부를 설정」, 《동아일보》 1932. 7. 8.

33 한보국의 활동은 서울청년회 구파로 불린 좌익 계열에서 추진한 조선공산당 재건 운동이었다. 최규진, 『조선공산당 재건 동』, 독립기념관 한국독립운동사연구소, 2009, 133쪽.

본적: 충남 홍성군 홍주면 111

주소: 경성부 광희1丁目 222

단체관계: 홍성 신간회 지회원, 청년총동맹 회원

사건관계: 고려공산청년회 노동부 책임

직종: 토목

씨명, 년령: 한보국, 당 27년[34]

위의 내용은 필자가 서술한 내용과 거의 같다.[35] 결국 한보국은 일제에 의해 구속되고, 180일의 구류를 거쳐 재판을 받았다. 그런데 당시 한보국이 이렇게 체포, 구속, 재판을 받은 것을 한용운도 알았다. 당시 『삼천리』 4권 9호(1932. 9. 1)의 「鍾路 네거리」라는 소식란에는 당시의 상황을 다음과 같이 전한다.

> 아버지는 민족주의자요 아들은 사회주의자인 분에 許憲씨와 그의 따님 許貞淑씨가 잇고 洪命憙씨에 그의 아드님 洪起文씨가 잇고 그리고 또 韓龍雲씨에 그의 아드님 韓保國이 잇다. 韓保國은 XX黨 再建委員會 사건으로 지금 西大門형무소에 가치어 잇는데 公判이 迫到하엿기에 누가 韓龍雲씨 더러 辯護士를 대일 것을 권하엿더니 韓씨 『制令 違反이나 치안유지법 위반은 판에 박어노은 듯한 판결이나 내리는 법인데 변호사는 무슨 변호사요?』 하고 泰然 거절하엿다. 韓씨의 면목이 躍如타 할가.

한용운도 한보국의 재판에 대해서는 알고 있었지만 어떤 도움도 주지 않았다. 한보국은 1932년 8월 22일부터 시작된 경성지방법원의 공판에서

---

34 앞의 「서울계 공산당 재건설 계획 검거의 건」(1931. 9. 7) 문건

35 다만 홍성의 주소가 121번지에서 111번지로 나오는데, 이는 약간의 착오가 아닌가 한다.

심리를 받아 9월 19일에는 징역 1년 6개월[36]을 언도받았다.[37] 한보국은 공산당 재건 사건으로 1년 반의 옥고를 치른 후, 1933년 9월 20일 서대문형무소에서 만기 출옥하였다.[38]

공산당 재건 사건으로 출옥한 한보국은 홍성으로 돌아와서 칩거를 하다가 1934년 10월 16일부터는 《동아일보》 지국의 총무 일을 하였다.[39] 그런데 《동아일보》 홍성지국의 총무 일을 언제까지 하였는지는 알 수 없다. 추정하건대 해방 직전까지 하지는 못하고 중간에 그만두었을 것으로 본다. 그만둔 연유나 시점 등은 알 수 없다. 그러면 그만둔 이후에는 무엇을 하였을까? 철물점을 하였다는 것에 대해서는 한용운의 형인 한윤경의 손자이면서, 한보국과는 5촌 간으로 현재 광천읍에 거주하는 한수만이 다음과 같이 증언한다.

> 문: 당숙인 한보국이 홍성에서 엿장사를 하였다는 말이 있어요.
>
> 답: 그거는 기반이 없을 때에 철물점을 하기 전에 조금 했었다고 그거는 할머니에게서 들었어. 그거는 사실이여. 산소 근처에 철물점을 하면서, 가게를 하면서 농사에는 관심도 없고 이북에서 오는 지하운동만 하고 그랬어. 중고등학교 다닐 때에도 계속 그랬다는 거여. 토지는 임대로 주고 몇 되박을 주면 그만이고, 주든지 말든지 말었다는 거여. 그러면서 서울에 왕래하면서 지방에는 있지도 않고, 김일성 지하운동 그런 거 하러 다닌겨. 기반이 있어서 그렇게 한 것이 아니고, 사상과 이념이 그거였어.

36 검사의 구형은 징역 2년이었다.

37 「이운혁 등 법정에서의 심리상황」, 『사상월보』 2권 7호(1932. 10. 15); 「공산당재건위원회 이운혁 등 금일 판결」, 《동아일보》, 1932. 9. 20.

38 「共産黨 關係 兩氏의 出監」, 《조선중앙일보》, 1933. 9. 21.

39 「광고」, 《동아일보》, 1934. 10. 22.

문: 한보국을 만나서 이야기한 적은 없었나요?

답: 나하고 당숙하고는 차이가 많지. 대화는 내가 나이가 어려서 하지 못하고 살았어요. 당숙은 일정 때에도 참초도 안 오고, 벌초하는 것에 관심도 없고 그랬어. 내가 쭉 산소의 벌초도 하고, 오늘날까지 관리를 하고 있어.

철물점 할 때, 내가 어렸을 때(1932년생, 필자주) 한 번인가 들렸는데 철물점은 점원도 없고, 혼자 혔어. 당숙모는 집에 있으면서 각처로 전화하고 그랬어. 당숙모도 보통내기가 아녀. 경찰들이 뭐라고 하면은 막 갈겨댔다고 그래. 싸가지 없는 새끼들이라고 하면서. 당숙모도 당숙 밑에서 같이 지하운동, 빨치산을 했다고 혀. 내가 철물점에서 만났었는데 찾아뵈려고 다시 갔지만 못 만났어.[40]

이렇게 한보국은 일제 말기, 해방 무렵까지는 홍성에서 철물점을 했다.[41] 그러면 이제 한보국이 홍성에서 생활하면서 결혼을 하고 가정을 꾸렸던 내용을 살펴보고자 한다. 한보국의 제적등본에 의하면 다음과 같은 내용이 나온다.

서기 1921년 10월 10일 전 호주 사망으로 인하여 호주 상속

서기 1940년 7월 18일 대전 지방법원 홍성지청의 허가에 의하여 취적

서기 1940년 7월 26일 姜昌玉과 혼인신고

여기에서 한보국의 부인이 강창옥姜昌玉[42]이라는 것이 확인된다. 그런데

---

40 김광식, 『우리가 만난 한용운』, 참글세상, 2010, 226~228쪽.

41 《주간홍성》은 한보국이 홍성으로 귀향하여 강창옥과 결혼하여 살던 초기, 외갓집에서 준밭 400평을 갖고 농사를 짓다가, 그 후에는 홍성읍 오관리 474번지에 집을 짓고 철물점을 차리고 《동아일보》 지국 일도 하였다고 서술했다. 그러나 여기에서 말하는 번지수는 재고가 요청된다.

42 강창옥은 홍성군 홍북면 내덕리 출신으로, 사회주의 운동을 하였다.

이 기록에서 흥미로운 것은 1921년 10월 10일, 전 호주의 사망으로 인하여 한보국이 호주를 상속하였다는 것과 1940년 7월 18일 대전 지방법원 홍성 지청의 허가에 의하여 취적을 하였다는 내용이다. 이것은 어떤 사정을 반영하는가? 이제 그 실마리를 잡고 진실에 접근해 보자. 우선 1921년에 전 호주가 사망하였다는 내용에서 전 호주는 한용운을 말한다. 그런데 한용운은 1921년 10월에는 3·1운동 민족대표였기에 일제에 의해 수감되었고, 사망하지도 않았다. 어떻게 해서 이런 일이 일어났던가? 이에 대한 단서는 위에서도 소개한 바 있는 한수만의 증언에서 찾을 수 있다.

> 만해 할아버지가 독립운동에 실패하고서 그러고서는 만해 할아버지가 형님을 살리려고 호적도 다 뜯어 고쳤어. 독신으로. 만해 할아버지가 아명이 유천이여, 개명한 이름이 한용운이었지.[43]

즉 한용운이 자신의 형인 한윤경을 살리려고 호적을 고쳤다는 것이다. 독신으로 고쳤다는 것인데, 이것이 무슨 말인가. 이는 한보국의 제적등본에 나오는 표현인 사망으로 처리하였다는 것이다. 다시 말하자면 기존 호적에서 한용운을 사망처리 함으로써 한윤경은 독신이 되었다는 것으로 이해된다. 어떻게 이런 일이 가능하였는가에 대해서는 더 이상 언급하기가 곤란하다.[44] 하여간에 이전 제반 정황을 신뢰하면 한용운의 사망으로 처리된 것에 의해 한보국은 호적에서 올려질 수 없었다.[45] 그래서 한보국이 1940년 초반 무렵, 그의 처인 강창옥과 자신의 자식을 자신의 호적에 올리

---

43 앞의 책, 214쪽.

44 이는 한용운의 형이 한용운의 결정, 동의하에 한 것으로 볼 수밖에 없다. 한용운 형인 한윤경은 1929년에 사망하였다. 한수만은 《홍성신문》과의 인터뷰에서 일본군 끄나풀로 사는 간신들에 의해 발각되어 한용운의 형이며, 자신의 할아버지(한윤경)가 많은 고초를 겪었다고 회고하였다. 「만해 한용운 선생의 종손자 한수만씨의 증언」, 《홍성신문》, 2009. 2. 24.

45 그때까지 호적에 신고를 하지 않았는지는 알 수 없다.

려고 하였으나 올릴 근거가 없었던 것이 아닐까? 이에 한보국은 이런 사실을 알고 홍성지청에 그 전후 사정을 개진하고 허가를 득하여 취적就籍을 한 것으로 보인다. 그래서 제적등본에 나오는 것과 같이 1940년 7월 18일에 취적을 완료하고, 그로부터 8일 후인 7월 26일에는 혼인신고를 한 것으로 기재를 완료하였다.[46]

이런 전후 관계에서 필자는 한용운이 『님의 침묵』의 시집에서 자신은 민적이 없다[47]고 읊었던 저간의 사정을 재삼 음미케 한다. 그래서 필자는 한용운에 대한 1930년대 전반기 자료에서 한용운의 원적을 재검토하였다. 우선 『동광』 38호(1932. 10)의 「소식: 불교사 한용운」이라는 지면에 한용운의 원적은 강원도 양양군, 주소는 경성 사직동 141번지로 나온다. 그리고 일제의 『왜정인물』 6권의 한용운 정보에서 출신지는 강원도 양양군 도천면 신흥사, 현주소는 낙산사로 나오는 것[48]도 흥미로운 것이다. 이렇듯이 한용운의 원적과 출신이 신흥사로 나온 것도 그냥 우연은 아니라고 보인다. 즉 한용운이 홍성의 호적에서 사라졌음을 의미한다.

그런데 이 같은 사실을 인정하고, 한보국의 제적등본에 나오는 강창옥, 그리고 한보국의 자식들에 대한 정보를 파악하면 흥미로운 내용이 나온다. 우선 강창옥에 대해서 살피면 그는 1917년 1월 3일생으로 나온다. 그런데 한보국은 1904년생이었다. 그렇다면 한보국과는 13살의 차이가 나는 것이다. 운동 및 이념에 의해 결합된 부부라고는 하지만 당시의 정서를 생각하면 상당한 나이 차이이다. 그리고 다음과 같이 제적등본에 제시된 당

---

46 그런데 한보국의 제적등본에 나오는 전정숙의 공간에서도 이 사실은 동일하게 나온다. 즉 1921년 10월 10일 父 사망, 1940년 7월 18일 취적, 1940년 7월 22일 신고, 1946년 3월 18일 사망 등이다.

47 한용운의 형인 한윤경이 나오는 민적(제적등본)을 확인하였더니 한용운에 대한 인적 사항이 전혀 나오지 않는다. 한윤경, 한윤경의 부인, 장녀, 2녀, 장남, 장남의 처, 손자까지는 나온다.

48 국사편찬위원회, 한국데이타베이스, 한국 근현대 인물자료, 한용운 편 참조.

시 한보국의 1남 3녀의 생년월일을 보면 의외의 내용이 나온다.

장남: 明進 1941년 4월 20일 출생
1941년 4월 26일 신고
1942년 7월 3일 사망(7월 4일 신고)

장녀: 明淑 1936년 10월 20일 출생
1943년 3월 6일, 父 認知

차녀: 明界 1939년 2월 20일 출생
1943년 3월 6일, 父 認知

삼녀: 明子 1943년 7월 2일 출생
1943년 7월 12일 신고

사녀: 明世 1947년 6월 30일 출생
1947년 12월 29일 신고

한보국 자식들의 출생, 호적신고에 대한 내용은 위와 같다. 우선 유일한 아들인 명진은 태어나서 두 살 무렵에 사망하였다.[49] 그런데 장녀와 차녀는 한보국이 강창옥과 결혼신고를 하였던 1940년 7월 26일의 이전에 출생하였다. 즉 장녀는 1936년에, 차녀는 1939년에 태어났던 것이다. 이는 한보국과 강창옥이 사회주의 운동을 같이하면서[50] 동거, 결혼은 하였지만 운동의 치열함, 혹은 사정에 의해서 호적신고를 하지 않은 것을 반영한다.[51] 신고를 할 수 있는 여건이 안 되었을 수도 있다. 그러다가 1940년 그때에

49 외아들이 일찍 죽은 것은 한수만 씨에게서도 확인이 되었다. 앞의 책 『우리가 만난 한용운』 217쪽.

50 강창옥은 홍성의 여성동맹위원장을 하였다.

51 취적을 할 때, 호적에는 장녀와 차녀는 '私生子'라고 기재하였다. 그런데 한보국이 인지하여 계출屆出한 것으로 나온다.

가서 두 딸을 호적에 올릴 필요성을 인지하게 되었다고 보인다. 그래서 제반 사정을 파악하고, 법원에 신청을 하여 호적이 만들어졌다고 이해된다.

그러면 한보국은 언제부터 강창옥과 실제의 결혼생활을 하였는가. 이에 관해서는 그의 나이 31세 당시인 1935년에 한 것으로 전한다. 당시 그는 조선을 되찾기 전에는 장가들지 않겠다고 버티다가[52] 공산당 사건으로 서대문형무소에 수감되었다가 나온 직후 홍성에서 철물점을 경영하면서 동시에 《동아일보》 지국의 총무를 보면서 동거생활을 시작한 것으로 보인다. 이런 정황은 한보국의 홍성초등학교 동창생인 신봉석의 아들로 그 즈음에 한보국을 만나고, 한보국의 철물점[53] 인근에 살았던 신동석[54]의 증언이 주목된다.

제 아버님은 홍성초등학교 17회입니다. 저는 제 아버지와 한보국이 동창생으로 알고 있습니다. 제 아버지가 동창생이라고 말씀을 하시고 지냈죠. 그래서 한보국과 한보국의 친구들이 저희 집에 자주 와서 밥도 먹고 그랬어요. 그리고 제 할아버지에게 세배도 오고 그랬어요. 제 아버지와는 친구지간이라 서로 자주 만나고 그래서 저도 자주 만났지요. 하여간에 홍성에 있는 친구들 모임이 있으면 저희 집에 우르르 몰려와서 술도 먹고 가고 그랬는데, 읍내에 동창이 여럿이 있으니 그리 한 것이지요. 하여간에 자주 왕래했어요.

저희 집 근처에 한보국이 하는 철물점이 있었어요. 제 아버지는 한보국네 철물점이라고 했어요. 저는 그 철물점에 가서 한보국을 자주 찾아뵙고, 그리고 한보국

52 홍정자, 「만해 한룡운의 자손들」, 『하나는 전체를 위하여 전체는 하나를 위하여』, 평양출판사, 2004, 49쪽.

53 철물점은 홍주성 인근인데, 현재 홍성읍내 오관리 상설시장의 입구 사거리에 있었다. 현재는 그 터에 조양법무사 사무소(오관리 196-20번지)가 있다. 그곳은 당시로서는 한적한 외곽 동네였는데 인근에는 일본인 집과 병원이 있었다고 한다.

54 신동석은 신봉석의 장남으로 1928년생인데, 홍성초등학교 32회생(1942년 졸업)이다. 그는 홍성공립중학교(5년제)를 다니면서 1946년까지 홍성 읍내에 거주하였다.

이 저를 이뻐해 주었어요. 그리고 제가 초등학교를 다닐 적에 학교 유리창이 깨지면 유리를 끼워 주러 왔어요. 한보국은 유리를 고칠 때에 우리들이 까불고 그러면, 수업할 때에 그러면 안 된다는 말도 했어요. 대개 혼자 와서 자기가 직접 하는 거에요.

그리고 철물점에 동아일보 지국이라는 간판이 붙어 있었습니다. 배달원을 따로 두고 했어요. 지국을 한 것이 기억나지요. 그러다가 해방되기 전에 동아일보 지국은 전의 이씨인 노인 양반이 인수받았어요. 그 노인이 우리 학교에 신문을 가지고 와서 학생들에게 배달을 하고, 신문값도 받아 가고 그랬지요.[55]

이렇듯이 한보국은 1935년 이후에는 홍성에서 가정을 꾸리면서 《동아일보》 지국의 일을 보고, 철물점을 열어 생활하였다.[56] 그가 홍성에 거주하면서도 서울의 심우장에서 칩거하였던 한용운을 만날 때에 가끔 그의 딸을 데리고 다녀갔다는 증언[57]을 고려하면 한용운과의 일정한 관계는 지속되었다고 보인다. 그러면서도 그는 홍성에서 지속적으로 사회운동, 민족운동을 하였다. 그러면서 일제가 패망하는 그날을 준비하였다.[58]

해방을 전후하여 홍성 지역의 대표적인 사회단체는 1943년 9월에 조직된 〈가야동지회〉였다. 그런데 흥미로운 것은 이 동지회를 주도한 핵심 인

55 이 구술은 2010년 5월 13일, 홍주성 인근 한보국이 철물점을 하였던 현장을 필자와 함께 답사하였던 신동석(홍성읍 오관리 217-2, 1928년생 현재 84세)이 필자에게 증언한 내용을 정리한 것이다.

56 신동석은 철물점에서 한보국의 부인은 보았지만 한보국의 딸과 모친은 본 적이 없다고 하였다. 그렇다면 한보국의 살림집은 별도로 있었을 가능성이 있다. 그리고 철물점의 상호가 있었는지에 대해서 신동석은 기억을 하지 못하였다. 철물점에서는 유리를 팔고, 자전거포의 역할도 하였다고 한다.

57 이는 재미교포인 홍정자가 1994년 10월경, 평양에 가서 한보국의 딸을 만난 일을 『말』(1996. 1)에 기고한 「'만해' 한용운의 자손들」의 내용에 나와 있다.

58 한보국은 서해안의 배에서 미국의 단파 라디오를 통해 정보를 파악하는 사람과 긴밀하게 접촉하였다고 한다.

사의 일원이 한보국이었다는 점이다. 〈가야동지회〉는 한보국을 대표로 하였던 토착적 사회주의 인물과 중도우파 계열의 청년지식인이 공동으로 활동하였는데,[59] 여기에서 한보국의 융통성, 개방성을 엿볼 수 있다. 열두 명의 회원들[60]은 한 달에 두 번씩 관솔을 따러 간다는 경목으로 도시락과 톱을 싸들고 수덕사 뒤의 가야산에 비밀리에 모였다. 회원들은 급격히 변하는 국내외 정세에 관한 정보 교환과 향후의 대책을 토론하기 위한 조직체를 만들었는데 그것이 바로 〈가야동지회〉였다.[61] 한보국은 이 단체의 핵심 인물로 활약하였다. 여기에서 그는 1920년대 후반부터 홍성 지역, 나아가서는 중앙 차원의 사회운동에 적극적으로 참여하였음을 알 수 있다.[62] 일단 여기에서 필자는 한보국이 1928~1945년 홍성 지역에서 독자적인 기반, 노선, 지향을 갖고 좌우합작의 성격을 띤 독립운동을 하였음을 제시한다.

---

59 장규식, 앞의 글, 98쪽.

60 회원은 대부분 지식인이었지만, 그 지역 홍성교회의 목사(박설봉)와 각성된 농민(이강세)도 있었다. 장규식은 위의 논문 98쪽에서 우파 회원을 유승준, 박설봉, 조영행, 이인상, 송병진, 심상직으로, 좌파 회원을 한보국, 김동진, 강창록, 이인현, 최덕길, 이강세라고 분류하였다.

61 박설봉, 『현실과 이상의 갈등』, 상동교회, 1988, 11~13쪽. 2007년 상동교회에서 발간한 『박설봉감독 회고록』 38쪽에는 이를 "나는 그때 자포자기하고 있는 청년들과 만나서 미래를 이야기하였으며 한 달에 두 번씩 관솔을 딴다고 도시락을 싸들고 깊은 수덕사 가야산 속으로 들어가서 밀회를 하였으며 이 나라 장래 계획을 세우기도 했다. 이 집단이 가야 비밀 동지회이었으며 후일 8·15해방이 되자 전 홍성군 행정과 치안을 접수·담당하기도 했다. 목숨을 초개와 같이 여기고 일본 경찰과 싸우며 설움과 고독에 울고 있는 많은 젊은이들과 함께 생활을 하였다."고 서술되었다. 박설봉은 1943년 3월에 홍성 감리교회의 담임목사로 부임하였는데 위의 책 441쪽의 박설봉 주요 이력에는 1943년 9월부터 1945년 8월까지 항일단체 가야결사대 대표라고 나온다. 위의 책, 318쪽에는 박설봉이 일제 말기에 독립운동을 하였음을 질문하는 기자에게 "당시 항일단체인 가야결사대 대표로 활동했습니다. 큰 활동은 못했지만 그래도 목숨을 걸고 항일운동을 했습니다."라고 피력한 내용이 나온다. 이 인터뷰는 「여의도 초대석」, 《국민일보》, 2000. 2. 11에도 나온다. 그 밖에 박설봉이 가야동지회에 가담하게 된 배경, 대민 활동 등에 대해서는 홍성제일교회 홈페이지, 교회 역사(1943~1947년)의 지면과 「협성의 아버지 박설봉감독」, 《기독교타임즈》, 2001. 12. 26의 내용을 참고 바란다.

62 「홍성 지역의 NGO」, 《홍성신문》 1999. 12. 6.

그러나 이념적으로는 중도적인 사회주의에 근거하였고, 그를 기반으로 홍성 지역의 사회주의 세력을 대표하였음도 확인하였다.

## 4. 해방공간, 6·25전쟁 당시의 한보국의 활동

1945년 8·15해방 이후 한보국의 활동에 대해서 살펴보고자 한다.[63] 전술한 바 있는 〈가야동지회〉는 1945년 8월 15일, 일본 천황이 항복을 발표하는 방송을 듣고는 바로 다음날 최명룡과 유승준의 홍성 집에서 모임을 갖고, 대책을 협의하였다. 이 모임에 한보국이 참석하였음은 물론이었다. 당시 모임에서는 해방을 축하하는 군민대회의 개최 준비를 위해 〈全洪城 民衆大會 籌備委員會〉[64]가 구성되었다. 이런 준비를 거쳐 8월 18일 홍성초등학교의 마당에서 군민의 해방축하식을 거행하였다. 한보국은 군민대회에서 경과 보고를 하였는데,[65] 여기에서 그의 홍성 지역 해방공간에서의 위상과 행보를 짐작할 수 있다.

이 같은 해방축하 행사를 주도한 〈가야동지회〉는 홍성 읍내의 서문 밖에 있는 감리교회에 모여서 〈홍성군 자치위원회〉를 조직하였다. 한보국은 자치위원회의 부위원장으로 선임되었다.[66] 자치위원회는 치안, 질서 유지, 적산 관리, 친일파 처리, 교육 문제 등에 대한 방침을 정하고 군청, 경찰서

---

63 그런데 한용운이 1944년, 심우장에서 입적하였을 당시에 한보국이 참석하였는지의 여부는 알 수 없다.

64 이 위원회에 한보국이 참여하였는지는 문건에 나오지 않는다. 그러나 전후 관계로 볼 때 참여한 것으로 보인다.

65 장규식, 앞의 글, 100쪽. 그런데 1969년에 발간된 『홍양사洪陽史』5~10쪽에서는 주비위원장籌備委員長인 손재학이 경과보고를 하였으며, 손재학이 자치위원회 부위원장까지 하였다고 기술했다. 그러나 해방공간의 다수의 인물(최호인, 이태현, 박설봉 등)의 증언을 토대로 당시 상황을 재구성한 장규식은 손재학의 부위원장설은 신빙성에 문제가 있다고 보았다.

66 장규식, 앞의 글, 101쪽. 그런데 앞의 책 『홍양사』 5~11쪽에서는 한보국을 자치위원회 위원

를 접수하여 위원회의 사무실로 활용하였다. 그리고 지역 사회의 혼란한 질서를 정비·유지하는 치안대를 조직하고 읍면 단위의 자치위원회도 조직하였다. 그리고 친일파 숙청위원회를 두어 친일파 문제도 대응하였다. 이런 활동으로 자치위원회는 자연스럽게 1945년 9월 2일에 출범한 홍성의 건국준비위원회로 전환되어 갔다.[67] 이러한 움직임을 주도한 인물은 홍성 지역의 자생적인 사회주의 세력과 중도우파적인 청년 지식인들이다.

한보국과 딸, 손자들. 한보국이 사망하기 이전 평양에서 촬영하였다.

이런 배경, 토대하에서 한보국은 홍성 지역 사회주의 세력을 대표하면서 〈홍성군 건국준비위원회〉 부위원장을 역임하였다. 한보국은 해방 이전에도 좌우합작의 기조를 유지하였는데, 이 노선은 해방 직후의 공간에서도 지속되었다. 다시 말하자면 한보국은 중도적인 사회주의 이념에 서면서도 중도우파의 민족주의 세력과도 제휴를 하는 맥락에서 국가 건설을 염두에 두었음을 파악할 수 있다. 아래의 한보국의 발언은 그를 예증한다.

> 조선 5백 년의 봉건사회가 해체되어 갈 즈음 일본제국주의의 조선 침탈은 일본

---

으로만 언급했다.

67 앞의 책 『홍양사』, 5~13쪽.

자국의 자본주의 발전을 위해 조선을 철저히 착취·수탈하는 것으로 일관하였기 때문에 일제 36년간은 마르크스 역사 발전 법칙의 단계를 밟지 못한 역사 발전의 공백기로 보아야 한다.

따라서 현 시기 한반도 역사는 정치적 민주주의를 위해 격렬한 투쟁에 참가한 인민들의 전체 사회생활 특히 생산 조직에까지 민주주의를 확대함에 있어 일단은 사유재산을 인정하고, 기간산업은 국가에서 직영하는 과정을 거쳐 사회주의로 나가야 한다.[68]

그러나 한보국의 건국준비위원회에서의 활동은 그리 오래가지 못하였다. 충남 도인민위원회 가입 여부를 놓고 건준 내부의 보수 세력과의 알력으로 홍성 건준은 1945년 9월 말부터 분열, 해산되었기 때문이다. 그래서 한보국은 좌파 세력을 규합하여 노농동맹勞農同盟에 기초한 통일전선을 통해 인민정권을 창출하려고 하였다. 즉 기층 통일전선의 일환으로 1945년 10월 1일에는 〈홍성군 인민위원회〉를 조직하고, 위원장으로 활동하였다.[69] 한보국은 인민위원회를 통하여 친일 잔재와 봉건 잔재를 청산[70]하려고 노력하였다. 인민위원회는 홍성읍사무소에 사무소를 두고, 통치 기능 강화에 나섰다. 그리고 자체 보안대, 청년동맹, 농민조합, 부녀동맹, 직업동맹 등을 기반으로 해서 농악대회를 개최하며 역할 증대를 시도하였다. 한보국은 홍성군 내의 사회주의 활동가들을 자신의 지지 세력으로 만들면서 해방공간의 홍성을 장악하고자 하였다. 이 같은 한보국을 대표로 하는 사회주의 세력의 움직임에 대항하여 홍성의 중도우파 세력은 1945년 10월 7

68 이는 당시 인민위원회 조직부장을 역임하면서 한보국과 함께 활동한 이태현의 증언이다. 장규식, 앞의 글, 107쪽.

69 장규식, 앞의 글, 110~111쪽. 출범 시에는 중도우파의 유승준을 위원으로 선임하였으나 10월 3일에 사임하여 한보국이 선임되었다. 당시 인민위원회를 주도한 인물은 전명재, 김동진, 이인현, 이강세, 장인갑, 김정환, 전주봉 등이었다. 『홍양사』, 5~14쪽.

70 친일파 처리, 일제가 약탈한 전쟁 물자와 친일파의 재산 몰수, 소작료 3·7제 시행 등이다.

일 수덕사에서 모임을 갖고 사회민주동맹 조직위원회를 조직하면서 자체 결속, 독자적인 행보로 나갔다.[71]

그러나 미군정이 치안과 행정을 맡으면서 점차 한보국의 활동은 위축되어 갔다. 즉 미군정의 보수화, 경찰의 좌익 세력 탄압 등으로 인해 진보, 사회주의 노선에 서 있었던 인사들은 지하로 들어갔다. 한보국은 1946년 3월, 광천의 일본인 금광업자가 금괴 여섯 개를 몰래 처분하여 일본으로 가려는 것을 발견하여 금괴를 압수하였다. 그러나 이 일로 한보국은 인민위원회 조직원과 함께 구속되어 대전에서 재판을 받고, 10개월간 구속되었다. 인민위원장이었던 한보국의 구속은 좌파 노선의 진로를 상징하는 것이었다. 이후 홍성의 사회주의 세력(인민위원회, 민전)은 인민정부 수립운동을 추진하였다. 그러나 1946년 가을, 홍성 지역의 경찰서와 지서 등 관공서를 무력으로 총공격하였던 '10월 항쟁'으로 인하여 조직 자체가 불법 단체로 전락하였다. 그래서 사회주의 세력은 점차 운동 공간의 일선에서 퇴진하였다.[72] 이런 구도에서 한보국도 지하투쟁을 하였다.[73]

그 이후 한보국은 1948년 8월 21일, 해주에서 개최된 인민대표자대회에 홍성군 대의원으로 참가하였다.[74] 이 회의는 남북한 동시 선거가 불가하였

71 『홍양사』, 5~15쪽. 당시 홍성에 있었던 신동석은 해방을 기념하는 군중대회를 좌파들이 주관했는데, 그 이후 우파들이 대회를 주동한 인물들을 폭행하여 주동자들이 도망다녔다고 필자에게 증언하였다. 이 사정은 구체적이지는 않지만 점차 좌익과 우익이 갈라지는 정황을 대변한다.

72 사회주의자들의 우익 인사에 대한 규탄물 발송, 벽보 부착, 기습적인 가두선전, 봉화 시위 등이 그것이었다. 이런 한보국의 행보에 대하여 일제 말기에 〈가야동지회〉 회원이었던 박설봉(홍성교회 목사)은 "죽음을 같이 맹세했던 가야동지회원 한00(33인 시인 한00씨의 아들)이 인민위원장이 되어 우리 민족진영에 대항해 온 사건"으로 표현했다. 앞의 『박설봉감독 회고록』, 39쪽.

73 당시 그는 자금의 일부를 우익 인사들에게 조달받았다고 한다. 이는 그가 좌우합작 지향적인 노선을 걸은 것으로 볼 대목이다. 그는 1948년 2월 7일, 남한만의 단독선거를 반대하는 차원에서 홍성 경찰서를 습격하였다.

74 홍성군 조선노동당 위원장을 역임한 전명재와 함께 참가하였다. 이런 측면에서 봤을 때 한

고, 남한만의 단독 선거로 정부를 수립하자, 북한에서도 사회주의 독자적인 정권을 수립하기 위한 대회였다. 이 대회에 한보국은 홍성 지역을 대표하여 참석한 것으로 추측된다. 해주대회에 참가하였다가 홍성으로 돌아온 그는 1948년 겨울 무렵 피신 겸 지하투쟁을 위하여 상경하였다.[75] 이때에는 그의 가족도 함께 서울로 올라왔다. 그렇지만 한보국은 1950년 3월에 경찰에 체포되어 서대문형무소에 수감되었다.[76]

그로부터 얼마 후에 6·25전쟁이 발발하였다. 서울에 인민군이 들어오자 그는 인민군에 의해 출옥할 수 있었다. 그는 즉시 홍성으로 내려갔다. 홍성에 내려간 그는 홍성의 인민위원회 위원장을 맡았다. 이제 홍성의 행정, 치안 등 전체의 운영이 그의 손에 들어왔다. 이때 그가 하였던 활동 내용, 특이점 등은 전하지 않는다. 다만 그를 지근거리에서 지켜본 한용운의 종손인 한수만은 다음과 같이 증언한다.

> 6·25전쟁 그 당시에 한보국 씨 그 당숙이 지금은 지위로 군수이지만 군당위원장으로 들어앉았어.[77] 그러나 보국 씨가 홍성을 떠나면서 어떻게 하면 살아남을 수 있는지 많은 사람들에게 일일이 가르쳐 주고 떠난 걸 보면 공산주의자가 아닌 것 같다.[78]

---

보국은 남로당 당원일 가능성이 많다. 그러나 필자는 그에 대한 기록(문헌, 증언)은 확보하지 못하였다.

75 서울에서 지하투쟁을 할 무렵에 한보국은 나무장사를 하였다는 증언이 있다. 이는 생계 유지 겸 지하 사회주의 활동을 위한 것으로 보인다. 이 증언은 홍성이 고향인 서울대 국어국문학과 명예교수인 김완진 교수(2011년 현재 83세)의 회고를 한계전 교수(서울대 국어국문학과 명예교수, 만해학회 회장)가 필자에게 전한 내용이다. 김완진은 한보국과 동향이라 얼굴을 아는 사이였는데, 그가 서울대학교 문리과 대학에 재학 중 학교를 가기 위해 전차를 타고 갔는데 혜화동과 명륜동 사이에서 나무장사를 하는 한보국을 자주 목격하였다고 한다.

76 홍정자는 무기징역을 받았다고 하였으나 신뢰하기는 어렵다.

77 김광식, 『우리가 만난 한용운』, 참글세상, 2010, 216쪽.

78 이번영, 앞의 책, 145쪽.

그러나 온건 노선의 행보를 가던 한보국의 인민위원회 위원장으로서의 활동은 오래가지 않았다. 1950년 8월 15일 조선노동당의 선거를 통해 인민위원회를 재편하라는 지시에 의해 인민위원장에서 탈락하였다.[79] 그는 충남 직업동맹위원장으로 발령받아 외곽으로 전출되었다.[80] 이와 같은 6·25전쟁 당시 한보국의 활동은 위에서 그 무렵 홍성읍내에 있었던 신동석의 증언이 참고된다.

저는 1947년에 부산수산대학을 입학해서 1950년에 졸업을 하고는 상공부의 수산국에 취직을 해서 다니다가 6·25전쟁이 나서 고향으로 왔지요. 부산으로 출장을 갔다가 갖은 고생을 해서 홍성에 오니깐 7월 17일인가 18일이었습니다. 집에 와서 보니, 제 아버지는 7월 12일에 군 내무서장인 이종환이 잠시 보자고 해서 따라나섰는데 그 후로 집에 돌아오질 못했어요. 아버지는 내므서장이 친구라서 무심코 따라갔지만, 그 길로 살아오질 못하고 9·28 수복 후에 알고 보니 좌익에게 트

79 그 이면에는 홍성군 조선노동당 위원장이었던 전명재와 갈등이 있었다고 한다. 그 갈등은 한보국이 중도적, 온건 노선을 간 것에 대한 대립이었을 것으로 브인다. 한보국의 온건성은 보도연맹 사건에서도 나온다. 1950년 7월 초, 홍성 경찰이 보도연맹원 100여 명을 용봉산에서 처형하였다. 그 후(7월 11일경) 인민위원회가 결성되자 보도연맹에 희생된 좌익 계열이 우파 인사들을 보복 차원에서 처형하려고 하였으나 한보국은 이에 응하지 않았다고 전한다. 이상은 홍성 지역에서 문화관광해설사로 활동하는 한건택이 필자에게 전한 내용을 요약한 것이다. 한건택은 6·25전쟁 당시 한보국과 함께 좌익 활동을 하였던 인사로부터 이 같은 내용을 청취하였다고 한다. 한편, 〈진실·화해위원회〉에서 2009년에 펴낸 『충남서부지역 국민보도연맹 사건 진실 규명 결정서』에는 한보국의 홍성초등학교 동창생인 이강세가 보도연맹 사건으로 희생되자, 한보국은 장례위원장이 되어 이강세가 처형된 것으로 보이는 대전의 집단 학살 현장에 사람을 보내 시신을 수습하도록 배려하였지만 시신은 찾지 못하였다는 내용이 나온다. 이런 증언에서도 한보국의 온건성을 찾을 수 있다. 임중빈은 위의 책, 425쪽에서 한보국이 "인민공화국이 이렇게 될 줄은 몰랐어, 죄 없는 시골 사람을 잡아다가 모조리 생죽음을 시키다니! 무차별 몰수도 지나친 일이고……"라고 친구들에게 실토하였다고 서술했다.

80 앞의 《주간홍성》 참조. 이를 홍성 지역의 머슴들에게 쫓겨났다고 증언하는 경우도 있는데, 이 머슴들은 토착, 극단적인 사회주의 세력이라고 이해된다.

럭에 태워져서 가다가 한밤중에 즉결처분으로 돌아가신 것이지요. 우리 집에서는 아버지가 집을 나가서 돌아오시지 않으니 걱정이 돼서 인민위원회에 선을 대서 알아보고 그랬어요. 그리고 저는 아버지와는 친구이고 그때 인민위원장을 하던 한보국을 찾아가서 아버지가 어떻게 되었냐고 물어보았지요. 그랬더니 한보국은 '아마 아버지는 못 돌아오실거여' 라고 말을 하드라구요.

그런데 한보국은 전쟁나기 전에는 원래는 호인으로 소문났어요. 그거는 저의 선친하고 친구니깐 제가 그렇게 생각하는 것도 있지만 저로서는 인상은 좋았어요. 9·28 수복으로 전세가 역전이 되고 나서는 한보국에 대해서 좋게 이야기를 하는 사람도 없었지만, 그렇다고 아주 나쁜 놈이라고 싸가지 없는 놈이라고 말하는 사람도 없었어요. 다만 몇 사람은 호인으로만 알다가 그 사람의 사상이 그런 줄은 몰랐다, 그렇게 골수 좌경분자인 줄은 몰랐다고는 말했어요. 홍성 지역사회에서는 한용운의 아들로 다 알고 있었고, 호인으로 통했어요. 6·25전쟁 때에 한보국으로 인해서 희생되거나, 사람을 다치게 한 일은 없는 것으로 알고 있습니다.

지금의 입장에서 저로서는 한보국을 너무 좌파로만 몰면 안 된다고 봐요. 지금은 홍성에서도 한보국을 아는 사람이 몇 없어요. 그래도 일제 때에는 저항운동은 하였으니깐 독립운동을 한 것으로 볼 수 있어요. 저의 어릴 적 기억으로는 사업을 열심히 했었어요. 그리고 사람은 좋은 분이라고 기억합니다.[81]

위와 같은 증언에 의하면 그가 온건하게 인민위원회 활동을 한 것은 분명하다고 본다. 호인이었다, 사람을 다치게 하지 않았다, 혹은 좌우연합적이었다는 평가들이 그를 뒷받침 한다.

이렇게 그는 〈홍성군 인민위원회〉에서의 행적을 남기고 그 이후에는 인민군의 후퇴, 인천상륙작전, 9·28 서울 수복 등으로 인해 인민군을 따라

---

81 이 구술도 2010년 5월 13일, 홍성에서 필자에게 한 증언을 정리한 것이다. 신동석은 홍성고교 교장, 홍성여고 교장을 끝으로 교직 생활을 마감한 지역 인사로 그의 증언은 객관적으로 신뢰성이 간다고 필자는 생각한다.

서 북한으로 갔다. 그는 가족을 경기도 연천에 데려다 놓고는, 다시 군부대로 들어갔다. 한보국의 가족들은 압록강 근처까지 후퇴하였다가 중공군을 따라서 평남 영원읍에 와서 1953년까지 머물게 되었다.

한보국은 전쟁의 소용돌이 속에서 부상을 당하여 황해도 전상자 병원에 중환자로 입원하였다. 마침내 한보국의 가족들은 1956년에 재상봉하였다. 그러나 그때에 한보국은 반신불수의 몸이었다. 그 이후 북한 공산정권은 한보국에게 적절한 대우를 하였다. 평양 피복관리소 명예 부지배인으로 위촉, 평양의 애국열사 아파트 제공, 1964년에는 환갑잔치상 배려,[82] 국가 행사 시에 귀빈 자리 제공 등이 그것이었다. 그러다가 한보국은 1976년에 다음과 같은 유언을 딸들에게 남기고 73세를 일기로 서거하였다.

> 통일이 되면 이 아들 대신 너희들이 조부님 성묘하라.

한보국의 딸은 다섯 명으로 전해지고 있다. 6·25전쟁 전인 1947년에 4녀인 한명세가 태어났는데, 그 이후에 태어난 딸에 대해서는 알 수 없는 형편이다.

이렇게 북한에서 한보국에 대한 생전 대우는 각별하였지만 남한에서의 평가, 대우는 냉혹하였다. 우선 한용운, 한보국의 고향인 홍성에서 그의 존재는 사라졌다. 그가 살던 집, 몇 마지기의 땅은 유력자들의 손에 의해 점유되고, 일방적으로 홍주고등학교 재단으로 편입되어 사라졌다. 한보국의 고뇌와 행보는 매장되었다. 한용운의 종손인 한수만은 홍성 땅에서 70년을 넘게 살면서도 한쪽으로는 한용운을 기리는 계승 작업에 동참하면서도, 다른 한편에서는 한보국의 이념 문제로 가슴앓이를 해야만 하였다.[83] 홍성에서의 한보국에 대한 복권, 조명은 이제 걸음마에 불과하다.[84]

82 환갑 때에는 《노동신문》에서 3·1운동을 보도하면서 한보국을 소개하였다고 한다.

83 이에 대해서는 필자가 한수만을 인터뷰한 내용, 「만해 할아버지를 이야기 합니다 – 한용운 손자 탐방기」, 『우리가 만난 한용운』, 참글세상, 2010 참조.

# 추억의 붓을 들고

어버이수령님의 회고록을 펼쳐 들때마다 나는 아버지(한보국)에게서 들은 할아버지(만해 한룡운)의 생의 자취를 더듬어 보게 된다.

위대한 수령님께서는 회고록 《세기와 더불어》(계승본) 제 8 권에 다음과 같이 쓰시였다.

《불교인들가운데 한룡운이라는 시인이 있었습니다. 3.1 인민봉기때 민족대표 33 인중 한사람으로 나섰던 사람입니다. 그는 불교승이였는데 조선독립은 청원에 의해서가 아니라 민족스스로의 결사적인 행동이 아니면 불가능하다고 주장한 행동파였습니다. 적들에게 체포되였을 때에는 변호사도, 사식도, 보석도 다 거절했습니다. 대부분의 민족대표들이 겁에 질려 동요하는 기미를 보이자 감방의 변기통을 들어 내동댕이치면서 이 더러운것들아, 너희들이 민족과 나라를 위한 다는 놈들이냐 하고 고함을 쳤다고 합니다.》

나의 할아버지는 1879 년에 충청남도 홍성군에서 몰락한 봉건량반가문의 둘째아들로 태여 났다.

아버지의 말에 의하면 19 살 소년으로 갑오농민전쟁에 참가한 할아버지는 선친과 맏형이 일제침략군의 총칼에 맞아 전장에서 쓰러 지는 처참한 죽음을 체험하면서 결사반일의 각오를 굳게 다졌다고 한다.

그런 할아버지여서 3.1 인민봉기때 체포되여서도 고문에 숨이 지는 최후의 시각까지 독립운동을 할것이라고 맞섰던것이다.

할아버지는 일제의 민족동화정책에 못견디여 애국으로부터 친일로 전향한 배신자들을 극도로 미워하였다.

할아버지는 조선의 《개》가 될지언정 일본의 《신민》이 될수 없다고 하면서 《호적등본》을 하지 않았으며 자식들도 일본학교에 보내지 않고 자기가 집에서 가르쳤다고 한다.

할아버지는 아들의 이름도 일제의 창씨개명강요를 거부하고 나라를 한몸 바쳐 보위하라는 뜻에서 《보국》이라고 지었다고 아버지는 이야기해 주었다.

1944 년 6 월 한많은 세상을 떠나면서 할아버지는 아버지에게 백두산에서 항일의 기치를 높이 드신 김일성장군님께서 계시여 조국광복은 반드시 이룩되니 너는 꼭 장군님을 믿고 애국으로 살아야 한다는 유언을 남겼다.

젊은 시절부터 할아버지를 도와 반일지하투쟁의 길도 걸었고 그 길에서 감옥밥도 여러번 먹은 아버지는 선친의 유언을 따라 광복후 충청남도 홍성군 건국준비위원회 부위원장, 군인민위원회 위원장을 하면서 남녘땅에 진정한 인민의 정권을 세우기 위한 애국사업에 헌신하였다.

아버지는 력사적인 남북련석회의에 참가하기 위하여 북으로 들어 왔다. 북에서는 만해 한룡운의 아들이라고, 애국자의 자손이라고 하면서 가는곳마다에서 아버지를 극진히 환대해 주었다고 한다.

지난 조국해방전쟁시기 서대문형무소에서 인민군대에 의한 서울해방을 맞이한 아버지는 후방에서 식량증산대와 부상병치료를 위한 간호대를 무어 전선에 내보내는 사업과 원호사업에도 적극 나섰다.

공화국의 품에 안겨 우리 가정은 나라의 따뜻한 보살핌을 받고 있다. 나라에서는 우리 가정에 새로 지은 살림집을 배정해 주었다. 광복전 배울래야 배울수 없었던 아버지는 여러 정치학교를 다니면서 민족간부로 일하였다.

주체 53(1964)년 12월 21일, 이 날은 아버지의 일생에서 가장 뜻 깊은 날이였다.

어버이수령님께서 생일 60 돐을 맞는 아버지에게 몸소 생일상을 보내 주신것이였다.

생일상을 마주하고 아버지는 수령님의 은정이 너무도 고마와 오열을 터뜨렸다. 어머니와 우리 자식들도 감격으로 눈시울을 적시였다.

아버지는 다음해에 3.1 인민봉기 46 돐기념보고대회주석단에 오르는 거듭되는 믿음을 받아 안았다.

남쪽에서 여러 차례의 감옥살이에서 받은 고문의 후과로 몸이 허약하여 북에 들어와서 장기간의 입원치료를 받지 않으면 안되였던 아버지가 생의 말년까지 여러 기관의 책임일군의 직책에서 일할수 있었던것도 어버이수령님의 자애로운 은정과 믿음이 있었기때문이였다.

수령님의 그 사랑과 믿음이 경애하는 장군님에 의하여 우리 가정에 대를 이어 베풀어 지고 있다.

만해의 손녀들인 우리 다섯자매는 물론 그 자식들의 운명과 미래를 다 맡아 돌보아주시는 경애하는 장군님의 그 은정을 생각하면 참으로 감사의 심정을 금할수 없다.

위대한 령도자를 모실 때 애국에 바친 선대들의 삶이 빛나고 그 후손들의 창창한 앞날이 있다. 나는 이것을 세상에 전하고 싶어 추억의 붓을 들었다.

우리들 만해 한룡운의 후손들은 할아버지, 아버지처럼 통일애국의 길에서 한생을 참답게 살것을 굳게 마음다지고 있다.

**위대한 령도자를 모실 때 애국에 바친 선대들의 삶이 빛나고 그 후손들의 창창한 앞날이 있다.**

평양시 중구역 보통문동
한 명 심

「추억의 붓을 들고」, 북한에 살고 있는 한용운의 손녀 한명심이 한용운을 회고하며 《통일신보》(2001. 12. 29)에 기고한 글

한편, 한보국은 사망하였지만, 북한에서 한용운에 대한 평가는 지속적으로 고양된 것으로 보인다. 1985년 김정일로부터 한용운의 작품을 널리 발굴하라는 1차 특별지침이 있었고, 1992년 김정일로부터 제2차 문예방침에 의거 1920년대 시인과 함께 한용운에 대한 소개를 하라는 지침이 있었다. 북한에서 한용운을 긍정적으로 평가[85]하는 흐름은 한보국과 그의 딸, 사위 등의 존재와 무관하지 않다. 이런 배경하에 북한의 《통일신보》는 2001년 12월 29일 자의 지면에 한보국의 딸인 한명심의 글[86] 「추억의 붓을 들고」라는 기고문을 게재하였다. 이 내용은 북한에서의 한용운, 한보국에

84 홍성초등학교 17기 출신으로 전하는 한보국은 『홍성초등학교 100년사』에는 누락되었다.

85 이원길, 「북한에서의 한용운에 대한 평가」, 『유심』 18, 2004.

86 홍정자는 앞의 글에서 한명심을 다섯 딸 중 세 번째로 언급하였다. 그런데 제적등본에는 셋째가 명자로 나온다. 명자가 명심으로 개명하였는지는 알 수 없다. 혹시 한명심이 1947년 이후에 태어난 다섯째 딸인지 역시 모르겠다. 이 점의 규명은 후일을 기다려야 한다.

대한 평가에 대한 단서를 암시한다. 자료 소개 차원에서 여기에 전문을 소개한다.

어버이 수령님의 회고록을 펼쳐들 때마다 나는 아버지(한보국)에게서 들은 할아버지(한룡운)의 생의 자취를 더듬어 보게 된다.

위대한 수령님께서는 회고록 《세기와 더불어》(계승본) 제8권에 다음과 같이 쓰시였다. 《불교인들 가운데 한룡운이라는 시인이 있었습니다. 3·1 인민봉기 때 민족대표 33인 중 한 사람으로 나섰던 사람입니다. 그는 불교승이였는데 조선독립은 청원에 의해서가 아니라 민족 스스로의 결사적인 행동이 아니면 불가능하다고 주장한 행동파였습니다. 적들에게 체포되였을 때에도 변호사도, 사식도, 보석도 다 거절했습니다. 대부분의 민족대표들이 겁에 질려 동요하는 기미를 보이자 감방의 변기통을 들어 내동댕이치면서 이 더러운 것들아, 너희들이 민족과 나라를 위한다는 놈들이냐 하고 고함을 쳤다고 합니다.》

나의 할아버지는 1879년에 충청남도 홍성군에서 몰락한 봉건량반 가문의 둘째 아들로 태여났다. 아버지의 말에 의하면 19살 소년으로 갑오농민전쟁에 참가한 할아버지는 선친과 맏형이 일제 침략군의 총칼에 맞아 전장에서 쓰러지는 처절한 죽음을 체험하면서 결사 반일의 각오를 굳게 다졌다고 한다.

그런 할아버지여서 3·1 인민봉기 때 체포되여서도 고문에 숨이 지는 최후의 시각까지 독립운동을 할 것이라고 맞섰던 것이다. 할아버지는 일제의 민족 동화정책에 못 견디여 애국으로부터 친일로 전향한 배신자들을 극도로 미워하였다. 할아버지는 조선의 개가 될지언정 일본의 신민이 될 수 없다고 하면서 호적등본을 하지 않았으며 자식들도 일본 학교에 보내지 않고 자기가 집에서 가르쳤다고 한다.

할아버지는 아들의 이름도 일제의 창씨개명 강요를 거부하고 나라를 한 몸 바쳐 보위하라는 뜻에서 보국이라고 지었다고 아버지는 이야기해 주었다.

1944년 6월 한 많은 세상을 떠나면서 할아버지는 아버지에게 백두산에서 항일의 가치를 높이 드신 김일성 장군님께서 계시여 조국 광복은 반드시 이룩되니 너는 꼭 장군님을 믿고 애국으로 살아야 한다는 유언을 남겼다. 젊은 시절부터 할아버지를 도와 반일 지하투쟁의 길도 걸었고 그 길에서 감옥 밥도 여러 번 먹은 아버지는 선친의 유언을 따라 광복 후 충청남도 홍성군 건국준비위원회 부위원장, 군인민위원회 위원장을 하면서 남녘땅에 진정한 인민의 정권을 세우기 위한 애국사업에 헌신하였다.

아버지는 력사적인 남북연석회의에 참가하기 위하여 북으로 들어왔다. 북에서는 만해 한룡운의 아들이라고, 애국자의 자손이라고 하면서 가는 곳 마다에서 아버지를 극진히 환대해 주었다고 한다.

지난 조국해방전쟁 시기 서대문형무소에서 인민군대에 의한 서울 해방을 맞이한 아버지는 후방에서 식량증산대와 부상병 치료를 위한 간호대를 무어 전선에 내보내는 사업과 원호사업에도 적극 나섰다.

공화국의 품에 안겨 우리 가정은 나라의 따듯한 보살핌을 받고 있다. 나라에서는 우리 가정에 새로 지은 살림집을 배정해 주었다. 광복 전 배울래야 배울 수 없었던 아버지는 여러 정치학교를 다니면서 민족간부로 일하였다. 주체 53(1964)년 12월 21일, 이 날은 아버지의 일생에서 가장 뜻 깊은 날이었다. 어버이 수령님께서 생일 60돐을 맞는 아버지에게 몸소 생일상을 보내 주신 것이였다.

생일상을 마주하고 아버지는 수령님의 은정이 너무도 고마워 오열을 터뜨렸다. 어머니와 우리 자식들도 감격으로 눈시울을 적시였다. 아버지는 다음 해에 3·1인민봉기 46돐 기념 보고대회 주석단에 오르는 거듭되는 믿음을 받아 안았다.

남쪽에서 여러 차례의 감옥살이에서 받은 고문의 후과로 몸이 허약하여 북에 들어와서 장기간의 입원 치료를 받지 않으면 안 되였던 아버지가 생의 말년까지 여러 기관의 책임 일군의 직책에서 일할 수 있었던 것은 정과 믿음이 있었기 때문이였다.

수령님의 그 사랑과 믿음이 경애하는 장군님에 의하여 우리 가정에 대를 이어 베풀어지고 있다. 만해의 손녀들인 우리 다섯 자매는 물론 그 자식들의 운명과 미래를 다 맡아 돌보아 주시는 경애하는 장군님의 그 은정을 생각하면 참으로 감사의 심정을 금할 수 없다.

위대한 령도자를 모실 때 애국에 바친 선대들의 삶이 빛나고 그 후손들의 창창한 앞날이 있다. 나는 이것을 세상에 전하고 싶어 추억의 붓을 들었다.

우리들 만해 한룡운의 후손들은 통일애국의 길에서 한생을 참답게 살 것을 굳게 마음 다지고 있다.

평양시 중구역 보통문동

한명심

이상과 같은 글[87]에는 다양한 측면이 동시에 노정되었다. 그는 북한에서 한용운에 대한 평가, 한보국의 삶과 역사, 북한에서 한보국과 그의 딸들을 대하는 기본 인식 등이다. 이런 내용은 추후 다양한 관점에서 재인용, 재해석될 수 있다. 본고에서는 한보국의 삶을 복원하는 기초 자료의 제공이라는 차원에서 그 전문을 소개하는 선에서 머무르려고 한다. 지금껏 8·15 광복 때부터 1976년 사망할 때까지 한보국의 삶을 요약, 설명하였다.

## 5. 결 어

맺는말은 추후 이 분야 연구에 참고할 점을 필자의 관점에서 제시하는 것으로 대신하려고 한다. 이 점은 필자가 그간 고민하였던 일단의 생각을 내놓는 것이다. 이런 의견 개진이 이 분야 연구에 자극제가 되길 기대한다.

첫째, 한보국에 대한 다양한 자료가 수집되어야 한다. 이 자료에는 문건 기록, 증언, 보도기사, 사진 등이 포함된다.

87 이 글에 대한 내용은 《동아일보》가 2002년 1월 15일에 「한용운 손자들 북에 5명이 살고 있다」고 간략히 보도하였다.

둘째, 홍성 지역사회에서 기존의 한용운 중심의 선양 사업은 이제 한보국도 포함해서 전개해야 할 것이다. 역사는 조작되어서도 안 되지만, 있었던 역사를 삭제하거나 누락해서도 안 될 것이다.

셋째, 남북한 공동으로 한보국에 대한 관련 사업을 전개하는 것도 의미가 있을 것이다. 민족이 화해를 하는 방법의 일환으로 북한에 있는 한보국의 딸, 사위, 손자 등을 홍성군 차원에서 초청하는 것도 하나의 기념적인 사업이 될 것이다.

넷째, 일제시대 및 해방공간 한보국을 포함하여 중도적인 민족운동, 개방적 사회운동, 좌우합작 운동을 하였던 진보 진영의 역사 복권 작업이 더욱 요청된다. 지금까지의 보수적, 제도권의 역사 작업에서 한 발 더 나가야 할 것이다.

다섯째, 일제 말기에 항일 비밀결사로서의 홍성에서 결행된 〈가야동지회〉에 대한 폭넓은 접근이 요청된다. 이에 대한 조속한, 객관적인 연구가 필요하다.

여섯째, 최근 홍성 지역에서 홍성 보도연맹 사건의 증언, 자료 수집, 위령제 거행 등이 나타나고 있다. 이런 역사의 복원, 화해라는 일련의 구도에서 한보국의 삶, 고뇌도 복원되어야 할 것이다. 이런 작업을 추진함에 있어서 지역사회에서의 일정한 역할이 요망된다.

이상으로 필자가 한보국에 대한 삶을 복권시키면서 느꼈던 소회, 단상을 개진하여 보았다. 이런 고백이 한용운 연구, 한보국 연구의 촉발, 심화로 이어지고, 그것이 홍성지역사, 진보적인 사회운동사 등의 정리에도 참고가 되길 기대한다.

# 김용담의 삶 복원

제2장

## 1. 서 언

만해 한용운에 대해서는 그간 문학, 민족운동, 불교 방면에서 다양한 연구가 이루어져 왔다. 그래서 한용운에 대한 학문을 '만해학'이라고 부르고 있지만 아직도 연구의 불균형이 심각하다.[1] 또한 한용운에 대한 연구의 공백 지대도 적지 않다. 특히 한용운의 영향을 받았던 상좌·제자·후학에 대한 분야, 이른바 한용운 사상의 계보 및 영향에 대해서는 이렇다 할 연구의 진전이 미약한 실정이다.

그래서 필자는 수년 전부터 한용운 사상의 전개, 한용운 사상의 계보에 관심을 갖고 한용운과 인연이 있는 대상자들에 대한 기초적인 검토 작업을 해 왔다. 그 대상자들은 송만공, 박한영, 김경봉, 이춘성, 최범술, 강석주, 김법린, 조지훈, 김관호, 한수만 등 한용운의 도반, 상좌, 제자 등이었

1 한용운에 대한 연구 성과는 〈만해사상실천선양회〉에서 발간하는 『만해축전자료집』의 부록에 있는 「만해 연구 자료 총목록」의 내용을 참고할 수 있다. 이 자료집의 부록은 매년 추가, 보완하고 있기에 가장 충실한 내용을 담고 있다.

다.[2]

이런 배경하에 본 고찰에서는 한용운의 상좌로 알려진 김용담金龍潭(1898~?)에 대한 생애사를 조명하고자 한다. 지금껏 김용담에 대해서는 본격적인 연구가 없었다. 다만 한국 현대불교사를 연구하는 일부 연구자의 논문에 그의 이름이 간헐적으로 나왔을 뿐이었다. 한용운 생애사에 적지 않은 관심을 가졌던 필자는 2004년에 『만해 한용운 평전 – 첫 키스로 만해를 만난다』[3]는 책으로 펴냈다. 그 후에는 한용운의 상좌(3명)의 일원이면서 도봉산의 망월사를 근거로 승려 생활을 하였던 이춘성에 대한 자료를 모아 왔다. 이춘성은 일제 말기와 1950~1970년대에 선풍을 떨치면서 욕쟁이 스님으로 이름이 높았는데, 필자는 그의 일대기와 그와 인연이 있는 사람들을 탐방한 내용을 정리하여 단행본 『춘성』[4]을 2009년에 펴냈다.

이렇게 한용운에 대한 저술 작업을 하면서 한용운의 상좌로 해방공간에서 불교혁신 활동의 중심에 있었던 김용담에 관심을 갖게 되었다. 즉 김용담의 생애를 복원하는 논문 준비를 해 왔던 것이다. 그래서 평소 그에 대한 자료를 틈틈이 모아 왔다. 그러나 그 자료는 너무 희소하여 어떤 글도 쓰지 못하였다. 그러던 중 2010년 6월 29일 우연한 기회[5]로 김용담의 아들과 손자를 만날 수 있었다.[6] 김용담의 후손을 만난 필자는 그간 베일에 싸

2 필자의 그 작업의 성과는 〈만해사상실천선양회〉에서 복간한 『유심』지의 지면을 통해 소개되었다. 그리고 그 성과물을 보완, 정리하여 『우리가 만난 한용운』(참글세상, 2010)이라는 단행본을 출간하였다.

3 2004년에는 장승이라는 출판사에서 출간을 하였고, 2009년에는 일부 내용을 보완하여 도서출판 참글세상에서 출간하였다.

4 새싹출판사에서 출간하였다.

5 그 만남은 민족사 대표인 윤창화가 김용담 손자의 전화번호를 필자에게 제공한 것에 의해 가능하였다. 윤창화는 수년 전 「해방 이후의 역경의 성격과 의의」라는 논문을 『대각사상』 5집(2002)에 기고하였다. 윤창화는 이 논문에서 김용담이 번역하여 간행한 책인 『선가구감』에 대해서 설명하고, 김용담에 대해서 약간의 설명을 하였다. 그런데 이 논문은 인터넷상에 소개되었고, 김용담의 손자에 의해서 그 내용이 검색되었다. 이런 배경하에 김용담의 손자인 김하림이 민족사 사장인 윤창화를 찾게 되었던 것이다.

였던 김용담의 행적에 대해서 적지 않은 내용을 확인할 수 있었다. 그렇지만 김용담의 입산, 승려 생활, 한용운과의 인연, 환속, 1950년 6·25전쟁 이후 북한에서의 행적 등에 대해서는 아직도 그 내용을 만족스럽게는 알 수 없는 형편이다.

한용운의 제자 김용담

그럼에도 불구하고 필자는 지금까지 수집하여 온 자료들을 활용하여 김용담의 생애를 복원하는 초석의 성격을 갖는 본고를 집필하게 되었다. 미진한 점은 필자의 지속적인 연구로 보완할 예정이지만, 이 분야에 관심이 있는 연구자들의 동참을 요청한다. 이런 작업이 한용운 사상의 전개 및 계보를 조명함에 있어 도움이 되길 기대한다.

## 2. 김용담의 출신, 입산에 대하여

김용담이 한용운의 상좌(제자)라는 증거는 현재 서울 종로의 삼일공원(탑골공원)에 서 있는 한용운의 비석, 〈龍雲堂 大禪師碑〉의 비문에 있다.[7] 한국 현대불교의 대강백으로 이름이 높은 이운허(봉선사)가 지은 그 비문에는 한용운의 법윤法胤, 즉 상좌上佐로 다음과 같은 세 명의 이름, 즉 춘성 창림春城 昌林, 동파 연하東坡 延夏, 용담 초안龍潭 初眼이 나온다.[8] 이 근거가 김

6 필자가 만난 대상자는 김용담의 둘째 아들인 김철준金喆俊(1929년생)과 김용담의 손자(김철준의 장남)인 김하림金河林(1952년생, 주성대 교수)이었다.

7 〈만해 용운당대선사비〉, 『한용운전집』 4, 420~421쪽.

8 이 중 춘성 창림에 대하여 필자가 일대기를 지었다. 그러나 동파 연하에 대해서 필자는 아

용담이 한용운의 제자라는 가장 결정적인 자료이다. 이운허는 본래 독립운동가였지만 1920년대 후반 출가하여 봉선사를 무대로 활동한 승려이다. 이운허(이학수)는 춘원 이광수와 육촌지간의 인물로도 유명하다. 그는 1928년 학인대회를 주도하였으나 다시 만주로 넘어가 독립운동을 하다가 1930년대 중반 이후에는 다시 봉선사로 돌아왔다. 그 이후에는 1970년대까지 승려로 활동하였다.[9] 그는 해방 당시부터 역경에 많은 관심을 갖고 다양한 경전을 번역하고, 그를 출간하였다. 이런 그의 이력으로 볼 때에 그가 지은 한용운의 비문은 신뢰할 수 있다.

그런데 김용담의 출신, 고향, 가문 등에 대해서는 지금껏 전혀 알 수가 없었다. 그런데 전술한 바 있는 김용담의 후손이 제공하는 자료,[10] 증언 등에 의해서 그를 구성할 수 있었다. 이제 그 대강을 정리하여 살펴보고자 한다.

김용담의 고향은 함경북도 명주군明川郡 상운남면上雲南面 내포리內浦里 279번지였다. 그는 전주 김씨로, 부친은 김채영金埰榮이고, 모친은 울진 장씨이다.[11] 김채영(1850~1933)은 무과급제를 하고, 서북검사西北檢事, 혜산검사惠山檢事, 부령부사富寧府使, 자성부사慈城府使 등을 역임하였다고 한다. 이를 보면 김용담의 집안은 북한의 명천 지방에서 일정한 기반을 갖고 있었다고 보인다. 김채영은 4남 4녀[12]를 낳았는데, 김용담은 그 중에서 장남이었다. 그런데 김용담은 그가 북한으로 넘어간 이후 남한에 생존하고 있는

---

직 그 정보를 알 수 없다.

9 이운허에 대해서는 『운허선사 어문집』(동국역경원, 1989)의 약력과 신용철이 지은 『운허스님의 크신 발자취』(동국역경원, 2002)를 참고할 수 있다.

10 그 자료는 후손이 김용담의 집안의 『전주김씨대동보』 1권, 『전주김씨 약보(명천파)』, 호적 등을 정리한 기초 자료이다.

11 봉하 출신이라고 한다.

12 4녀의 인명은 알 수 없고, 족보에는 사위 이름만 나온다. 그 사위들은 엄관섭, 방병학, 허혁, 양계만 등이다.

김용담(앞줄 맨 왼쪽)과 형제들

둘째 아들이 1959년에 만든 호적에 나온 이름이고, 그의 가문의 대동보에서는 김병호金炳許로 나온다. 즉 그의 속명은 김병호였던 것이다.

이렇듯이 함북의 명천 지방에서 탄탄한 집안 배경을 갖고 있었던 김용담은 북한 지역에서 근대적 학교로 유명한 오산중학을 졸업하고, 서울로 유학을 와서 경성제국대학을 졸업[13]하였다고 후손들은 추정하고 있다. 김용담의 동생들 중에서 활동, 행적이 밝혀진 대상자들을 보면 다음과 같다.

병우炳羽(1901~1970): 경성의전京城醫專 졸업, 경성병원鏡城病院 개원, 6·25전쟁 때에 피난 와서 부산 동부의원東釜醫院 개원, 의학박사(1967).

병락炳樂(極寅, 1906~1977): 와세다 대학 이공학부 건축학과 졸업, 간도성공서間島省公署 복장服長, 남한에서 해군 준장(중령으로 입대, 국립묘지

13 이는 1930년대로 보이지만, 그의 대학 수학에 대해서는 재고가 요청된다.

안장).

병여炳汝(炳勳, 1910~?)[14]: 평양의전平壤醫專 졸업, 평양 시내 선교리에서 대동의원大同醫院 개원.

이처럼 김용담의 동생들도 당시로서는 최고의 공부를 하였던 것이다. 이런 것은 김용담의 집안이 재정적으로 탄탄하였을 뿐만 아니라 개신적, 문명적인 집안이었기에 가능하였다고 보인다. 김용담은 이런 가문을 배경으로 오산중학을 졸업한 후에는 전통적인 관행에 의거 결혼을 한 것으로 보인다. 그의 첫 번째 부인은 정선 전씨全氏이다.[15] 그의 결혼 시점은 문헌 근거가 없어 알 수 없지만 그의 장남을 1915년생으로 추정할 수 있어, 아마도 1914년 무렵인 그의 나이 17세경이 아닌가 한다. 그러다가 그는 장남을 출생시켜 놓고 1910년대 중후반경 어느 때에 입산을 단행하였다. 그러나 현재로서는 입산 사찰도 알 수 없다. 후손들이 "아들을 낳고 심경에 변화를 일으켜서 금강산에 들어가 10년간 공부하고 있었다."고 증언하는 것을 볼 때에 금강산 지역에 위치한 사찰로 일단은 이해할 수 있다. 그러나 김용담은 1920년대 초반에는 다시 세속과의 인연을 재개하면서 승려 생활을 지속한 것으로 보인다. 그런 결과로 그에게는 네 명의 자식이 있었던 것이다. 여기에서 김용담의 자식들의 약력을 제시하겠다. 이는 김용담 연구에 기초적인 사실이기 때문이다.

김창준金暢俊 ; 장남, 생몰연대 미상, 일본 법정대 수학, 명치대 졸업, 동경 한국유학생 회장, 1945년 북한의 나남에서 기자 활동, 해방공간에서 실종.

---

14 김병여(병훈)는 해방공간 북한에서 작고하였고, 그의 부인과 아들(홍근)은 월남하여 남한에서 살았다. 현재 홍근은 남한에서 생존하고 있다.

15 두 번째 부인은 손경옥孫卿玉(1900~1997)이었다. 첫 번째 부인은 자식 셋을 낳고 작고하여 두 번째 부인인 손경옥과 재혼하였다.

김자운金慈雲 ; 장녀, 1925~1997, 전문대 졸, 남편은 박춘봉朴春峯.

김순임金順任 ; 차녀, 1927~?, 서울대 음대 중퇴, 남편은 문이정文履禎(군번 7번).

김길준金喆俊 ; 차남, 1929~?, 해사 졸업, 중령 예편, 해난심판원(목포) 원장(2급), 화랑무공 훈장 서훈.

이렇게 김용담의 장남과 장녀의 터울이 10년이라는 것은 바로 이 기간이, 김용담이 금강산으로 입산하여 승려로 있었던 기간임을 은연중 암시해 준다.

그런데 현재로서는 김용담이 어떤 연유로 입산하였는지는 전혀 알 수 없다. 심지어 김용담의 둘째 아들은 최근까지도 자신의 아버지인 김용담이 승려였다는 사실을 전혀 알지 못하였다. 그의 출가에 대해서 그의 아들은 다음과 같이 증언하였다.

> 우리 아버지는 내가 태어나기 이전, 그러니깐 내 큰형인 큰아들(1915년생?)을 낳고 어떤 심경변화에 의해 머리를 깎고 금강산에 들어가서 공부를 했단 말이에요. 그리한 것은 잘 모르지만, 거기에는 우리 할아버지가 독실한 불교신자였는데 거기에 영향을 받았던 것 같아요.

필자가 추정하건대 1910년 나라가 망한 이후에 그에게 닥친 어떤 문화적 충격에 의하여 입산한 것이 아닐까 추정할 뿐이다. 그리고 김용담이 언제, 어디에서 만해 한용운과 사제 관계를 맺었는지도 알 수 없다. 필자가 한용운의 생애사를 살핀 것에 의하면 한용운은 1903년 본격 출가를 단행하고, 1905년에는 정식 수계를 백담사에서 하였다. 그 후 한용운은 1906년 석왕사에서 안거 수행, 1908년 유점사에서 『화엄경』 수학, 1909년 표훈사 강원 강사 등을 역임하고, 1911년 이후에는 항일 불교의 성격을 띤 임제종 운동에 나서면서 전국 각처를 다니다가 1912년 이후에는 중앙에서 불교운동을 주도하였다. 이런 한용운의 행적과 김용담의 입산을 연계하여 살펴보아도 그 단서를 찾기가 매우 어렵다. 왜냐하면 김용담이 입산한 시점으로 파악되는 1910년대 중반 이후에는 금강산의 사찰에 머문 행적을 찾을 수 없기 때문이다. 그래서 필자는 여기에서 김용담 입산 사찰과 한용운과의 인연은 단정할 수 없고 별도의 자료가 나오기를 고대할 뿐이다.

한편 김용담은 1922~1924년 선학원의 문헌 기록에, 후술하겠지만 김초안金初眼으로 나온다. 따라서 초안은 그의 입산 초기에 받은 이른바 법명으로 이해할 수 있다. 탑골공원의 한용운 비석에도 '용담 초안'으로 나온다. 여기에서 관례상 당호명과 법명이 연계 지어 나오는 불교계 관행을 고려하면 용담은 당호명(법호, 건당)이고, 초안은 법명인 것이다.[16] 그리고 김초안이 수덕사의 수좌로 나온 것으로 보아도 일단 김용담이 입산, 승려 초기 시절에는 금강산에서 수행을 하였지만 송만공과의 인연에 의해 수덕사 정혜선원에서 참선 수행을 한 것으로 추측할 수 있다.[17] 그러다가 1930년대 초반 어떤 시점에서 초안에서 용담이라는 새로운 이름(당호, 법호)을 받은 것으로 보고자 한다. 그런데 여기서 용담이라는 당호를 준 인물에 대한 의문이 생길 수 있다. 수덕사 만공의 회상에서 수행을 하였던 전강의 일화에는 만공의 지근거리에 있던 선승으로 초안(용담)이 나온다.[18] 이는 김용담이

---

16 만해 한용운의 경우에는 '용운당 봉완'이다. 봉완은 법명이고, 용운은 법호(당호)이다. 만해는 필명, 자호이다.

17 후손들이 제시한 족보(약보)에는 불가의 스승으로 만해와 송만공이 나온다. 이 점도 필자의 논리를 뒷받침하고 있다. 인천에서 활동하고 있는 송담 스님(일명 묵언 스님)은, 김용담은 자신의 은사인 전강 스님의 도반인데, 김용담의 부친은 양양군수를 역임하였고, 공산당을 제도하기 위하여 월북하였다고 발언하였다. 이 발언은 그의 법문 테이프에 담겨 있었는데, 이 테이프를 청취한 김호성(동국대 교수)이 필자에게 전언한 것이다. 그런데 전강은 송만공의 법제자이다. 그리고 송만공은 수덕사 선원의 조실 소임을 보면서도 금강산 마하연 선방의 조실로도 있었다. 혹시 김용담이 마하연에서 송만공과 인연을 맺고, 송만공을 따라서 수덕사 선원에서 수행하였을 가능성도 있다.

18 인터넷 다음 카페, cafe.daum.net/josaseon, "〈전강스님〉: 만공滿空 용성龍城 스님의 법거량" 참조.

분명하다. 이런 정황을 통해 만공 회상에서 수행을 하다 수행 실력을 인정받아 용담이라는 당호를 받은 것으로 볼 수 있다.[19] 그러나 현재로서는 이런 이해도 추측에 불과하다. 이에 대한 확정은 자료 및 증언이 보완되는 후일을 기다려야 할 것이다.

## 3. 승가에서의 활동

김용담이 승가 내에서 어떤 활동을 하였는가를 살펴보고자 한다. 그리고 그런 활동을 하면서 한용운과의 인연은 어떠하였는지를 짚어 보고자 한다. 한용운과 김용담이 함께 활동하였음을 보여 주는 결정적인 문건은 1922년 3월 30일에 등장한 선학원禪學院의 선우공제회禪友共濟會 발기 취지서趣旨書이다.[20] 선학원은 1921년 11월 30일, 지금의 서울 안국동 40번지에 창설되었는데, 일본불교에 대한 은근한 저항의 성격을 띠면서 한국 전통선의 중심기관 역할을 하기 위한 목적에서 등장하였다.[21] 이 같은 성격을 갖고 있었던 선학원에서 전국 각처의 참선하는 수좌 대표 79명이 모여 수좌 스스로 자립자애하는 선풍을 진작하자는 모임이 조직되었으니 그것이 바로 선우공제회였다. 당시 선우공제회의 발기를 주도한 승려들은 한국의 전통불교가 미약하여 선풍을 진작시키기 어려운 형편임을 인식하였다. 그래서 그 타개책으로 타인에게 의지하지 말고, 자립자애하여 한국 전통불법을 발흥시키고, 중생을 구제해야 한다는 사명감을 개진하였다.

그런데 바로 이 취지서에 한용운과 김용담이 발기인으로 나온다. 한용

19 인터넷 다음 블로그, http://blog.daum.net/hymunghwa, "〈만공스님〉: 조사의 참선법" 참조.

20 「선우공제회 창립 총회록」, 『한국근현대 불교자료전집』 권65의 『근대불교 기타자료』(3), 민족사, 1996, 3~5쪽.

21 김광식, 「일제하 선학원의 운영과 성격」, 『한국 근대불교사 연구』, 민족사, 1996 참조.

운은 3·1운동의 민족대표로 일제에 피체되어 약 3년간 수감되었다가 나온 직후였다. 한용운은 발기인 중 여덟 번째로 그의 이름을 올렸다. 김용담은 발기인 79명 중에서 후반부, 즉 끝에서 세 번째 순서에 김초안金初眼이라는 이름으로 나온다. 김용담은 법호명이었고, 그의 승가의 이름인 법명은 초안初眼이었다. 앞서 살핀 한용운 비석에 용담 초안龍潭 初眼으로 나온 바로 그 이름이었다.[22] 그 취지서의 후반부에는 한용운의 상좌로 나오는 이춘성의 이름도 보인다. 이렇듯이 이춘성과 김용담이 취지서 후반부에 등장하는 것을 보면 이춘성(당시 32세)[23]과 김용담의 연령(당시 25세), 즉 법랍이 비교적 적은 것에서 연유한 것이 아닌가 한다.

그러나 선우공제회의 창립총회가 열린 1922년 3월 31일~4월 1일의 선학원 모임에 한용운과 김용담은 참석하지 않았다. 그래도 김용담은 선우공제회의 사무를 처리, 토의하는 평의원 20인에 선출되었다.[24] 김용담은 1923년 3월 29일에 열린 정기총회에도 불참하였다. 그렇지만 1924년 11월 15일, 선학원에서 열린 선우공제회 제3회 정기총회가 한용운의 사회로 열렸다. 이 총회에는 김용담이 정혜사(수덕사) 대표로 참가하였음이 전한다.[25] 김용담은 이 총회에서 재무부 간사로 선출되었다.[26]

이런 제반 내용을 유의하면 김용담이 1924년 무렵까지는 사찰(수덕사), 선방에서 수행을 하면서 생활하였음을 미루어 짐작할 수 있다.[27] 여기에서 필자는 혹시 이 기간, 선우공제회의 참여 기간에 한용운과의 인연도 더욱 새롭게 맺어졌는지를 생각할 수도 있다고 본다. 그러나 현재는 김용담의

---

22 김용담과 인연이 많았던 석주 스님도 이런 사실을 주변 사람들에게 남겼다. 동국대 중앙도서관에서 근무했던 이철교 선생은 석주 스님에게서 그런 내용을 들었다고 필자에게 증언했다.

23 춘성은 1891년생이었다.

24 앞의 「선우공제회 총회록」, 9~10쪽.

25 위의 자료, 27쪽.

26 위의 자료, 29쪽.

27 생존하고 있는 김용담의 딸은 묵언수행을 하였다고 회고한다.

출가 당시 은사가 한용운이었다고 추정하는 사정하에서 더 이상의 설명은 불가능하다. 그리고 이 기간에 김용담은 그의 속가에 왕래하면서 세속의 인연을 지속시켰다. 즉 그는 장녀(1925년생), 차녀(1927년생), 차남(1929년생)을 낳았다. 당시에 증대되고 있었던 이른바 대처승이 되었던 셈이다. 지금으로서는 승려의 결혼이 공인받기 어려운 시절이지만, 당시에는 1926년부터 승려의 결혼이 거의 보편화, 합법화가 되었다. 더욱이 그의 은사인 한용운은 불교 근대화의 기획하에서 승려의 결혼을 공인하자는 주장을 1913년에 발간된 『조선불교유신론』에 포함시켰다. 그리고 한용운은 1932년에 자신의 주장을 실천하였다.[28] 즉 그는 1932년 무렵에 간호사 출신인 유숙원과 재혼하고, 심우장에서 거처하였던 것이다. 어찌보면 이때부터 한용운은 비승비속, 재가승의 신분으로 생활한 것인지도 모른다. 이 무렵의 한용운은 심우장에서 시조, 수필을 쓰면서 『삼천리』, 《조선일보》 등의 지면에 다양한 글을 기고하였다. 그리고 자신의 신분을 대변하듯이 재가 신앙을 상징하는 『유마경』을 읽고, 번역하였다. 요컨대 1930년 전후의 한용운과 김용담은 비승비속, 재가승으로서 신분을 유지하고 있었다.

그런데 1930년대의 김용담의 활동을 전하는 자료가 흔치 않다. 필자가 찾은 자료에는 1930년대 초반 도봉산 망월사 선원의 책임자가 김용담이었다는 내용이 있다. 여기서 『불교』에 나오는 그 자료 전문을 제시한다.

望月禪院 安居

佛紀 二九五九年 陰 四月 十五日을 爲始하야 同 七月 十五日까지 三夏 安居를 結制한 바 三十餘名 女信徒와 坐禪客 十餘名으로 結制法門은 家主 金龍潭大禪師께서 殺活이 自在한 達磨의 家風으로 妙法을 闡揚하고 䕶杖 三下云 下坐한 後 大衆의 特請으로 李尙祐氏가 登壇하야 結制日에 對한 意義잇는 講演에 有하얏는데

28 김광식, 「한용운의 불교 근대화 기획과 승려결혼 자유론」, 『대각사상』 11, 2008.

近來에 와서 望月寺에서는 望月禪會에 家風을 떨치게 되는 오날에 萬人의 欽仰을 마지 안는다더라.[29]

이는 1932년 여름, 망월사의 안거 수행을 전하는 내용이다. 여기에서 김용담에 대한 주목할 만한 내용을 찾을 수 있다. 우선 그의 이름이 1920년대 중반의 김초안에서 김용담으로 전환되었음을 알 수 있다. 그리고 당시 김용담의 신분이 "家主 金龍潭大禪師"로 기술되었다는 점이다. 이는 그가 망월선원에 머물렀음을 말하는 것으로 보인다. 가주라 함은 선원의 책임자라고 하겠는데, 이는 단순히 주지, 관리 책임자의 성격보다는 정신적, 사상적인 책임을 지고 있음을 의미하는 것이다. 불교에서는 선원의 지도자격의 승려를 조실, 방장 등으로 부르는 전통이 있다. 또한 김용담을 대선사라고 지칭하였음도 예사롭지 않은 표현이다. 비록 위의 글이 단순한 정황을 알려 주는 기사이지만 그래도 그 이면에는 김용담의 선풍, 선지가 간단하지 않음을 말해 준다고 하겠다. 살활이 자재한 달마의 가풍으로 묘법을 천양하였다는 내용은 그를 상징적으로 전하는 것이다. 이런 내용에서 그가 만공으로부터 용담이라는 당호를 받은 것은 1920년대 후반이 아닌가 한다. 나아가서 김용담이 어느 정도의 기간 동안 망월사에서 활동하였는지는 몰라도 당시 망월사 선원이 수많은 불교인들의 흠앙, 칭찬을 받는 도량이 되었는데 그 중심에 김용담이 있었다는 것이다.

이와 같은 김용담의 망월사에서의 활동은 1930년대 전반기까지 지속되었던 것으로 보인다. 그는 선학원의 기관지이면서, 선풍 대중화를 위해 발간되었던 잡지인 『선원禪苑』 3호(1933. 8)의 부록에 「조선불교계 선원禪院과 납자衲子의 통계」에 김용담이 나오기 때문이다. 그 통계에는 봉은사 관내 망월선원의 종주宗主가 김용담이며, 열 명의 수좌가 수행한다

29 「휘보」, 『불교』 98호, 1932. 8, 98쪽.

는 내용이 나온다.[30] 이런 내용은 위에서 소개한 『불교』에서의 내용과 거의 같다.

이런 내용들을 통해 필자는 김용담이 1930년대 전반기에 승려(대처승)이면서 수좌, 참선 수행의 중견 지도자로 명망이 적지 않았음을 확인할 수 있었다. 그러면 김용담은 언제부터 언제까지 망월사에 머물렀는가? 이런 답을 해소할 수 있는 문건 자료가 있다. 그것은 1934년 5월 20일, 망월사에서 펴낸 『도봉산道峯山 망월사지望月寺誌』이다.[31] 망월사를 찾는 관광객 편의를 위해 제작된 이 책자에서 망월사 선원을 소개하는 내용에 선원의 종주宗主로 김용담이 나온다.[32] 그 내용에 의하면 1930년 겨울 안거 수행 시부터 1933년 겨울 안거 시까지 약 4년간 종주였음을 알 수 있다.

이 내용에 의해서 김용담은 1930년 10월경부터 1934년 2월경까지는 망월사에 종주로 머물렀음이 분명하다. 1934년 봄 이후의 행적은 알 수 없다.[33] 그러나 한용운이 입적한 1944년의 정황을 회고하는 기록과 그의 아들의 증언에 의하면 1930년대 후반경에는 세속으로 나온 것으로 보인다. 우선 한용운의 입적, 장례식에 대한 회고로 한용운을 지근거리에서 시봉하였던 재가불자 김관호의 증언을 제시한다.

---

30 『선원』 2호(1932. 2) 말미의 광고에 김용담이 나온다. 그러나 소속은 나오지 않는다.

31 이 책자는 다수의 사지를 펴낸 안진호가 집필한 것이다. 일제하 사지寺誌에 대한 연구는 한동민, 「일제 강점기 사지 편찬과 그 의의」, 『불교연구』 32, 2010 참조. 필자가 『망월사지』에서 김용담에 대한 내용을 확인할 수 있었던 것도 한동민 선생의 후의로 가능하였다. 지면으로 선생에게 감사를 드린다.

32 「수선사修禪社 방어록芳啣錄」, 『도봉산 망월사지』, 33~35쪽. 당시 망월사 선원에는 8~14명의 비구승들이 수행하였다. 그리고 참고로 김용담 이전에는 항일 독립운동가인 백용성이 1920년 겨울부터 1929년 겨울까지 망월선원의 종주宗主로 있었다고 이 자료에 나온다.

33 「망월선원의 확장」, 『불교시보』 49호, 1939. 8, 11쪽에는 1939년 무렵의 망월선원의 현황이 나온다. 이 내용에는 망월사 주지로 원보산이 부임하였다고 전하는데, 김용담에 대해서는 일체의 언급이 없다.

尋牛莊 縱橫談

선생이 城北洞에 오시게 된 일은 …(중략)… 자주 방문하는 金碧山 스님이 자기가 草堂을 지으려고 松林 중에 52평을 매수해 둔 것이 있었으나 飜意하고 선생에게 드리겠으니 몇 間집을 지어 보시라고 眞言하므로 비로소 건축을 生意하였으나 최소한 약 천 원 가량의 비용이 소용되는데 부인 兪氏의 소지금 약간과 홍순필씨, 방응모씨, 박광씨, 윤상태씨, 김적음 스님 외 몇 분의 施助를 받았으나 連接된 토지 52평을 부득히 매수하게 되어 약 3백여 원 부족이 生하였는데 홍순필씨의 주선으로 삼백 원을 종로금융조합으로부터 차용하고 월부로 변상하다가 백 원이 남았었는데 선생 장례 후에 金炳許(龍潭)氏가 自擔 辨償하고 필자가 그 抵當登記 抹消 절차를 하였다.[34]

즉 한용운이 거처인 심우장을 마련하고 빚진 돈 300원을 월부로 갚아 나가다가 입적으로 인하여 남은 빚 백 원을 김용담이 전적으로 변상하였다는 것이다.[35] 그런데 이를 기술한 김관호가 김용담을 스님이라고 표현하지 않았고, 김병호라는 속명으로 처리하였다. 이는 그가 환속한 상태임을 말해 주는 것이다. 그렇지만 김용담이 한용운의 장례 행사의 뒤처리를 맡아서 한 것은 분명하다. 김관호는 다른 기술에서는 다음과 같이 회고했다.

내가 또 한 번 方應謨사장을 보고 감격했던 것은 韓龍雲선생이 돌아가시고 난 뒤의 일이었다. 그때 방응모선생은 李甲燮을 데리고 직접 오셔서 그때 돈으로 3백圓을 슬며시 내놓으셨다. 내가 눈물을 흘리며 부의금으로 기록했던 기억이 지금도 생생하다. 쌀 10가마가 1백圓이었던 것으로 기억된다. 그런데 3백원을 내놓으셨다. 당장 현금 10圓이 없던 차에 이 거액은 우리를 놀라게 하였다. 우리라는 것은

34 김관호, 「심우장 견문기」, 『한용운사상 연구』 2, 1981, 280~281쪽.
35 이는 그의 재정이 넉넉함을 말해 준다.

韓龍雲선생의 장례를 치룬 金龍潭, 朴洸, 金寂音, 李春城 그리고 나 이렇게 다섯을 말한다.

이 내용에서 거듭 확인이 되듯이 김용담은 또 다른 상좌였던 이춘성, 그리고 한용운의 친구인 박광, 한용운에게 침을 놓아 주면서 후원을 하였던 선학원 승려인 김적음 등과 함께 주체가 되어 한용운의 장사를 치러냈다.

하여간에 김용담이 한용운의 장례에 대한 제반 뒤처리를 한 것은 분명하였다. 그러나 그는 한용운이 입적(1944년)하기 이전에 세속으로 나왔던 것으로 보인다. 이에 대한 사정은 그의 둘째 아들, 김철준의 증언에서 그 단서를 찾을 수 있다.

저는 고향인 함경도 명주군 내포리에서 태어났지요. 저는 고향에서 가장 큰 기와집에 살고 있었는데 동네 노인네들이 우리 집을 지나가면 전부 고개를 숙이고 지나갔어요. 그러니깐 우리 집은 할아버지가 군수를 오랫동안 했었고, 고향에서는 대부호, 재력가이었지요.

그러다가 내가 명천에 살다가 초등학교 1학년 때(1936년경)에 우리 집은 만주의 돈화라는 곳으로 이사를 갔어요. 나도 그곳으로 따라 갔지요. 돈화는 만주의 연길과 장춘(신경)의 사이에 있는 곳인데, 그 오지에서 우리 아버지는 농장을 개척했었다구요. 농장은 농토가 커서, 농장 안에 있는 부락이 30개나 있었어요. 이렇게 한 것은 내 기억으로는 아버지는 고향에서 재력가이었기 때문에 할 수 있었던 것으로 봅니다.

이렇게 그 무렵의 아버지는 농사일을 할 때이니깐, 그때는 스님이 아니었어요. 저는 어렸을 적에 아버지가 승복을 입은 것을 한 번도 보지 못했습니다. 그래서 난 이분을 스님으로 보지 않았어요.[36]

---

**36** 김용담의 둘째 아들, 김철준의 증언.

이런 증언에 의지하면 김용담은 1936년 이전에 승려에서 환속하였던 것이다. 김용담은 집안에서 물려받은 재산을 활용하여 만주로 가서 농장을 경영하였음이 분명하다. 어떤 연고로 농장을 하였는지는 알 수 없다. 그러나 김용담은 농장을 4~5년간 경영하다가 농장을 처분하고 서울로 이주하였다. 그 시점은 1940년 무렵으로 보인다. 이에 대한 정황도 아들 김철준의 회고가 참고된다.

그러다가 제가 초등학교 5학년 때(1940년)에 서울로 이사를 와서, 돈암동에서 살았습니다. 저는 돈암동에서 전차를 타고 수송국민학교를 다녔어요. 그곳을 졸업하고 나서는 중학교를 마치고 고등학교는 경신, 경복학교를 몇 군데 옮겨 다니면서 다녔습니다. 그때 아버님은 내가 중학교 때에 영어와 수학을 집에서 가르쳐 주었습니다. 영어, 수학은 기가 막혀요. 농장에서는 측량을 하기도 하였고요. 아버님은 서울에서 대학교를 다닌 것은 사실입니다. 우리 누님은 아버지가 서울의 경성제대에 다녔다고 말을 했습니다만, 하여간에 서울에서 대학은 나왔을 거에요. 아버님 형제들이 다 대학을 나왔고, 그 어려운 불경이 한문으로 되어 있는데 공부를 하지 않고 그것을 어떻게 압니까?[37]

이렇게 그는 일제 말기에 서울로 이주하였다. 그가 서울로 온 연유도 현재로서는 단언하기 어렵다. 그렇지만 그 시절의 김용담과 그의 은사인 한용운의 인연은 지속되었던 것으로 보인다.

아버님은 저에게 한용운에 대한 이야기를 많이 했어요. 우리 집에 한용운의 유필, 글씨 같은 것이 많았어요. 신문에 한용운이 쓰는 연재소설이 나오면 저 보고 한용운 선생님이 쓰신 거라고 알려 주었습니다. 우리 아버지가 한용운의 수제자

37 앞의 증언.

한용운이 말년에 칩거한 심우장(서울 성북구 소재)

비슷하였으니깐, 아주 밀접한 관계이니 한용운의 원고지 같은 것을 가지고 있었나 봐요. 한용운의 그런 재료가 많았는데 우리 어머니가 배우지 못한 무식한 분이라서 다 없애 버리고 그랬어요.

하여간 아버지는 저에게 한용운의 이야기를 많이 하시고, 아주 훌륭하고, 문학가라는 말씀을 하셨습니다. 한용운의 원고를 정리해서 갖다 주고, 한용운의 원고를 맡기면 그런 원고를 집에 많이 갖고 있었지요. 그리고 우리 집에는 손님이 많이 왔다갔다했어요. 저야 어리니깐 누구인지는 모르지만요.[38]

이렇듯이 한용운이 입적하였던 1944년 그날까지 김용담은 한용운과의 인연을 지속하면서 심우장으로의 왕래를 거듭하였다. 그러면서 한용운을 후원하였던 것이다. 그가 돈암동에 거주하였던 것도 심우장과 지근거리였던 것이 작용한 것으로 이해된다. 그가 한용운과 지근거리에 있었음은 그

38 앞의 증언.

가 민족의식을 갖고 있음을 엿볼 수 있게 하는 대목이다.

> 한번은 일제 말기 때인데, 아버지가 날 방으로 들어오라고 하고서는 방안에서 태극기를 놓고 저에게 설명을 하고 있었어요. 그렇게 태극기를 설명하는데 내 누나가 방으로 왔어요. 그러니깐 아버지는 정색을 하고 태극기를 감추고서는 여자들은 몰라도 돼! 여자들은 알 필요 없어 하시면서 이야기를 중단했어요. 후일 그 일을 두고 누나가 서운해 하였어요.
>
> 그러나 아버지는 성격이 말할 수 없이 고지식하고, 어떤 면에서는 너그럽기도 했어요. 그런 일이 있은 후 누나가 이쁜 성모 마리아상을 갖고 와서 아버지 방에 두었어요. 그것을 본 아버지는 당장 치우라고 역정을 내시지 않고, 누나에게 이쁘면 네 방에 갖다 두어라는 정도로 말씀을 하시드라구요. 스님의 방에 마리아상을 갖다 둔 셈이었지만 크게 나무라지 않았습니다. 아버지는 식사 때마다 나에게 한 이야기가 밥을 먹을 수 있게 된 것에 대해 고마운 마음을 가져라고 꼭 식사 전에 말씀을 하셨어요. 이 쌀을 만들어 준 농부, 이 음식을 마련해 준 부모에게 감사하는 생각을 가져야 한다고 했어요. 그리하시면서 항상 어렵더라도 관세음보살을 하라고, 외우라고 그랬어요.[39]

김용담이 불교적인 가치관을 갖고 생활하였음은 분명하다. 그러면서 민족의식도 갖고 있었다. 이런 것은 그가 한용운의 제자라는 정체성에서 나온 것으로 이해할 수 있는 대목이다. 해방공간에서 추진된 한용운전집간행위원회에 김용담이 포함된 것도 자연스러운 대목이다.[40]

그러다가 8·15해방이 되면서 김용담은 정치에 일정한 관심을 갖게 되었다. 민족의 운명, 나라의 장래가 불투명하였던 현실에서는 당연한 것이

---

39 앞의 증언.

40 최범술, 「간행사」, 『한용운전집』 1, 신구문화사, 1979, 2쪽.

었다.

해방이 되자마자 저희 집에는 광복군 출신이지만 어려운 사람들이 들어왔어요. 중령, 대령들이었는데 그런 사람들을 우리 집에서 먹이고, 재우고 그랬습니다. 그때에 신탁통치를 놓고 찬반으로 나뉘었어요. 아버님은 노래 부르는 창을 좋아했고, 웅변을 좋아했어요. 그래서 만날 산에 가서 웅변 연습을 하고 그랬어요. 그때에 아버지는 신탁통치 반대운동을 하는 웅변을 하였습니다. 저는 하는 것은 보지 못하고 주변 사람들이 그렇게 말을 했어요. 그걸 많이 했어요. 반대운동을 하였으니, 그러니깐 민주진영 우파이지요. 만약 아버지가 좌파사상이면, 빨갱이 사상이라면 그렇게 하였겠습니까? 나 보고도 사관학교 들어가라고 하신 것을 보면 우익이라고 저는 봅니다.[41]

이렇게 그는 우익 입장에서 임시정부 계열의 광복군에 대한 후원을 하면서 신탁통치 반대운동에 적극적이었다. 이런 행보는 김용담의 이념 문제에서 중요한 단서를 제공하는 것이다. 그가 해방공간, 6·25전쟁 기간에 보여 준 진보적인 노선의 이해에 근원적인 재검토를 기할 수 있는 내용인 것이다. 그러나 이런 문제는 보다 진지한 검토를 해야 할 것이다.

한편 김용담은 집안에서 물려받은 재산이 적지 않아 비교적 풍족한 생활을 하면서 해방공간의 초기에는 역경 작업을 하였다.

저희 집은 해방 무렵에 돈암동에 살다가 후암동으로 이사를 왔어요. 그때에 기억나는 것은 아버님이 일본에서 신수대장경 100권, 한 질을 주문해서 샀어요. 그 대장경이 많이 없어졌지만 저희 집에 아직도 있습니다. 그리고 집에는 남전대장경, 적은 것 60권으로 된 것 그것도 있었죠. 몇 권 없어지고, 아직도 우리 집에 조

41 주 36의 증언과 같음.

금은 있습니다. 그런 책에 용담 장서인이라는 도장을 찍은 것이 있습니다.

그 시절의 우리 집 생활은 아버지가 만주에 있는 농장을 팔아서 왔으니깐, 해방 전에 남쪽으로 왔으니 돈은 많이 있었지. 그때 집안이 아주 넉넉했어요. 그러니 그런 대장경을 비싸게 주고 샀지요. 또 내가 초등학교 다닐 때에 일본인 대학생 둘을 내 가정교사로 두고 저를 가르치게 했어요. 그리고 돈암동에 집이 몇 채 있었고, 아버지는 돈 벌 생각을 전혀 안 하셨습니다. 여유가 있었으니. 그리고 아버지는 무당을 제일 싫어했습니다. 후암동 저희 집에 무당이 한 번 왔는데 처음으로 화를 내는 것, 짜증을 내는 것을 봤어요. 당장 치우라고 하셨어요.

해방 직후 그때에 아버지는 선학원으로 출근을 했어요. 그리고 역경원에도 다니고 그랬는데 늘 원고와 책을 갖고 다니고 그랬어요. 그래서 저는 그 무렵에 아버지를 스님으로 전혀 보지를 않고 철학을 공부하는 불교학자로 보았지. 나는 스님으로 보지 않아. 불교철학을 주로 공부한 거지. 나는 머리 깍은 것을 못 보았기에 스님으로 볼 수 없었지.[42]

이렇게 김용담은 해방공간 초기 시절에는 불교를 공부하고, 역경에 전념하는 생활을 하였다. 이런 활동을 한 주된 그의 활동 공간은 선학원이었다. 그 무렵 그는 선학원의 부이사장과 해동역경원 부원장을 지냈다. 이런 활동을 하면서 그가 역경한 책이 발간되었는데 그것은 『선가구감禪家龜鑑』이었다. 이 책은 조선 후기의 고승인 서산 대사가 한문으로 불교사상요체를 정리한 『선가구감』을 순수한 우리말로 번역한 것인데, 토속적인 우리말로 번역한 최초의 책이라는 측면에서 역경사에 남을 역작이었다.

김용담의 혼이 담긴 『선가구감』은 1948년 1월 30일, 한글선학간행회가 펴냈다.[43] 즉 '한글 선학' 시리즈 제1권으로, 비매품으로 나온 것이다.[44]

---

42 앞의 증언.

43 발행소는 선학원이었다.

1948년에 나온 『선가구감』의 보존판을 보면 부록으로 「한글선학간행회 회원 명부」가 실려 있다. 그 명부에는 한글선학간행회 회원 명부(입회순) 유공회원, 특별회원의 명단이 포함되어 있다. 먼저 유공회원으로는 이승만(이화장), 김구(경교장), 동국대, 범어사, 통도사, 조선불교 중앙총무원, 조선불교 경남교무원과 10여 명의 일반 개인의 이름이 있다. 특별회원에는 김규식(삼청동), 이범석(조선민족청년단), 안재홍, 김법린 외에도 유명 단체 및 기관이 다수 보이며[45] 일반 개인도 2백여 명이 등장한다. 그런데 이런 대상자들로부터 후원을 받아낸 대상자, 즉 화주化主는 이대의李大義였다. 이대의는 수좌 출신 승려로 유명하고, 정화운동의 일선에 선 인물이다. 그는 강석주와 인연이 많았다고 전해지는데 이대의가 화주로 등재된 구체적인 인연 내용은 알 수 없다. 어찌 되었든 선학간행회 회원 명부에서 알 수 있듯이 『선가구감』의 출판은 큰 기대 속에서 출간이 되었다. 1949년 7월경에는 정가를 붙여 판매되었음을 보면[46] 큰 호응을 받은 것으로 보인다.

한편 이 책에 대해서 불교출판 전문가인 윤창화는 다음과 같이 평가하였다.

---

44 비매품은 2종으로 나왔다. 그 중 1종은 보존판인데 선장본 형태, 전통 한지의 지질로 사용하였다. 다른 1종은 보급판인데 지질은 양지였다. 보존판에는 회원 명단인 「한글선학간행회 회원명부」가 있지만, 보급판에는 회원 명단이 없다.

45 그 내용을 제시하면 조선불교 경기교무원, 박대륜(간동교당), 박성권(가회동 교당), 양능허(범어사), 양대응(통도사), 해동중(부산), 백련암(합천 가야산), 봉선사, 봉은사, 보각선원(인천), 해인사, 김용사, 태고사(금산), 신익희(국회), 이청천(대동청년단), 국립도서관, 운수도서관, 계몽문화협회, 조병옥(과도정부 경무부), 원불교(한남동), 대각교당(봉익동), 정봉모(전북교무원), 서울 약학대학(을지로 6가), 윤보선(안국동), 보성사(경운동), 신자영(청량리), 오세창(와룡동), 이종욱(월정사), 서울대도서관(동숭동), 서울신문사, 동아일보사, 덕수초등학교, 박순천(부인신문사), 대한방송협회, 시립도서관, 성인교육협회, 서울피복조합 등이다.

46 『불교공보』 3호(1949. 7) 광고에 판매한다는 내용이 나온다.

김용담이 우리말로 옮겨 간행한 『선가구감』

이 책은 근대에 이르러 『선가귀감』에 대한 최초의 번역이면서도 매우 탁월한 번역이다. 무엇보다도 이 책은 원전의 뜻을 100% 전달하고 있으며, 어감과 표현력, 문장 등이 매우 간결하고 뛰어나서 보충설명이 없이도 충분히 이해할 수 있게 되어 있다. 또 토속적인 우리말을 잘 살려 가면서도 원래의 뜻을 유감없이 전달하고 있다. 게송(시구)과 시구의 경우도 선시禪詩 특유의 함축미가 잘 살아 있다. 옛 문투이지만 지금도 따라가지 못할 번역이다.[47]

이 책의 내용 그 어디에도 김용담이 번역을 하였다는 단서는 나오지 않는다. 그렇지만 이 사실은 해방공간 그 시절, 선학원에서 김용담과 함께 활동을 하였던 승려 강석주[48]의 증언에서 찾을 수 있다.

또 선학원에 용담 스님이라고 있었는데 그이가 한용운 스님 상좌였어요. 나중에 나하고 선학간행회를 만들어 가지고 선가구감을 번역한 분이지요. 그분도 김구 선생을 따라갔는데, 나에게 얘기하기를 그분 아우님이 신의주에서 병원을 하고 있었는데 이북 정부에서 이 병원을 접수하려고 한다고 해서 그 아우님을 데려오겠다고

47 윤창화, 「김용담 스님 역 『선가구감』」, 『근현대 한국불교 명저 58선』, 민족사, 2010, 171쪽.
48 강석주는 1920년대 초반 선학원에서 출가하여 한용운 시봉을 수년간 하였던 인물이다. 이런 연고가 있어 김용담과 친근하게 지냈던 것으로 보인다. 김광식, 「강석주 삶에 나타난 민족불교」, 『민족불교의 이상과 현실』, 도피안사, 2007 참조.

가셨어요. 이분들이 갔다가 몇 분 돌아오셨는데 나중에 도로 다 들어가 버리셨어요. 6·25 사변 중에 나는 피난을 못 가고 여기에 있었는데 그분들이 다 나왔더군.[49]

이런 증언을 한 이후 2002년 6월 10일, 필자는 강석주가 생존하던 시절 그가 머물던 칠보사에서 다음과 같은 대담을 하였다.

김(필자): 석주 스님은 해방이 되어서 선학원에서 김용담 스님하고 선학간행회를 만들어 『선가구감』을 간행하였지요?

스님(강석주): 그랬지. 용담 스님하고 나하고 선학원에서 선학간행회를 만들고 『선가구감』을 펴냈는데 지금 생각해 보면 그것이 제일 잘된 일이지요. 후일 법정 스님도 그것을 어느 정도 손질하여 법통사에서 다시 펴내기까지 했어요.[50]

이런 대담, 증언을 통하여 필자는 『선가구감』을 김용담이 번역한 것으로 알고 있었다. 강석주는 윤창화와의 대담에서 한글선학간행회의 원장은 이운허였고, 자신은 부원장이었다고 증언하였다.[51] 김용담이 번역, 간행한 『선가구감』은 법정에 의해 재인식되어 1962년부터 법통사라는 출판사에서 펴낸 이후 불교계에 많이 보급되었다.[52] 그렇지만 강석주는 북한으로

49 「창간 20년 연속 대담, 개혁도 정화가 아닙니까 – 석주스님과 진관스님」, 『불광』 1994년 5월호.

50 탄허문도회, 『방산굴 법어, 탄허대선사 법어집』, 월정사, 2003, 457쪽.

51 윤창화, 「해방이후 역경의 성격과 의의」, 『대각사상』 5, 2002, 144쪽의 각주 20 내용 참조.

52 이에 대해서는 추후 더욱 조사, 분석되어야 할 것이다. 그러나 이 글에서는 그에 대한 단서 제공 차원에서 필자가 조사한 그 단면만을 제시한다.
우선 1962년 6월 25일 법통사에서 나온 판에는 역자를 '선학간행회禪學刊行會'라고 하면서 「해설」에서 "1948년 선학원禪學院에서 우리말 번역본이 나온 바 있었다. 그 뒤 여러 군데서 재간의 요청이 있었으나 절판된 채 지금에 이르렀는데, 선학원 석주 스님의 원력願力과 법

넘어간 김용담의 이념 문제로 인하여 남한에서 재출간된 『선가구감』이 김용담의 이름으로 나오지 못한 것을 안타깝게 여겼다.[53]

---

통사法通社 문 사장님의 신심信心으로 이제 다시 나오게 된 것이다."라고 서술하였다. 이 법통사본은 1970년 11월 5일에 5판까지는 나왔다. 그러다가 1971년 5월 15일 홍법원弘法院에서 개역판으로 출간하였을 때부터는 역자가 '법정法頂'으로 나왔다.

그런데 홍법원의 개역판에는 법정이 『선가구감』을 접한 인연, 번역하게 된 사정, 강석주에게 도움을 받은 내용 등을 기술하고 있어 호기심을 일으킨다. 그 관련 내용을 정리하면 다음과 같다. 법정이 『선가구감』을 처음 본 것은 해인사 퇴설선원에서 안거 수행을 하던 1956, 1957년경이었고, 우연히 목판본을 구해 읽었더니 수행 납자들에게 필요한 내용이 많아 필사를 하였다. 법정은 그 목판본을 소장한 노장 승려로부터 그 판본을 인수받았다. 그리고 강석주를 만난 사연에 대해서는 "몇해 후 禪學院에서 昔珠 스님을 만나 그런 이야기를 했더니, 한번 번역해 보라며 책 한 권을 내주었다. 그것은 一九四八년 禪學院에서 낸 우리말 번역본이었다. 읽어 보니 譯文은 비교적 좋은 편인데 본문과 주석을 분간키 어렵고 더러는 낯설은 용어들이 있어 이해하기 어려운 데가 있었다. 그해 여름 해인사 笑笑山房에서 선학원판과 圓寂寺版, 松廣寺 諺解本을 참고로 번역에 착수했다. 그 이듬해, 정확히 말해서 一九六二년 六월, 원고는 써놓고도 출판의 길이 막연했었는데 法通寺에서 쾌히 출판을 맡아 주었다. 지금 생각해 보아도 그것은 衲子의 단순한 뱃심에서였다. 語學實力도 변변치 않은 데다가 한말로 해서 天地를 분간 못하던 그런 시절이었으니까. 물론 지금도 마찬가지이지만. 그때는 그저 이런 책을 널리 읽히고 싶은 일념에서, 오로지 그 한 생각에서 덤볐던 것이다. 그 사이 이 책이 널리 읽혔다면 번역보다도 내용 자체가 간절한 말씀들이었기 때문일 것이다."라고 서술하였다. 그리고 개역본을 낸 것에 대해서는 "精讀을 한다는 의미에서 아예 번역과 주석을 다시 하기로 했다."고 서술하였다.

본 고찰에서는 김용담의 『선가구감』과 법정이 펴낸 것과의 상관성에 대한 검토는 여기에서 그친다. 추후 이에 대한 글을 준비할 예정이다. 번역 작업에 있어서 모방, 창작, 참조의 범위와 성격의 문제가 간단치 않다. 법정이 『선가구감』을 펴낼 때에는 이념의 문제가 엄혹하던 시절이라 김용담의 이름을 밝힐 수 없었다. 그러나 1990년대에 접어들면서는 이념 문제가 해금되어 용담이 고투한 『선가구감』에 대한 복권을 시켜 줄 수 있지 않았을까 한다. 그런데 법정은 1990년 가을경 불일출판사에서 『깨달음의 거울, 선가구감』을 펴냈다. 그런데 이 책의 「해제」에서는 1948년에 나온 한글선학간행회판, 석주 스님에게 도움을 받은 사실은 삭제하였다. 대중적인 책이라서 그런 것이었는지는 단언할 수 없지만, 누락은 사실이다. 여기에서 그 내용을 적시한다. 1961년 여름 해인사 소소산방에서 번역하였는데, 그는 한국불교 교단에는 너무나 적절한 시제時制임을 생각하여 용기를 냈다고 회고하면서 "초판은 1962년 선학간행회(禪學刊行會)의 이름으로 법통사(法通社)에서 출간, 1971년 홍법원(弘法院)에서 개역(改譯) 출간, 1976년 정음문고(正音文庫)로 간행되었다. 그 동안 이 책이 판을 거듭하면서 교단 안팎에서 널리 읽힌 것은 내용 자체가 그만큼 절실한 가르침이기 때문이다."라 하였다. 필자는 추후 진실 추구, 역사 찾기, 김용담 복권 차원에서 이에 대한 문제에 관심을 가질 예정이다.

그래서 강석주는 김용담이 번역한 『선가구감』의 원고를 50여 년간 보관해 오다가 2002년 8월 23일 효림출판사에서 '용담스님 옮김'이라는 부제를 단 『선가구감』을 발간하도록 하였다.[54] 그 책의 말미에서 강석주는 「용담스님의 『선가구감』을 다시 펴내며」라는 제목으로 다음과 같이 기술하였다.

> 내가 용담(龍潭) 스님의 『선가구감』을 펴낸 지도 어언 50년이 넘었다. 당시 시중에 유통되고 있던 한글 불서로는 『송주』, 『관세음보살보문품』, 『극락가는 길』 정도에 불과하였으므로 운허(耘虛) 스님과 함께 국문선학간행회를 만들어 최초로 발행한 책이 『선가구감』이었다.
>
> 만해 한용운 스님의 수제자인 용담 스님은 선(禪)과 교(敎)에 두루 밝았던 분이셨다. 스님은 수년에 걸쳐 『선가구감』을 번역하고 자세한 주석을 붙이되, 여러 사람에게 돌려 읽어 보게 한 다음 의견을 듣고 거듭거듭 윤문을 하였다. 심지어는 어린 아이들에게까지 이해할 수 있는지를 물었을 만큼 정성을 다하였다. 현재 시중에 여러 종류의 『선가구감』 번역본이 있지만, 용담 스님의 것을 따라올 책이 없는 까닭은 그만큼 스님께서 심혈을 기울였기 때문일 것이다.
>
> 그러나 용담 스님은 백범 김구 선생과 함께 〈정당사회단체대표자회의〉에 참석하러 갔다가 돌아오지 않아 월북자로 지목받았으므로, 그 동안 스님의 이름을 밖으로

---

53 김현준은 『도심속의 도인 석주 큰스님』(효림, 2005)의 76~77쪽에서 "나중에 교계의 어느 스님이 용담 스님의 원고로 『선가구감』을 재출간하면서 자신이 편역한 것처럼 만든 일도 있지."라고 강석주의 발언을 채록하였다.
한편 강석주의 지근거리에 20여 년간 있었던 이동은(동국대 중앙도서관, 사서)은 이에 대해서 "석주 스님은 용담의 이름으로 안 나오는 것을 몇 번 언짢아하신 적은 있어요. 노골적으로 법정 스님이라고는 하지 않았으나 다른 사람, 어떤 수좌에게 그 원고를 정리해 보라고 주었다고 말씀은 하셨어요. 형무소에서 인쇄하였기에 오탈자가 많아서 그것을 바로 잡아달라고 한 것이죠. 용담 스님이 번역한 한글을 고치라고 한 것이 아니라, 그 원문의 한문이 잘못된 것을 대조해서 찾아 달라고 한 부탁의 말씀이었습니다."라고 필자에게 증언하였다(2010년 12월 22일, 동국대 중앙도서관에서).

54 필자는 강석주와 김용담에 대한 인연, 전후 사정을 수집하여 『우리가 만난 한용운』(참글세상, 2010)에 「천진보살의 평생의 정신적 사표」에서 정리하였다.

나타낼 수가 없었다. 또한 초판본을 격동기인 1948년 1월에 서대문형무소에서 인쇄를 하였으므로 흡족하게 출간되지 못하였고, 교계의 이름 있는 스님[55]이 용담 스님의 글을 대부분 그대로 차용하여 자신의 편역서처럼 유포한 일도 있었다.

이러한 사실들을 늘 아쉽게 여겨 오다가, 이제 도서출판 효림(曉林)에 내가 가지고 있던 판권을 넘겨 용담 스님의 이름으로 새롭게 출간하였다. 그 동안 미루어 왔던 숙제를 마친 듯이 마음이 후련하다. 부디 용담 스님께서 정성을 다해 펴낸 이 책이 백년 천년 후에까지 깨달음의 눈을 뜨게 하는 지침서가 되고, 2천만 불자들의 필독서가 되었으면 하는 마음 간절하다.[56]

강석주는 이렇게 그가 마음에 담아 두었던 숙제를 하듯 50여 년 만에 김용담의 이름으로 『선가구감』을 펴낸 전후 사정을 자세히 고백하였다. 강석주의 그런 마음은 강석주를 수년간 시봉하였던 재가불자인 이동은도 필자에게 내용을 확인해 주었다.

저는 대학을 다닐 적에 1978년인가 그때부터 석주 스님을 칠보사에서 수년간 모셨어요. 그때 석주 스님은 청소년교화연합회 총재이셨고 저는 대학을 다닐 때에 어린이 불교학교 교사를 했는데 세배를 갔다가 인연이 되어 그때부터 칠보사에 입주해서 스님을 모신 것이지요. 그리고 스님이 입적하실 때까지 자주 친견을 하였습니다. 그래서 스님으로부터 용담 스님에 대한 말을 수도 없이 많이 들었죠. 『선가구감』 이야기만 나오면 용담 스님에 대한 말씀을 하였습니다. 한 20년간 들었던 것 같습니다.

석주 스님은 은사 스님이 남전 스님입니다. 남전 스님이 물려준 땅을 항상 알뜰하게 보관하시고, 시주돈을 무섭게 알아야 한다고 말씀하시면서 스님도 절약하면

---

55 이 대상자는 법정이었다. 이에 대한 문제는 앞의 윤창화 논고에 그 일단의 내용이 정리되어 있다.

56 『선가구감』, 효림, 2002, 231~232쪽.

서 불사를 하셨어요. 그러시면서 부처님 돈은 부처님 사업에 써야 하신다면서 부처님 사업은 역경과 포교라고 하시면서 그것을 강조했어요. 스님은 해방 전에 1년간 야학에 다니셨다고 합니다. 그래서 한글학회 사람들과 친하게 지내셔서 자연 한글에 관심이 많았고, 한글학회 사람들과 교류를 하였답니다.

그래서 큰스님은 부처님 말씀을 한글로 번역하겠다는 뜻을 세우셨고, 남전 스님이 남기신 돈을 갖고 역경 사업을 하신 것입니다. 그리고 돈이 모이면 그런 일에 뜻 깊게 써야 하겠다는 결심을 하였던 것이지요. 즉 당신 돈으로 역경 사업을 하실 기획을 하였답니다. 그런데 스님은 참선 수행에 관심이 많으셨다고 했어요. 당신이 제일 행복한 때가 범어사에서 수좌 생활을 하였을 때라고 회고하시고, 오대산 한암스님의 회상에서도 한철 수행을 할 때가 제일 좋은 시절이라고 하셨어요. 하여간 스님은 역경의 뜻을 세우시고 경전번역 불사를, 특히 선서를 번역하겠다는 계획을 세우고 선서 시리즈를 내겠다는 목표를 세우고 용담 스님과 함께 의기투합해서 계속 선서 번역을 하자고 하였답니다. 용담 스님은 번역을 하시고, 당신은 후원을 하신 것이지요. 제가 큰스님(석주)에게 듣기로는 모든 출간 비용은 큰스님이 댄 것으로 알고 있어요.

그렇게 해서 1차로 『선가구감』을 내고, 그 후에 뜻을 함께하여 시리즈로 내기로 용담 스님과 약속을 했는데 김구 선생을 따라 북한으로 올라가서 내려오질 않아서 못 했다고 늘 애석해 하셨어요. 용담 스님은 만해의 제자인데, 용담 스님의 말이 나오면 항상 하시는 말씀이 용담 스님은 항상 바랑에 원고를 짊어지고 다니시면서 귀를 기울여 가면서 원고를 고치고, 길에 가는 꼬마 애들에게도 물어서 일일이 고치고 하였던 대단한 스님이었다고 감탄을 하셨습니다. 『선가구감』의 인쇄를 서대문형무소에서 한 것은 형무소의 죄수들이 하면 인건비가 싸서, 돈을 아끼려고 그렇게 하였다고 하셨습니다. 그래서 오탈자가 너무 많이 나와서 부처님에게 너무 죄송하시다는 말을 자주 하셨어요. 그래서 석주 스님은 당신이 참회하는 심정으로 용담 스님이 번역한 책 『선가구감』을 당신이 한글로 1950년인가 그 무렵에 몽땅 필사하셨어요.[57] 스님이 필사한 그 원고는 동국대 도서관 귀중고실에 기증되어 보관되어 있습니다.

하여간 스님은 용담 스님이 번역한 것을 항상 감탄하시고, 번역이 좋다고 하시면서, 『선가구감』은 당신(석주)이 기획해서 나온 것이라고 항상 자부심을 갖고 계셨고, 자랑스러워하셨어요.[58]

이동은의 회고 증언에서도 김용담과 강석주의 인연, 『선가구감』 번역 및 인쇄, 지속적인 작업[59] 등에 대한 상세한 정보가 나온다.

필자가 확인한 여러 정황을 종합하건대[60] 김용담은 해방 직후에는 선학원의 중창주인 김적음이 1946년 12월에 만든 해동역경원에서 활동하였다. 김적음은 해동역경원의 원장이었고, 김용담은 김범룡과 함께 부원장이었다. 해동역경원의 활동은 부진하였지만, 선학간행회 활동은 정상적으로 진행되었다고 보인다. 김용담은 이운허와 강석주가 만든 한글선학간행회에 소속되어 번역 작업을 하였던 것이다. 이운허는 간행회의 대표를 맡으면서 역경에 관심이 많아 몇 권의 경전[61]은 자신이 직접 번역하겠다고 하였다. 그리고 강석주는 책 출간에 대한 주관 및 후원을 맡고, 번역팀으로는 김용담과 이종익, 한길로 등이 있었다.[62]

그러나 결과적으로 김용담의 『선가구감』만이 출간되었다. 『선가구감』은

---

57 그 필사본 말미에 "단기 四二八三년 경인 七월 三십일 석주 도봉산 원통난야에서 삼가 씀"이라고 쓰여 있다.

58 이동은은 동국대 중앙도서관에 근무하고 있는 사서이다. 이 대담은 2010년 7월 6일, 동국대 도서관에서 있었다.

59 후속작업의 2차 대상은 『법보단경』이었다. 이에 대한 내용은 『선가구감』의 간기면에 나온다. 선학간행회에서 이를 대상으로 삼은 것은 이 경전이 본래 통속적으로 되어 있을 뿐 아니라, 수도승을 표준한 것이 아니므로 누구나 알기 쉽게 된 것을 특색으로 본 것에서 나온 것이라 보인다.

60 『불교』 1947년 신년호, 2쪽.

61 그 대상은 『열반경』, 『유마경』, 『법화경』 등이었고 불교사전도 간행하겠다고 하였다.

62 여기에서 이종익은 『현우경』을, 한길로는 『육조단경』을, 김용담은 『선가구감』을 맡기로 하였던 것이다.

처음에는 비매품으로 나왔지만 1949년 5~7월부터는 판매를 한 것으로 보인다.[63] 선학간행회는 많은 기획을 하였지만 『선가구감』 이외에는 출간하지 못하였다. 그 연유는 후술하겠지만 불교계 내부의 불교혁신 활동을 둘러싼 갈등의 치열함과 뒤이어서 터진 6·25전쟁의 소용돌이 때문이었다.

## 4. 불교혁신과 김용담, 북행과 6·25전쟁

김용담은 해방공간에서 역경 작업을 하면서 불교혁신 활동을 적극적으로 추진하였다. 해방공간 불교계에서는 식민지 불교의 청산과 불교혁신의 방향을 놓고 교단과 재야 혁신 단체 간에 치열한 갈등·대립이 있었다. 그런데 그 갈등의 저변에는 교단과 혁신 단체 간의 현실인식과 혁신 추진의 범위에 대한 타협할 수 없는 간극이 상당하였다. 교단은 점진적인 개선을 추진하였지만 혁신 단체는 급진적인 개혁을 주장한 것이다.

이런 기본 배경하에서 김용담은 혁신 단체에 가담하여 핵심적인 위치에 있었다. 그가 어떤 연고로 혁신 단체에 가담하였는지를 파악하기는 대단히 어렵다. 그가 혁신 활동을 한 것은 우선 그의 활동 거점이 선학원이었던 점이 작용한 것으로 보인다. 이에 대해서 그때에 함께 혁신 활동을 하였던 강석주의 증언이 참고된다.

> 선학원에선 혁신회에 나 혼자 다니다가 그것이 영향이 있었는지 이사장 경봉 스님, 부이사장 용담 스님도 나오시게 되어 선학원도 연맹에 참여하게 되었지. 그때

---

63 『불교공보』 3호, 1949. 7, 4쪽 광고 참조. 그 내용에는 "急告, 한글 선가구감 增刷 配本, 發行所 한글禪學刊行會, 책값 4백원, 송료 5십원, 서울 안국동"이라는 내용이 나온다. 그런데 『불교공보』 1호(1947. 5)에는 "한글 선가구감 출판, 서울 종로구 안국동 40 한국선학간행회"라고 나온다. 그렇지만 필자는 아직까지 판매본은 확인, 열람하지 못하였다.

이사장 하시던 경봉 스님은 경찰서에 불려가서 고문을 당하고 그랬지. 좌익으로 몰아가지고. 수복해 가지고 나도 종로경찰서에 사흘을 불려 다녔어. 선학원을 빨갱이로 몰았지. 나도 아주 당했지.[64]

강석주의 매개로 선리참구원 이사장인 김경봉과 부이사장이었던 김용담도 불교혁신 활동에 가담하였다는 것이다. 당시 선학원은 전국 수좌들을 상징, 대변하는 거점이었다. 선학원은 해방 직후에 독자적으로 교단에 불교개혁안을 제출하였다. 불교개혁의 열기가 높아지면서 선학원 연고자인 김용담, 강석주의 활동으로 인하여 여타의 혁신 단체와 공동보조를 갖기에 이르렀다.[65] 김용담과 김경봉이 1946년 11월 말에 열린 제2회 중앙교무회에 단체 대표(대의원)로 참여하였다는 기록을 보면[66] 김용담은 선학원을 대표하는 인사였다. 선학원이 불교개혁에 가담하였던 이런 추세는 1946년 12월 3일, 선학원에서의 〈불교혁신총연맹〉 결성 대회로 이어졌다.

결성대회는 12월 3일 상오 10시 선학원에서 전기 각 단체 파견 대표자의 운집하에 청년당 유성갑 씨 개회사를 비롯하여 임시 집행부 선거에 들어가서 의장에 경봉 화상 서기에 곽서순 씨가 피선되여 선언 강령 맹규를 일부 수정 통과하여 중앙집행위원 25명을 선거하고 하오 5시 획기적인 革總의 결성을 마쳤다.[67]

---

64 선우도량, 『22인의 증언을 통해 본 근현대불교사』, 2002, 41~42쪽.

65 당시 전국 20여 개 선원을 회원으로 거느린 선리참구원에서는 1946년 11월 중앙교무회(종회)에 건의안을 제출하였으나 거부당하자 혁신 계열 단체에 합류한 것이다. 그 건의안은 대의원 3인을 포함하는 것, 해인사의 모범총림을 불조청규에 의해 건설하되 그 재원으로 500만 원을 확립하는 문제, 중앙선원의 확장, 지방선원의 자치제 운영, 승려 자격은 선원에 우선적으로 3년 안거 수행한 뒤에 인가하는 문제 등이었다. 이는 『삼소굴일지 – 경봉대선사일기』, 극락선원, 1992, 249쪽 참고.

66 김광식, 「가야총림의 설립과 운영」, 『한국 현대선의 지성사 탐구』, 도피안사, 2010, 287쪽.

67 「불교혁총 결성대회」, 『대중불교』 1호, 1947. 1. 1.

이렇게 선학원에서 열린 결성대회에서 선학원의 이사장이었던 김경봉이 연맹의 의장으로 선출되었다. 당시 김용담은 선학원의 부이사장이었는데, 그 결성대회에서 김용담은 총무로 선출되었던 것이다.[68] 여기에서 김용담이 〈불교혁신총연맹〉의 중심적인 인물이었음을 알 수 있다. 그러면 〈혁신총연맹〉의 성격은 어떠하였는가. 요컨대 노선, 이념은 어떠하였는가. 이에 대해서는 강령 및 당면 주장을 보면 파악할 수 있다.

강 령

一. 우리는 현 교단을 혁신하여 大衆佛教 실현을 기함.

一. 우리는 無我和合의 정신을 體하여 민족통일 완수를 기함.

一. 우리는 大慈平等의 이념에 卽하여 균등사회 건설을 기함.

당면주장 10개조

1. 教徒制를 실현하여 대중불교를 수립하자.
2. 寺有土地를 개혁하여 교도는 生業에 근로하자.
3. 사찰을 정화하여 수행도량을 확립하자.
4. 사설 포교당을 숙청하여 전법도량을 통일하자.
5. 일제 잔재인 계급 독재의 教憲을 배격하자.
6. 교도는 모든 기관에 있어서 권리와 의무를 균등히 하자.
7. 賣佛的인 법회와 의식을 철폐하자.
8. 친일파와 교단 반역자를 타도하자.
9. 교화운동에 전력하여 국가대업에 공헌하자.
10. 불편부당을 盟旨로 하여 민족통일을 기하자.

68 「불교혁신운동 小史」, 『불교신보』 15호, 1947. 7. 1.

이와 같은 강령과 당면 주장을 주의 깊게 살펴보면 진보적인 성격이 강하게 드러난다. 강력한 친일 잔재 청산, 진보적인 불교개혁, 진보적인 통일운동의 색채가 분명하다. 김용담이 가담한 〈불교혁신총연맹〉은 교단 혁신을 강력하게 추진한 결과 마침내 교단 집행부와 불협화음을 연출하게 되었다. 그리하여 1947년 5월경에는 교단과 치열한 대립을 노정하여, 급기야는 교단 분열로 나아가게 되었다. 그래서 혁신 계열의 단체는 〈전국불교도연맹全國佛教徒總聯盟〉을 결성하고 조선불교총본원朝鮮佛教總本院이라는 새로운 총무원까지 등장시켰다.

이렇듯이 불교혁신, 교단 개혁을 놓고 전개된 교단의 분열은 여러 파행을 야기시켰다. 그런 정황에서 김용담이 관련된 것을 제시하면 1946년 12월 25일, 〈혁신총연맹〉이 의료지원 사업을 나갔을 때의 인물로 나온다.[69] 그리고 김용담은 〈총연맹〉의 총무였기에 〈총연맹〉의 대표로 통도사에 있었던 김경봉에게 중앙불교의 정세를 알려 주는 편지를 썼다는 회고가 나온다.[70]

그리고 가장 문제된 것이 1947년 5월 경의 무고誣告 사건이었다. 그 개요를 살펴보자면 교단 집행부의 인사[71]가 혁신 계열의 승려, 학자들을 사회주의 노선, 이북 불교의 모방이라는 의심하에 살인미수, 폭력, 공갈, 무허가 집회, 명예 훼손 등의 이유로 경찰에 고소한 일이다. 그래서 혁신 측 인사인 김경봉, 김용담, 허영호, 곽서순, 장상봉, 백석기, 박봉석, 이불화, 이부열, 구임준 등이 1947년 5월 6~7일에 구속되었다.[72] 이런 구속은 당시 불교

---

69 「혁총 의료반 남행」, 『대중불교』 1호, 1947. 1. 1. 반원은 김용담, 우정상, 김용금, 김보제심, 표정숙 등이었다.

70 『삼소굴 일지』, 극락선원, 1992, 1947년 1월 30일 내용.

71 그 주동 인물이 교단의 총무부장을 역임한 최범술이라는 일설이 있다. 허영호와 구임준은 혁신 측 인사는 아니었지만 사건 관련자로 참고 조사를 받은 것으로 보인다.

72 「불교전국대회 준비위원 피검」, 《경향신문》 1947. 5. 9; 「김경봉화상대선사 피검 교단미증유의 불상사」, 『불교신보』 13·14합호, 1947. 5. 27; 「고소사건 조사보고」, 『대중불교』 2호,

교단 측과 혁신 측 간의 갈등이 얼마나 심하였는가를 단적으로 말해 준다.

이런 대립 구도하에서 일시적으로 혁신 계열이 존립을 하였지만 1948년 무렵에 가서는 혁신계열은 위축되었다. 그리하여 혁신 측의 총본원은 퇴진하고, 일부 승려들은 북한으로 넘어가기도 하였다. 이렇게 되었던 단초는 두 가지 내용이 있다. 우선 첫째는 혁신 측이 당시의 뜨거운 감자와 같은 문제인 토지개혁에 대하여 무상몰수, 무상분배의 입장을 가졌다. 이로써 사회주의, 좌익 노선이라는 오해를 받기 시작하였다. 다음으로는 김구의 북행에 동참하였다. 평양에서 개최된 남북 제 정당 사회단체 연석회의(1948. 4. 19~4. 23)에 혁신 측의 승려 몇 명이 참여하였다. 그들은 〈전국불교도총연맹〉, 〈불교청년당〉 등을 대표하였던 것이다. 그런데 김구의 북행에 참여하였다가 남하하지 않은 승려가 있었다. 그 이후 해주에서 열린 인민대표자회의(1948. 8. 21)에도 혁신 승려 몇 명이 참여하였다. 그래서 혁신 계열은 사회주의 노선이라는 단정을 받게 되었다. 이런 변화는 당시 정치 구도가 미군정의 극우적인 상황으로 전환되는 것에 영향을 받게 되었음을 말한다. 그 결과 수십여 명의 혁신 계열 승려가 체포, 구금되는 사태로 전개되었다.[73]

이러한 격랑 속에서 〈조선불교도총연맹〉의 대표 자격으로 김용담은 김구의 북행에 동참하였다. 그리고 그는 남하하지 않았고, 해주회의에도 참가하였다. 김용담은 해주회의에서 남한 지역을 대표하는 대의원으로 선출되었다.[74] 이런 내용에 대해서는 당시 선학원에 거주하며 〈불교혁신총연맹〉에 가담하였던 강석주의 관련 기고문과 회고가 참고된다. 강석주는 김

---

1947. 6. 1.

73 김어수, 「8·15해방부터 6·25까지의 불교 동향」, 『불광』 1980년 6월호, 30쪽; 대한민국 건국10년지 간행위원회, 『大韓民國建國十年誌』, 1956, 604쪽.

74 김남식, 「남한지역 조선최고인민회의 제1기 대의원 선거에서 선출된 대의원 명단」, 『남로당 연구』, 1984, 530~531쪽. 여기에서 필자가 확인한 승려는 김용담, 장상봉, 우봉운이다.

75 석주, 「교단의 혁신을 위한 조선불교총본원의 활동」, 『법륜』 246호, 1989. 8, 30~31쪽.

용담과 지근거리에 있었기에 그의 증언은 신뢰할 수 있다. 그는 1989년에 쓴 글에서 다음과 같이 서술하였다.

> 또 이때는 이승만 씨가 단독정부를 수립하려 했고, 김구 선생 등은 이를 반대하며 남북협상을 하자고 했다. 이때 두 번인가 남북협상이 있었는데 불교인(장상봉, 곽서순, 이부열, 김용담, 김해진) 몇몇이 김구 선생과 함께 평양으로 가는 바람에 혁신총연맹은 완전히 좌익으로 몰리어 활동이 중지되고 말았다. 그래서 사변 이후에는 별다른 활동이나 진전이 없었다.[75]

요컨대 김용담이 월북하였다는 것이다. 강석주의 증언은 필자와의 대담에서도 있었다. 여기에서 강석주는 비교적 그간 발언하지 않았던 김용담에 대한 증언을 소상하게 하였다.

> 김(필자): 혹시 용담 스님에 대해서 알고 계신 것이 있으면 말씀 좀 해 주십시오.
>
> 스님(강석주): 용담 스님은 혁신 운동을 하다 김구 선생을 따라서 이북으로 갔는데 이북에서 병원에 있는 동생을 데리고 나온다고 나에게는 말했어요. 그리고 이북에서 정리할 것도 있다고요. 그런데 가서는 내려오지 않고 말았지요. 그러다가 6·25전쟁이 터지는 바람에 다시 내려와 조계사에 있었어요. 그때 불교인 7~8명이 같이 갔는데 그들은 수복한 후에는 다시 이북으로 다 올라가 버렸어요. 그 뒤 이북으로 간 사람들의 행방은 통 알 수가 없어요.
>
> 용담 스님은 만해 스님의 상좌인데 나도 그분의 이력은 정확히 몰라요. 부인이 서울 시내에 있어서 선학원에서 상주하지는 않았어요. 나하고 용담 스님은 선학원에서 불교혁신에 대하여 많은 것을 이야기했는데 그때는 이념에 관해서는 일체 언급이 없었고 불교 발전과 혁신만을 이야기하였을 뿐이지요. 그런데 수복 후에 내가 세 번이나 경찰서로 불려갔지. 용담 스님하고 김해진 이런 이들이 6·25전쟁 때 내려와서 남조선불교도동맹을 만들었는데

내가 거기에 연루되었다는 거야. 아마 그 이면에는 대처 측에서 떠든 것도 있었을 것이야.[76]

선학원에서 김용담과 불교혁신의 주제를 놓고 대화를 하였던 강석주는 김구의 북행에 동참한 것의 이면에 김용담의 개인적인 일이 있었다는 증언을 했다. 즉 김용담은 북한에서 의사로 활동하고 있는 그의 동생을 남하시키려고 하였다. 그리고 이북에서 정리할 것도 있었다는 것이다. 그러면 여기에서 나온 내용을 좀 더 살펴보자. 김용담의 동성으로 병원을 하였다는 대상자는 앞서 언급한 바 있는 그의 막내 동생인 김병훈이다. 김병훈은 평양의전을 나와서 평양에서 대동의원이라는 병원을 개업 중이었다.[77] 그런데 이북에서 정리할 것의 내용은 지금껏 그를 가늠할 수 없었다. 이에 대해서 김용담의 아들인 김철준은 그를 김용담의 첫째 아들인 김창준을 찾으려고 노력한 것으로 본다. 이에 대한 증언을 들어 보자.

제 아버지가 북한에 넘어간 것에는 장남(김창준)이 이북의 나남에서 신문기자 생활을 하였는데 소련군이 진주하면서 행방불명이 되었어요. 그래서 소식이 없었어요. 그래 아버지는 남한에 있을 적에 만날 그걸 생각하였어요. 그래 저는 아버지가 김구 선생을 따라서 동행한 것은 제 형님을 찾으려고 간 것으로 생각합니다. 내 보기에 이북 간 것은 사상을 초월해서 형을 찾으러 간 것이 아닌가 합니다. 형이 죽었는지, 살았는지 알 수가 없으니 그러지 않았겠습니까? 아들이 실종되어 찾으러 간 것이지, 이념 문제로 그리한 것은 아니라고 봅니다.[78]

즉 김용담에게는 막내 동생을 월남시키는 문제와 행방불명된 첫째 아들

---

76 앞의 『방산굴 법어』, 457~458쪽.

77 간혹 신의주에서 병원을 하였다는 증언으로 나온다.

78 김철준의 증언.

을 찾기 위한 문제가 있었던 것이다. 그러나 그가 염두에 두었던 이런 문제는 해소되지 못한 것으로 보인다. 그 결과 그는 6·25전쟁이 터지기 직전까지 북한에 머물렀다.

그러면 그가 북한에 체류한 것을 단순히 가족문제 때문으로만 볼 수가 있는가. 그럴 수만은 없을 것이다. 최소한 김용담, 그의 지향과 이념이 진보적, 혁신적이었던 측면이 있었기에 가능하였을 것이다. 그의 아들이 주장하는 것과 같이 이념 문제가 전혀 없었다고는 말하기 어렵다. 더욱이 김용담은 6·25전쟁 직후 바로 서울로 내려와서는 〈남조선불교도연맹〉 위원장을 맡았다. 이런 비중 있는 자리, 불교계의 최고 직위를 맡았음을 볼 때에 김용담은 6·25전쟁 이전에 북한에서도 중요한 역할을 맡았을 가능성이 농후하다. 그러나 현재로서는 그에 대한 구체적인 내용은 알 수 없다. 이에 대해서는 김용담의 아들, 김철준도 수긍한다.

> 저도 6·25전쟁 전에 아버지가 이북에서 뭔가를 맡았다고 들었어요. 인민회의 대의원으로 있었답니다. 그리 있다가 남한으로 내려왔다고 그러지요. 불교운동의 소임을 맡았다고요. 어떤 직을 맡았던 것으로 알고 있어요. 제가 어디에서 들었어요. 제 바로 위의 누님에게 들었어.[79]

하여간에 김용담은 6·25전쟁 직후 남한으로 내려왔다. 그리고 서울 조계사에 있었던 〈남조선불교도연맹〉의 위원장으로 3개월간 활동하였다. 그러면서 그가 해방공간에서 이루려고 하였던 불교혁신 활동을 재개하였다. 당시 서울에 모인 혁신 승려들의 일부는 전쟁이 나기 1개월 전에 온 경우도 있고,[80] 서울의 서대문형무소에 수감되었다가 풀려난[81] 승려와 북한에

---

79 김철준의 증언.

80 이외윤은 『22인의 증언을 통해 본 근현대 불교사』, 157쪽에서 전쟁이 나기 한 달 전에 김해

서 인민군을 따라온 경우도 있었다. 혁신승려들은 중앙불교를 대변하는 사찰이었던 조계사를 접수하고 총무원을 관장하였다. 이때부터 90여 일 동안 서울의 불교계를 관리하였다.

당시 서울시 인민위원회가 고시 제3호(1950. 6. 30)에 의거하여 단체 등록을 공고하였다. 그런데 동년 7월 4일에 신고를 필하였던 대상 중에 불교 관련 단체가 있어 주목된다. 그 대상 단체는 〈남조선불교도연맹南朝鮮佛教徒聯盟〉이다. 이 신고는 연맹의 위원장이었던 김용담을 대신하여 곽서순이 하였다. 이 연맹의 본부 사무소는 서울시 중구 충무로 3가 50번지에 있었는데, 연맹은 변화된 현실에서의 불교의 중앙 조직체로 보인다. 여기에서 이 연맹의 간부 명단을 제시한다.

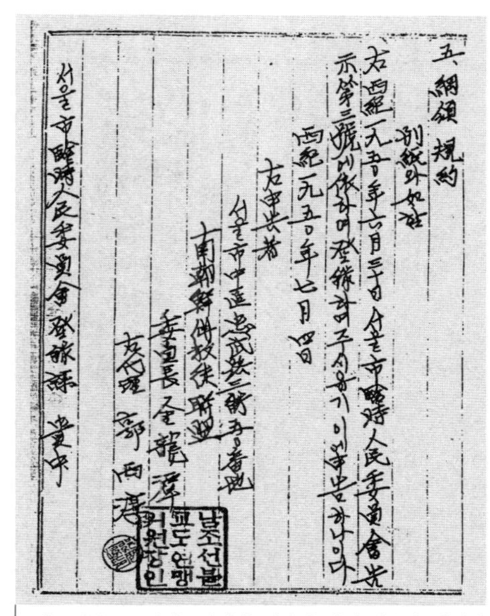
五. 綱領 規約 別紙와 如함

右 西紀 一九五○年 六月 三○日 서울市 臨時人民委員會 告示第三號에 依하여 登錄하여 주시옵기 이에 申告하나이다

西紀 一九五○年 七月 四日

右申告者

서울市 中區 忠武路三街 五十番地

南朝鮮佛教徒聯盟

委員長 金龍潭

代理 郭西淳

남조선불교도연맹 위원장인

서울市 臨時人民委員會 登錄係 貴中

〈남조선불교도연맹〉 위원장 직인이 찍힌 김용담 명의의 문서

**남조선불교도연맹 최고위원 및 부서 명부**

최고위원

김용담 곽서순 장상봉 김만기

---

진을 서울의 전차 안에서 만났다고 증언했다.

81 『한국전쟁과 불교문화재, 서울·경기도편』, 조계종 총무원, 2007, 12쪽에서는 1950년 6월 28일, 김용담, 곽서순, 장상봉이 서대문형무소에서 풀려났다고 기술하였다. 그러나 그 근거는 분명하게 제시하지 않았다. 필자가 보건대 형무소에서 나왔다는 사실은 재고가 요청이 된다. 장상봉의 행적은 「장상봉스님의 행적」, 《불교신문》, 2001. 8. 21과 「장상봉스님 행적 속속 밝혀져」, 《불교신문》, 2001. 9. 4를 참고.

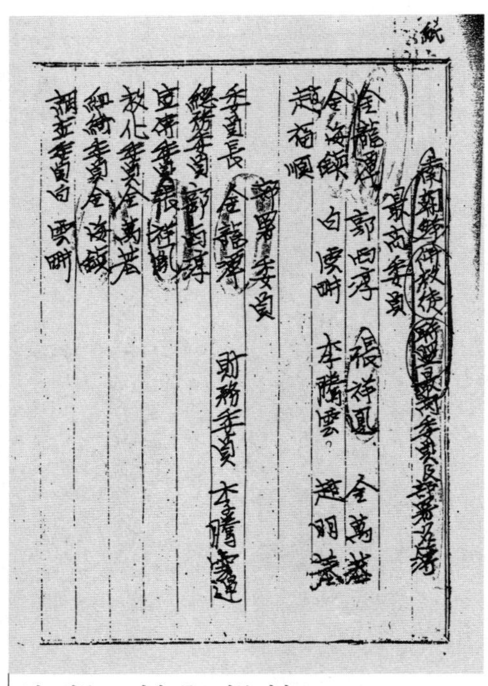

〈남조선불교도연맹〉 주요 간부 명단

김해진 백운경 이등운 조명기

조복순

부서위원

위원장 김용담

총무위원 곽서순

선전위원 장상봉

교화위원 김만기

세포위원 김해진

조사위원 백운경

재정위원 이등운

이 명단에서 김용담이 우선적으로 주목된다. 이 명단에 나온 승려들이 바로 남한의 〈불교혁신총연맹〉의 핵심 승려였다. 이들이 〈남조선불교도연맹〉의 핵심 인사라고 볼 수 있다. 이제는 이 연맹의 성격, 노선을 알 수 있는 강령과 당면 주장을 제시한다.

강 령

-. 우리는 현 교단을 개혁하여 대중불교 실현을 기함.

-. 우리는 무아화합의 정신을 체하여 민족통일 완수를 기함.

-. 우리는 대자평등의 이념에 즉하여 균등사회 건설을 기함.

당면 주장 10개조

1. 敎徒制를 실현하여 대중불교를 수립하자.

2. 寺有土地를 개혁하여 교도는 生業에 근로하자.

3. 사찰을 정화하여 수행도량을 확립하자.

4. 사설 포교당을 숙청하여 전법도량을 통일하자

5. 일제 잔재인 특권 독재의 教憲을 배격하자.

6. 교도는 모든 기관에 있어서 권리와 의무를 균등히 향유하자.

7. 賣佛的인 법회와 의식을 철폐하자.

8. 친일파와 교단 반역자를 타도하자.

9. 교화운동에 전력하여 국가대업에 공헌하자.

10. 화합정신을 盟旨로 하여 민족통일을 기하자.

이 같은 강령, 당면 주장을 보면 혁신 승려들이 해방공간에서 불교혁신 활동을 하면서 주장한 것과 거의 같다. 즉 〈불교혁신총연맹〉의 강령과 당면 주장의 일부 문구만 바꾸었던 것이다. 이 내용을 보면 김용담이 지향한 바와 행보를 더욱 알 수 있다.

그러나 6·25전쟁 초기 그 3개월간의 〈남조선불교도연맹〉의 활동은 큰 성과를 기하지 못하였다.우선 짧은 기간, 전쟁이라는 긴박한 상황에서 불교혁신을 할 여건 자체가 없었던 것이다.[82] 그런데 그 무렵 김용담의 활동과 관련한 사소한 증언이 있다. 그는 김용담의 맏사위인 박춘봉이 공산주의자에게 체포되자 이를 구명한 활동이다.

6·25전쟁 때에 공교롭게도 우리 매형(박춘봉)이 한양대학을 김연준을 대신해서 지키고 있다가 빨갱이들에게 잡혀갔어요. 그러니깐 누이는 당신 남편을 살리려고 구명운동을 할 수밖에요. 그러나 아버님(김용담)이 핵심 지위에 있지 않았으니깐

82 이에 대해서는 김광식, 「한국전쟁과 불교계 – 북으로 간 승려들과 불교혁신운동」, 『불교평론』 43, 2010 참조.

당신의 사위를 끝내 살리지 못했어요. 누님이 만날 남편 구명운동을 하였지만 아버님이 해결하지 못한 것을 보면 힘이 없었던가 봐요.[83]

이런 증언을 고려하면 김용담은 당시 공산주의 치하에서는 권한이 미약하였던 것이다. 이는 조심스럽지만 핵심적인 공산당원은 아니었던 것으로 볼 수 있는 지점이다.[84] 여하간 김용담은 9·28 수복 때 공산군과 함께 이북으로 넘어갔다. 그 이후 북한에서의 김용담의 행적은 어떠하였는지는 전혀 알 수 없는 형편이다.[85]

## 5. 결 어

맺는말은 김용담 연구를 필자가 수행하면서 미진하였던 것을 정리하는 것으로 대신하고자 한다. 이런 것을 제시하는 것은 추후의 김용담 연구가 활성화되기를 기대하는 차원에서 공개적으로 피력하는 것이다.

---

83 김철준의 증언.

84 6·25전쟁 기간, 서울에서 김용담을 만난 김지복은 필자를 만나(조계종 불학연구소, 2004. 12. 22) 다음과 같이 증언하였다. 즉 "용담 스님이 그렇게 두드러지게 말을 잘한다든지 글을 잘 쓴다든지 그런 것은 아니고 만해 한용운 선생의 제자기 때문에 사상적으로는 투철했던가 봐요. 한데 그 용담 스님의 따님이 의용군으로 갔어요."라고 발언하였다. 김지복은 이전의 회고에서는 전쟁 중에 불교학생들도 혁명과업에 동참하라고 해서 강압적으로 열한 명이 지명을 당해 의용군으로 나갔다고 했다. 그 대상자는 자신을 포함해 등운 스님 딸, 드무께 승방 비구니 등이었다고 증언하였다. 그런데 이런 정황(용담 스님 딸, 의용군)을 김용담의 둘째 아들인 김철준에게 질문하였더니 그는 의용군에 간 당사자인 김순임에게 직접 그 사실을 들었다고 하면서, 그 일은 강제로 끌려 나간 것이었고 중간에 도망을 쳐서 나왔다고 전하였다. 이상의 내용은 『22인의 증언을 통해 본 근현대 불교사』, 선우도량, 2002, 186쪽과 『조계종강맥 전등사 관련 인터뷰녹취록』, 조계종교육원 불학연구소, 미출판, 255~256쪽 참조.

85 김용담의 아들은 호적을 만들 때 그의 아버지인 김용담을 1950년 6월 12일에 사망한 것으로 신고하여 호적에 그렇게 기재되어 있다.

첫째, 김용담을 근현대 불교사, 한용운 역사에 편입시켜야 한다. 지금껏 김용담은 잊혀진 승려였다. 이는 기본적으로 이념 문제에서 기인한 것이었다.

둘째, 김용담에 대한 다양한 자료 수집을 기해야 한다. 현재는 필자가 후손, 일부 자료에 의해서 그의 삶을 재구성한 정도이지만 여기에서 만족할 수는 없다.

셋째, 김용담의 북한에서의 활동을 적극적으로 복원해야 할 것이다. 지금은 그가 월북해서 한 활동, 9·28 수복 후 북한에서 행한 역할,[86] 입적 등등에 대한 내용이 베일에 싸여 있는 것이다.

넷째, 김용담과 함께 진보적, 혁신적인 불교 활동을 하였던 승려들에 대한 총체적인 연구가 요망된다. 장상봉, 김해진, 곽서순 등에 대한 기초적인 연구가 필요하다. 이렇게 월북하였던 혁신 승려의 연구와 함께 월북하지는 않았지만 남한에서 활동하였던 불교인들에 대한 연구도 필요하다. 특히 그 대표적인 인사인 이종익이 주목된다. 그는 해방 직후에는 불교혁신 활동을 하였지만 불교정화운동 당시에는 비구승들에게 정화운동의 이론을 제공한 당사자였다. 그렇지만 그는 조계종단의 불교정화에 실망을 가졌다. 그러나 그는 그 이후에도 조계종단 및 한국불교의 개혁을 위한 다양한 의견을 개진하였다. 그리고 강석주의 경우도 한용운과의 연계선상에서의 연구가 필요하다. 강석주는 한용운을 시봉하고, 영향을 받았다. 그는 평생 한용운 선양에 힘쓰고, 불교개혁에 많은 관심을 가졌고, 불교개혁에 앞장선 청년승려들을 후원하였다. 이런 행적은 한용운 사상의 계승, 구현과 무관할 수는 없는 것이다.

다섯째, 김용담을 비롯한 혁신 계열 인사들에 대한 정체성을 추구, 분

86 이와 관련하여 윤창화는 그가 북한에서 팔만대장경의 번역 사업에 참여하였을 가능성을 제시하였다.

석해야 할 것이다. 이들과 한용운과의 인연, 한용운 불교 노선인 대중불교와의 상관성, 그들의 불교혁신의 정체성 등 다양한 연구 작업이 필요한 것이다.

지금까지 김용담 연구 및 혁신 승려 연구에 참고가 되는 몇 가지 관점을 제시하여 보았다. 이런 제시가 추후 이 분야 연구 활성화에 도움이 되기를 기대한다.

부 록

# 『한용운전집』과 고대문학회

– 박노준 교수 –

본 글은 한양대 국문과 명예교수인 박노준 교수(1938년생, 고려대 56학번)가 〈고대교우회보〉 426호(2006. 1. 10)의 「교우회 100년, 남기고 싶은 이야기 (1)」이라는 칼럼에 기고한 글로서 오자 수정과 편집상의 수정을 가한 것이다. 『한용운전집』 발간과 관련된 〈고대문학회〉의 비사를 전하는 글인데, 한용운 연구사의 이면을 진솔하게 보여 주는, 기록성이 높은 회고문이다.

박노준 교수는 1958년 봄, 은사인 조지훈으로부터 『한용운전집』의 편찬, 발간 작업에 동참하였으면 하는 적극적인 요청을 받은 이래 『한용운전집』이 발간된 1973년까지 그 실무 작업을 하였던 당사자이다. 그리고 그는 전집 발간의 작업을 통하여 얻은 한용운의 자료 열람을 기초로 하여 고려대 국문과 동기인 인권환과 함께 『한용운연구』라는 단행본을 1960년에 통문관에서 펴냈다.

한용운 연구에 기념비적인 업적을 갖고 있는 박노준 교수의 증언은 한용운 연구사에서 간과할 수 없는 귀중한 회고이다. 필자는 박노준 교수에게 본 책자에 부록으로 게재해 줄 것을 요청하여 동의를 받았음을 밝힌다.

# 『한용운전집』과 고대문학회

## 1. 조지훈趙芝薰 선생이 처음 발의하다

지금으로부터 근 50년 전인 1958년, 나의 3학년 1학기 때의 일이다. 4월 어느 날 조지훈趙芝薰(작고) 선생에게서 임종국林鍾國(정외 52, 시인 및 평론가, 작고) 형을 통해 〈고대문학회〉 회원으로 있는 우리 몇 사람을 만나자는 전갈이 왔다. 임 형은 우리보다 4년 선배이지만 그때 장기 휴학 중에 있어서 후배인 우리와 가끔 만나는 사이였다. 그는 1955년, 그러니까 내가 고려대학교에 입학하기 1년 전에 이미 『이상전집李箱全集』을 펴내어서 문단과 학계에 이름이 알려져 있었고, 그 후 1960년대 후반에는 『친일문화론親日文學論』을 저술하여 세인의 이목을 끈 바 있다.

통지를 받은 즉시 인권환印權煥(국문 56, 고려대 명예교수)·이기서李起墅(국문 56, 고려대 부총장 역임)·이화형(李和珩, 국문 56) 형 그리고 나는 임 선배와 함께 성북동 선생 댁을 방문하였다. 임 선배를 빼고 우리 네 사람은 국어국문학과 동기로서 평소 친하게 지내는 사이였다. 성북동 쪽으로 걸어가면서도 선생께서 무슨 일로 우리를 보자고 하시는지 서로 묻곤 하였으나 도

무지 감을 잡을 수가 없었다.

서재에서 우리를 맞은 선생은 차를 몇 모금 마신 뒤 천천히 입을 여셨다. 선생의 말씀을 다 들은 우리는 전혀 예상치 못한 '사업계획'에 놀라지 않을 수 없었다. 그 자리에서 선생이 밝힌 사업의 구상은 이런 것이었다. 즉 만해萬海 한용운韓龍雲(1879~1944) 선생의 전집을 〈고대문학회〉가 책임을 지고 편찬하여 출판하자는 것. 책을 펴내어서 받는 인세로는 적당한 장소에다 만해 시비를 건립하여 그분을 기리자는 것. 남는 돈으로는 자금 사정으로 창간 이후 2집을 발행하지 못하고 있는 『고대문화高大文化』를 복간하자는 것 등 학생 신분인 우리가 듣기에는 실로 거창한 것이었다. 따라서 우리가 놀란 것은 지극히 당연한 것이었다.

계획의 대강을 밝힌 선생은 이어서 부연 설명을 가하였는데 만해로 말하자면 『님의 침묵』으로 우리 시문학사에 큰 족적을 남긴 시인이며, 근세 불교의 혁신적인 바람을 일으킨 고승高僧이고 또한 33인의 한 분으로서 항일독립운동사에 길이 이름을 남긴 지사인데 그분의 글이 적지 않으니 이걸 수집하여 전집을 내면 학계와 문단에 크게 기여할 것으로 전망된다고 하였다. 이렇듯 의의가 있는 큰일에 문단이나 학계의 어느 누구도 관심을 기울이지 않고 있은즉, 우리 고려대학교에서 소리 소문 없이 해내면 학교의 명예에 보탬이 될 것이며, 이 일에 참여하는 우리 학생들에게는 큰 공부가 될 것이라고 말씀하였다.

마침 임 선배가 〈고대문학회〉 이름으로 『이상전집』을 엮은 경험이 있으니 후배들과 함께 작업에 곧 착수하는 것이 어떻겠느냐고 의견을 물었다. 권고인 듯싶었으나 실은 지시나 다름이 없었다. 우리는 곧 작업계획을 짜서 일을 시작하겠다는 말씀을 드리고 나왔다.

그러나 솔직히 고백건대 다른 벗들은 몰라도 나는 그때 지훈 선생의 뜻과 취지에는 전폭적으로 찬성하였으나 이 사업이 성공할지 여부에 대해서는 회의적이었다. 만해가 비록 근·현대사에 길이 남을 거목이긴 하지만 다른 작고 문인들과는 달리 당시로서는 대중성이 약했고, 그러므로 상업성이 별로 없는 그분의 전집 발행을 선뜻 맡아 줄 독지가형의 출판사가 과연 나타나겠느냐 하는 의문이 들었기 때문이었다.

1950년대 그때의 출판계는 영세하기 짝이 없었다. 저명한 학자의 저작물 한 권 내는 것도 힘겨워할 때였다. 특정 문인이나 학자의 전집이라고 해야 겨우 두셋쯤 나와 있었을까. 그런 시대였다. 하지만 지훈의 문학 및 학문 방면의 기획력과 형안은 타인의 추종을 허용치 않았다. 그 후 전집이 출판되었을 때 학계와 문단 및 불교계의 큰 반향을 일으키면서 판을 거듭한 사실이 이를 입증한다.

## 2. 만해萬海 측근 인사들과 간행위원회刊行委員會를 구성

그해 7월 초순경으로 기억한다. 수업을 받는 짬짬이 학교 중앙도서관에 출입하면서 일제시대의 신문과 잡지 등을 검색하며 만해의 글을 찾아내어 목록을 작성하던 우리에게 지훈 선생에게서 다시 만나자는 기별이 왔다. 즉시 연구실로 찾아뵈었더니 선생께서 하시는 말씀인즉 만해와 동고동락하며 아주 가까이 지내던 분이요, 또한 숨은 지사인 남정南丁 박광朴洸(작고) 선생께서 종로구 견지동(안국동 네거리와 화신백화점 중간에 있는 동네)에 생존해 계시다는 소식을 들었으니 그분을 찾아뵈면 뜻밖의 소득이 있을 수도 있다는 정보였다.

『한용운전집』

우리 다섯 명은 지체하지 않고 남정 선생 댁을 방문하였다. 이쪽 학생들의 얘기를 들은 남정께서는 낙루落

淚까지 하시면서 이런 감격스럽고 고마운 일이 어디 있느냐며 우리들의 손을 덥석 잡으시는 것이 아닌가. 그때 그분의 연세는 팔순八旬을 앞두고 있을 때였다. 이제야말로 지훈의 지도를 받고 있는 뜻있는 청년학생들을 만나 자신의 둘도 없는 벗인 만해의 전집을 출간하게 되었으니 이 얼마나 경사스런 일이냐면서 연방 좋아하시는 것이었다. 우리 일행은 금세 눈치를 챘다. 이분에게 틀림없이 많은 자료가 있구나 하는 판단이 스쳐갔다. 그래서 '실인즉 기뻐하고 감사할 사람은 우리 쪽입니다'라고 말하고 싶은 심정이었다.

사실이었다. 저간의 경위를 들어 보니 만해께서 남긴 발표, 미발표의 대부분 자료를 만해 사후 그분이 모아서 간수하고 있다가 한때 6·25동란 통에 분실될 위기도 맞았으나 다행히 잘 모면하고, 이제 살날이 얼마 남지 않았으므로 그 모든 자료를 만해의 제자인 효당曉堂 최범술崔凡述(당시 50대 중반, 제헌국회의원과 해인사 주지 및 해인대학장 역임, 작고) 선생에게 맡겨 놓았으니 급히 가 보라고 재촉하는 것이었다.

선생 댁을 나온 우리는 그길로 계동 중앙고등학교 못미처에 있는 효당 댁을 찾았다. 남정에게서 전화로 우리 얘기를 들어서 알고 있던 효당 또한 반갑게 맞아 주었다. 그때에 안 일이지만 남정·효당 두 분은 옛 동지이며 또한 스승인 만해의 전집을 내기는 해야겠는데 그 많은 원고를 어떤 방식으로 분류하여 정리하고 필사를 거쳐 편집을 마쳐야 하는 것인지를 몰라서 허송세월하던 차였다는 것이다.

그러던 때에 우리를 만났으니 기쁘지 않을 수 없었다고 했다. 우리의 입장은 위에서도 내비친 바와 같이 그 역逆이었으니 쾌재를 부를 지경이었고, 그리하여 양측이 모두 만족·흡족의 순간을 동시에 맞게 되었다.

그 자리에서 얘기는 급속도로 진전되었다. 그 달(7월) 중~하순 사이, 장소는 효당댁인 계수장桂水庄, 참석자는 남정과 효당을 비롯하여 만해 생존시 인연이 있던 분 열 명 정도. 우리 쪽인 〈고대문학회〉 측에서는 지도교

수인 지훈 선생과 임종국·이기서·인권환·이화형·박노준 등이 회합하여 앞으로의 일을 협의하자는 데 합의를 보았다. 지훈께 당일 가서 말씀을 드렸더니 그분 또한 희색이 만면하여서 그리하자고 하였다.

회합 당일 오후 1시로 기억한다. 계수장 넓은 대청마루에 팔순 노인장부터 스물한두 살 우리 젊은이들까지 모두 15명쯤의 인원이 좌정하였다. 회의는 남정·효당·지훈 선생 세 분의 인사말씀, 그리고 고인에 대한 추모와 회고담이 한동안 이어진 뒤 이어서 〈고대문학회〉가 참여하여 무보수로 원고 정리 및 편집 실무를 전담하는 〈한용운전집간행위원회〉를 정식 발족시켰다.

위원장은 당연히 남정 선생이 추대되었고 원고 정리의 지도는 지훈 선생이, 재정의 모든 지원과 출판에 관한 일체의 사무는 효당 선생이 맡았다. 전집이 간행되어서 들어오는 인세로는 우리가 당초 계획한 대로 만해를 기리는 시비를 건립기로 결정하였다. 『고대문화』 2집 복간호에 관한 것은 말을 꺼낼 계제가 아니어서 함구하였다. 후에 『고대문화』 2집은 학교의 지원금 일부를 받아서 1960년 2학기 초에 발행하게 된다.

다솔사에서 1차 원고 정리를 마친 후 기념 촬영을 한 필자와 동학들(왼쪽부터 박노준, 이화형, 인권환)
사진협조: 고려대학교

그 자리에는 통문관通文館 주인 이겸로李謙魯 선생도 합석한 것으로 알고 있는데 회의 전 효당이 이 선생께 미리 상의한 바 원고 정리가 끝나는 대로 출판은 그분이 맡기로 결정이 되었기 때문에

동석하였던 것으로 기억한다. 많은 비용이 들어가는 일이지만 뜻깊은 출판을 맡는 일에 그분도 흔쾌히 동참하였던 것이다.

회의에서 결정된 바에 따라 그해 8월 5~6일경 이화형·인권환 그리고 나는 효당의 자가용 지프차에 자료 묶음과 〈한용운전집간행위원회韓龍雲全集刊行委員會〉라고 인쇄된 원고지 1만여 장(지금도 나는 그 원고지 몇 장을 가지고 있다. 누렇게 빛바랜 볼 품 없는 원고지로 변해 버렸다.)을 싣고 효당이 관리하던 경남慶南 사천군泗川郡 곤명면昆明面 소재 신라 고찰인 다솔사多率寺로 내려가 약 1개월 예정으로 원고 정리에 들어갔다. 임종국·이기서 형은 서울에 남아서 남정·효당에게서 들은 바 자료 뭉치에 없으리라고 예상되는 글을 도서관을 찾아가서 필사하는 작업에 착수하였다.

『한용운전집』을 펴내려는 첫 움직임은 앞에서 말한 바와 같이 고려대 캠퍼스 안에서 태동하였다. 그러나 곧이어 만해의 최측근 인사를 만나게 됨에 따라 그분들과 함께 기구를 구성하는 것을 기점으로 새롭게 시동이 걸렸다. 그것이 계기가 되어 가속도가 붙어서 본격적인 작업이 시작되었던 것이다.

## 3. 다솔사와 서울에서 원고 정리

다솔사는 진주시에서 조금 떨어진 곳, 낮은 산자락을 배경으로 평지에 조용하고 아늑하게 자리를 잡고 있었다. 절집의 규모는 크지도 작지도 않고 아담하였다. 그곳은 왜정 기간 동안 불교계 항일인사들의 비밀 거점으로 알려진 사찰이기도 하였다. 만해도 생존 시에 수차 그곳에 내려가서 머물렀다고 하였는데 특히 1939년 음력 7월에 회갑을 맞아 여러 제자들이 다솔사에 모시고 잔치를 할 때의 일화가 그곳에 전해 오고 있었다.

대처승이 운영하는 절집이고, 만해 또한 대처승인지라 제자들이 회갑연에서 약주를 올렸다. 만취하였음에도 계속 마시려는 스승의 건강이 걱정이 되어서 제자들이 술 주전자를 치우려 하였다. 그러자 만해는 추연해하면서 "이 사람들아, 왜놈들의 극성이 이 지경인데, 내가 술에 취하지도 않고 어떻게 사나. 나 몇 잔 더 줘."라고 말을 마친 후 끝내 울음을 터뜨렸다는 얘기였다. 서울에서도 원고 정리가 충분히 가능한데도 그곳으로 장소를 정한 속사정을 알 수 있었다.

김동리金東里의 초기 작품의 산실이기도 한 그곳에는 규모가 작은 소강당이 있었는데 거기가 우리들의 작업 장소였다. 그 강당에 신여성이며 최초의 여성 서양화가였던 나혜석羅蕙錫이 다솔사의 근경을 그린 그림이 걸려 있었다. 그녀도 이른 시기에 그곳을 거쳐 간 사람이었다.

도착한 즉시로 그곳 강당에서 효당과 우리 세 사람은 마주 앉았다. 차에 싣고 온 자료 보따리 여러 개가 효당에 의해서 마침내 개봉되었다.

순간, 인권환·이화형 형과 나는 실로 경탄·경악하지 않을 수 없었다. 책 몇 권과 스크랩 얼마 정도쯤으로 예상했는데 그게 아니었다. '더미'로 쏟아져 나오는데 '보물'이 따로 없었다. 그곳에 오기 전 고려대 중앙도서관에서 두 달 남짓 여유 시간을 내어 잠시 검색한 우리의 초기 작업은 요컨대 '아이들 장난'에도 못 미치는 수준이었다.

발표된 글 거의 모두와 미발표 유고가 그 모습을 드러내는데 『님의 침묵』은 당연한 것이고 친교가 두터웠던 계초啓礎 방응모方應模 《조선일보》 사장의 권유로 쓰기 시작했다는, 우리로서는 그때까지 존재조차 몰랐던 신문 연재 장편소설 몇 편, 유고로 남아 있는 소설, 미발표 시와 한시 『채근담』 및 『삼국지』 일부의 번역물, 불교 관계 논설과 단행본, 수필류·감상류……. 한동안 벌어진 입을 다물 수 없었다.

저 유명한 「조선독립선언이유서朝鮮獨立宣言理由書」(후에 각종 서적에는 「조선독립의 書」로 실려 있으나 원래의 제목은 그런 것이 아니다.)의 친필 원고(두 편이었다. 한 편은 초고인 듯하고 다른 한 편은 삼일운동 당시 옥중에서 일인 검사에게 정식으로 제출하기 전의 원본인 듯하다.)도 나왔다. 옥중에서 삼십삼인 중 몇 분과 함께 지은 친필 한시 유고집도 자료 속에 있었다. 놀라지 않을 수 있었겠는가. 이러므로 지훈께서 우리에게 전집 출판을 하자고 독려한 숨은 뜻을 그제서야 확실히 깨달을 수 있었다.

자료를 일별한 우리는 원고의 정리 방법에 대해서 심도 있게 의견을 나누었다. 몇 가지 기준을 정해 놓고 25일가량 강행군을 계속하였다. 매일 일과는 아침 공양이 끝나면(그때 우리는 스님들과 함께 '바루 공양'을 하였다. 물론 처음 겪는 체험이었다.) 오전 8시 30분에 시작하여 저녁 6시에 끝내곤 하였다. 이 시간표는 정확히 지켰다.

하루 종일 강당 마룻바닥에 앉아서 지난 시대의 구활자와 필사본을 읽어내는 일이 결코 쉽지 않았다. 욕심을 내서 무리를 할 수도 있었으나 비록 젊은 나이였지만 병원도 없는 곳에서 어느 한 사람이라도 몸살이 나면 작업에 적지 않은 지장이 있을 터이므로 적당한 선에서 하루 일을 마무리하곤 하였다.

세 명이 하루에 정리한 원고 분량은 평균 200매를 조금 상회하는 정도, 일을 모두 마치고 서울에 오기 전 계산해 보니 7천 매 내외였다. 나머지는 상경한 후 학교를 다니면서 베끼기로 하였다.

경주를 거쳐 서울에 9월 초에 돌아왔다. 지훈 선생을 찾아뵙고 보고하였더니 그렇게 흡족한 표정을 지을 수가 없었다. 임종국·이기서 형과도 만나서 그들이 서울서 정리한 것을 전부 수합해서 한군데 모으니 근 1만 매 가량의 원고 더미가 우리 눈앞에 전개되었다.

그래도 남아 있는 자료가 있어서 끝 단계에 합세한 변영림卞榮琳(국문 57, 정진규 시인 부인), 정진규鄭鎭圭(국문 58, 시인, 『現代詩學』 주간), 최홍규崔洪奎(국문 58, 경기대 교수), 홍선희洪善憙(철학 58, 작고) 형 등과 그 외 한두 사람이 가세하여 국립도서관·고려대·연세대 도서관 등에 가서 필사해 온 것으로 기억한다. 이렇게 단기간 안에 그야말로 집중적으로 '공략'한 끝에 『한용운전집』의 원고 정리는 사실상 그 이듬해인 1959년 2월에 끝을 맺었다.

최종 원고 분량 1만 수천 매! 그것을 바라보는 우리들의 희열과 감격에 찬 심정은 무엇으로도 형용하기 어려울 정도였다. 『이상전집』에 이어서 그것의 4~5배 가량이나 더 되는 『한용운전집』도 우리 〈고대문학회〉가 마침내 해냈다는 자긍심과 포만감은 대학 3학년 학생의 가슴으로는 감당하기 쉽지 않은 것이었다.

원고 정리를 끝으로 〈고대문학회〉가 할 일은 다했다. 이제 책을 내는 일은 위원회가 맡아서 끝내면 늦어도 그해 말 안에 나오게 되어 있었다. 그것을 우리는 기다리기로 하였다.

## 4. 전집全集 나오자 한용운 연구에 불이 붙다

다 된 원고를 임종국 형이 전집의 체재로 틀을 잡아 보니 모두 한 질 6권이 되었다. 『님의 침묵』을 비롯한 시편들, 한시 수상문과 논설, 그리고 「조선독립선언이유서」를 하나로 묶고, 저 유명한 『조선불교유신론』 및 불교 관계 논설이 모여 또 한 권의 책이 된다. 『불교대전』을 비롯하여 『십현담주해』 등을 모아 한 권을 만들고, 번역서인 『채근담』과 건봉사 및 건봉사 말사 사적을 적은 글을 모으면 또 한 권을 이룰 수 있다. 소설 『흑풍』·『박명』·『죽음』·『철혈미인』을 두 권으로 편집하니 전집은 모두 6권이 되었다.

그해 말, 늦어도 1960년 봄까지는 햇빛을 보게끔 되어 있던 전집은 그러나 유감스럽게도 십수 년이 경과된 1973년에 가서야 출판되었다. 늦어도 보통 늦은 것이 아니었다. 뿐만 아니라 당초 통문관에서 펴내기로 되었는데 신구문화사新丘文化社로 출판사가 변경되어서 나왔다.

왜 그토록 시일이 오래 걸렸는지, 또 왜 출판사가 바뀌었는지 우리는 지금도 그 사유를 알지 못한다. 원고 정리의 의무와 권리만 우리에게 있었고(사실인즉 책을 냄에 있어서 이 일이 가장 중요한 일이 아니겠는가.) 출판에 관한 일은 우리의 권한 밖의 일이라서 알 수가 없었다. 그저 좀 더 좋은 책을 내기 위한 피치 못할 사정이 있었기 때문이려니 하고 이해하고자 노력해 왔다.

그 사이 인권환 형과 내가 공저한 『한용운연구』가 전집보다 10여 년 먼저 1960년 가을에 통문관에서 나왔는데, 이런 걸 두고 을축갑자乙丑甲子라고 하던가. 세상사 참으로 헤아리기 어려울진저.

그 긴 10여 년 동안, 한평생을 독립운동을 하는 동지들의 뒷바라지를 하는 데 성력을 다 쏟았고, 말년에는 막역지우莫逆之友인 만해전집의 간행에 전심전력하며 책이 나오기를 고대하던 남정 선생과 전집 발행을 최초로 발의하여 일의 순조로운 진행 과정을 흡족하게 지켜보았으나 책이 나오지 않은 것을 그토록 안타깝게 생각하던 지훈 선생, 이 두 분이 불귀의 객이 되는 슬픔을 우리는 겪어야만 했다.

어쨌거나 전집은 1973년에 나왔다. 한 질이 배달되었기에 받아 보니 책은 참 잘 찍어내어서 비록 늦은 것이 유감스러웠지만 그런대로 기분이 좋았다. 간행사를 읽어 보니 전집이 나오기까지의 저간의 경위를 밝히면서 조지훈 선생 지도하의 고려대 우리 얘기도 기술되어 있었다. 하지만 제한된 문장이므로 소상하지는 않았다. 그것은 충분히 이해가 되는 대목이다. 그래서 세월이 한참 지난 뒤인 지금에 이르러 이런 성격의 글이 새삼 필요한 것이 아닌가 싶다.

허나 전집이 나온 지 이미 30여 년의 세월이 흐른 지금까지도 우리가 서운해 마지않는 것은 책 첫머리에서 별도로 처리해 놓은 편집위원과 간행위원 명단 어느 쪽에도 남정·지훈 두 분의 이름이 없다는 점이다. 책을 낼 당시에 이미 고인이 되었으므로 누락시킨 모양인데 말도 안 되는 소리, 그쯤의 출판 상식은 우리도 안다.

『한용운전집』 봉정 모습

만해전집이라면 이 두 분이 중심이요 핵심 인물이었는데 세상을 떠났다는 이유로 이름을 넣지 않았다면 그것은 군색한 변명이 될 뿐이다. 원고 정리 이후에도 출판 단계에까지 개입할 수 없었던 우리의 제한된 권한을 거듭 탓할 수밖에 없었다.

이것이 아무것도 아닌 것 같지만 세상사 모두 원칙과 경위涇渭가 있는 것이고, 중심이 되는 정체성은 지켜야 하는 것이 아닌가 싶어서 『한용운전집』을 떠올릴 때마다 우리는 두 분께 죄를 지은 것 같아서 늘 불편한 마음으로 지내 오고 있다.

각설하고 전집의 위력은 대단하였다. 판을 거듭해서 펴냈다는 소식이 바람결에 들려오는가 하면 범凡 학계와 문단의 여러 인사 그리고 대학원 석·박사 과정의 학생들이 한용운의 여러 국면을 연구하는 붐이 급자기 일어나 빠른 속도로 번졌고, 그러한 움직임은 가속도가 붙어서 오늘에 와서는 '만해학萬海學'이라는 학명이 나올 정도이다.

이와는 별도로 만해를 기리는 크고 작은 각종 행사가 매년 곳곳에서 거행되거니와 이런 모든 학문적 열기와 그를 기리는 행사가 실은 『한용운전집』이 토대가 되었다는 사실만은 누구도 부인할 수 없으리라.

성북동 지훈 댁에서 처음 얘기가 나온 지 어느덧 반세기가 지났다. 아— 세월은 이렇듯 빠른 것인가. 그 옛날 계수장 대청마루에 모였던 여러 어른들과 임종국 형은 이승을 떠난 지 이미 오래되었고, 그때 나이 스물한두 살 청년이었던 고려대학교 학생 우리 몇 명만이 남아 고희의 무상감에 젖어 노년을 보내고 있다.

이렇듯 인생의 황혼기를 살고 있는 나에게 〈고대교우회보高大校友會報〉가 그때의 일을 기록으로 남겨 달라고 요청해 왔다. 이에 나는 사양하지 않고 그때의 일을 간추려 진술하면서 잠시 지극한 감회에 젖는다.

# ● 한용운 연구 자료 총목록


| 1차 문헌 |

한용운, 『조선불교유신론』, 불교서관, 1913.

______, 『불교대전』, 홍법원, 1914.

______, 『정선강의 채근담』, 동양서원, 1917.

______, 『현담주해』, 법보회, 1925.

______, 『님의 침묵』, 회동서관, 1926.

______, 『님의 침묵』, 한성도서, 1934.

______, 「한용운 선생의 옥중기: 조선독립의 서」, 『신천지』 5호, 1947.

______, 『님의 침묵』, 한성도서, 1950.

______, 『님의 침묵』, 진명문화, 1950.

______, 『님의 침묵』, 한성도서, 1952.

______, 『님의 침묵』, 한성도서, 1953.

______, 『님의 침묵』, 이준범 편, 정연사, 1966.

______, 『님의 침묵』, 향원 편, 문창사, 1971.

______, 『님의 침묵』, 진명문화사, 1972.

______, 서경수 편역, 『님의 침묵』, 삼성문화재단, 1972.

______, 『님의 침묵』, 정음사, 1973.

______, 『한용운전집』, 신구문화사, 1973.

______, 『님의 침묵』, 을유문화사, 1974.
______, 『님의 침묵 · 속(續) 님의 침묵』, 을유문화사, 1974.
______, 대동문화연구원 편, 『만해선생시집』, 보련각, 1975.
______, 『님의 침묵』, 삼중당, 1975.
______, 『님의 침묵』, 서림문화사, 1977.
______, 『님의 침묵』, 문화공론사, 1977.
______, 『님의 침묵』, 동서문화사, 1977.
______, 만해사상연구회 편, 『님의 침묵』, 민족사, 1980.
______, 『님의 침묵』, 혜원출판사, 1980.
______, 『님의 침묵』, 민음사, 1980.
______, 『한용운 시집』, 정음사, 1981.
______, 『조선불교유신론』, 상성미술재단, 1981.
______, 『님의 침묵』, 혜림출판사, 1982.
______, 『님의 침묵』, 문공사, 1982.
______, 『님의 침묵』, 마당, 1982.
______, 『님의 침묵』, 삼중당, 1983.
______, 『한용운 시전집』, 서문당, 1983.
______, 『님의 침묵』, 정음문화사, 1983.
______, 『님의 침묵』, 범우사, 1983.
______, 『님의 침묵』, 정음사, 1983.
______, 우리극단마당 편, 『님의 침묵』, 정음사, 1984.
______, 『님의 침묵』, 동서문화사, 1984.
______, 서경수 편역, 『님의 침묵』, 삼성미술문화재단출판부, 1984.
______, 『한용운 수상집』, 신구문화사, 1984.
______, 『님의 침묵』, 민족문화사, 1985.
______, 『님의 침묵』, 문지사, 1985.
______, 『님의 침묵』, 덕우출판사, 1985.
______, 『님의 침묵』, 한미출판사, 1986.

______, 『님의 침묵』, 양우당, 1986.
______, 『님의 침묵』, 명지사, 1986.
______, 『님의 침묵』, 청목사, 1986.
______, 『님의 침묵』, 자유문학사, 1987.
______, 『님의 침묵』, 민중서각, 1987.
______, 『님의 침묵』, 문장, 1987.
______, 『님의 침묵』, 한국학연구소, 1987.
______, 『님의 침묵』, 오성출판사, 1987.
______, 『님의 침묵』, 학원사, 1987.
______, 『님의 침묵』, 열음사, 1988.
______, 『님의 침묵』, 풍림출판사, 1989.
______, 최동호 편, 『한용운 시전집』, 문학사상사, 1989.
______, 정해렴 편, 『한용운 산문 선집』, 현대실학사, 1991.
______, 『님의 침묵』, 상아, 1991.
______, 『조선불교유신론』, 운주사, 1992.
______, 『님의 침묵』, 서문당, 1993.
______, 『님의 침묵』, 범우사, 1993.
______, 『님의 침묵』, 신구미디어, 1993.
______, 『님의 침묵』, 을유문화사, 1994.
______, 『님의 침묵』, 학원사, 1994.
______, 『님의 침묵』, 시와시학사, 1996.
______, 『님의 침묵』, 소담출판사, 1996.
______, 『님의 침묵』, 상아, 1996.
______, 『님의 침묵』, 인문출판사, 1996.
______, 전보삼 편, 『님의 침묵』, 수창출판사, 1996.
______, 한계전 편, 『한용운 님의 침묵』, 서울대출판부, 1996
______, 『님의 침묵』, 혜원출판사, 1997.
______, 『님의 침묵』, 세손, 1997.

______, 『님의 침묵』, 선영사, 1997.
______, 『님의 침묵』, 동해, 1997.
______, 『님의 침묵』, 하서출판사, 1998.
______, 만해사상실천선양회 편, 『한용운 시전집』, 장승, 1998.
______, 『님의 침묵』, 신라출판사, 1999.
______, 『님의 침묵』, 문학과현실사, 1999.
______, 『님의 침묵』, 태학당출판사, 1999.
______, 『님의 침묵』, 예가, 1999.
______, 『님의 침묵』, 동해, 1999.
______, 고은 편, 『님의 침묵』, 민음사, 1999.
______, 동서문화원 편저, 『님의 침묵』, 한국근대시인총서 2, 한국인문과학원, 1999.
______, 서정주 편, 『만해 한용운 한시선』, 민음사, 1999.
______, 만해사상실천선양회 편, 『만해 한용운 논설집』, 장승, 2000.
______, 『님의 침묵』, 노벨, 2001.
______, 『님의 침묵』, 미래사, 2002.
______, 『님의 침묵』, 청목사, 2002.
______, 『님의 침묵』, 황금북, 2002.
______, 『님의 침묵』, 범우사, 2002.
______, 『님의 침묵』, 청동거울, 2002.
______, 『흑풍』 상 · 하, 사랑과 나무, 2002.
______, 서준섭 편, 『한용운 작품선집』, 강원대출판부, 2003.
______, 『님의 침묵』, 작가문화, 2003.
______, 『님의 침묵』, 책만드는집, 2003.
______, 『님의 침묵』, 미래사, 2003.
______, 『님의 침묵』, 열린책들, 2004.
______, 김재홍 편, 장경렬 · 박종소 · 유형규 · 이가림 · 박정순 · 테레사 현 옮김, 『님의 沈默 번역시선 Selected Poems From the silence of My Love』, 만해학술원, 2005.

______, 『조선불교유신론』, 운주사, 2007.
______, 『님의 침묵: 한용운 시집』, 시학, 2009.

| 학위 논문 |

김재홍, 「한국현대시의 방법론적 연구」, 서울대 석사 논문, 1972. 2.
엄창섭, 「「님의 침묵」에 표현된 만해의 시세계」, 경희대 교육대학원 논문, 1973. 6.
최동호, 「만해 한용운 연구 – 그의 시적 변모를 중심으로」, 고려대 석사 논문, 1975.
김몽학, 「한용운의 님의 침묵에 나타난 불교사상의 고찰」, 동아대 교육대학원 논문, 1975. 2.
유광렬, 「한용운 시의 형성 과정과 특이성」, 중앙대 석사 논문, 1975. 12.
김선학, 「시인 한용운론 – 시집 『님의 침묵』을 중심으로」, 동국대 석사 논문, 1976.
박정환, 「만해 한용운론」, 충남대 석사 논문, 1976. 2.
김진국, 「한용운 문학의 현상학적 연구」, 서강대 석사 논문, 1976. 2.
송명희, 「한용운 시의 연구」, 고려대 교육대학원 논문, 1977. 2.
송재갑, 「만해의 불교사상과 시세계」, 동국대 석사 논문, 1977. 2.
이인복, 「한국문학에 나타난 죽음의식 연구」, 숙명여대 박사 논문, 1978. 8.
이양순, 「한용운의 사회사상에 관한 연구」, 이화여대 석사 논문, 1978. 12.
조장기, 「한용운의 『님의 침묵』 연구 – 주로 문체론적 접근」, 숙명여대 석사 논문, 1980.
윤영천, 「1920년대 시의 현실인식」, 서울대 석사 논문, 1980. 2.
도모 나까노리, 「한용운의 「님의 침묵」 연구」, 숙명여대 석사 논문, 1980. 9.
이근철, 「한용운의 윤리사상」, 동국대 교육대학원 논문, 1981
장미라, 「한용운 연구 – 그의 시조를 중심으로」, 중앙대 석사 논문, 1981.
김재영, 「한용운 화엄사상의 실천적 전개고」, 동국대 석사 논문, 1981.
조정환, 「한용운 시의 역설연구」, 서울대 석사 논문, 1982.
김재홍, 「한용운문학의 연구」, 서울대 박사 논문, 1982. 2.
김현자, 「김소월, 한용운 시에 나타난 상상력의 변형구조」, 이화여대 박사 논문,

1982. 2.
석숙희,「김소월, 한용운 시의 비교연구」, 충북대 석사 논문, 1982. 2.
손창대,「한용운의 자유사상에 관한 연구」, 건국대 석사 논문, 1982. 2.
이근철,「한용운의 윤리사상」, 동국대 교육대학원 논문, 1982. 8.
오재용,「만해 한용운 연구」, 충남대 석사 논문, 1983.
정홍배,「만해 한용운의 사상성 고찰」, 조선대 석사 논문, 1983.
신상철,「한국 현대시에 나타난 '님'의 연구」, 동아대 박사 논문, 1983. 2.
이상철,「한용운의 사회사상에 관한 고찰」, 서울대 석사 논문, 1983. 2.
김종연,「한용운의 자주정신에 관한 연구」, 한양대 교육대학원 논문, 1983. 8.
유근조,「소월과 만해시의 대비연구」, 단국대 박사 논문, 1984. 2.
육근웅,「만해시에 나타난 선어적 전통」, 한양대 석사 논문, 1984. 2.
윤재근,「만해시「님의 침묵」연구」, 경희대 박사 논문, 1984. 2.
전보삼,「한용운의 화엄사상 연구」, 한양대 교육대학원 논문, 1984. 2.
김춘남,「양계초를 통한 만해의 서구사상 수용」, 동국대 석사 논문, 1984.
채수영,「한용운에 있어서 '님'의 거리」, 동국대 석사 논문, 1984. 2.
김정칠,「한용운의 독립사상 연구」, 경희대 석사 논문, 1985.
박종린,「만해 한용운의 불교개혁사상 연구」, 동국대 석사 논문, 1985.
최승옥,「한용운 시 연구」, 청주대 석사 논문, 1985.
이해진,「한용운의 님의 침묵에 대한 한 고찰」, 인하대 석사 논문, 1985.
현선식,「만해시에 나타난 심리연구」, 조선대 석사 논문, 1985. 2.
정복선,「만해 한용운의 님의 침묵에 나타난 순환구조」, 성신여대 석사 논문, 1986.
한창엽,「만해 한용운 연구」, 한양대 석사 논문, 1986.
양병호,「만해 시의 리듬 연구」, 전북대 석사 논문, 1987. 6.
이영희,「한국 현대시에 나타난 삶의 인식방법 연구」, 경희대 박사 논문, 1987. 8.
현명선,「한용운의「님의 침묵」연구」, 연세대 석사 논문, 1987.
원인숙,「만해 한용운 시에 있어서 공간과 시간의식」, 성균관대 석사 논문, 1987.
정광수,「불교적 상상력과 한용운의 상징시법」, 동국대 석사 논문, 1988.
김석태,「한용운의「님의 침묵」연구」, 연세대 석사 논문, 1988.

김미선, 「한용운의 한시연구」, 청주대 석사 논문, 1989.

고재석, 「한국 근대문학의 불교지성적 연구 – 한용운과 양건식을 중심으로」, 동국대 박사 논문, 1990.

강미자, 「한용운의 시대인식에 관한 일고찰 – 「조선불교유신론」 · 「조선독립의 서」를 중심으로」, 경상대 석사 논문, 1990. 2.

김선학, 「한국 현대시의 시적 공간에 관한 연구」, 동국대 박사 논문, 1990. 2.

이병도, 「구조주의 문학관과 불교 중관론의 대비 – 「님의 침묵」을 중심으로」, 경희대 석사 논문, 1990. 2.

한명희, 「한용운 시집 『님의 침묵』의 구조 연구」, 서울시립대 석사 논문, 1991.

권기현, 「용성의 대각교운동과 만해의 불교유신운동 비교연구」, 동국대 석사 논문, 1991. 2.

기우조, 「한용운 시의 수사적 특징 고찰」, 조선대 교육대학원 논문, 1991. 2.

김광길, 「만해 한용운 시의 존재론적 해명」, 경기대 박사 논문, 1991. 2

박정환, 「만해 한용운 한시 연구」, 충남대 박사 논문, 1991. 2.

윤석성, 「한용운 시의 정조 연구」, 동국대 박사 논문, 1991. 2.

임정채, 「한용운시의 상징성」, 전남대 교육대학원 석사 논문, 1991. 2.

허 탁, 「만해시의 기호학적 연구」, 부산대 박사 논문, 1991. 2.

김미애, 「한용운 소설 연구」, 효성여대 석사 논문, 1991. 8.

양영길, 「「님의 침묵」의 구조 연구」, 제주대 교육대학원 논문, 1991. 8.

조정행, 「소월과 만해 대비연구 – 님과 죽음을 중심으로」, 동국대 교육대학원 논문, 1991. 8.

정학심, 「한용운 시에 나타난 전통과 선사상에 관한 연구」, 한국교원대 석사 논문, 1992.

김광원, 「한용운의 선시 연구」, 원광대 석사 논문, 1992. 2.

서호천, 「만해사상의 회통적 조명 – 사사무애관을 중심으로」, 동국대 석사 논문, 1992. 2.

신달자, 「소월과 만해시의 여성지향 연구」, 숙명여대 박사 는문, 1992. 2.

최성은, 「만해 한용운 시 연구」, 전남대 교육대학원 논문, 1992. 2.

신선우, 「만해 한용운 문학의 연구 – 「님의 침묵」을 중심으로」, 원광대 교육대학원 논문, 1992. 8.
박용모, 「「님의 침묵」의 사상적 배경 고찰」, 조선대 교육대학원 논문, 1993. 2.
정학심, 「한용운 시에 나타난 전통과 선사상에 관한 연구」, 한국교원대 석사 논문, 1993. 2.
노윤옥, 「만해시에 나타난 시간의식 연구 – 시집 『님의 침묵』을 중심으로」, 중앙대 교육대학원 논문, 1993. 8.
강예자, 「만해 한용운 시 연구 – 시에 나타난 역설적 표현을 중심으로」, 경원대 교육대학원 논문, 1994. 2.
서재영, 「만해 한용운의 「조선불교유신론」 연구」, 동국대 석사 논문, 1994. 2.
염창권, 「한국 현대시의 공간구조와 교육적 적용 방안 연구」, 한국교원대 박사 논문, 1994. 2.
최태호, 「만해 · 지훈의 한시 연구」, 한국외국어대 박사 논문, 1994. 2.
이경교, 「한국 현대 시정신의 형성과정 연구 – 한용운, 이육사, 그리고 이상을 중심으로」, 동국대 박사 논문, 1995. 2.
박지순, 「님의 침묵 연구 – 이원적 순환을 통한 한의 초극」, 원광대 교육대학원 논문, 1995. 8.
임성조, 「한용운 시의 선해석적 연구」, 연세대 박사 논문, 1995. 8.
이혜원, 「한용운 · 김소월 시의 비유구조와 욕망의 존재방식」, 고려대 박사 논문, 1996.
김광원, 「만해 한용운 시 연구」, 원광대 박사 논문, 1996. 2.
김형준, 「만해 한용운 시의 여성편향성 연구」, 영남대 교육대학원 논문, 1996. 2.
노귀남, 「한용운 시의 '상' 연구 – 시집 『님의 침묵』을 중심으로」, 경희대 박사 논문, 1996. 2.
이병석, 「만해 시에서의 '님'의 불교적 연구」, 동아대 박사 논문, 1996. 2.
유영학, 「만해 한용운의 불교유신사상 연구」, 원광대 석사 논문, 1997.
홍필기, 「한용운 시의 '님'과 여성성 연구」, 충북대 석사 논문, 1997.
정성현, 「만해 한용운 시 연구」, 중앙대 석사 논문, 1997.

신현락, 「한국 현대시의 자연관 연구」, 한국교원대 박사 논문, 1998.
이호미, 「한용운의 「님의 침묵」에 나타난 여성성 연구」, 효성가톨릭대 석사 논문, 1998.
김덕근, 「한국 현대 선시 연구」, 청주대 박사 논문, 1999.
김대춘, 「만해 한용운의 한시연구」, 동국대 석사 논문, 1999.
박명자, 「한국 현대시의 눈물의 시학 연구」, 원광대 박사 논문, 1999.
이성원, 「만해 한용운의 불교사상 연구」, 영남대 석사 논문, 1999.
배영애, 「현대시에 나타난 불교의식연구」, 숙명여대 박사 논둔, 1999.
정윤열, 「만해 시의 '님'에 대한 연구」, 동국대 석사 논문, 1999.
오성칠, 「한용운의 소설문학 연구」, 중앙대 석사 논문, 1999.
이선이, 「만해 시의 생명사상 연구」, 경희대 박사 논문, 1999. 2.
강기욱, 「한용운의 「님의 침묵」에 나타난 여성성 연구」, 조선대 석사 논문, 2000.
선효원, 「한용운 · 김광균 시의 대비연구」, 동아대 박사 논문, 2000.
현광석, 「한국 현대 선시 연구」, 경희대 석사 논문, 2000.
홍정애, 「만해 한용운 한시 연구」, 국민대 석사 논문, 2000.
Mark J. Sweetin, *Non-substantiality and the seeds of contemplation in Han Yong-un's Nim ui Ch'immuk*, 연세대 석사 논문, 2000.
최규현, 「한용운 시의 연구」, 서남대 석사 논문, 2001.
권석창, 「한국 근대시의 현실대응 양상 연구 – 만해, 상화, 육사, 동주를 중심으로」, 대구대 박사 논문, 2002.
장석문, 「만해 한용운의 한시 연구」, 강원대 석사 논문, 2002.
김점태, 「'님' 지향성과 여성 편향성 – 한용운의 「님의 침묵」을 중심으로」, 건국대 석사 논문, 2002.
이양우, 「「님의 침묵」의 사상적 배경 연구」, 동국대 석사 논둔, 2002.
유은하, 「한용운과 윤동주의 시 비교 연구」, 고려대 석사 논문, 2003.
강경애, 「만해 한용운의 한시 연구」, 한남대 석사 논문, 2003
이지원, 「「님의 침묵」에 나타난 '물'의 이미지」, 충남대 석사 논문, 2004.
최현규, 「만해 한용운의 「님의 침묵」 연구」, 가톨릭대 석사 논문, 2004. 8.

이희숙, 「만해 한용운의 한시 연구」, 국민대 석사 논문, 2004.
이경희, 「만해시에 나타난 불교적 사유연구」, 경희대 박사 논문, 2005.
강미자, 「한용운의 불교개혁론과 민족죽의 운동」, 경성대 박사 논문, 2007.
전오삼, 「화엄의 관점에서 본 만해사상」, 동국대 박사 논문, 2007.
전덕윤, 「한용운의 사회진화론 인식과 대응」, 동국대 석사 논문, 2010. 2.

| 논문 및 저서 |

유광렬, 「「님의 침묵」 독후감」, 《시대일보》, 1926. 5. 31.
주요한, 「애의 기도, 기도의 애 – 한용운 근작 「님의 침묵」 독후감」, 《동아일보》, 1926. 6. 22, 26.
유동근, 「만해거사 한용운면영」, 『혜성』 5호, 1931. 8.
春秋學人, 「심우장에 참선하는 한용운 씨를 찾아 – 당대 처사 찾아」, 『삼천리』 74호, 1936. 6.
김정설, 「고 한용운 선생 추도문」, 『신생』 창간호, 1946. 3.
장도환, 「만해 한용운 선생」, 『개벽』 74호, 1946. 4.
장도환, 「만해 선생 산소 참배기」, 『신생』 3집, 1946. 7.
최범술, 「고 만해 선생의 大朞를 當하여」, 『신생』 3집, 1946. 7.
조영암, 「조국과 예술 – 젊은 한용운의 문학과 그 생애」, 『자유세계』 1권 4호, 1952. 5.
조지훈, 「한용운 선생」, 『신천지』 23호, 1954. 10.
조영암, 「일제에 항거한 시인군상」, 『전망』 4호, 1956. 1.
정태용, 「만해의 동양적 감각성 – 현대시인 연구 其3」, 『현대문학』 29호, 1957. 5.
조연현, 「한국현대문학사」, 『현대문학』 32호, 1957. 8.
조영암, 「한용운 평전」, 『녹원』 창간호, 1957. 8.
조지훈, 「한용운론」, 『사조』 1권 5호, 1958. 10.
허 명, 「만해 한용운 선생」, 『민족문화』 12호, 1958. 12.
홍효민, 「만해 한용운론 – 인물문학사 其4」, 『현대문학』 56호, 1959. 8.
박효순, 「만해의 조국애와 「님의 침묵」」, 『국문학보』 1호, 전남대, 1959. 10.

김상일, 「한용운 – 근대시인론 其4」, 『현대문학』 66호, 1960, 6.
박노준, 「'님'의 정체 – 한용운 연구: 그의 시문학을 중심으로 하여」, 『고대문화』 2집, 1960. 8.
인권환, 「만해의 불교적 이론과 공적 – 한용운 연구」, 『고대문화』 2집, 1960. 8.
박노준 · 인권환, 『한용운 연구』, 통문관, 1960. 9.
장문평, 「한용운의 '임'」, 『현대문학』 88호, 1962. 4.
박봉우, 『흘러간 사랑의 시인상』(한용운 편–그리운 것은 님이다), 백문사, 1962. 5.
서정주, 「만해 한용운 선사 – 민족의 애인이요, 인도자인 산승」, 『사상계』 113호, 1962. 11.
송 욱, 「만해 한용운과 타고르 – 유미적 초월과 혁명적 아공」, 『사상계』 117호, 1963. 2.
송석래, 「「님의 침묵」 연구」, 『국어국문학논문집』 5집, 동국대, 1964. 7.
김운학, 「한국 현대시에 나타난 불교사상」, 『현대문학』 118호, 1964. 10.
최일수, 「부정과 현세해방 – 한용운론」, 『문학춘추』 8호, 1964. 11.
유광렬, 「무애자존의 수도자」, 『불교시보』, 1965. 6.
김영기, 「만해 한용운론 – 님과의 대화」, 『현대문학』 132호, 1965. 12.
조지훈, 「흑풍 · 암흑 속의 혁명가 – 한국의 민족시인 한용운」, 『사상계』 155호, 1966. 1.
김장호, 「동국문단사 – 한용운과 강원의 시인들」, 『국어국문학 논문집』 6집, 동국대, 1966. 1.
조지훈, 「방우한화 – 근대명언초」, 『신동아』 20호, 1966. 4.
김학동, 「현대 시인론고 – 만해 한용운의 시문학사적 위치 其2」, 『동양문화』 5집, 대구대, 1966. 6.
김윤식, 「소월 · 만해 · 육사론 – 이들의 기간 시집에 미수록된 작품을 중심으로」, 『사상계』 160호, 1966. 8.
박노준 · 임종국, 『한용운론 – 흘러간 성좌』, 국제문화사, 1966. 10.
최원규, 「한국시의 전통과 선에 관한 소구」, 『충남대논문집』 5집, 1966. 12.
박노준, 「한용운의 「님의 침묵」」, 『사상계』 165호, 1967. 1.

신동문, 『님의 언어, 저항의 언어, 한국의 인간상』, 신구문화사, 1967. 10.
박항식, 「한국현대시인과 그 대표작에 대한 연구」, 『원광대논문집』 3집, 1967. 12.
양중해, 「만해 한용운론」, 『청주대학보』 9집, 1967. 12.
김정자, 「한용운론」, 『청파문학』 8집, 1968. 4.
김해성, 「기루는 시정신 – 만해 한용운의 문학세계」, 『불교계』 20호, 1969. 4.
김우정, 「한용운론」, 『현대시학』 3호, 1969. 5.
김승옥, 「만해 한용운과 헷세의 비교」, 『고대문화』 10집, 1969. 5.
서정주, 「한용운과 그의 시」, 『한국의 현대시』, 일지사, 1969. 5.
민동선, 「한용운 선생 회상기」, 『불교계』 22호, 1969. 5.
고 은, 「한용운론」, 『월간문학』 8호, 1969. 6.
백낙청, 「시민문학론」, 『창작과비평』 14호, 1969. 6.
최원규, 「한용운 시의 이해 – 사랑과 존재의 본질을 중심으로」, 『충남대대학원논문집』 2집, 1969. 7.
정광호, 「한용운전」, 『신동아』 60호, 1969. 8.
김 현, 「여성주의의 승리」, 『현대문학』 178호, 1969. 10.
E. D. R ockstein, *Some Notes on the Founder of Modern Korea Poety*, 『Korea Journal』 9권 12호, 1969. 12.
김윤식, 「한국 신문학에 있어서의 타골의 영향에 대하여」, 『진단학보』 32호, 진단학회, 1969. 12.
강용흘, *Meditation of the Lover*, 연세대출판부, 1970.
육 산, 「현대 불교인 열전 – 만해 한용운」, 《대한불교》, 1970. 6. 21~11. 1(13회)
이길진, 「조선독립이유서」(역), 『창작과 비평』 5권 3호, 1970. 9.
이호철, 「『님의 침묵』 – 여성을 위한 명저순례」, 《중앙일보》, 1970. 9. 18.
정광호, 「한용운」, 『신동아 – 한일근대인물백선』 부록, 1970. 1.
송민호, 「만해의 저항작품」, 『일제하의 문화운동사』, 민중서관, 1970. 4.
이관구, 「만해 선생의 자주정신과 역사의식」, 『정경연구』 170호, 1970. 4.
이기영, 「80년대와 만해정신」, 『정경연구』 170호, 1970. 4.
김윤식, 「「님의 침묵」과 「알 수 없어요」 – 한용운 작품 해설」, 『월간문학』 24호,

1970. 6.
최정석, 「소월과 만해 – 그 동질성과 이질성」, 『효성여대연구논문집』 6 · 7합집, 1970. 7.
양주동, 「만해의 생애와 '불청'운동」, 『법륜』 25호, 1970. 8.
서정주, 「만해의 문학정신」, 『법륜』 25호, 1970. 8.
심종선, 「님에 관한 연구 – 한용운의 시를 主로 하여」, 『동국문학』 3집, 1970. 9.
석지현, 「한용운 유고에 비친 시세계」, 《동아일보》, 1970. 10. 5.
조광해, 「영원한 청년 한용운」, 『법륜』 27~31호, 1970. 10~1971. 2.
정광호, 『한용운평전』, 다리, 1970. 11.
염무웅, 「한용운의 인간과 시」, 《독서신문》 1호, 1970. 11. 8.
안병직, 「만해 한용운의 독립사상」, 『창작과비평』 19호, 1970. 12.
한종만, 「박한영과 한용운의 한국불교근대화 사상」, 『원광대논문집』 5집, 1970. 12.
서경보, 「한용운과 불교사상」, 『문학사상』 4호, 1971. 1.
김용직, 「한국 현대시에 미친 Rabindranath Tagore」, 『아세아연구』 41호, 1971. 3.
김종해, 「만해 한용운 행적기」, 『나라사랑』 2집, 의솔회, 1971. 4.
석청담, 「고독한 수련 속의 구도자」, 『나라사랑』 2집, 의솔회, 1971. 4.
신석정, 「시인으로서의 만해」, 『나라사랑』 2집, 의솔회, 1971. 4.
정광호, 「민족적 애국지사로 본 만해」, 『나라사랑』 2집, 의솔회, 1971. 4.
조종현, 「불교인으로서의 만해」, 『나라사랑』 2집, 1971. 4.
염무웅, 「님이 침묵하는 시대」, 『나라사랑』 2집, 1971. 4.
장 호, 「풍난화 매운 향기」, 『나라사랑』 2집, 1971. 4.
한영숙, 「아버지 만해의 추억」, 『나라사랑』 2집, 1971. 4 .
최범술, 「철창철학」, 『시문학』 5호, 1971. 12.
박요순, 「한용운 연구」, 『시문학』 5호, 1971. 12.
유승우, 「「님의 침묵」과 반야바라밀다심경」, 『현대시학』 35호, 1972. 2.
장 호, 「한용운에의 접근」, 『동국문학』 5집, 1972. 3.
유승우, 「한용운의 시세계 – 헤어짐과 만남의 길」, 『현대시학』 36호, 1972. 3.
임중빈, 「절대를 추가한 길」, 『부정의 문학』, 한얼문고, 1972. 4.

김종철, 「이별의 상상력 – 「님의 침묵」론」, 『문화비평』 13호, 1972. 7.
임중빈, 『만해 한용운 – 위대한 한국인』, 태극출판사, 1972. 11.
김용성, 「「님의 침묵」의 한용운」, 《한국일보》 1972. 11. 5.
변종하, 「한용운의 얼굴과 그의 내면세계」, 『문학사상』 3호, 1972. 12.
문학사상 편집부, 「한용운 작 「님의 침묵」의 작품배경」, 『문학사상』 3호, 1972. 12.
박경혜, 「새 자료로 본 만해, 그 생의 완성자」, 『창작과비평』 26호, 1972. 12.
염무웅, 「만해 한용운론」, 『창작과 비평』 26호, 1972. 12.
홍신선, 「임, 혹은 주검에의 길 – 만해의 시인적 편모를 살핀다」, 『법륜』 51~53호, 1972. 12~1973. 4.
김우창, 「궁핍한 시대의 시인」, 『문학사상』 4호, 1973. 1.
민희식, 「바슐라르의 촛불에 비춰본 한용운의 시」, 『문학사상』 4호, 1973. 1.
김열규, 「슬픔과 찬미사의 '이로니'」, 『문학사상』 4호, 1973. 1.
서경보, 「한용운과 불교사상」, 『문학사상』 4호, 1973. 1.
박경혜, 「만해 그 생의 완성자」, 『문학사상』 4호, 1973. 1.
이원섭 외 2인 좌담회, 「땅에의 의지와 월의 정신 – 한용운의 인간과 문학」, 『문학사상』 4호, 1973. 1.
이정강, 「소월과 만해의 시에 나타난 내면적 공간세계 비교고찰」, 『덕성여대 논문집』 2호, 1973. 2.
이원섭, 「조선불교유신론」(역), 『창작과 비평』 8권 1호, 1973. 3.
홍이섭 · 김열규, 「「님의 침묵」의 님은 조국인가 연인인가」, 《중앙일보》 1973. 3. 5.
김열규, 「Han Yong–Un – His Life, Religion, Poetry」, 『Korea Journal』 13권 4호, 1973. 4.
홍이섭, 「Han Yong-Un and Nationalism, Poetry」, 『Korea Journal』 13권 4호, 1973. 4.
신상웅, 「만해 한용운 – 영원한 한국인」, 『샘터』 37호, 1973. 4.
염무웅, 「만해사상의 윤곽」, 《서울신문》 1973. 4. 11.
권기종, 「조선불교유신론」(역), 『법시』 96~110호, 1973. 4~1974. 6(14회).
김병익, 「만해 한용운」, 《동아일보》, 1973. 5. 30~31.
안병욱, 「한용운의 저항과 인간」, 『통일세계』 31호, 1973. 6.

송　욱, 「시인 한용운의 세계」, 『한용운전집』, 신구문화사, 1973. 7.
조명기, 「만해 한용운의 저서와 불교사상」, 『한용운전집』, 신구문화사, 1973. 7.
백　철, 「시인 한용운의 소설」, 『한용운전집』, 신구문화사, 1973. 7.
임중빈, 「'님'의 시인 한용운」, 『한용운 시집』, 정음사, 1973. 7.
윤재근, 「만해의 「알 수 없어요」의 서와 정」, 『현대문학』 226호, 1973. 10.
홍이섭, 「한용운과 불교사상」, 『문학과 지성』 14호, 1973. 10.
김장호, 「한용운 시론」, 『양주동 박사 고희기념논문집』, 탐구당, 1973. 12.
최원규, 「한국현대시의 전통 문제」, 『보운』 3호, 1973. 12.
박철석, 「한용운의 이별의 미학」, 『부산문학』 6집, 1973. 12.
송은상, 「님을 향한 지향성」, 『성대문학』 18집, 1973. 12.
이정강, 「소월과 만해의 시에 나타난 내면적 공간세계 비교고찰」, 『덕성여대 논문집』 2집, 1973. 12.
정중환, 「유불 양교의 유신론과 그 사상사적 의의」, 『하성 이선근 박사 고희기념논문집』, 1974.
김학동, 「만해 한용운론」, 『한국근대시인연구 1』, 일조각, 1974. 1.
이정강, 「만해의 불과 촛불의 상징성」, 『운현』 5집, 1974. 2.
이기영, 「매월당과 만해의 차이」, 『세대』 127호, 1974. 2.
송　욱, 『님의 침묵: 전편해설』, 과학사, 1974. 3.
김용직, 「비극적 구조의 초비극성」, 『한국문학의 비평적 성찰』, 민음사, 1974. 4.
윤영천, 「형식적 영원주의의 허구 – 만해 한용운의 경우」, 『신동아』 116호, 1974. 4.
이형기, 「20년대 서정의 결정 – 만해 · 소월 · 상화」, 『심상』 7호, 1974. 4.
정한모, 「만해시의 발전과정고 서설」, 『동덕여대 학보』, 1974. 4. 30.
김윤식, 「님과 등불」, 『한국근대작가론고』, 일지사, 1974. 5.
노경태, 「만해 속의 타고르」, 『동국사상』 7집, 1974. 5.
석지현, 「한용운의 님 – 그 순수 서정」, 『현대시학』 63호, 1974. 6.
문덕수, 『한용운의 생애와 문학』, 정음사, 1974. 6.
김병익, 「만해 한용운 선생의 사상과 생애」, 《동아일보》, 1974. 6. 29.
정재관, 「침묵과 언어 – 「님의 침묵」의 인식론적 면」, 『마산교대논문집』 5권 1호,

1974. 7.
임중빈, 『한용운 일대기』, 정음사, 1974. 7.
허미자, 「한국시에 나타난 촛불의 이미지 연구 – 한용운의 「님의 침묵」을 중심으로」, 『이대 한국문화연구원논총』 24집, 1974. 8.
김우창, 「한용운의 소설」, 『문학과 지성』 17호, 1974. 8.
최동호, 「만해 한용운 시의 이해」, 《고대신문》, 1974. 10. 8(상)~10. 22(하).
김용직, 「Rabindranath Tagore의 수용」, 『한국 현대시 연구』, 일지사, 1974. 11.
______, 「「님의 침묵」 그 노래와 형태의 비밀」, 『심상』 2권 11호, 1974. 11.
김윤식, 「만해론의 행방」, 『심상』 2권 11호, 1974. 11.
문덕수, 「한용운론」, 『현대한국시론』, 선명문화사, 1974. 12.
황헌식, 「색불이공 공불이색의 경지 – 한용운의 경우」, 『현대시학』 69호, 1974. 12.
지종옥, 「만해 한용운론」, 『목포교대 논문집』 12집, 1974. 12.
김상선, 「한용운론 서설 – 시집 『님의 침묵』을 중심으로」, 『국어국문학』 65 · 66합집, 1974. 12.
오세영, 「침묵하는 님의 역설」, 『국어국문학』 65 · 66합집, 1974. 12.
E. D. Rockstein, *Your Silence-Doubt in Faith Han Yong-Un and Ingmar Borgman, Asia and Pacific Quarterly,* 1975. 1.
조재훈, 「한국 현대 시문학에 미친 불교의 영향 – 육당 · 춘원 · 만해 · 공초」, 『공주사대논문집』 12집, 1975. 3.
김재홍, 「만해 상상력의 원리와 그 실체적 과정의 분석」, 『국어국문학』 67호, 1975. 4.
최원규, 「한국근대시에 나타난 불교적 영향에 관한 연구」, 『충남대 인문과학연구소 논문집』 2권 1호, 1975. 5.
김관호, 「3 · 1운동의 전야 – 만해선생일화」, 『법륜』 75호, 1975. 5.
김윤식, 「만해론」, 『한국현대시론비판』, 일지사, 1975. 8.
고　은, 『한용운평전』, 민음사, 1975. 9.
조종현, 「만해 한용운」, 『한국의 사상가 12선』, 현암사, 1975. 9.
한종만, 「불교유신사상」, 『박길진박사 화갑기념 한국불교사상사』, 원광대출판국, 1975. 10.

이명재, 「만해 소설고」, 『국어국문학』 70호, 1976. 3.

백광하, 「불교인의 독립운동 – 만해를 중심으로」, 『법륜』 85호, 1976. 3.

한기두, 「불교유신론과 불교혁신론」, 『창작과 비평』 11권 1호, 1976. 3.

이관구, 「독립운동과 한용운」, 《경향신문》 1976. 3. 1.

소두영, 「구조문체론의 방법 – 한용운의 「님의 침묵」 분석시론」, 『언어학』 1호, 1976. 4.

김재홍, 「만해시 정서의 형질에 관한 연구」, 『국어국문학』 74호, 1976. 4.

조재훈, 「부정의 불꽃 – 「님의 침묵」론」, 『호서문학』 5집, 1976. 4.

조동일, 「김소월 · 이상화 · 한용운의 님」, 『문학과 지성』 24호, 1976. 5.

이기철, 「한국저항시의 구조」, 『우촌 강복수 박사 회갑논문집』, 1976. 6.

김흥수, 「한용운의 백담사」, 《일요신문》, 1976. 6. 20.

김운학, 「민족과 일체감 이룬 만해」, 『새바람』 2호, 1976. 7.

김영무, 「한용운과 이육사」, 『뿌리깊은나무』 7권 7호, 1976. 8.

김영태, 「불교유신론 서설」, 『창작과비평』 1976 여름.

김장호, 「한용운의 '님'의 사상」, 『동국』, 동국대편집위원회, 1976. 9.

이명재, 「한용운 문학의 연구 – 민족문학 모델로서의 총체적 접근」, 『중대논문집』 20집, 1976. 10.

이명재, 「한용운 소설고」, 『국어국문학』, 70집, 1976. 12.

정한모, 「만해시의 발전과정 서설」, 『관악어문연구』 1집, 서울대, 1976. 12.

박종문, 「만해 한용운의 시세계 – 「님의 침묵」과 역설의 고찰」, 『조대학보』 10호, 조선대, 1976. 12.

J. C. Houlhan, *The Life and Work of Han Yong-Un*, London University, 1977.

김성배, 「한용운 편 불교교육 불교한문 독본에 대한 연구」, 『불교학보』 5집, 동국대, 1977.

최원규, 「근대시의 형성과 불교」, 『현대시학』 96호, 1977. 2.

박철희, 「시 작품과 해석의 문제 – 「님의 침묵」과 「알 수 없어요」의 경우」, 『문리대학보』 9호, 영남대, 1977. 2.

김재홍, 「만해 시 정서의 형질에 관한 분석」, 『국어국문학』 74호, 1977. 4.

한승옥, 「대립과 생성의 구조」, 『어문논집』 18집, 1977. 4.

송　혁, 「만해의 불교사상과 시세계」, 『현대문학』 268~269호, 1977. 4~5.
이용훈, 「「님의 침묵」에 대한 인식론적 고찰 – 만해시의 인식 세계와 정신」, 『국어국문학』 75호, 1977. 5.
송　혁, 「만해의 불교사상」, 『법륜』 100호, 1977. 6.
박철희, 「한국 근대시와 자기인식 – 김소월과 한용운의 경우」, 『현대문학』 271호, 1977. 7.
조종현, 「조선독립의 서」(역), 『법륜』 102호, 1977. 8.
장백일, 「만해 한용운론 – 「님의 침묵」의 불교사상적 이해」, 『시문학』 73~74호, 1977. 8~9.
최원규, 「만해시의 불교적 영향」, 『현대시학』 101~104호, 1977. 8~11.
김선학, 「시인 한용운」, 『동악어문논집』 10집, 1977. 9.
송재갑, 「현대불교시연구 – 한용운과 서정주」, 『동악어문논집』 10집, 1977. 9.
홍문표, 「한국현대시의 불교적 전통 – 만해시를 중심하여」, 『어문논집』 19 · 20합집, 민족어문학회, 1977. 9.
최동호, 「서정시의 시적 형상에 관한 비평적 이해 – 김소월 · 한용운의 경우」, 『어문논집』 19 · 20합집, 1977. 9.
이명재, 「한용운 문학의 특수성」, 『녹지』 11집, 중앙대, 1977. 12.
______, 「만해 문학의 여성편향고」, 『아카데미논총』 5집, 1977. 12.
정학섭, 「비극적 반항과 혁명정신」, 『국어교육』 32호, 1978.
최범술, 「한용운 선생의 사상」, 『불광』 41호, 1978. 3.
인권환, 「만해의 시와 보살사상」, 『불광』 41호, 1978. 3.
강석주, 「한용운 선생을 생각한다」, 『불광』 41호, 1978. 3.
고　은, 「한용운론 서설」, 『불광』 41호, 1978. 3.
장　호, 「「님의침묵」을 통해 본 만해사상」, 『불광』 41호, 1978. 3.
송건호, 「한용운 선생을 생각한다」, 『불광』 41호, 1978. 3.
조동일, 「한용운」, 『한국문학사상사시론』, 지식산업사, 1978. 4.
김　현, 「우상화와 선입견의 죄」, 『문학사상』 71호, 1978. 8.
목정배, 「만해의 불교청년운동고」, 『법시』 160호, 1978. 8.

목정배, 「한용운의 평화사상」, 『불교학보』 15호, 1978. 8.

송　욱, 「설법과 증도의 선시」, 『문예중앙』 가을호, 1978. 10

김흥규, 「시인인가 혁명가인가」, 『문예중앙』 가을호, 1978. 10.

이선영, 「그 실상은 무엇인가」, 『문예중앙』 가을호, 1978. 10

김　현, 「만해 그 영원한 이별의 미학」, 『문예중앙』 가을호, 1978. 10.

목정배, 「만해의 포교관」, 『법시』 162호, 1978. 10.

서영은, 「한용운의 고향」, 『문학사상』 80호, 1978. 11.

김상현, 「만해의 보살사상 – 시집 『님의 침묵』을 통해 본」, 『법륜』 117~121호, 1978. 11~1979. 3(5회).

김　현, 「님과 사랑」, 『한국문학』 62호, 1978. 12.

심재기, 「만해 한용운의 문체추이」, 『관악어문연구』 3집, 1978. 12.

전서암, 「만해의 저항정신과 불교유신론」, 『씨알의 소리』 79호, 1978. 12.

이인복, 『죽음의식을 통해 본 소월과 만해』, 숙명여대 출판브, 1979.

안병직, 『한용운』, 한길사, 1979.

정병덕, 「만해론 소고 – 만해시의 초월사상을 중심으로」, 『행당』 8집, 한양대, 1979. 1.

김재홍, 「한국시의 장르 선택과 전통성 문제」, 『충북대논문집』 17집, 1979. 2.

이동화, 「한국의 불교와 근대문학 – 「님의 침묵」과 관련하여」, 『서울대』(교지) 2호, 1979. 2.

김종균, 「한용운의 한시와 시조 – 그 옥중작을 중심으로」, 『어문연구』 21호, 1979. 3.

목정배, 「만해와 청년불교, 젊은 나라」, 『세대』 186호, 1979. 3.

이혜성, 「만해 스님과 청담 스님의 사상」, 『법륜』 121호, 1979. 3.

이규호, 「한용운의 교육철학」, 『법륜』 122호, 1979. 4.

전보삼, 「만해정신의 현장」, 《대한불교》, 1979. 4. 15~7. 1.

이명재, 「만해연구와 그 문학적 특성」, 『법륜』 123호, 1979. 5.

송　혁, 「만해선사의 호국관」, 『불광』 56호, 1979. 6.

김흥규, 「'님'의 소재와 진정한 역사」, 『창작과비평』 14권 2호, 1979. 6.

안병직, 「「조선불교유신론」의 분석」, 『창작과비평』 14권 2호, 1979. 6.

이상섭, 「만해시에의 열쇠는 없다」, 『문학사상』 80호, 1979. 7.

김우창, 「한용운의 믿음과 회의」, 『문학사상』 80호, 1979. 7.
김열규, 「「님의 침묵」에 대한 해석학적 접근」, 『문학사상』 80호, 1979. 7.
전보삼, 「타인 작품을 만해 작품으로」, 《대한불교》, 1979. 7. 8.
조병춘, 「만해와 민족혼」, 《독서신문》 4740~4742호, 1979. 8. 19~9. 2.
이명재, 「만해는 실천적 민족시인」, 《한국일보》, 1979. 8. 29.
강석주, 「한용운 스님」, 《중앙일보》, 1979. 8. 30.
한춘섭, 「만해 한용운의 문학」, 『시조문학』, 6권 3호, 1979. 9.
강석주, 「한용운 불교사상」, 『법륜』 128호, 1979. 10.
한종만, 『한국근대 민중불교의 이념과 전개』, 한길사, 1980.
김흥규, 「님의 소재와 진정한 역사」, 『문학과 역사적 인간』, 창작과비평사, 1980.
장 호, 「한용운의 시와 소설」, 『한용운』, 동국대한국문학연구소, 1980. 1.
정병홍, 「만해문학의 역사성과 그 정신」, 『순천농전 인문사회과학 논문집』 17집, 1980. 2.
김우창, 「일체유심 – 한용운의 용기에 대하여」, 『실천문학』 1호, 1980. 3.
김 현, 「한용운에 관한 세 편의 글」, 『문학과 유토피아』, 문학과 지성사, 1980. 4.
장미라, 「만해 시조연구」, 『어문논집』 15집, 중앙대, 1980. 6.
만해사상연구회, 『한용운사상 연구』 1집, 민족사, 1980. 6.
길종균, 「만해 한용운」, 『기러기』 184호, 1980. 11.
박항식, 「한용운의 시조」, 《한국문학학술회의》, 동국대, 1980. 11.
김장호, 「「님의 침묵」의 언어개혁」, 《한국문학학술회의》, 동국대, 1980. 11.
이병주, 「만해선사의 한시와 그 특성」, 《한국문학학술회의》, 동국대, 1980. 11.
김은자, 「「님의 침묵」의 비유연구시론」, 『관악어문연구』 5집, 1980. 12.
김종균, 「만해 한용운의 시조 연구」, 『국어국문학』 83집, 1980. 12.
이양순, 「한용운의 사회사상에 관한 일 연구」, 『이대사원』 17집, 1980. 12.
노재찬, 「만해 한용운과 「님의 침묵」 其1」, 『부산사대 논문집』 7집, 1980. 12.
신용협, 「만해시에 나타난 '님'의 전통적 의미」, 『덕성여대논문집』 9집, 1980. 12.
박철희, 「한용운의 님의 침묵」, 『한국현대시작품론』, 문장, 1981.
김재홍, 「만해 시학의 원리」, 『현대문학』 313호, 1981. 1.

엄창섭, 「만해의 '님'에 관한 탐구」, 『관동대논문집』 9집, 1981. 1.

이정태, 「만해 한용운의 시조문학론」, 『대림공전논문집』 2집, 1981. 2.

구인환, 「만해의 '박명'고」, 『국어교육』 38집, 한국국어교육연구회, 1981. 2.

김재홍, 「만해 시조의 한 고찰」, 『선청어문』 11집, 1981. 3.

박항식, 「10대 시인의 시와 그 정신차원」, 『현대시학』 13권 5호, 1981. 5.

김종균, 「한용운의 산문시 연구」, 『어문연구』 29집, 한국어문연구회, 1981. 5.

김희철, 「한용운의 시관연구」, 『서울여대논문집』 10집, 1981. 6.

김재홍, 「님의 침묵의 판본과 표기체계」, 『개신어문연구』 2집, 충북대, 1981. 8.

인권환, 「한용운 소설 연구의 문제점과 그 방향」, 『한용운사상연구』 2집, 1981. 9.

이원섭, 「만해시의 성격」, 『한용운사상연구』 2집, 1981. 9.

김용성, 「「님의 침묵」 이본고」, 『한용운사상연구』 2집, 1981. 9.

서경수, 「만해의 불교유신론」, 『한용운사상연구』 2집, 1981. 9.

신동욱, 「만해의 시 연구」, 『우리 시의 역사적 연구』, 새문사, 1981. 9.

김관호, 「심우장 견문기」, 『한불도사상연구』 2집, 1981. 9.

만해사상연구회, 『한용운사상 연구』 2집, 1981. 9.

문덕수, 「한용운의 님의 침묵」, 『시문학』 123호, 1981. 10.

오하근, 「불, 그 영원한 종합」, 『현대문학』 27권 10호, 1981. 10.

김이상, 「만해시의 시정신과 표현」, 『어문학교육』, 1981. 12.

문덕수, 「한용운의 「알 수 없어요」」, 『시문학』 125호, 1981. 12.

송효섭, 「'님의 침묵'의 구조」, 『서강어문』 1호, 1981. 12.

김열규 · 신동욱, 『한용운연구』, 새문사, 1982.

유시욱, 「한용운 시와 향가 비교 연구」, 『서강어문』 2집, 서강어문학회, 1982. 1.

원용문, 「한용운의 시조 연구」, 『배달말』 7집, 배달학회, 1982. 1.

이영무, 「한국불교사상 한용운의 위치 - 「조선불교유신론」을 중심으로」, 『인문과학연구』 14, 건국대, 1982.

______, 「한국불교사상사에 있어서 한용운의 위치-조선불교유신론을 중심으로」, 『인문과학논총』 14집, 1982.

김재홍, 『한용운 문학연구』, 일지사, 1982.

신동욱, 『님이 침묵하는 시대의 노래』, 문학세계사, 1982.
송 혁, 『한국불교시문학론』, 동국대출판부, 1982.
전보삼, 「한용운의 교육철학」, 『한국학논집』 2집, 한양대한국학연구소, 1982.
유시광, 「시의 역학적 구조와 전통성 – 한용운론」, 『시문학』 128호, 1982. 2.
김용직, 「만해 한용운의 시와 그 사적 의의」, 『한국문학』 100~101호, 1982. 2~3.
김관호, 「만해 한용운의 독립에 바친 일생」, 『불교』 120호, 1982. 3.
성내운, 「불교 민족시인 만해와 일」, 『법륜』 159호, 1982. 5.
고재석, 「님의 침묵의 신화적 구조」, 『동악어문집』 17집, 동국대, 1982. 6.
김희수, 「만해 한용운의 문학사상」, 『법륜』 161호, 1982. 7.
김어수, 「만해 한용운의 문학사상 – 소박하고 솔직하게 쏟아놓은 뜨거운 목소리」, 『법륜』 161호, 1982. 7.
이선영, 「한용운의 대승적 역사인식」, 『세계의 문학』 여름호, 1982. 여름.
김병택, 「한용운 시의 수사적 경향」, 『한국시가연구』, 태학사, 1983.
김장호, 「한용운시론」, 『한국시가연구』, 태학사, 1983.
윤재근, 『만해시와 주제적 시론』, 문학세계사, 1983.
전보삼, 『한용운시론』, 민족문화사, 1983.
서정주, 『만해 한용운 한시 선역』, 예지각, 1983.
이상철, 「한용운의 사회사상」, 『한국학보』 30~31집, 일지사, 1983.
김용태, 「만해시의 자비관」, 『불광』 99호, 1983. 1.
이철균, 「한용운과 즉물사상」, 『한국문학』 112호, 1983. 2.
윤재근, 「만해시의 '나'와 '님'」, 『월간문학』 168호, 1983. 2.
조수자, 「조선불교유신론과 조선불교혁신론의 비교고찰」, 『원불교학연구』 13집, 원광대, 1983. 5.
윤재근, 「만해시의 운율적 시상」, 『현대문학』 343호, 1983. 7.
______, 「만해시의 미적 양식」, 『월간문학』 173~174호, 1983. 7~8.
박영희 · 김어수, 「민족의 운명을 바로 이끈 만해 한용운 그의 정신과 사상은」, 『법륜』 174집, 1983. 8.
신동욱, 「한용운의 시세계와 불교적 사상」, 『법륜』 175집, 1983. 9.

김이성, 「한용운문학의 일평가」, 『어문교육』 6집, 1983. 12.
윤재근, 「만해시와 미적 대상」, 『현대문학』, 1983. 12.
전보삼, 「한용운 선사상의 일고찰」, 『한국학논집』 3집, 한양대한국학연구소, 1983. 12.
김봉군, 「한용운론」, 『한국현대작가론』, 민지사, 1984.
임중빈, 『한용운 일대기』, 정음사, 1984.
윤영천, 「복종과 자유의 변증법」, 『한국문학의 현단계』 3, 창작과비평사, 1984.
김교식, 『한용운』, 계성출판사, 1984.
채수영, 「한용운의 시정신-심우장산시론 중심으로」, 『새국어교육』 39집, 1984.
이상섭, 『「님의 침묵」의 어휘와 활용구조』, 탐구당, 1984. 1.
정효구, 「만해시의 구조고찰」, 『정신문화연구』 19호, 1984. 1.
고재석, 「만해의 탐색담과 「님의 침묵」의 발생법칙 분석」, 『한국문학연구』 6 · 7합집, 동국대, 1984. 2.
감필연, 「한용운 시에 나타난 '기다림'의 미학」, 『사림어문연구』 창간호, 창원대, 1984. 4.
윤재근, 「만해시와 미적 자료」, 『월간문학』 17권 4~6호, 1984. 4~6.
채수영, 「한용운의 시정신」, 『새국어교육』 39호, 1984. 6.
황동규, 「섬세한 문학연구를 위한 한 시도 - 이상섭의 『님의 침묵의 어휘와 그 활용구조』」(서평), 『세계문학』, 9권 2호, 1984. 6.
윤재근, 「만해시 연구의 방향」, 『현대문학 』 355호, 1984. 7.
채수영, 「절망의 비교연구」, 『경기대대학원논문집』 1집, 1984. 9.
김준오, 「총체화된 자아와 '나—님'의 세계」, 『한국문학논총』 6 · 7집, 1984. 10.
채수영, 「한용운에 있어서의 '님'의 거리」, 『동악어문논집』 19집, 1984. 11.
신경득, 「일제시대 문학사상에 대하여」, 『배달말』 9호, 1984. 11.
서경수, 「한용운의 정교분리론에 대하여」, 『불교학보』 22집. 동국대, 1985.
송희복, 「님의 침묵과 사성제」, 『불교사상』 7월호, 1985.
정광호, 「식민지하의 불교」, 『불교사상』 8월호, 1985.
권용애, 「한용운 소설 연구」, 『한신어문연구』 창간호, 1985. 2.
서준섭, 「지사와 선사로서의 삶 사이의 갈등」, 『식민지시대의 시인연구』, 시인사,

1985. 4.
김재홍, 「만해, 민족시의 등불」, 『소설문학』 11권 6호, 1985. 6.
박철희, 「밝음과 어둠의 변증법」, 『한글 새소식』 154호, 1985. 6.
윤재근, 『만해시, 「님의 침묵」 연구』, 민족문화사, 1985. 7.
이승훈, 「한용운의 대표시 20편은 무엇인가」, 『문학사상』 14권 9호, 1985. 9.
김종욱, 「만해시 연구사 개관」, 『문학사상』 14권 9호, 1985. 9.
이태동, 「님의 소멸과 기다림의 미학」, 『문학사상』 14권 9호, 1985. 9.
김준오, 「님의 현상학과 형이상학」, 『문학사상』 14권 9호, 1985. 9.
김재홍, 「만해의 문학과 사상」, 『문학사상』 14권 9호, 1985. 9.
최명화, 「한용운론고」, 『미원 우인서 선생 화갑기념논문집』, 집문당, 1986.
조동일, 「김소월 · 이상화 · 한용운의 님」, 『우리 문학과의 만남』, 기린원, 1986.
한종만, 「박한영의 사회운동」, 『불교사상』 4월호, 1986.
장백일, 「만해의 불교적 인간관」, 『불교사상』 4월호, 1986.
한보광, 「백용성의 대각교운동」, 『불교사상』 4월호, 1986.
유한근, 「한국현대불교시와 주제 전통」, 『불교사상』 5월호, 1986.
박진환, 「불교문학의 단편적 정리」, 『불교사상』 5월호, 1986.
서정주, 『시와 시인의 말 : 한용운에서 이해인까지』, 창우사, 1986.
김상현, 「한용운과 공약삼장」, 『동국사학』 19 · 20합집, 1986.
이숭원, 「자연표상에 대한 고찰」, 『국어국문학』 95호, 1986. 6. 31.
최명환, 「항일저항시의 정신사적 맥락」, 『국어교육』 5 · 6집, 한국국어교육연구회, 1986. 7. 20.
조재훈, 「만해시의 상상체계 소고 – 「알 수 없어요」를 중심으로」, 『한국언어문학논총』, 1986. 8. 30.
이영섭, 「시에 있어서 대상인식의 문제 – 소월의 님과 만해의 님」, 『연세어문학』 19집, 1986. 12. 25.
신용협, 「한용운의 시정신 연구」, 『논문집』 32호, 충남대인문과학연구소, 1987.
전보삼, 「한용운의 생애와 사상」, 『봉은』 23호, 1987. 2.
박완일, 「다시 만해 한용운을 생각하며」, 『법륜』 217집, 1987. 3.

조동민, 「만해시에 나타난 '님'의 상징」, 『학술지』 39집, 학술원, 1987. 5. 15.
이영희, 「현대시의 생사관 고찰 - 한용운의 「님의 침묵」을 중심으로」, 『한국언어문학』 25집, 한국언어문학회, 1987. 5. 26.
채수영, 「만해시와 원 - 십우도를 중심으로」, 『한실 이상보 박사 회갑기념논총』, 1987. 9. 18.
김용태, 「만해시 「님의 침묵」의 시간구조」, 『국어국문학』 5집, 부산대, 1988.
전보삼, 「한용운의 불교개혁사상에 대하여」, 『한국사상과 문화』 2집, 1988.
함동선, 「한국근대시에 있어서의 자기반성 - 3 · 1 독립운동을 중심으로」, 『홍익어문』 7집, 1988. 2.
김영호, 『한용운과 휘트먼의 문학사상』, 사사연, 1988. 3.
최유진, 「한용운의 불교사상」, 『가라문화』 6, 경남대가라문화연구소, 1988. 6.
마광수, 「한국 현대시의 심리비평적 해석」, 『인문과학』 59호, 연세대, 1988. 6
박진환, 「만해 한용운: 역설의 미학으로 보는 님의 시학」, 『동양문학』 창간호, 1988. 7.
김병택, 「만해시에 나타난 꿈의 성격과 전개양상」, 『문학과 비평』 6호, 1988. 8.
박철석, 「한국낭만주의시의 취향」, 『파천 김무조 박사 화갑기념논총』, 1988. 9.
전광진, 「한용운의 '님'과 릴케의 '천사'」, 『동양문학』 3호, 1988. 9. 1.
고재석, 「「님의 침묵」의 존재론적 상상구조 - 삶의 의미지평과 문학적 구조와의 상동관계」, 『한국문학연구』 11집, 동국대, 1988. 12.
김미선, 「한용운의 한시 연구」, 『청대한림』 4집, 청주대, 1989.
김관호, 「한용운 큰스님」, 『상서』 9호, 1989.
양병호, 「만해시의 문체론적 연구」, 『국어문학』 27집, 1989. 6.
정상균, 「한용운 시의 연구」, 『선청어문』 18집, 서울대, 1989. 8.
이병석, 「시집 『님의 침묵』에 나타난 자비관」, 『국어국문학』 9집, 동아대, 1989. 12.
김해성, 「한용운론 - 일반법칙을 기루는 시관고」, 『현대시인연구』, 진명문화사, 1990.
이동하, 「한국의 불교와 근대문학」, 『불교문학평론선』, 민족사, 1990.
김호성, 「바가바드기타와 구라단두경의 입장에서 본 조선불교유신론의 의례관」, 『불교학보』 36집, 동국대, 1990.

조숙희, 「이별과 만남의 변증법 – 한용운의 「님의 침묵」 서시 분석」, 『백록어문』, 제주대, 1990. 2.
지 욱, 「한용운의 생애와 사상 – 「조선불교유신론」을 중심으로」, 『수다라』, 해인승가대, 1990. 3.
김상현, 「한용운과 삼일운동 – 불교인들의 독립운동」, 『대중불교』 88호, 1990. 3.
이경현, 「인물로 본 한보국 – 해방 직후 홍성 지역 사회운동의 거목」, 《주간홍성》 1990. 8. 13.
박남훈, 「「님의 침묵」에 나타난 플롯 의식」, 『국어국문학』 27집, 부산대, 1990. 9.
성기조, 「한용운의 시와 평등사상」, 『덜곶 김상선 교수 화갑기념논총』, 중앙대 국문과, 1990. 11.
김용범, 「만해 한용운의 소설 '흑풍' 연구 – 포교문학 또는 고전소설 기법적 측면에서」, 『한양어문연구』 8집, 1990. 12.
박건명, 「「님의 침묵」과 「원정」의 비교연구」, 『우리문학연구』 8집, 1990. 12.
윤석성, 「「님의 침묵」의 나의 정조」, 『한국문학연구』 13집, 동국대, 1990. 12.
김장호, 「'언어개혁'으로 본 한용운의 시」, 『세종학연구』 6집, 세종대왕기념사업회, 1991.
전보삼, 「한용운의 민족주의사상 연구」, 『신구전문대논문집』 9집, 1991. 1.
육석성, 「한용운 시의 정조 연구 – 한시의 경우」, 『동국어문논집』 4집, 1991. 3.
정영자, 「한용운론」, 『우리문학』 10집, 1991. 3.
한동만, 「살아 있는 선 : 한용운」, 『불교』 426호, 1991. 4.
윤석성, 『한용운 시의 비평적 연구』, 열린불교, 1991. 6.
최태호, 「만해 한시의 도가 수용 – 선과 관련된 시어를 중심으로」, 『우리어문학연구』, 한국외대, 1991. 8.
박걸순, 「한용운의 「조선독립에 대한 감상」 분석」, 『월간 독립기념관』 42호, 1991. 8.
최유진, 「한용운의 불교개혁이론」, 『철학논집』 6집, 경남대, 1991. 8.
정대호, 「한용운 시에 나타난 현실 대응의 논리」, 『국어국문학』 106호, 1991. 12.
윤석성, 「선시의 정서」, 『현대문학과 선시』, 불지사, 1992.
이경고, 「침묵과 언어의 만남 – 「님의 침묵」을 중심으로 본 선과 시」, 『현대문학과 선시』, 불지사, 1992.

전보삼, 『만해의 불교사상-푸른 산빛을 깨치고』, 민족사, 1992.

박철희, 『한용운』, 서강대출판부, 1992.

유원곤, 「「조선불교유신론」과 「조선불교혁신론」의 성립배경 연구」, 『한국종교』 17, 1992.

이 탄, 「소월 · 만해의 그릇 – 한국현대시론」, 『현대시학』, 1992. 1.

한계전, 「만해 한용운 문단의 문하생들 – 만해 문단의 성립과 문하생들의 작품세계를 중심으로」, 『문학사상』 231호, 1992. 1.

예종숙, 「만해의 시」, 『영남전문대논문집』 20집, 1992. 2.

고재석, 「마른 국화와 매운 풍란화」, 『만해학보』 창간호, 1992. 6.

권영민, 「만해 한용운의 문학관에 대하여」, 『만해학보』 창간호, 1992. 6.

김재홍, 「만해연구 略史」, 『만해학보』 창간호, 1992. 6.

전보삼, 「한용운 화엄사상의 일고찰」, 『만해학보』 창간호, 1992. 6.

허우성, 「만해의 불교이해」, 『만해학보』 창간호, 1992. 6.

김기중, 「체험의 시적 변용에 대하여 – 지용 · 이상 · 만해의 경우」, 『민족문화연구』 25호, 고려대, 1992. 7.

김종주, 「침묵하는 님의 정신분석」, 『외국문학』, 1992. 9.

양영길, 「「님의 침묵」과 「진달래꽃」의 시간 구조의 비교연구」, 『백록어문』, 제주대, 1992. 9.

이병석, 「만해시 「알 수 없어요」에 대한 고찰」, 『한국문학논총』, 1992. 10.

박걸순, 『한용운의 생애와 독립투쟁』, 독립기념관, 1992. 10.

한명희, 「「님의 침묵」에 나타난 '나'와 '님'의 관계」, 『전농어문연구』, 서울시립대, 1992. 12.

김영태, 「만해의 새불교운동」, 『불교사상사론』 민족사, 1992. 12.

양은용, 「근대불교개혁운동」, 『한국사상대계』 6, 정신문화연구원, 1993.

최병헌, 「일제불교의 침투와 한용운의 조선불교유신론」, 『진산 한기두 박사 화갑기념 – 한국종교사의 재조명』, 원광대 출판국, 1993.

김창조, 「한용운의 존재론적 대화와 명명」, 『새얼어문논집』 6집, 새얼어문학회,

1993.

임중빈, 『만해 한용운: 그 생애와 정신』, 명지사, 1993.

전보삼, 「불교개혁을 위한 한용운의 화두」, 『회당학보』 2, 진각종, 1993.

정병조, 「한국 현대불교개혁론 비교연구」, 『회당학보』 2, 진각종, 1993.

정학심, 「한용운 시에 나타난 전통과 선사상에 관한 연구」, 『청람어문학』 8집, 1993. 1.

이병석, 「만해시의 '님'에 대한 고찰」, 『동악어문논집』, 1993. 7.

김창원, 「시쓰기의 화법과 투사적 시 읽기 - 「님의 침묵」을 텍스트로」, 『선청어문』, 서울대, 1993. 9.

김승동, 「만해와 소태산의 불교개혁론에 관한 비교연구」, 『인문논총』, 부산대, 1993. 12.

유재천, 「한용운 시의 의미화 원리」, 『배달말』 18호, 배달말학회, 1993. 12.

윤석성, 「「님의 침묵」의 유식론적 접근」, 『동국논집』 12집, 동국대, 1993. 12.

허형석, 「석정시의 성립 배경 연구Ⅲ - 타고르 · 만해의 수용을 중심으로」, 『군산대논문집』, 1993. 12.

이경교, 「선비정신의 비극적 정화」, 『동국어문학』 1994. 1.

김상현, 「3 · 1운동에서의 한용운의 역할」, 『한용운사상연구』 3집, 만해사상연구회, 1994. 2.

송건호, 「만해 한용운의 민족운동」, 『한용운사상연구』 3집, 만해사상연구회, 1994. 2.

이영무, 「만해 한용운의 자유사상」, 『한용운사상연구』 3집, 만해사상연구회, 1994. 2.

전보삼, 「한용운의 3 · 1 독립정신에 관한 일고찰」, 『한용운사상연구』 3집, 만해사상연구회, 1994. 2.

송현호, 「만해의 소설과 탈식민주의」, 『국어국문학』 111호, 1994. 5.

이병석, 「만해시의 의지적 정서와 시적 형상」, 『어문학교육』, 1994. 5.

차차석, 「만해 한용운의 사회사상」, 『동국』(교지) 33호, 1994. 9.

이원조, 「한용운의 시어를 통한 그의 의식의 고찰」, 『진주산업대논문집』 33집, 1994. 12.

임중빈, 『만해 한용운』, 범우사, 1995.

김종명, 「한용운(1879~1944)의 불교사회사상」, 『현대와 종교』 18집, 1995. 6.

문덕수, 『여백의 시학』, 시문학, 1995. 6.

조성면, 「한용운 재론 - 아버지 지우기와 비극적 세계관」, 『민족문학사연구』 7호, 1995. 6.

이승원, 「한용운의 시와 시인의 사명」, 『현대시』 7호, 1995. 7.

김동환, 「한용운 시의 효용론적 소통구조」, 『만해학보』 2호, 1995. 8.

김용직, 「행동과 형이상의 세계」, 『만해학보』 2호, 1995. 8.

김정휴, 「만해의 전인적 삶과 자유」, 『만해학보』 2호, 1995. 8.

윤여탁, 「시감상의 어려움에 대하여 - 한용운의 시를 중심으로」, 『만해학보』 2호, 1995. 8.

임성조, 「만해시의 선의식에 관한 고찰」, 『만해학보』 2호, 1995. 8.

전봉관, 「한용운 시의 두 가지 관념」, 『만해학보』 2호, 1995. 8.

허우성, 「만해와 성철을 넘어서 - 새로운 불교이념 모색을 위하여」, 『만해학보』 2호, 1995. 8.

김재현, 「Donne과 한용운의 시의 역설」, 『인문논총』 6집, 아주대, 1995. 12.

송기섭, 「님의 원형과 재생 - 한용운의 '님'」, 『어문연구』 27집, 어문연구학회, 1995. 12.

윤태수, 「만해와 소월의 시 - 세계의 인식과 대응방식」, 『인문과학연구』 4집, 상명여대, 1995. 12.

홍신선, 「방언 사용을 통해서 본 기전, 충청권 정서 - 지용 · 만해 · 노작의 시를 중심으로」, 『현대시학』, 1995. 12.

홍정자, 「'만해' 한용운의 자손들」, 『말』 115호, 1996.

최동호, 『한용운 - 혁명적 의지와 시적 사랑』, 건국대학출판부, 1996.

고형진, 「만해시의 어조연구」, 『어문학연구』 4집, 상명여대, 1996. 2.

전보삼, 「한용운의 민족사상 연구」, 『신구전문대학 논문집』 16집, 1996. 3.

김혜니, 「한용운 시의 대모여성원형」, 『이화어문논집』 14집, 1996. 4.

임문혁, 「한용운 시 은유의 특질」, 『국제어문』 17집, 국제어문학회, 1996. 5.

신혁락, 「선과 시적 상상력 - 「님의 침묵」을 중심으로」, 『비평문학』 10호, 한국비평문학회, 1996. 7.

김광식, 「조선불교청년회의 사적 고찰」, 『한국근대불교사연구』, 민족사, 1996. 8.
______, 「조선불교청년총동맹과 만당」, 『한국근대불교사연구』, 민족사, 1996. 8.
강석주, 「만해스님을 기루며」, 『만해새얼』 2호, 1996. 9.
박철희, 『한용운』, 서강대출판부, 1997.
김승철, 「만해 한용운의 선사상과 실천적 다원주의」, 『원불교사상』 21집, 1997.
김상현, 『만해 한용운 어록, 조선청년에게 고함』, 시와시학사, 1997. 7.
이혜원, 「한용운 시에서의 욕망과 언어의 문제」, 『국어국문학』 120호, 1997. 12.
오세영, 「「님의 침묵」 · 「나룻배와 행인」」, 『한국 현대시 분석적 읽기』, 고려대 출판부 1998.
전보삼, 「한용운의 불교개혁사상에 대하여」, 『한국사상과 문화』 2집, 한국사상문화학회, 1998.
권오현, 「만해 한용운 소설 연구」, 『계명어문학』 11집, 1998. 2.
김창수, 「한국 및 인도의 독립운동과 그 역사적 성격 – 만해 한용운과 마하트마 간디의 활동을 중심으로」, 『만해학보』 3호, 1998. 6.
이동수, 「한용운론」, 『만해학보』 3호, 1998. 6.
이선이, 「만해시의 생명문학적 표출양상과 의미」, 『만해학보』 3호, 1998. 6.
하희정, 「한용운 시와 근대적 서정성 형성문제 – 주요한 · 김소월과의 비교를 중심으로」, 『만해학보』 3호, 1998. 6.
김경집, 「한용운의 조선불교유신론」, 『한국근대불교사』, 경서원, 1998.
정찬주, 『만행』(장편소설), 민음사, 1999.
조동일, 「만해문학의 사상사적 의미」, 『만해축전자료집』, 만해사상실천선양회, 1999.
인권환, 「만해문학의 전개와 그 전망적 과제」, 『만해축전자료집』, 만해사상실천선양회, 1999.
한계전, 「만해 한용운 사상 형성과 그 배경」, 『만해축전자료집』, 만해사상실천선양회, 1999.
Elisabeth Andres, *Aspects de la metaphysique religieuse chez MANHAE*, 『만해축전자료집』, 만해사상실천선양회, 1999.
Davide R. McCann, *Hearing the Silcnce of Love*, 『만해축전자료집』, 만해사상실천선

양회, 1999.

Ivana Marie Gruberova, *How are MANHAE Poems Interpreted and Evaluated erom the Viewpoint of Middle-Europeans*, 『만해축전자료집』, 만해사상실천선양회, 1999.

현태리, 「타골시 번역 규범과 만해시 비교론」, 『만해축전자로집』, 만해사상실천선양회, 1999.

권영민, 「만해 한용운의 소설과 도덕적 상상력」, 『만해축전자료집』, 만해사상실천선양회, 1999.

김영호, 「휘트먼, 타골, 한용운의 시와 풀잎 상징」, 『문학과 종교』 4호, 한국문학과 종교학회, 1999.

한점돌, 「한용운 소설에 나타난 사랑의 양상과 그 의미」, 『국어교육』 99호, 한국국어교육연구회, 1999.

전예숙, 「만해 한용운의 '님'에 대한 지고한 사랑」, 『예술세계』 111호, 한국예술문화단체총연합회, 1999. 12.

고명수, 『나의 꽃밭에 님의 꽃이 피었습니다』, 한길사, 2000.

고 은, 『한용운 평전』, 고려원, 2000.

김광원, 「님의 침묵과 선의 세계」, 『다르마』 3호, 전북불교문인회, 2000.

임중번, 「침묵의 기도 – 한용운의 생애와 시문학」, 『다르마』 3호, 전북불교문인회, 2000.

김상현, 「1990년대 한국불교계의 유신론」, 『만해축전자료집』, 만해사상실천선양회, 2000.

김효사, 「만해와 육사에서 신동엽과 김남주까지」, 『만해축전자료집』, 만해사상실천선양회, 2000.

방민호, 「옛 형식 속에 담긴 유신(維新)의 기미 – 만해 시조의 한 감상」, 『만해축전자료집』, 만해사상실천선양회, 2000.

이병석, 「만해시의 신비와 초월지향적 형상화 연구」, 『만해축전자료집』, 만해사상실천선양회, 2000.

전보삼, 「강원도와 만해」, 『만해축전자료집』, 만해사상실천선양회, 2000.

이승원, 「서정주의 시의 전개와 현재의 위상」, 『서정시학』 봄호, 웅동, 2000.
고명수, 「한용운의 후기시와 시조에 대하여」, 『불교문예』 겨울호, 2000.
이혜원, 「한용운의 님의 침묵」, 『대표시 대표평론』, 실천문학사, 2000. 3. 1.
김광식, 「근대불교개혁론의 배경과 성격」, 『근현대불교의 재조명』, 민족사, 2000. 10.
이선이, 『만해시(萬海詩)의 생명사상 연구』, 월인, 2001.
김열규, 「순수한 모순이여!」, 『유심』 복간호(봄호), 2001.
염무웅, 「여전히 싱그러운 국화 향내」, 『유심』 복간호(봄호), 2001.
이병석, 「전율의 귀띔」, 『유심』 복간호(봄호), 2001.
한계전, 「만해와 건봉사 봉명학교」, 『유심』 복간호(봄호), 2001.
전보삼, 「만해와 계초 이야기」, 『유심』 복간호(봄호), 2001.
한계전, 「만해 한용운 사상 형성과 그 배경」, 『선청어문』 29집, 서울대, 2001.
고명수, 「만해시와 동양미학」, 『유심』 여름호, 2001.
전보삼, 「만해 한용운의 『유심』지 고찰」, 『유심』 여름호, 2001.
김광식, 「만해와 효당, 그리고 다솔사」, 『유심』 가을호, 2001.
석　주, 「아! 만해님은 아직 내 곁에 있습니다」, 『유심』 겨울호, 2001.
한보광, 「海 · 龍의 만남」, 『유심』 겨울호, 2001.
정광호, 「운허스님으로부터 들은 만해 이야기」, 『유심』 겨울호, 2001.
김형중, 「한용운의 선시 세계」, 『유심』 겨울호, 2001.
이승하, 「한용운의 옥중 한시 감상」, 『유심』 겨울호, 2001.
이종찬, 「만해의 한시」, 『한국문학연구』 24집, 동국대, 2001.
고명수, 「「조선독립이유서」에 나타난 만해의 독립사상」, 『만해축전자료집』, 만해사상실천선양회, 2001.
장석만, 「만해 한용운과 정교분리 원칙」, 『만해축전자료집』, 만해사상실천선양회, 2001.
블라디 미르 티호노프, 「기미독립선언서 '공약삼장'의 집필자에 관하여」, 『만해축전자료집』, 만해사상실천선양회, 2001.
이종찬, 「만해의 시세계 – 한시(漢詩)와 자유시의 달인」, 『만해축전자료집』, 만해사상실천선양회, 2001.

이병석, 「만해 한시(漢詩) 연구 (1)」, 『만해축전자료집』, 만해사상실천선양회, 2001.
고재석, 「영혼의 도반과 투명한 유산」, 『만해축전자료집』, 만해사상실천선양회, 2001.
김헌선, 「한용운 글쓰기의 사상적 근거」, 『한국사상과 문화』 15집, 한국사상문화학회, 2002.
신원선, 「한용운 시의 대중성 연구」, 『한민족문화연구』 10집, 한국민족문화학회, 2002.
전보삼, 「만해 한용운과 조선불교청년회」, 『유심』 봄호, 2002.
박구하, 「시와 시조로 길을 밝힌 시대의 등불」, 『시조문학』 여름호(통권 143호), 2002.
강영주, 「만해와 벽초의 교우」, 『유심』 여름호, 2002.
최병노, 「만해 한용운 문학의 근원 – 「조선불교유신론」을 중심으로」, 『동방문학』 19, 2001. 2.
이선이, 「만해 문학에 나타난 생명사상」, 『만해축전자료집』, 만해사상실천선양회, 2002.
윤재웅, 「만해 문학에 나타난 자유의 의미」, 『만해축전자료집』, 만해사상실천선양회, 2002.
이병석, 「만해 한시 연구(2)」, 『만해축전자료집』, 만해사상실천선양회, 2002.
고명수, 「만해 불교의 이념과 그 현대적 의미」, 『만해축전자료집』 만해사상실천선양회, 2002.
서재영, 「선사로서의 만해의 행적과 선사상」, 『만해축전자료집』 만해사상실천선양회, 2002.
서준섭, 「「조선불교유신론」·「십현담주해」의 철학적 해석을 위한 시론」, 『만해축전자료집』 만해사상실천선양회, 2002.
종 명, 「조선불교유신론에 나타난 만해의 계율관」, 『만해축전자료집』, 만해사상실천선양회, 2002.
조정래, 「내 영혼 속의 만해와 철운」, 『유심』 겨울호, 2002.
김광식, 「만해와 석전, 그 접점과 갈림길 그리고 절묘한 이중주」, 『유심』 겨울호, 2002.

고명수, 「만해 불교이념과 그 현대적 의의」, 『의상만해연구』 1집, 의상만해연구원, 2002.
박포리, 「불교대전의 편제와 만해 한용운의 불교관」, 『의상만해연구』 1집, 의상만해연구원, 2002.
서재영, 「1910년 전후의 시대상과 '조선불교유신론'의 의의」, 『의상만해연구』 1집, 의상만해연구원, 2002.
김선학, 「시인 한용운론: 『님의 침묵』 재조명」, 『우리말론』 24집, 2002. 4.
장미라, 「한용운 연구 (2) – 그의 시조를 중심으로」, 『현대시조』 74호, 2002. 6.
권영민, 「자료발굴: 한용운의 일본 시절 – 일본잡지 『화융지』에 수록된 한용운의 한시」, 『문학사상』 31권 8호, 2002. 8.
서준섭, 「한용운의 선과 님의 침묵」, 『만해학보』 4호, 2002. 8.
한기형, 「근대잡지 「신청년」과 경성구락부」, 『서지학보』 26호, 한국서지학회, 2002. 12.
김인환, 『한용운의 「님의 침묵」을 읽는다』, 열림원, 2003.
이관구, 「한용운에게서 들은 불교대의」, 『언행록』, 화사선생기념사업회, 2003.
김광식, 「민족불교로 독립 지존의 길을 개척하다 – 만해와 만공」, 『유심』 여름호, 2003.
윤세원, 「한용운의 정치사상에 관한 연구」, 『만해축전자료집』, 만해사상실천선양회, 2003.
유승무, 「사회진화론과 만해의 사회사상」, 『만해축전자료집』, 만해사상실천선양회, 2003.
장시기, 「만해 한용운의 불교적 '노마돌로지'에 나타난 근대성과 탈근대성」, 『만해축전자료집』, 만해사상실천선양회, 2003.
전보삼, 「만해 한용운 선사의 민족정신에 대하여」, 『만해축전자료집』, 만해사상실천선양회, 2003.
정광호, 「조선불교유신론 집필의 배경과 개혁 방향」, 『만해축전자료집』, 만해사상실천선양회, 2003.
서재영, 「조선불교유신론의 소회(塑繪) 폐지론과 선종의 정체성」, 『만해축전자료집』, 만해사상실천선양회, 2003.

김광식, 「조선불교유신론과 현대 한국불교」, 『만해축전자료집』, 만해사상실천선양회, 2003.

허도학, 「근대계몽철학과 조선불교유신론」, 『만해축전자료집』, 만해사상실천선양회, 2003.

고명수, 「조선불교유신론과 만해의 문학관」, 『만해축전자료집』, 만해사상실천선양회, 2003.

이도흠, 「조선불교유신론에서 근대적 세계관 읽기」, 『만해축전자료집』, 만해사상실천선양회, 2003.

김광원, 「님의 침묵의 배경, 십현담주해」, 『만해학보』 5호, 2003.

김상영, 「불교대전의 특성과 인용경전 연구 (상)」, 『만해학보』 5호, 2003.

노연숙, 「한용운, 생의 풍경이 투영된 사랑과 혁명」, 『만해학보』 5호, 2003.

이수영, 「대중소설의 시대와 흑풍의 자리」, 『만해학보』 5호, 2003.

황수남, 「1930년대 산문연재소설 '박명'의 생태 비평적 고찰」, 『인문학연구』 30집, 충남대, 2003.

고재석, 「한용운과 그의 시대(1)」, 『유심』 가을 · 겨울호, 2003.

전보삼, 「만해 한용운과 신간회」, 『유심』 가을 · 겨울호, 2003.

명　정, 「스승과 제자, 그리고 도반의 아름다운 만남 – 만해와 경봉」, 『유심』 봄호, 2003.

이혜원, 「전인적 인격과 의지의 시 – 한용운론」, 『새로 쓰는 현대시인론』, 백년글사랑, 2003. 1.

윤창화, 「한용운의 불교대전」, 《법보신문》 2003. 4. 23.

______, 「한용운의 조선불교유신론」, 《법보신문》 2003. 5. 21.

김광식, 「한용운의 민족의식과 조선불교유신론」, 『한국민족운동사연구』 35집, 2003. 6.

서준섭, 「한용운의 『십현담주해』 읽기」, 『한국현대문학연구』 13집, 2003. 6.

이선이, 「한용운 문학에 나타난 탈식민주의적 인식」, 『어문연구』 118호, 2003. 6.

윤창화, 「한용운의 「님의 침묵」」, 《법보신문》, 2003. 7. 2.

김광식, 「만해는 근대화 추구한 독립운동가」, 《불교신문》, 2003. 8. 29.

이상국, 「다시 생각하는 만해」, 『현대시학』 415호, 2003. 10.

유석재, 「만해와 계초의 돈독했던 우정」, 《조선일보》, 2003. 10. 23.
맹문재, 「한용운 시에 나타난 '님'의 이성성(異性性) 연구」, 『어문연구』 120호, 2003. 12.
김옥성, 「만해 한용운의 시에 나타난 종교적 상상력」, 『관악어문연구』 28호, 서울대 국어국문학과, 2003. 12.
김광식, 「만해, 불교 청년들을 단련시킨 용광로 – 한용운과 김법린」, 『유심』 봄호, 2004.
유석재, 「삭풍 속에 피어난 금란지교(金蘭之交) – 만해와 계초 방응모」, 『유심』 봄호, 2004.
김광식, 「만해, 암흑기 청년의 삶의 나침반 – 한용운과 김관호」, 『유심』 여름호, 2004.
김상영, 「불교대전의 특성과 인용경전 연구 (하)」, 『만해학보』 7호, 2004.
이선이, 「근대불교와 만해」, 『만해축전자료집』, 만해사상실천선양회, 2004.
윤재근, 「만해 선사의 일대시교(一代時教)」, 『만해축전자료집』, 만해사상실천선양회, 2004.
이선영, 「한용운의 실천과 사상과 선과 문학」, 『만해축전자료집』, 만해사상실천선양회, 2004.
김광식, 「만해 민족운동 연구의 회고와 전망」, 『만해축전자료집』, 만해사상실천선양회, 2004.
서준섭, 「한용운의 불교 관계 저술 연구의 현황과 과제」, 『만해축전자료집』, 만해사상실천선양회, 2004.
김재홍, 「만해문학 연구 어디까지 왔나」, 『만해축전자료집』, 만해사상실천선양회, 2004.
정남영, 「한용운 시의 현재성」, 『만해축전자료집』, 만해사상실천선양회, 2004.
최두석, 「님의 침묵과 한국 현대시사」, 『만해축전자료집』, 만해사상실천선양회, 2004.
구모룡, 「만해사상의 동아시아적 맥락」, 『만해축전자료집』, 만해사상실천선양회, 2004.
김윤태, 「만해문학의 현실주의」, 『만해축전자료집』, 만해사상실천선양회, 2004.

임헌영, 「만해의 민족정신과 통일문학」, 『만해축전자료집』, 만해사상실천선양회, 2004.

김종태, 「한용운 시의 역설적 세계관 연구」, 『한국문예비평연구』 14집, 한국현대문예비평학회, 2004.

이선이, 「만해의 불교근대화 운동과 시집 '님의 침묵'의 창작 동기」, 『한국시학연구』 11집, 시학연구회, 2004.

손홍규, 「만해 한용운과 아들 한보국」, 『민족 21』 34호, 2004.

홍정자, 「만해 한룡운의 자손들」, 『하나는 전체를 위하여 전체는 하나를 위하여』, 평양출판사, 2004.

데이비드 맥캔, 「만해 시에 나타난 단상」, 『유심』 가을호, 2004.

이원길, 「북한에서의 한용운에 대한 평가」, 『유심』 가을호, 2004.

호테이 토시히로, 「일본에 있어서의 한용운」, 『유심』 가을호, 2004.

김광식, 「생활선의 계승과 구현 – 한용운과 이춘성」, 『유심』 가을호, 2004.

김광원, 「만해 한용운의 선시」, 『유심』 겨울호, 2004.

김광식, 「志節詩人의 표상 – 한용운과 조지훈」, 『유심』 겨울호, 2004.

이재형, 「고은의 만해론을 비판한다」, 『불교평론』 18호, 2004. 3.

김광식, 『만해 한용운 평전 – 첫키스로 만해를 만난다』, 장승, 2004. 3. 1.

이선민, 「만해 한용운이 쓴 가장 오래된 글 발견」, 《조선일보》. 2004. 3. 1.

이범진, 「역사추적 – 불교 항일투쟁의 선봉, 만당과 만해」, 《주간조선》, 2004. 3. 11.

권오영, 「시인 고은 「한용운 평전」 일파만파」, 『법보신문』, 2004. 4. 28.

서준섭, 「한용운의 선과 시 – '겸대'와 '전위'의 사유와 님이 없는 세속사회 글쓰기」, 『시와 세계』 6집, 2004. 6.

김태익, 「만해와 벽초」, 『조선일보』, 2004. 7. 23.

이홍섭, 「조선불교유신론에 담긴 한용운의 세계관과 건봉사와의 영향관계」, 『한국어문학연구』 43호, 한국어문학연구학회, 2004. 8.

전봉관, 「한용운 시 연구의 흐름과 전망」, 『만해학보』 8호, 2004. 12.

김윤태, 「만해 문학과 현실주의에 관한 단상」, 『만해학보』 8호, 2004. 12.

석길암, 「만해의 현담주해에 나타난 선교관」, 『만해학보』 8호, 2004. 12.

민족문학작가회의, 『만해연구, 성찰과 모색』, 작가회의출판부, 2004. 12.
김광식, 「한용운 불교 연구의 회고와 전망」, 『만해학보』 8호, 2004. 12.
권영민, 「만해 한용운의 문학, 그 새로운 지평」, 『문학사상』 396호, 2005.
김순석, 「한용운과 백용성의 불교개혁론 비교 연구」, 『한국근현대사연구』 35집, 한국근현대사학회, 2005.
김완하, 「창작 방법론을 통해서 본 만해 시의 이해」, 『문학사상』 396호, 2005.
이선이, 「님과 얼, 그 매운 정신의 만남 – 한용운과 정인보」, 『유심』 봄호, 2005.
김광식, 「사제이자 동지인 아름다운 인연 – 한용운과 김경봉」, 『유심』 여름호, 2005.
이선이, 「구세주의와 문화주의 – 만해와 육당」, 『유심』 가을호, 2005.
김재홍, 『님의 침묵 (외)』, 범우사, 2005.
맹문재, 「한용운 시에 나타난 '님' 새로 읽기」, 『만해축전자료집』, 만해사상실천선양회, 2005.
염무웅, 「만해의 시대인식과 오늘의 민족현실」, 『만해축전자료집』, 만해사상실천선양회, 2005.
박희병, 「매월당과 만해」, 『만해축전자료집』, 만해사상실천선양회, 2005.
이종건, 「만해 한용의 시조와 한시」, 『만해축전자료집』, 만해사상실천선양회, 2005.
여지선, 「한용운의 시조세계와 문학사적 의의」, 『만해축전자료집』, 만해사상실천선양회, 2005.
김윤식, 「소설 죽음과 님의 침묵간의 거리 재기」, 『만해학연구』 창간호, 만해학술원, 2005.
인권환, 「만해시에 있어 법신의 현현과 보살정신」, 『만해학연구』 창간호, 만해학술원, 2005.
김현자, 「한용운 시의 어법과 세계관」, 『만해학연구』 창간호, 만해학술원, 2005.
최동호, 「심우도와 한국현대선시」, 『만해학연구』 창간호, 만해학술원, 2005.
허우성, 「간디와 만해 – '위정척사'와 '동도서기'」, 『만해학연구』 창간호, 만해학술원, 2005.
서준섭, 「세간과 출세간 사이, 또는 경계선에서 글쓰기」, 『만해학연구』 창간호, 만해학술원, 2005.

김광식, 「한용운의 조선독립의 서 연구」, 『만해학연구』 창간호, 만해학술원, 2005.
고재석, 「운명의 지침을 돌려놓은 미의 빛 – 만해의 3일간의 고서화 배관과 민족의 뿌리 인식」, 『유심』 겨울호, 2005.
김광식, *A Study of Han yong-un's on the Reform of Korean Buddhism*, 『Korea Journal』 vol.45, no.1, 2005.3.
이성원 · 이민섭, 『한용운의 채근담 강의』, 필맥, 2005. 4.
임효림, 『만해 한용운의 풀뿌리이야기』, 바보새, 2005. 6.
김광원, 『만해의 시와 십현담주해』, 바보새, 2005. 6.
조성면, 「한용운 『삼국지』의 판본상의 특징과 의미」, 『한국학연구』 14집, 인하대, 2005. 11.
황원갑, 「만해선사 한용운과 백담사」, 『선문화』 65호, 2005. 12.
박민수, 「한용운의 시 다시 읽기」, 『시와 세계』 12호, 2005. 12.
이태희, 「육당과 만해의 시조의 어조」, 『시조학논총』 24집, 한국시조학회, 2006.
김광식, 「한용운의 「조선불교의 개혁안」 연구」, 『유심』 봄호, 2006.
김광식, 「천진보살의 평생의 정신적 사표, 만해 한용운과 강석주」, 『유심』 여름호, 2006.
김상일, 「최근 공개된 만해의 유묵에 담긴 심우송에 대하여」, 『유심』 여름호, 2006.
박태원, 「만해의 열린 실천 – 그 불교적 연원과 시대적 과제」, 『만해축전자료집』, 만해사상실천선양회, 2006.
이혜원, 「한용운 시에 나타난 자연과 여성의 재해석」, 『한국문학이론과비평』 31집, 2006.
엄성원, 「한용운 시의 탈식민주의적 연구」, 『한국문학이론과 비평』 31집, 2006.
이민호, 「한용운 시의 탈식민주의적 여성성 연구」, 『한국문학이론과 비평』 31집, 2006.
김상웅, 『만해 한용운 평전』, 시대의 창, 2006.
김광식, 「강석주의 삶에 나타난 민족불교」, 『정토학 연구』 9집, 정토학연구회, 2006.
______, 「만당과 효당 최범술」, 『동국사학』 42집, 2006.
전보삼, 「만해와 효당의 인관관계 연구」, 『불교연구』 25, 한국불교연구원, 2006.

전보삼, 「만해와 효당의 인연을 생각하며」, 『찻잔에 비친 노불미미소』, 효당사상연구회, 2006.

윤호병, 「한용운의 시 「님의 침묵」에 대한 해체적 읽기」, 『만해학 연구』 2호, 2006.

구모룡, 「만해사상에서의 자유와 평등」, 『만해학 연구』 2호, 만해학술원, 2006.

이성천, 「한용운 「님의 침묵」의 해체적 읽기」, 『만해학 연구』 2호, 만해학술원, 2006.

김재홍, 「만해사상의 구조와 특성」, 『만해학 연구』 2호, 만해학술원, 2006.

박수연, 「만해사상의 구조와 특성」, 『만해학 연구』 2호, 만해학술원, 2006.

이채형, 『만해 한용운 전기 소설 – 아아 님은 가지 않았습니다』, 문학나무, 2006.

박노자, 「1920~30년대 만해 한용운의 불교사회주의」, 『천태학연구』 8집, 천태불교문화연구원, 2006.

김광식, 「지옥속에서 천당을 구하다 – 한용운의 항일투쟁과 서대문형무소」, 『유심』 가을호, 2006.

이원섭, 「만해 스님의 십우도송에 대하여」, 『유심』 겨울호, 2006.

강미자, 「한용운의 민족주의와 근대주의에 대한 일고찰」, 『역사와 경계』 58호, 부산경남사학회, 2006.

전보삼, 「만해 한용운의 윤리문화관에 대하여」, 『윤리문화연구』 2호, 윤리문화학회, 2006. 3.

박재현, 「만해 한용운의 선적(禪的) 역할 의식에 관한 연구」, 『불교학 연구』 16호, 불교학연구회, 2007.

김순석, 「한용운의 정교분리론 연구」, 『한국독립운동사 연구』 28집, 독립기념관, 2007.

고재석, 「한용운과 그의 시대 (3)」, 『유심』 여름호, 2007.

임형진, 「한용운의 민족주의 이념과 실천」, 『애산학보』 33집, 애산학회, 2007.

배병삼, 「만해 한용운의 사회사상과 실천에 대한 비판적 고찰」, 『만해학연구』 3호, 2007.

이선이, 「'문명'과 '민족'을 통해 본 만해의 근대 이해」, 『만해학연구』 3호, 2007.

이지중, 「만해 한용운 교육론 고찰」, 『교육문제연구』 27집, 고려대교육문제연구소, 2007.

김기봉, 「21C 만해 한용운의 '님'은 누구인가」, 『만해학연구』 3호, 2007.
김연숙, 「만해와 페미니즘」, 『만해학연구』 3호, 2007.
김정순, 「잡지 유심 연구」, 『만해학연구』 3호, 2007.
심종숙, 「미야자와(宮賢治)와 한용운 문학의 個와 全體」, 『만허학연구』 3호, 2007.
송현주, 「한용운의 불교 · 종교담론에 나타난 근대사상의 수용과 재구성」, 『종교문화비평』 11호, 한국종교문화연구소, 2007.
김옥성, 「한용운의 생태주의와 시학」, 『동양학』 41호, 단국대동양학연구소, 2007.
박종욱, 「신비주의 문학과 선 문학에 나타난 '죽음' 이미지 분석과 문학치료적 고찰 – 십자가의 요한과 한용운의 시를 중심으로」, 『지중해지역연구』 9권 1호, 부산외국어대지중해연구소, 2007.
강미자, 「한용운의 신간회와 반종교운동 인식에 대한 일고찰」, 『한국불교학』 48집, 2007.
이경수, 「한용운 시에 쓰인 '–이다' 구문의 활용과 문체적 효과」, 『한국시학연구』 19호, 2007.
박주현, 「한용운 시에 나타난 여성적 사랑과 역설 연구」, 『어문연구』 35권 3호, 2007.
김광원, 「만해 한용운의 「님의 침묵」과 '번뇌즉보리'」, 『한국언어문학』 63호, 2007.
김상현, 「만해 선사와 거사와 선생」, 《법보신문》, 2007. 8. 22.
박재현, 「선(禪)과 사회 – 만해 한용운의 조선불교유신론」, 『철학과 현실』 74집, 철학문화연구소, 2007. 9.
조정래, 『한용운』, 문학동네, 2007. 10. 16.
이선이, 「만해시와 당대시의 영향 관계에 대한 일고찰」, 『한국시학연구』 20호, 한국시학회, 2007. 12.
김광식, 「한용운의 대중불교 · 생활선과 구세주의 · 입니입수」, 『한국민족운동사연구』 54집, 한국민족운동사학회, 2008.
김종인, 『날카로운 첫키스의 추억, 만해 한용운 「님의 침묵」 평설』 나남출판, 2008.
전보삼, 「만해 문학사상이 정치 · 사회에 미친 영향」, 『창작21』 봄호, 2008
구명숙, 「한용운 시의 창작환경과 민족정서 형상화 방식」, 『한국사상과 문화』 41집, 한국사상문화학회, 2008.

이혜경, 「한용운 시의 창작 원리 연구」, 『한남어문학』 32집, 2008.
김광식, 「한용운의 대중불교 · 생활선과 구세주의 · 입니입수」, 『한국민족운동사연구』 54호, 한국민족운동사학회, 2008.
______, 「불교의 근대성과 한용운의 대중불교」, 『한국불교학』 50집, 한국불교학회, 2008.
장석원, 「한용운 시의 수동성」, 『Comparative Korean Studies』 16권 1호, 2008.
______, 「한용운 시의 리듬」, 『민족문화연구』 48호, 2008.
이향순, 「한용운의 「박명」에 나타난 보살도의 이상과 비구니의 근대성」, 『한국불교학』 51집, 2008.
김윤정, 「문학과 종교의 유사성에 관한 언어적 고찰 – 오장환, 한용운, 김소월 시를 중심으로」, 『한국언어문학』 66호, 2008.
김광식, 「한용운의 불교 근대화 기획과 승려결혼 자유론」, 『대각사상』 11집, 대각사상연구원, 2008.
김광원, 『님의 침묵과 선의 세계: 한용운의 『님의 침묵』 전편 해설』, 새문사, 2008.
정정호, 「만해 한용운의 『님의 침묵』에 나타난 기독교적 요소 – 하나의 시론」, 『문학과 종교』 13권 3호, 2008.
김형중 · 김문수, 「3 · 1운동의 기수 만해 한용운」, 『불교, 교과서 밖으로 나오다』, 운주사, 2008. 4. 14.
김종인, 「만해의 현대성 수용과 '님'」, 『문학과 종교』 13집, 문학과종교학회, 2008. 6.
고봉준, 「만해사상과 근대의 기획」, 『만해학연구』 5호, 2009.
유세종, 「루쉰과 한용운의 자유, 월경(越境)의 정치학」, 『외국문학연구』 33호, 2009.
엄경선, 『설악의 근현대 인물사』, 마음살림, 2009.
김상일, 「근대 불교지성과 불교잡지 – 석전 박한영과 만해 한용운을 중심으로」, 『한국어문학연구』 52호, 2009.
양병호, 「만해 한용운 시의 인지시학적 연구」, 『국어문학』 46집, 국어문학회, 2009.
이평전, 「한용운 소설에 투영된 근대 사상 연구」, 『한국어문학연구』 52호, 한국어문학연구회, 2009.
인권환, 「만해사상과 문학에 있어 전근대성의 문제」, 『만해학연구』 5호, 2009.

류승주, 「사회진화론의 수용과 『조선불교유신론』 - 한용운의 불교적 사회진화론」, 『원불교사상과 종교문화』 41집, 2009.

김동우, 「숭고와 계몽의 역설 - 한용운 시의 현재성」, 『한국시학연구』 24호, 2009.

장시기, 「만해 한용운의 탈근대적 언어와 인식, 그리고 지식체계」, 『만해학연구』 5호, 2009.

하재연, 「'조선'의 언어로 한용운에게 찾아온 '생각'」, 『한국 근대문학연구』 20호, 한국근대문학회, 2009.

전보삼, 「3·1운동과 불교 - 만해 한용운을 중심으로」, 『유관순 연구』 14호, 백석대 유관순연구소, 2009.

이선이, 「『조선불교유신론』을 통해 본 만해의 근대불교 인식과 그 의미」, 『비교한국학』 17권 2호, 국제비교학회, 2009.

김용직, 「『님의 침묵』 판본과 본문 비평」, 『불교평론』 40호, 2009. 9.

김광식, 『우리가 만난 한용운』, 참글세상, 2010.

고재석, 『한용운과 그의 시대』, 역락, 2010.

이선이, 「'사랑'을 통해 본 만해의 근대인식」, 『민족문화논총』 45집, 영남대민족문화연구소, 2010.

구연상, 「「님의 침묵」과 하이데거의 존재 사유」, 『만해축전자료집』, 만해사상실천선양회, 2010.

김동규, 「만해의 '기룸'과 하이데거의 '멜랑콜리'」, 『만해축전자료집』, 만해사상실천선양회, 2010.

허형만, 「만해 한용운의 시 「알 수 없어요」 연구사」, 『만해축전자료집』, 만해사상실천선양회, 2010.

박의상, 「만해의 시 알 수 없어요」의 아이러니 구조〉, 『만해축전자료집』, 만해사상실천선양회, 2010.

장석주, 「바깥에서 - 한용운의 「알 수 없어요」에 관하여」, 『만해축전자료집』, 만해사상실천선양회, 2010.

박민영, 「마른 국화 향기와 님의 발자취」, 『만해축전자료집』, 만해사상실천선양회, 2010.

이재복, 「선禪, 프랙탈fractal 그리고 역설적 구도의 미학」, 『만해축전자료집』, 만해사상실천선양회, 2010.
박현수, 「문학 밖의 시와 문학 속의 시인 새롭게 읽기 - 한용운과 이육사의 시」, 『만해축전자료집』, 만해사상실천선양회, 2010.
석성환, 「만해 한용운 시조시 연구」, 『사림어문연구』 20집, 사림어문학회, 2010. 4.
김용직, 『님의 침묵 총체적 분석 연구』, 서정시학, 2010. 6.
김광식, 「한용운의 아들, 한보국의 삶」, 『만해학보』 10호, 2010. 8.
유문선, 「국어교과서와 만해」, 『만해학보』 10호, 2010. 8.
임동확, 「만해 시와 생명사상」, 『만해학보』 10호, 2010. 8.
이재열, 「만해 한용운 연구의 새로운 방향」, 『만해학보』 10호, 2010. 8.
이승원, 「한용운 시 총체적 분석의 연구사적 성과」, 『불교평론』 44호, 2010. 9.
석길암, 「아직 버릴 수 없는 화두 『조선불교유신론』」, 『불교평론』 45호, 2010. 12.
한동민, 「일제강점기 사지 편찬과 한용운의 『건봉사 사적』」, 『정토학연구』 14집, 2010. 12.
서준섭, 「한용운의 「님의 침묵」에 나타난 사유의 특성과 동양과 서양사상의 회통」, 『국어교육』 134호, 한국어교육학회, 2011. 2.
윤종갑, 「한용운의 근대인식과 서양철학 이해」, 『한국민족문화연구』 39집, 2011. 3.
이홍섭, 「건봉사와 만해 한용운의 시문(詩門)」, 『금강산 건봉사의 역사와 문화』, 인북스, 2011. 4.

# ● 찾아보기

문화학술총서

# 한용운 연구

2011년 8월 1일 초판 1쇄 인쇄
2011년 8월 10일 초판 1쇄 발행

**지은이** 김광식
**펴낸이** 김희옥
**펴낸곳** 동국대학교출판부

**주소** 100-715 서울시 중구 필동로 1길 30
**전화** 02) 2260-3483~4
**팩스** 02) 2268-7851
**Home page** http://www.dgpress.co.kr
**E-mail** book@dongguk.edu
**출판등록** 제2-163(1973. 6. 28)
**편집디자인** 나라연
**인쇄처** 서진인쇄

**ISBN** 978-89-7801-323-9 93900

값 23,000원